Jean-Christophe
BUCHOT

Préface de
Pascal GRIZOT,
Président de la ffgolf

L'ALBATROS PARCOURS DE VIE

18 objectifs
et réflexions

72 stratégies
et intentions

LE GOLF, THÉÂTRE DE VOTRE DÉVELOPPEMENT PERSONNEL

avec le soutien de
ffgolf

AMPHORA

Relecture : Servane Heudiard
Couverture : Lionel Rousseau - Amphora
Mise en page : Jeff Renoux - Artemishqc.com
Crédit Photos couverture :
AdobeStock – Jacob Lund et Photogolfer
Illustrations du parcours de l'Albatros,
courtoisie © Clere golf / Golf National - ffgolf

Imprimé en Europe par Sagrafic - Pasaje Carsi, 6 - Barcelona

978 275 760 496 0

Ensuite, agissons selon ce ressenti, selon ce qui nous sied. Quel que soit le résultat, nous aurons au moins fait ce que nous avions, *nous*, envie de faire : ce sera déjà un bon début. C'est ainsi que l'on commence à se rapprocher de soi, à toucher du doigt la liberté d'être soi-même, à renforcer sa confiance en soi, à faire ce que l'on peut.

Vous avez sans doute déjà entendu sur un terrain de golf que « tout se passe entre les deux oreilles. » Ce n'est pas vrai, puisqu'il y a des techniques à connaître et que nous avons besoin de l'ensemble de notre corps pour réaliser un swing. Mais une fois les bases acquises avec un professeur de golf, il est vrai qu'il est indispensable d'intégrer au plus tôt la dimension mentale du golf, car le cerveau et les émotions, qu'on le veuille ou non, font partie intégrante du swing. La technique maîtrisée, notre index au golf évoluera en fonction de la connaissance et de la maîtrise que nous avons de nous-mêmes, de la pertinence de nos choix stratégiques, de notre confiance en nous, de notre gestion des émotions, de notre état d'esprit.

Cet état d'esprit est le projet même de ce livre. Sur le parcours du Golf National, l'Albatros, et avec le soutien de grands professionnels du golf, du coaching, de la santé, des affaires, je veux vous montrer coup après coup, trou après trou, comment « optimiser votre potentiel », comment remédier aux pensées parasites, aux croyances limitantes, aux biais cognitifs qui vous empêchent de « performer » sur les terrains de golf et bien au-delà. Le cheminement inhérent au jeu de golf nous interroge sur des notions fondamentales. Nous aurons plaisir à les aborder au fil des chapitres, en prenant le temps de généraliser notre propos au-delà des parcours.

À l'instar d'une pièce de théâtre antique, le golf repose sur une unité de temps (ponctuée par des coups et des trous), une unité de lieu (définie par le terrain) et une unité d'action (incluant une multiplicité de décisions à prendre : objectif, direction, longueur, trajectoire, amplitude, vitesse, effet, club, grip, stance, etc.). Comment éviter le drame, fût-il cathartique ? Comment

faire de cette tragédie potentielle une tragicomédie édifiante ? Comment la pratique de ce jeu pourrait-elle nous permettre d'accéder à une connaissance supérieure, nous permettre de vivre mieux ?
J'ai eu la chance de discuter des vertus du jeu de golf avec des mentors et des guides prestigieux : cela m'a beaucoup apporté, et j'espère qu'il en sera de même pour vous.

PRACTICE

Le golfeur est semblable au prince des nuées
Qui hante la tempête et se rit de l'archer ;
Exilé sur le sol au milieu des huées,
Ses ailes de géant l'empêchent de scorer.

Que puis-je apprendre de ce livre qui me fera progresser au golf et dans la vie ?

Je ne suis pas un joueur professionnel de golf, mais je suis un grand passionné de golf au sens kantien du terme, à savoir : un « malade du golf ». Cette maladie de l'âme m'a permis de m'interroger sur un problème plus profond : mon incapacité à vivre de façon satisfaisante, car je cherchais la perfection en toute chose. Enfin, je cherchais toujours à bien faire, beaucoup trop. Si vous êtes passionné, vous êtes également atteint par cette maladie de l'âme, telle que définie par Emmanuel Kant. Pour assouvir votre passion, vous voulez certainement trop bien faire, et vous en oubliez la raison initiale de votre exercice : le *plaisir*. Pour prendre du plaisir à la pratique, il est indispensable d'avoir un minimum de technique, mais il ne faut jamais oublier que le but d'un entraînement est de progresser, pour mieux s'amuser ensuite.

Souvenons-nous que le plaisir est l'objectif principal du jeu. Et considérons chaque coup comme un jeu à part entière, un défi à relever en faisant appel à nos compétences techniques, physiques, intellectuelles.

Dans ce cas, comment aborder chaque coup ? Commençons par nous souvenir des basiques. Au golf, nous jouons avec nous-mêmes. Et le parcours est le meilleur endroit pour apprendre à progresser, à nous encourager – au lieu de nous détester – face à l'objectivité froide d'une carte de score. Le golf est un sport individuel, où l'on joue toujours avec le parcours. Celui-ci n'est pas contre nous. Le golf est le parcours, celui qui cherche à nous aider jusque dans ses obstacles. Les bunkers, les mares, les arbres et les pentes rendent la partie plus amusante, instructive et révélatrice. Le golf est un sport où les co-compétiteurs eux-mêmes sont là pour nous aider à nous surpasser. Et vous parviendrez, j'espère, à vous sublimer en vous appuyant sur les stratégies que je vous propose de découvrir dans ce livre pour vous aider à mieux faire, à mieux être...

« **Que faites-vous avant de jouer ?** » Lors du Festival de Cannes en 2019, à cette question vitale pour une actrice comme pour un golfeur, la comédienne Virginie Efira répondit au magazine *Télérama* : « Je déteste les rituels ou l'idée de sacraliser le "moment du jeu". Cela voudrait dire que "c'est important", que "quelque chose se joue", que l'on "entre dans une autre dimension". Cette idée de "Je prends mon petit moment à moi, j'écoute de la musique", cela me pétrifie, cette chose-là. Il y a juste à se dégager de l'idée de "bien faire". Faire ! » Tout simplement : faire. Pas de sacralisation, pas de notion de bien ou mal, FAIRE. *Do it !* Virginie Efira, Nike ou encore Maître Yoda, bref, tous ceux qui réussissent n'ont qu'une formule magique à la bouche, la même : « Fais-le ou ne le fais pas ! » « Action ! » disent les réalisateurs de cinéma.
À travers le golf – comme dans la vie –, pour faire, nous devons apprendre à maîtriser notre corps et notre esprit dans un environnement plus ou moins favorable, en tenant compte de lois physiques, physiologiques, biomécaniques et psychologiques. Comprendre le golf, c'est comprendre comment faire pour réaliser une action complexe en utilisant simplement son corps et son cerveau, c'est apprendre à distinguer l'essentiel de l'accessoire, à accepter les contrastes, voire les contraires... Sa pratique nous aide à développer ce qu'on appelle dans le monde des ressources humaines nos *soft skills*, notre savoir-être, un certain état d'esprit critique, mais positif. Le golf aiguise notre concentration et favorise le relâchement. Il sollicite notre agilité physique et mentale, notre intelligence émotionnelle, notre capacité à prendre des décisions et à nous y tenir, notre esprit d'équipe. Nous y reviendrons.

Depuis que je suis enfant, je cherche ma place dans ce monde. Je cherche la réponse à cette question philosophique basique : *qui suis-je ?* Or selon moi, le jeu de golf est un miroir de notre jeu de vie. Sur les fairways, j'ai trouvé un cadre agréable, où je peux m'exercer sans danger à maîtriser ma psyché, mon intelli-

gence, mes affects et mon corps. « En jouant au golf, on joue à vivre, sans courir aucun des risques de la vie », résume très bien Jacques Attali.
« Tu n'es pas parfait, tu ne sais pas tout, tu ne contrôles pas tout, tu n'as pas tout compris », me rappelle souvent sèchement le Professeur Golf. « Je ne sais pas, je ne comprends pas, explique-moi, aide-moi » : voilà ce que j'ose lui répondre au lieu de prendre la fuite et d'abandonner...
Le golf ne ment jamais, mais ses leçons sont parfois difficiles à entendre. C'est pourquoi il est bon d'être accompagné par un coach qui vous traduit ses préceptes : c'est l'un des objets de ce livre.
Parfois, je crois avoir trouvé la solution : « Mais oui, bien sûr, mon grip main gauche est trop faible ! » Il est toujours étonnant, après des années de pratique golfique, d'éprouver cette épiphanie : « Eurêka ! Ça y est, j'ai compris ! » On ressent alors une incroyable impression, très euphorisante et apaisante, d'avoir enfin compris le sens de la vie. On y croit tellement fort que l'on s'endort là-dessus comme un bébé. Et le jour d'après, tout est à recommencer. Incapable d'enchaîner consécutivement les bons coups... Mais je n'abdique pas. Je sais que je peux y arriver, puisque j'y suis parvenu hier. Je repars ainsi en quête d'une inaccessible étoile, prêt à pousser éternellement ma pierre vers les sommets, heureux comme Sisyphe.

Comme les jeux vidéo, la musique, la danse ou encore la cuisine, le golf fait partie de ces activités exigeantes, qui captivent les personnes autotéliques : « les personnalités autotéliques sont tellement intensément impliquées dans une activité, nous dit le psychologue Mihály Csíkszentmihályi (prononcez « Me high – Cheeks sent me high »), que rien d'autre ne semble leur importer que cette activité même ; l'expérience en elle-même est si agréable que les gens la font quel qu'en soit le coût, dans la seule finalité de la faire. » Csíkszentmihályi est particulièrement connu pour son concept de *flow* (« flux » ou « zone »), cet état mental où l'on est complètement absorbé par une activité, un état maximal de concentration, d'engagement et de satisfaction, au point d'avoir la sensation de se dématérialiser, de trouver des solutions sans même les chercher, de créer sans effort, d'évoluer comme sur un nuage.

Écrire un livre partage beaucoup de points communs avec une partie de golf.
Bien sûr, il y a plusieurs étapes, des trous, comme des chapitres, de multiples obstacles qui nous paraissent aussi insurmontables que des bunkers profonds ou des plans d'eau de deux-cents mètres à survoler. Parfois, il y a également des moments de flow où l'on a l'impression de voler, littéralement : les mots viennent sous nos doigts extrêmement facilement, comme une série de birdies.
Ce livre, j'ai eu envie de l'écrire comme j'avais envie de le lire. Je l'ai imaginé comme un livre pratique, qui se grignote, se déguste ou se dévore selon l'humeur ou l'appétit du jour, avec l'intention de nous amener à réfléchir sur ce que le golf nous apporte dans notre vie personnelle et professionnelle. En effet, je considère que les points fondamentaux à travailler au golf sont applicables et utiles au-delà du parcours.

- *La cible :* quel est ton rêve, ton projet ?
- *La visualisation :* comment vois-tu les choses ? Quelles étapes, quel état d'esprit ?
- *La posture :* de quelle manière te présentes-tu face aux situations ? Comment communiques-tu ?
- *Le grip :* de quelle manière prends-tu les choses en main ? Quelle est détermination ?
- *L'alignement à la cible :* quelles sont ta logique interne, ta cohérence, ton harmonie ?
- *L'exécution du coup :* quel est ton engagement dans l'action ?
- *Le finish élégant et digne :* quel est ton équilibre ? Qu'apprends-tu aujourd'hui pour demain ?

Ces leçons universelles du golf, je souhaitais les partager avec vous au travers de soixante-douze stratégies, une par coup à jouer sur le célèbre Albatros, parcours de championnat du Golf National, qui nous servira, pour l'occasion, d'amphithéâtre. Ces stratégies reposent sur des entretiens exclusifs avec de grands professionnels du golf, du coaching, du management, de la gestion de projet et de la santé. Ces professionnels n'ont évidemment pas tous la même personnalité ni la même approche du golf et de ses enseignements. Vous puiserez dans leurs témoignages complémentaires des trésors, selon vos goûts. Outre le golf, tous partagent des points communs : leur sincérité et leur générosité dans l'échange et l'intensité qu'ils mettent dans tout ce qu'ils font.

De Patricia Meunier-Lebouc à Thomas Levet, en passant par Hubert Chesneau et Pascal Grizot, tous m'ont confié, dans le courant de cette étrange année 2020, de précieux récits, afin de vous les transmettre. J'ai essayé d'organiser et de traduire leurs interviews sur le papier, tout en respectant autant que possible l'expression originale, particulière, de leur pensée. Je ne leur ai rien donné à relire avant publication, car je voulais préserver l'intégrité de mon approche, comme cela se fait en journalisme. Cela permet également de m'imputer les éventuels contresens ou erreurs. J'ai fait de mon mieux pour retranscrire leur parole, mais si j'ai mal compris certains de leurs propos, je les prie de bien vouloir m'en excuser. Et je n'ai pas de mots assez forts pour les remercier de leur confiance.

Vous pourrez écouter des extraits des interviews réalisées pour l'écriture de ce livre via mon podcast *Kennedy Golf Club* (*KGC*, à retrouver sur *Appel Podcast* et toutes les plateformes de streaming), consacré au coaching et au golf. Pourquoi Kennedy ? Parce qu'il aimait jouer au golf – le seul sport pratiqué sur la lune –, mais surtout parce que j'ai beaucoup appris en écrivant sa biographie, notamment sur la manière de dépasser ses faiblesses – la maladie –, de mobiliser des foules pour réussir l'impossible – aller sur la lune – et de bâtir sa propre légende.

Après Kennedy, pourquoi ce livre sur le golf, le management et le développement personnel ? Une brève présentation de mes expériences et de ma formation vous fera comprendre ce choix. Diplômé d'un Master 2 d'Administration des entreprises, option Marketing de l'innovation, j'ai été rédacteur en chef pendant plus de quinze ans, notamment d'une agence de presse spécialisée dans l'économie, les nouvelles technologies et l'éthique. J'ai collaboré avec les plus grands quotidiens et magazines français, dont *Le Figaro* et *Management*. J'ai également été Chargé de cours de communication à l'Université de Caen pendant quatre ans.

Licencié en psychologie (physiologie et psychopathologie), je me suis beaucoup intéressé à la psychanalyse, à l'éthologie et à l'hypnose, de Milton Erickson à François Roustand. J'ai également beaucoup travaillé la psychologie du sport, car elle consacre son étude à notre cerveau tout autant qu'à notre corps. Notre cerveau est porté et alimenté par notre corps, et dans toutes nos activités, la psyché joue un rôle déterminant. Tout est lié : dans tous nos faits et gestes, on retrouve émotions et pensées. C'est pourquoi il est tout aussi utile de s'entraîner mentalement que physiquement, et techniquement. Les golfeurs débutants n'ont souvent conscience que de la partie technique du jeu (la plus frustrante), ce qui explique, selon moi, nombre d'abandons ; d'où, encore, ce livre...

J'ai également obtenu un Diplôme Universitaire en Préparation Mentale et Techniques d'Optimisation du Potentiel, TOP®, à l'Université de Paris-Saclay. Ces techniques TOP ont été mises au point par l'Armée française, par le Dr Perreault-Pierre, que j'ai eu le plaisir d'avoir comme professeure, pour permettre initialement aux pilotes de chasse et aux soldats des Forces Spéciales de mieux gérer leur stress opérationnel. La maîtrise de ces techniques mentales permet d'« être au top » de ses compétences techniques et physiques sur commande, à l'instant T.

Depuis 2010, je suis consultant-conférencier en communication, en stratégie et relation client pour le secteur privé (notamment dans la grande distribution et le tourisme), et consultant multimédia pour de grandes associations humanitaires (dont l'Institut International des Droits de l'Homme et de la Paix et la Ligue de l'Enseignement). J'accompagne, en coaching et formation, des sportifs, des chefs d'entreprise ou encore des salariés à haut potentiel dans leurs projets, quels qu'ils soient, en m'appuyant sur ma personnalité, mon vécu et l'ensemble de mes compétences transverses. Enfin, comme vous pourrez vous en rendre compte lors de votre lecture, je suis amoureux fou du golf depuis plus de quinze ans, et je crois fondamentalement aux vertus physiques, philosophiques et psychologiques de sa pratique.

Pour vous donner une illustration très concrète des leçons du golf, je vous propose ce premier exemple.
Leçon n° 1 avec le professeur Couples : comment dépasser sa frustration et tirer leçon de l'expérience, en restant focalisé sur le présent.
En 1999, lors du Players Championship, sur le fameux par 3 en île du TPC Sawgrass, après son coup de départ au fer 9, Fred Couples regarde attentivement sa balle survoler la mare... *Can't take my eyes off of you...* mais trop courte de deux mètres, plouf ! Celle-ci finit sa course dans l'obstacle d'eau : un point de pénalité.
Qu'à cela ne tienne, Fred Couples reste très calme, garde son fer 9 en main, prend une nouvelle balle et, fort de l'observation de la précédente, frappe son troisième coup avec une belle assurance : la balle s'élève à nouveau dans les airs avant de retomber... directement dans le trou ! *Slam dunk !!!* Il a sauvé le par ! Incroyable ! Tout est rentré dans l'ordre.
Morale : le coup le plus important est celui qui vient, que l'on va jouer, que l'on va être capable de jouer mieux grâce à ses expériences passées : le reste n'existe pas. Et croyez-moi, ces leçons du golf sont généralisables dans tous les domaines :

- *Attitude golf dans l'action :* je joue vers ma cible, j'observe la trajectoire de ma balle, j'accepte le résultat, j'apprends de lui et m'adapte immédiatement.

- *Attitude personnelle dans l'action :* je suis moi-même, je suis attentif à l'autre, j'accepte les feed-back verbaux et non verbaux, j'apprends de l'autre et m'adapte à la situation.

La pratique du golf est un geste et une pensée, une manière de (re) programmer notre perception de l'existence, notre façon d'agir.

Sur le plan professionnel, j'aime résoudre des problèmes complexes avec des solutions simplexes (tout cela sera expliqué au cours de ce livre), de façon à évoluer. Sur le plan privé, j'aime jouer au golf. Ce livre est donc né du rêve de partager mes passions, mes valeurs et mes croyances en un seul ouvrage – comme le puzzle assemblé de mes expériences et connaissances – pour vous faire progresser dans votre jeu de golf et, en même temps, peut-être, dans votre vie personnelle et professionnelle.
Aujourd'hui, le golf ne fait pas seulement partie de la vie du monde des affaires : il joue également un rôle dans la progression de carrière. En 2008, une étude universitaire a établi un lien étroit aux États-Unis entre le golf et la rémunération des PDG : les golfeurs gagnent plus que les non-golfeurs. Rien d'étonnant à cela, puisque, comme évoqué précédemment, dans ce pays, nombre de présidents se sont formés à l'école du golf. Pour ne parler que du XXIe siècle, Bill Clinton, George W. Bush, Barack Obama, Donald Trump et Joe Biden, tous sans exception jouent au golf ! Parmi les artistes et les sportifs, les meilleurs jouent également au golf : le seul sport à avoir été pratiqué sur la lune, en 1971, par le commandant Alan Shepard, avec un fameux coup de fer 6.
Bien sûr, mon livre n'est pas la solution miracle pour devenir président des États-Unis ni la formule magique pour se transformer en Hugh Grant, Michael Jordan ou Cameron Diaz ; il n'est pas non plus la solution ultime à tous les problèmes de ce monde. Voyez-le simplement comme un moyen sincère, kaléidoscopique et honnête de comparer vos points de vue – sur le golf, la gestion de projet, la notion de réussite... – avec ceux de témoins de qualité. Voyez-le comme une ouverture à d'autres

possibles, à d'autres façons de penser, ainsi que le clamait le poète Pindare : « Ô mon âme, n'aspire pas à la vie immortelle, mais épuise le champ du possible. »
En tant que coach, j'aide mes clients à accéder à une meilleure connaissance de leurs besoins et de leurs ressources. Grâce ce travail d'introspection, on peut ensuite ajuster ses besoins et améliorer ses ressources, afin de parvenir à satisfaire ses véritables besoins avec l'ensemble de ses ressources. Ma mission est de rappeler à la personne coachée qui elle est, de muscler ainsi sa bienveillance et sa confiance en elle, d'assouplir son ego, de façon qu'elle puisse, si elle le désire et comme elle l'entend, être en capacité d'agir sur elle et son environnement. En bref, je suis pour l'émancipation des êtres – comme on le disait au temps des Lumières – grâce aux connaissances utiles et à la réflexivité.
Le développement personnel est souvent critiqué. Parmi les arguments intéressants, il y a ceux d'Eva Illouz : « Le développement personnel vous dit que votre souffrance vous appartient, à vous et pas à d'autres, et que c'est à vous de l'améliorer par votre travail sur vous-même. C'est ce que j'appelle la privatisation de la souffrance sociale. » Cette sociologue n'est pas la seule à penser cela, et je comprends ce qu'elle veut dénoncer par-là, non sans raison.
Néanmoins, je crois que l'on peut chercher à aller mieux, sans estimer pour autant que la souffrance nous appartient ou serait de notre seule responsabilité. Je pense que l'on peut se soucier de soi et de la souffrance des autres. Quelles sont les causes de nos joies ? Quelles sont les causes de nos peines ? Changeons ce que nous pouvons changer. Comme l'écrit le philosophe Alexandre Jollien en faisant référence à Spinoza : « Si nous ne sommes pas tout à fait responsables de notre être, il est en notre pouvoir de le parfaire sans cesse. »
Ma mission est de vous aider à mettre en lumière votre fonctionnement et vos objectifs réels, de façon à vous permettre de vivre plus souvent des expériences agréables, ces moments de

joie dépendant de vos préférences, selon que vous êtes roseau ou chêne.
J'ai cette image de la vie comme une aventure dont on est le héros. Au cours d'une étape périlleuse de cette aventure, imaginons qu'en plein hiver, au cœur d'une forêt isolée, je tombe dans un piège profond. Je pourrais alors hurler de douleur ou de peur, ce serait normal. Je pourrais me plaindre de la violence du poseur de pièges, de l'absence insensée de signalisation, de l'absence de gardes forestiers. Je pourrais dire beaucoup de l'incurie générale, mais ici et maintenant, il me faudrait sortir du piège avant de mourir de froid. Ce serait plus cool, je vous l'accorde, de ne pas être tombé dans ce satané trou ! Ou qu'une fée vienne miraculeusement me sauver avec une couverture de survie et un thé chaud ! Mais les heures passent...
Quelle est la première chose à faire ? Pleurer ou respirer et reprendre ses esprits ? Hurler ou observer la situation pour définir exactement le problème ? Se désespérer du pourquoi ou se demander comment utiliser au mieux toutes nos ressources du moment pour trouver la sortie ? S'arracher les ongles sur la paroi ou trouver des outils pour grimper ? Voilà, j'observe autour de moi et je vois quelques silex, quelques branches mortes et des herbes sèches, et je me souviens avoir appris de mon grand-père à faire un feu : « Eurêka ! » J'allume un petit brasier pour me réchauffer dans l'immédiat, et par la fumée qui s'en dégage, j'ose enfin attirer l'attention sur moi et demander de l'aide.
En 2020, le champion américain Bubba Watson a révélé avoir souffert de terribles crises d'angoisse, au point d'en perdre l'appétit. Il en est ressorti fort de cette conviction : « Nous sommes conçus pour parler aux gens, pour apporter et obtenir de l'aide. Je suis assez vieux maintenant [quarante-deux ans] pour réaliser que ma vie serait un gâchis si je ne partageais pas, si je n'essayais pas de m'améliorer moi-même pour pouvoir aider les autres. »

Y a-t-il plus belle mission que d'aider les autres à mieux être : « En quoi puis-je vous aider ? », demande le médecin de l'hôpital public de New Amsterdam. « Dites-moi ce qui vous empêche de dormir la nuit, je passerai mes journées à essayer de l'améliorer », affirme l'homme politique de *House of Cards*. Et si c'était vrai ?

Ce que je crois, c'est que de toutes ces aventures belles et moins belles que nous traversons, nous pouvons sortir grandis, plus héroïques, et profiter en responsabilité de cette grandeur nouvelle pour faire triompher nos valeurs, et sauver, comme Bubba, d'autres personnes tombées dans d'autres pièges.

Chapitre 1

TROU 1
EN AVANT !

Objectif | Trouver son élan
État d'esprit | Être en mouvement

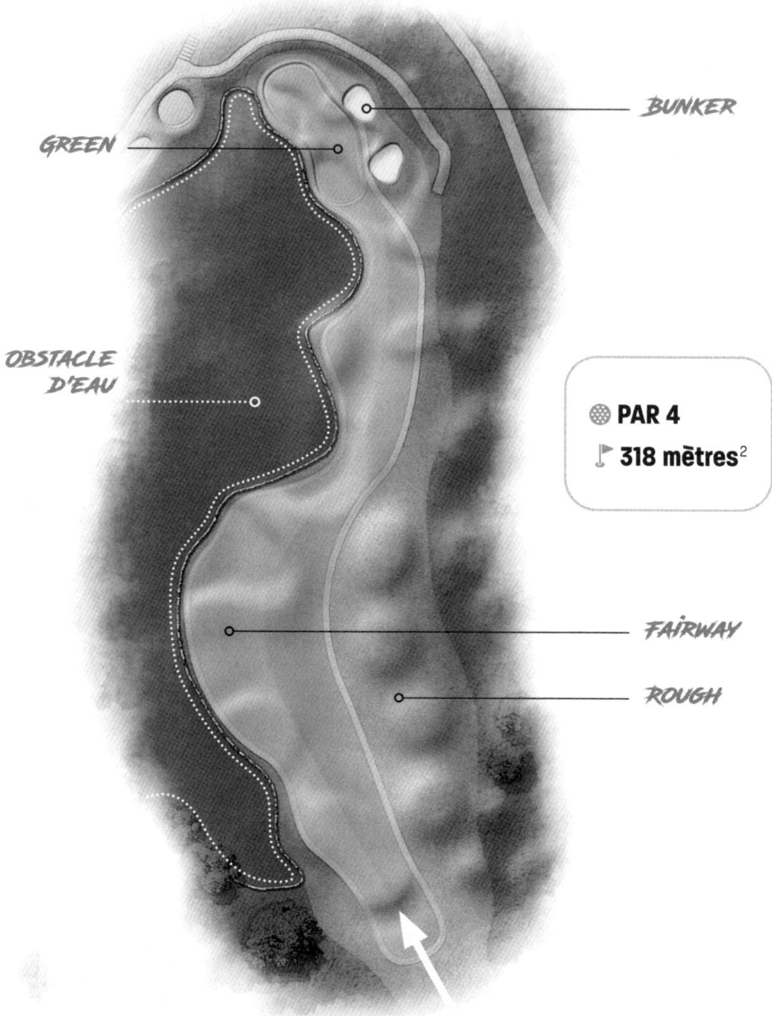

Architecte de l'Albatros, Hubert Chesneau a donné un nom à chaque trou de son parcours. Il nous a confié les raisons de ses choix. Ses confidences vous inspireront certainement quelques jolies trajectoires la prochaine fois que vous vous trouverez face à ce parcours de compétition que l'on appelle aussi respectueusement Le National. Hubert a nommé ce premier trou : En avant !

2 À chaque début de chapitre, la distance indiquée correspond à la longueur du trou en partant des boules jaunes, par 72.

Hubert Chesneau

TROU 1 - EN AVANT

« En avant ! Oui, c'est le cas de le dire ! On y va ! Certains me reprochent sa difficulté pour un premier trou. Mais pourquoi devrait-il être facile ? On y va, certes... mais il faut réfléchir avant de sortir le driver. Je ne souhaitais pas que les champions puissent driver au départ sans se poser de questions. Je voulais qu'ils réfléchissent où placer la balle avec un long fer.
Au golf, il ne faut jamais faire n'importe quoi. On doit réfléchir avant de jouer. On réfléchit, on serre les dents, et on y va ! »

TEE TIME

L'opinion de l'architecte du National est partagée par le célèbre Professeur Gérard Saillant, chirurgien et golfeur passionné, index 17 : « Le trou 1 m'intéresse toujours, car c'est le premier d'un parcours qu'on espère bon. D'emblée, le premier trou de l'Albatros annonce la couleur, il faut se lancer, et dès le départ, et on distingue immédiatement le gars qui fonce tête baissée et celui qui joue en épicier. »
L'idéal est certainement d'avoir les deux qualités, comme le fonceur Dustin Johnson, qui a su jouer en épicier à Augusta 2020 pour gérer au mieux son parcours, l'emporter brillamment, conforter sa place de n° 1 mondial, avant de conclure sa saison par un émouvant « J'ai dû travailler. J'ai une super équipe... », de fendre l'armure et de fondre en larmes. Beau parcours !

ACTE I
L'APPEL DU HÉROS S'ÉLANCER

En tant qu'acteurs, je pense que nous abordons chaque parcours de golf comme un voyage riche de sensations, d'imprévus et d'enseignements, une sorte d'Odyssée où nous irions d'île en île.
En tant que spectateurs, je crois que, lors de Majeurs, nous aimons avant tout voir gagner des héros, comme le Retour du Héros Tiger en 2019.
Mon livre est donc structuré sur le modèle du *voyage du héros*, cher à Joseph Campbell, grand spécialiste des mythes qui ont fondé nos civilisations et inspiré tous les scénaristes américains, George Lucas en tête. Pour Joseph Campbell, « la fonction principale de la mythologie et du rite a toujours été de fournir à l'esprit humain les symboles qui lui permettent d'aller de l'avant et l'aident à faire face à ces fantasmes qui le freinent sans cesse. [...] La première étape du voyage mythologique – celle que nous avons nommée l'*Appel de l'aventure* – signifie que le destin a sommé le héros et que son centre de gravité spirituel a été transféré de son milieu habituel à une zone inconnue. Cette zone, cette région fatidique, pleine de trésors et de dangers, peut être représentée de bien des façons. »
Tous les mythes commencent de la même manière. Du *Seigneur des anneaux* aux *Royaumes du Nord*, en passant par les îles grecques, le héros est présenté dans son monde ordinaire – son village (Bilbo), sa ferme (Luke), son château (Siddhārtha), son bateau (Ulysse) ou son collège (Lyra, Hermione) –, qui contraste avec le monde « extra ordinaire », martial ou fantastique, dans lequel il va devoir s'aventurer.

EN AVANT !

Le héros commence par recevoir un message, un appel à l'aventure. Invité à quitter sa vie quotidienne pour le monde spécial, le héros hésite. Comme tout le monde, il a peur de l'inconnu. Il préférerait rester tranquillement en sécurité dans son pré carré. Mais un mentor va apparaître et proposer au héros de suivre un enseignement. Le fait d'être accompagné par des guides, d'augmenter ses compétences par l'apprentissage, d'être soutenu par des amis entraînera une diminution de ses appréhensions. Le héros se sentira enfin prêt.

Je vous propose donc d'entamer ce voyage sur le parcours de l'Albatros en faisant appel aux forces de votre imaginaire, à votre capacité de projection, de visualisation, base de la préparation mentale. À chaque étape, vous serez aidé par plusieurs mentors, compagnons de voyage, qui viendront vous délivrer des messages, partager avec vous leurs enseignements et leurs stratégies à même de vous inspirer, je l'espère, tant sur le plan golfique que sur les plans personnel et professionnel.

À chaque trou, afin de muscler/assouplir votre cerveau grâce au super pouvoir de l'imagination, je vous proposerai une petite mise en situation, où je vous inviterai à adopter un certain *état d'esprit*, à l'aide d'une image mentale ou d'un dialogue interne positif, et à vous fixer une *intention*, de manière à atteindre un *objectif*. Je vous en donnerai un exemple à chaque début de chapitre. Ainsi, pour ce premier trou :

État d'esprit : se mettre en mouvement

Intention : avancer

Objectif : s'élancer

Pour mieux nous mobiliser, je présenterai cet exercice mental à la manière d'une légende épique, soit :

Mobilisation / Appel

Face à l'inertie universelle, je me mets en mouvement avec la ferme intention de répondre à l'appel de l'envol avec la légèreté de Mickey Wright et la puissance de l'albatros. En avant !

Cette *mobilisation-intention* n'est qu'un exemple. Elle peut prendre toutes les formes, puisqu'elle doit être individualisée, vous être personnelle, mais dans tous les cas, elle doit être très

claire pour vous, faire sens. Plus on approche du moment crucial, de l'impact, plus elle doit devenir simple, directe et claire, car dans l'action, il n'est, bien sûr, plus question de faire de longues phrases, mais d'arriver à déclencher et libérer, lors du geste, toute la stratégie élaborée grâce à une seule image ou formule, soit ici, pour moi : « En avant ! »
Entre chaque coup, je vous poserai quelques questions personnelles et professionnelles, afin d'entretenir agréablement la conversation en cheminant sur le fairway. Et entre chaque trou, je vous ferai part de quelques réflexions diverses et variées, directement inspirées des stratégies testimoniales.

Bonne partie... Bon voyage !

TROU 1 - EN AVANT !

Objectif : trouver son élan
État d'esprit : être en mouvement

Stratégie / Coup 1 - Faire un premier pas

Avec Hubert Chesneau, architecte du Golf National

Architecte de formation, c'est Hubert Chesneau qui a fait jaillir de terre le Golf National avec ses trois parcours aux portes de Paris, dont le célèbre Albatros où s'est disputée la Ryder Cup 2018 et où se dérouleront les Jeux Olympiques en 2024. Excellent joueur de golf, arbitre international, il a également été capitaine de l'équipe de France de 1975 à 1979, et directeur général de la ffgolf jusqu'en 2006.
« On ne connaît rien au jeu de golf tant qu'on n'a pas compris que le personnage éminent de l'affaire est à tout coup le parcours », écrivait le regretté Denis Lalanne dans *L'Équipe*, avant de louer le « souci du spectateur inscrit dans le paysage » de

l'Albatros et de placer en cela au moins Hubert Chesneau aux côtés « de Bobby Jones, inventeur d'Augusta National, qui avait eu le génie d'imaginer les foules du Masters. »
Hubert est tombé dans le goût des parcours dès son enfance au Sénégal. Il avait une dizaine d'années quand il a commencé le golf sur un terrain créé à Dakar par son père, architecte également. Avant de nous décrire son parcours, il évoque ses débuts avec beaucoup de plaisir et de nombreux rires...

Hubert Chesneau. « À l'époque, en Afrique, les fairways étaient de sable. On plaçait nos balles sur des bouchons d'eau de Vichy renversés, les greens étaient en fait des browns (mélange de sable et de mazout sur lesquels les cadets devaient passer un filet, comme sur la terre battue de Roland Garros). »

“ Ensuite, la passion n'a plus quitté Hubert, jusqu'à la direction générale de la ffgolf et la création du Golf National, sous la houlette du président Claude Roger Cartier.

HC. « Dans les années soixante-dix, la Fédération voulait déjà développer la pratique du golf en France. J'aimais jouer au golf et je voulais participer à sa promotion – je pense qu'il est toujours important de faire avancer les choses là où l'on se trouve. J'ai donc intégré bénévolement la ffgolf. À cette époque, on voulait inciter les villes à créer des golfs partout ! »

“ Claude Cartier, qui a succédé à Pierre-Étienne Guyot à la présidence en 1981, était également un promoteur né.

HC. « Sans la détermination de Claude, nous n'en serions pas là. Le Golf National ne se serait jamais fait sans lui. »

“ Claude et Hubert étaient clairement des visionnaires, mais Hubert se souvient en riant qu'on les appelait plutôt « les dictateurs ». Ce qui est certain, c'est que les deux compères étaient déterminés à développer le golf en France et qu'ils y sont parvenus. L'idée même du Golf National est née en 1985, lors du Peugeot Open de France de Saint-Germain.

HC. « J'ai dit à Claude que ce parcours de Saint-Germain n'était pas fait pour recevoir des milliers de spectateurs, que l'on devait bâtir un centre fédéral avec des formateurs pour initier de nouveaux golfeurs et avoir notre propre terrain de championnat. L'élite, c'est la locomotive indispensable à une fédération. Cartier m'a dit "Banco !" Il fallait avancer, et on a fait notre "Clairefontaine". Claude m'a demandé de chercher un terrain plutôt dans le sud-ouest de Paris, là où se trouvait la majorité de nos licenciés. J'avais une idée, je me suis mis à gribouiller des bouts de papier. »

“ Architecte DPLG, Hubert connaissait le maniement des volumes, des chantiers, des entreprises du bâtiment et des hommes. Il avait déjà créé d'autres golfs en France, dont le premier golf public de l'Hexagone, celui de Limoges Saint Lazare. Pour le grand projet du National, Hubert a demandé à l'architecte américain Robert von Hagge d'être, dit-il, « son œil clair », pour reprendre une expression chère aux Beaux-Arts dont il est issu.
Pour concevoir un bon parcours de golf, il paraît également indispensable de bien connaître le jeu, afin d'offrir un maximum de variétés de coups et pour tous les niveaux. Sans être Bobby Jones, Hubert est un excellent golfeur. En l'occurrence, à soixante-quinze ans, il est encore capable, selon l'expression consacrée, de « jouer son âge » – mais malheureusement, plus au National (il n'est pas le seul...).

HC. « Je conseille aux gens de faire l'Albatros pour s'y accrocher, pas pour améliorer leur index. » [Rires]

Questionnement[3] en faisant ce premier pas :
Perso : Comment ce livre est-il arrivé entre vos mains ?
Pro : Que cette réponse dit-elle de vous ? (Posez-vous cette question ad libitum.)
Sujet de dissertation en cheminant :
Il n'y a point de chemin vers le bonheur. Le bonheur, c'est le chemin.
Lao Tseu

Stratégie / Coup 2

Prendre conscience de ses motivations

Avec Anne Le Coniat, coach de golf, ex-entraîneure des équipes de France de golf

Formatrice à l'INSEP, Anne Le Coniat fait partie de ces femmes impressionnantes, sensibles et mystérieuses... Souriante et sérieuse, en tout cas, elle sait de quoi elle parle, c'est le moins que l'on puisse dire, et elle en parle très bien. Entraîneure nationale, puis directrice du haut niveau à la ffgolf, Anne a entraîné et coaché les équipes de France Dames et Messieurs pendant quinze ans, jusqu'à remporter le Championnat du Monde avec l'équipe féminine, menée par Gwladys Nocera. Titulaire d'un Mastère ESSEC en Management et Stratégie d'Entreprise, outre les sportifs de haut niveau (cavaliers, kayakistes, etc.), elle coache régulièrement des cadres d'entreprise dans leurs projets.
C'est à l'âge de treize ans, au Maroc, où elle vivait avec ses parents coopérants, qu'Anne est tombée amoureuse non pas du swing, mais d'un « espace de liberté, d'exploration », dans lequel elle a su immédiatement qu'elle pourrait pleinement exprimer sa personnalité hors du commun.

Anne Le Coniat. « À l'intérieur des règles, des contraintes du jeu de golf, vous êtes totalement libre ! Vous n'êtes pas tribu-

3 Vous trouverez mes propres remarques et réflexions à la fin de ce chapitre.

taire de l'adversaire, comme au tennis, par exemple, et j'adorais ça. »

“ La pratique du golf révélant sur le parcours des aspects de la personnalité des joueurs, l'effet peut être à double tranchant...

ALC. « Pour un golfeur expérimenté, il peut être intéressant d'observer, par exemple, comment il supporte la pression en tant que joueur, capitaine ou capitaine-joueur sur le parcours ou dans les vestiaires... On peut observer ainsi ce qui change quand on joue, quand on manage, quand on accompagne. Lorsque vous débutez au golf, vous montrez qui vous êtes quand vous ne maîtrisez rien. »

“ Par voie de conséquence, il n'est pas toujours évident de se lancer dans la pratique du golf, et encore moins de la poursuivre. Au début, on rate 99 % du temps, et cette frustration énorme dure des semaines. On ne comprend pas ce qu'il faut faire. On veut taper loin, et cela ne marche pas. On s'épuise à gesticuler dans tous les sens, en passant à côté de l'essentiel.

ALC. « Aux débutants, je conseille toujours de commencer par travailler le petit jeu, le bon contact de balle : c'est ce qui, plus tard, permettra de taper long, taper loin étant une conséquence. Une conséquence dépend, par définition, de ce qui précède : le bon contact de balle. Et ça se travaille au petit jeu.
Quand j'ai un nouvel élève, je lui dis : “ Imagine que je n'aie jamais joué au golf. Donne-moi une leçon.” Pour comprendre déjà où il en est, car on trouve un paquet de contresens techniques. Par exemple, l'élève doit savoir qu'avec les fers, pour envoyer haut une balle, il faut la compresser, la prendre en descendant, et non pas en montant – ce n'est pas évident pour tout le monde. 99 % des débutants n'ont pas compris comment

un club est conçu : ils cherchent à lever la balle ! C'est pour ça qu'ils plongent vers la balle, car ils n'ont pas compris la tâche à réaliser. Leur cerveau n'a pas la bonne intention. Ils ne font pas des erreurs techniques, mais de conception. Si on ne change pas ce qu'ils ont dans la tête, ils peuvent envoyer des milliers de balles sans jamais progresser. Ensuite, le grip est souvent à revoir. La face de club, c'est le reflet de la main droite. Toute l'expression du joueur est dans sa main droite. On progresse beaucoup en discutant dès le début. »

“ Anne parle de conséquences. Cette notion d'amont et d'aval est essentielle pour comprendre ce qu'il faut faire au présent, afin de changer le futur.

ALC. « Au-delà de leur chiffre d'affaires escompté, les chefs d'entreprise doivent s'interroger sur leur manière d'exprimer leur projet. Qu'est-ce que leur projet implique ? Comment sont-ils capables de le décliner, de le partager, de le communiquer ? »

“ Anne pose toujours des questions simples, directes et puissantes : « Qu'est-ce que vous voulez ? », « Qu'attendez-vous de moi ? » Ainsi, Anne et son client – sportif, golfeur, cavalier au Cadre Noir, aventurier ou cadre en entreprise, peu importe – peuvent repérer le véritable objectif à travailler, qui n'est pas toujours la première demande exprimée.

ALC. « Une fois que nous sommes d'accord sur l'objectif, nous cherchons quel premier pas la personne est prête à faire pour avancer dans la bonne direction... On avance comme ça, petit à petit. Quand une chose bloque, on va aller travailler ce blocage, défaire les nœuds, tranquillement, pour avancer de nouveau et atteindre l'objectif. »

“ Quand le psychologue travaille sur le « pourquoi vous vous levez tous les jours à 6 h du matin pour jouer au golf »,

« pourquoi vous pleurez parce que vous ratez vos putts », Anne se concentre plutôt sur l'opérationnel : elle s'intéresse davantage au comment.

ALC. « La question est : “Comment tu fais pour réussir, comment tu fais pour rater, comment tu fais pour avancer ? Et si tu ne peux pas faire comme ça, comment tu peux faire autrement ?” Je demande toujours aux entraîneurs techniques de demander à leurs athlètes non pas “Pourquoi tu as raté un coup ?” [On ne sait pas quoi répondre, et la question agace.], mais plutôt “Comment tu as fait pour le rater ?” Là, on a accès à un processus, à du matériel sur lequel on peut travailler. »

“ Le pourquoi vient alors naturellement habiter la réponse. C'est l'élève qui trouve sa voie.

ALC. « Quand on me dit “J'aimerais être champion olympique”, ma réponse n'est pas “Pourquoi tu veux être champion ?” mais “Comment ce sera quand tu seras champion olympique ?” »

Questionnement en faisant ce premier pas :
Perso : Que voulez-vous ? Qu'attendez-vous des autres ?
Pro : Comment ce sera, pour vous, quand vous aurez obtenu ce que vous voulez ?
Sujet de dissertation en cheminant :
Les gens de type POURQUOI sont des visionnaires à l'imagination hyperactive. [...] Les personnes de type COMMENT vivent davantage dans le moment présent. Elles sont réalistes et possèdent un sens plus clair du côté pratique des choses.
Simon Sinek

Stratégie / Coup 3 - Prendre conscience de ses besoins
Avec Patricia Meunier-Lebouc, championne de golf et entraîneure de l'équipe de France Dames

Patricia Meunier-Lebouc dégage une incroyable énergie positive. Dans son très classique polo Lacoste bleu marine, l'ambassadrice de la marque au crocodile resplendit. Solaire, elle irradie littéralement avec ses longs cheveux et son immense sourire. Et ce bonheur, elle a la générosité de le partager largement avec une infinie bienveillance, en évoquant quelques grands souvenirs très inspirants, qui ont marqué sa carrière de sportive de haut niveau.
Patricia a vécu une carrière exceptionnelle, jalonnée de deux participations en Solheim Cup et sept victoires, dont la plus prestigieuse en 2003, au Kraft Nabisco, tournoi Majeur, deux ans après son arrivée sur le LPGA, une année après son installation aux États-Unis, où elle vit toujours avec son mari et sa fille, à Jupiter (Floride). Entraîneure de l'équipe de France Dames, elle met aujourd'hui son immense expérience au service des jeunes joueuses françaises et de ses élèves, qu'elle coache à l'Ibis Golf Club West Palm Beach, non loin du célèbre Martin Hall.
Tout a commencé dès son enfance, grâce à son moteur : son goût immodéré pour la compétition. Il suffisait qu'il y ait un enjeu, aussi minime fût-il, et Patricia s'enflammait ! Une simple course à l'école, et il fallait qu'elle la gagne, quitte à ne plus pouvoir marcher pendant trois jours. Ce qui l'intéressait, ce n'était pas l'idée de battre les autres, d'être la meilleure, non : ce qui l'animait, c'était l'occasion de se dépasser, d'élever ses capacités. Ce goût du challenge personnel, c'est ce qui lui a fait préférer le golf au tennis, sport qu'elle pratiquait déjà à un bon niveau, mais où ses entraîneurs lui conseillaient de « haïr » ses adversaires pour se motiver – une mentalité qui ne lui correspondait pas du tout.
Patricia a commencé à jouer au golf avec son père, vers l'âge de douze ans. Elle y a découvert un « univers magique », qui

lui convenait parfaitement : ce sport la défiait en permanence, et ses performances n'affectaient pas les résultats de ses partenaires, donc ses relations avec ses camarades de jeu. Le golf alliait ce qu'elle préférait au monde : les relations amicales et le goût de la compétition, sans haine de qui que ce soit. « Avec les copains, entre deux coups, on pouvait parler et rire comme j'aime. » En effet, au golf, ce n'est pas parce que vous faites birdie que l'autre fait obligatoirement bogey ; votre résultat n'influence pas le score de l'autre : chacun sa balle, chacun sa route, chacun son destin...

Patricia est très expressive, particulièrement habitée, animée. Elle parle avec les mains, comme on dirait à Marseille. Pourtant, c'est une pure Bourguignonne, née à Dijon. Mais elle vit tellement les choses qu'elle ne peut s'empêcher de les mimer, de les souligner par de grands gestes et de nombreux éclats de rire. Comme tous les pros qui veulent exceller dans un art ou un sport, elle a le goût de l'effort, mais ce qui compte avant tout pour elle, c'est l'action !

Patricia Meunier-Lebouc. « L'action, c'est vraiment mon moteur. Au-delà de la compétition, c'est de l'action dont j'ai besoin. Dès que j'entre dans le mouvement, avec un bon rythme, le bon état d'esprit, c'est comme si je devenais un rouleau compresseur. Chez moi, il y a cette trame qui fait qu'une fois que je suis lancée, avec les bons paramètres, il n'y a plus grand-chose qui puisse m'arrêter. En compétition, même quand mon golf n'était pas extraordinaire, quand j'étais bien dans mes baskets, je savais qu'une fois lancée, j'avais les clés pour faire de grandes choses. »

“ Patricia nous révèle d'emblée des vérités sur lesquelles nous reviendrons, afin de mieux les illustrer : on ne naît pas héros, on le devient. C'est la piste d'élan qui permet à l'avion de décoller : pas besoin d'être le meilleur pour devenir un champion.

PML. « Contrairement à ce que l'on pourrait imaginer, il n'y a pas besoin d'être à 100 % de ses capacités pour gagner. La performance, c'est la capacité de se lancer et de tracer sa route en sachant où l'on va. La performance, c'est comment on arrive à faire de grandes choses avec des bouts de ficelle ! »

“ Le travail mental à effectuer pour atteindre la « performance » diffère selon les objectifs et, surtout, les personnalités. Ce travail, Patricia l'a vu comme un judicieux moyen d'éclaircir la complexité qui était en elle, d'être plus libérée dans l'action.

PML. « Grâce à mon travail avec ma coach mentale, Nicole Ortis [qui, par ailleurs, est aussi sa tante], j'ai découvert que je pouvais me lancer à fond dans l'action, comme j'aime, sans retenue, sans qu'à chaque pas, j'aie à me poser des milliers de questions, sans que se mette en marche ce que j'appelle la “machine à laver”. »

“ Pour Patricia, gamberger est synonyme d'horreur absolue. Heureusement, elle a trouvé le remède très tôt.

PML. « J'aime être à fond dans l'action, ne pas avoir, pendant dix-huit trous, à me demander si je suis au bon endroit, si je dois tout remettre en question à chaque coup raté. C'était pour moi hyperimportant d'arriver à tout poser avec Nicole lors de nos rendez-vous, de réfléchir sur moi, mes besoins, d'arriver à tout débroussailler – comme on débroussaille un champ d'herbes folles – pour que l'horizon soit dégagé, et qu'ensuite, je puisse faire ce que j'avais à faire le reste du temps, et ne plus me poser de questions en dehors des séances. »

“ L'un des avantages de la préparation mentale est de limiter ce travail difficile sur soi à une temporalité définie et dans un cadre bienveillant, respectueux, tolérant, où l'on peut

« se prendre la tête » une bonne fois pour toutes... jusqu'à la prochaine séance.

PML. « C'était un travail lourd. À chaque fois, il fallait que j'exprime ce que je ressentais, et pas uniquement ce que je pensais. J'ai fini par développer cette capacité de répondre avec autre chose que ma seule raison. J'ai fini par apporter des réponses qui m'étaient naturelles.
Je me souviens qu'au début, je répondais tout le temps : "Ben, je sais pas..." Nicole me disait alors : "Bien, laisse-toi sentir..." Je fermais les yeux, j'expirais pour me détendre, et soudain, il me sortait des trucs hallucinants ! Ça devenait limpide, alors que la seconde d'avant, je n'avais aucune idée de ce que j'allais pouvoir dire. Je suis très terre à terre, mais le fait d'être capable de temps en temps de lâcher la terre pour se "laisser savoir", c'était une façon d'optimiser mes prises de décision, de me libérer après dans l'action et finalement réussir. »

“ Au golf, on peut réussir sans se faire d'ennemis. Les partenaires sont là pour nous stimuler, nous aider à nous révéler à travers la compétition, nous aider à dépasser nos limites.

PML. « J'ai découvert très jeune que j'aimais la compétition. "La carte et le crayon", comme on dit au golf. Dès que ça comptait, mon niveau de jeu s'élevait ! Il fallait que je donne tout. C'est cette gestion frontale du challenge, de l'adversité et de soi, sur dix-huit trous, pendant quatre jours, qui m'a vraiment passionnée. Lors d'une compétition, les choses sont très claires : du 1er au 72e trou, en fait, ça ne s'arrête jamais, sur le parcours et en dehors. On se crée ainsi une véritable boîte à trésors, car on apprend beaucoup sur soi, les autres, le monde. »

Questionnement en prenant conscience de ses besoins :
Pro : Que savez-vous quand vous ne savez pas ?
Perso : Vous ne savez pas, O.K., mais que sentez-vous ?

Sujet de dissertation en cheminant :
Le golf est une façon de nous évaluer tout en nous amusant.
Arnold Palmer

Stratégie / Coup 4 - Avoir une vision

Avec Michel Teichet, Master pro PGA Golf ParisLongchamp, producteur et animateur de Fréquence Golf

Michel Teichet n'est pas du genre à prendre des vacances : il préfère « prendre des moments ». J'adore cette formule très inspirante ! Quelle belle idée, en effet, que de vivre avant tout des moments magiques chaque jour, chaque semaine, chaque mois, chaque année (à définir selon les goûts, les possibilités et les moyens), des moments privilégiés, pendant lesquels on peut se reposer ou se faire plaisir sans attendre forcément les « vacances ».
Coach de golf, préparateur mental, spécialiste des neurosciences, pilote d'avion, réalisateur, producteur, animateur de l'émission *Série Birdie*, de *Fréquence Golf*, Michel est le parangon de l'homme pressé, super actif, qui se partage entre Paris et la Côte d'Azur. Vous le voyez cinq minutes, et vous avez compris qu'il est du genre à mettre de « l'extraordinaire dans son moteur ». Il a faim, il a soif de vie. Généreux, entier et passionné, il dégage toujours une énergie particulièrement communicative.

Michel Teichet. « Quand je fais quelque chose, je le vis toujours comme une opportunité extraordinaire ! Par exemple, c'est une chance incroyable de pouvoir discuter avec une personne de ta qualité dans ce cadre exceptionnel du Golf ParisLongchamp. J'en ai conscience. À partir de là, j'essaie d'être au top. En fait, je ne vois pas comment réussir, si on ne s'engage pas à fond ? La clé, c'est de voir grand dès le départ... Car la nature de l'homme est le progrès !

Onassis a commencé par acheter un camion, puis deux camions. Puis beaucoup de camions. Puis des bateaux ! Donc la question, c'est : "Qu'est-ce que je peux faire pour être au top ?" Quand Pascal Grizot a organisé la Ryder Cup en France, il a vu grand pour la France ! Comment peut-on réussir un projet si on ne voit pas grand ? Pourquoi faire quelque chose, si ce n'est pas pour faire du mieux possible ? Autant cultiver son jardin. Pour moi, il faut que ça ait de grandes dimensions pour que je puisse me dire à la fin de mon ouvrage : "Ça a eu un sens." Toutes les belles choses dans la vie se font avec passion. Les passions n'ont pas de limites. On ne peut pas être modérément passionné. »

“ Parce que la métaphore est parfaite, il est commun de comparer la réalisation d'un projet à l'ascension d'une montagne. Mais pour Michel (et Patricia) une fois décidé le sommet – très haut, nous l'avons compris –, il s'agit d'avancer.

MT. « Tu grimpes sans te retourner au moins jusqu'au camp de base, tu ne t'arrêtes pas tous les dix mètres pour te demander où tu en es. Il y a des points de passage, certes, mais globalement, il n'y a pas un milliard d'échéances. »

“ Michel a pour habitude de voir grand. L'une des qualités de cette approche est qu'elle permet de voir les autres plus grands, également, de voir avant tout leur côté positif, et ainsi, de mieux trouver les personnes positives qui vous permettront d'aller au bout de vos rêves.

MT. « Une fois que j'ai la vision, je me demande comment m'entourer, car l'entourage est crucial. Avec quelle équipe j'y vais. Seul, on ne peut plus y arriver. Il faut une équipe et des coups de pouce du destin, qui passent souvent par de belles rencontres. On a besoin d'accélérateurs qui boostent le décollage. C'est pareil pour les startupers, quand ils cherchent à lever des fonds.

J'ai la chance d'avoir des partenaires extraordinaires pour *Série Birdie* ou *Fréquence Golf*, comme Panasonic. Et il y a eu des personnes, comme Pascal Grizot, qui n'avaient pas du tout besoin de moi, qui ont été très sympas, généreuses, et m'ont apporté leurs compétences, m'ont encouragé... Je pourrais mourir pour ces personnes qui m'ont aidé au bon moment. »

“ Si Michel aime s'entourer d'amis, il nous invite en revanche à nous méfier de certains conseilleurs : les « décourageurs ». Ce qui me fait songer au dramaturge Ibsen – « Les amis sont dangereux, non point tant par ce qu'ils vous font faire, que par ce qu'ils vous empêchent de faire. » – ou au golfeur Tony Lema – « Au moment de choisir votre partenaire, prenez toujours l'optimiste. » Bref, attention aux briseurs de rêves...

MT. « Le truc qui me flingue, ce sont les conseils du genre : “Fais les choses avec parcimonie.” Il faut au contraire laisser les gens avoir des impulsions ! Il n'y a pas pire dans la vie que les gens qui cassent les enthousiasmes ! »

“ Sans surprise, quand il s'agit de décider, le coach de golf ne tergiverse pas longtemps.

MT. « Mes grandes décisions, je les prends en une heure. En fait, comme dans les dessins animés, je jette la pierre, la corde suit, et Michel part avec ! » [Rires]

“ J'adore cette image de dessin animé pour se mettre en mouvement ! On y va ! Que ce soit en affaires, en golf ou pour une demande amoureuse, on se lance dans un bel élan de vie. On fait une proposition, on attaque le drapeau, on déclare sa flamme. Une pépite de plus à ajouter à ma bibliothèque d'imagerie mentale. Merci Michel !

Questionnement en trouvant sa vision :
Pro : À quoi bon faire ce que vous faites si vous ne le faites pas à fond ?
Perso : Voyez-vous les choses en grand ou en petit ? Que cela change-t-il, selon vous ?
Sujet de dissertation en cheminant :
La perfection ne consiste pas à faire des choses extraordinaires, mais à faire des choses ordinaires de façon extraordinaire.
Dicton japonais

L'APPEL DU HÉROS
S'ÉLANCER

Au village, j'ai entendu un message qui me disait : « En avant ! » J'ai aimé cet appel et ai veillé à y répondre par quatre stratégies reçues de mes amis :

- ☑ *Faire un premier pas pour progresser.* Hubert Chesneau
- ☑ *Prendre conscience de ses motivations et les mettre en action.* Anne Le Coniat
- ☑ *Prendre conscience de ses besoins et mieux les satisfaire.* Patricia Meunier-Lebouc
- ☑ *Avoir une vision et trouver une nouvelle source d'énergie.* Michel Teichet

Et j'ai pris conscience que la route serait longue avant le repos.

MISCELLANÉES
ENTRE L'ÉLAN ET LA MISSION

L'un des énormes avantages du golf est que l'on peut « discuter avec ses partenaires de jeu en cheminant », comme le dit Patricia. Dans cet espace entre deux coups, entre deux trous, vers le prochain départ, je vous propose donc, sous la forme de miscellanées, une mosaïque de réflexions, d'idées éparses sur le coaching, le développement personnel, le management, la gestion de projet, la stratégie, le marketing, la psychologie ou encore la philosophie, que j'aimerais partager avec vous pour prolonger les témoignages précédents. Il ne me manquera que vos retours, vos propres réflexions – j'espère bientôt remédier à cela en ayant le plaisir de partager une partie avec vous.

IGNORAMUS

La science moderne est celle de l'*ignoramus*, que Socrate exprimait déjà ainsi : « Je ne sais qu'une chose, c'est que je ne sais rien. » Sachant que je ne sais rien, je peux observer des phénomènes, comme celui du mouvement : je me meus, je peux observer les changements que ce mouvement crée en moi et autour de moi, je peux étudier, analyser ces changements, les modéliser, agir et réagir en fonction des feed-back que je reçois suite à de nouveaux mouvements. Je peux surtout entamer ainsi le voyage du héros...

MOTIVATION

Rappelons brièvement que la motivation repose sur une direction (une décision ou un choix), une allocation de ressources (énergie, temps, argent), une intensité d'investissement (quantité et qualité) et une persistance dans l'investissement, autrement dit, la persévérance. Pour commencer, il est donc utile de se fixer des premières cibles intermédiaires, qui paraissent relativement difficiles mais accessibles, ce qui nous permettra d'aller plus loin.

Notre comportement est fondamentalement régulé par des buts à atteindre. Ces buts dirigent et mobilisent notre attention. Le grand objectif et les objectifs intermédiaires permettent de réguler notre mobilisation dans l'action. Encore faut-il trouver l'élan, d'où découlera le mouvement.

CHOIX

Avez-vous vraiment le choix ? Grande question du libre arbitre que se posent les philosophes depuis la nuit des temps. Pour apporter une tentative de réponse à cette question existentielle, je vais vous raconter une expérience menée dans un restaurant, en 2010, par des psychosociologues français (Jacob, Guéguen et Boulbry) : elle a l'avantage d'être simple et explicite.

Dans un restaurant traditionnel qui vendait peu de poissons, nos éminents chercheurs se sont contentés d'installer une statue d'un vieux loup de mer à l'entrée, de remplacer les fleurs séchées par des petits bateaux en plâtre sur les tables, et les serviettes en papier ivoire par des serviettes avec une illustration maritime. Résultat : cette nouvelle décoration a fait bondir le choix des plats de poisson de 32 % à 65 % ! Sans autre modification et sans que les clients ne soient consciemment en mesure de faire le lien entre l'ambiance marine et leur commande.

L'homme ne fonctionne pas comme un ordinateur : il réfléchit, ressent, décide en fonction de son environnement. Comme le concluent les auteurs : « L'influence par amorçage existe bel et bien. Parfois, il suffit de peu de choses pour influencer un comportement ou un jugement. » On est toujours très perméable à ce qui nous vient facilement à l'esprit...

Alors, quid quand il s'agit de vivre au 52e étage d'une tour ou au bord d'un golf ? Faites toujours attention à ce qui vous entoure et vous influence plus ou moins volontairement. Il se peut que d'autres décident pour vous, sans que vous ne vous en rendiez compte.

STRESS

« Ce qui est important, ce n'est pas ce qui nous arrive, mais la manière dont on le prend », disait Hans Seyle, médecin, inventeur de la notion de stress au milieu du XXe siècle.
Rappelons en premier lieu que le stress relève de la perception d'un décalage réel ou imaginaire entre ses capacités perçues et la difficulté perçue de la tâche à réaliser. Par voie de conséquence, plus on se sent capable de « faire face » et de s'adapter, moins on est stressé – d'où l'importance de toute formation technique, physique, mentale pour se « mettre à niveau ». Ensuite, n'oublions pas qu'il est normal d'éprouver du stress si la situation nous importe, et qu'il peut même être un ami en nous mobilisant.
« Le simple souci est à l'origine de tout », écrivait Camus. Donc avec le stress, on est bien au cœur de la vie humaine, au cœur de la matrice : le souci. Par nature, l'homme est un animal soucieux, car *in real life*, contrairement aux jeux vidéo, pas de deuxième vie ! *Game over*, pas de seconde chance dans la vraie vie, comme au golf. Ce souci nous a donc permis de survivre en dépit d'un corps maigrichon, dépourvu de poils, de crocs et de griffes. Sans quoi, nous aurions été vite terrassés par le premier loup croisé ou intoxiqués par une simple petite baie rouge. Reconnaissons qu'il y a de quoi être stressé ! Et cet univers impitoyable, qu'on le veuille ou non, est le nôtre.
Le stress nous sert à sauter plus haut, courir plus vite, nager plus loin. Hans Seyle a défini le stress comme étant « l'ensemble des moyens physiologiques et psychologiques mis en œuvre par une personne pour s'adapter à un événement donné. »
Stimulant, le stress *positif* – ou « eustress », comme le désigne Seyle – est là avant tout pour nous réveiller, nous inciter à nous bouger pour apporter une réponse adaptée à la situation. Le stress est donc un processus d'adaptation (d'intelligence). Il devient *négatif* quand il ne permet pas un retour à l'équilibre et alimente l'état de détresse de l'organisme face à son environnement, quand il bloque l'élan, le mouvement, quand il parasite trop la réponse.

Le stress résulte d'une interprétation de la réalité. Quand vous basculez en hyperstress (votre cerveau ne sait plus quoi faire), essayez de revenir à la réalité en vous (re)connectant à votre corps, car c'est lui qui est en contact direct avec la réalité. Comment ? En contrôlant votre respiration ou en vous pinçant, tout simplement, comme le fait Greg Norman. Respirez avec le ventre, expirez lentement en répétant la formule de Seyle : « L'important n'est pas ce qui nous arrive, mais la façon dont on prend la chose. »
Souriez. Même si ça fait mal... Plaisantez avec des amis pour éteindre les boutons « Danger ! » qui hurlent à vos oreilles et font disjoncter votre cerveau. Sortez la tête des épaules, gonflez votre confiance en vous. Transformez le stress en un gentil petit diable qui cherche à vous piquer avec son trident, observez-le s'agiter sur votre épaule et réfléchissez à la manière de séduire votre public, car tout cela n'est que du cinéma ! Tout ce qu'on fait est toujours un peu ridicule, et la vie continue. N'est-ce pas ? *Comme au cinéma*, mettez la situation à distance – comme si vous regardiez la scène, confortablement installé derrière la caméra du réalisateur.
Vous n'êtes pas le public, les partenaires qui vous font face. Vous n'êtes pas votre stress. Vous n'êtes pas votre cœur d'Homo sapiens qui s'emballe : vous êtes *ici et maintenant* le réalisateur de votre vie : « Que le spectacle commence ! »
Faites votre job, faites semblant, jouez votre rôle. Acceptez les risques d'« être jeté là », comme dirait Heidegger, de vivre ou du business. Acceptez la réussite ou l'échec, comme les deux faces d'une même pièce – de théâtre –, sachant que l'échec n'est jamais certain.
À propos de business (qui rime avec stress), je vous rappelle que « sans stress, no business. »

COMMENT ?

Au démarrage, en golf comme en tout, il est bon de comprendre le but du jeu, les règles (un excellent moyen de gagner des coups gratuits, sans tricher), la mécanique des choses. Il est bon de

donner du *sens* pour ne pas se tromper de direction.
Par exemple, comme l'expliquait Anne, les clubs sont fabriqués pour envoyer la balle en l'air avec des angles différents d'ouvertures (contrairement à une raquette de tennis) : il s'agit donc de chercher à compresser la balle avec les fers, non de tenter de la soulever, ce qui peut paraître contre-intuitif.
Dans un autre domaine : comment gagne-t-on au golf ? En faisant le moins de coups possible, et non en envoyant la balle le plus loin possible ou en ayant le plus beau style. Si vous n'avez pas compris cela, vous risquez de faire fausse route. D'où le fameux adage : « Au golf, on ne dit pas "*comment ?*" mais "*combien ?*" »
Les chefs d'entreprise ont également besoin de comprendre la mécanique des choses pour prendre de bonnes décisions dans des systèmes complexes. Pour maîtriser les trajectoires, ils doivent avoir de bons contacts humains, de bonnes approches, de bonnes intentions. Ils doivent avoir une vision, une cause, une mission à partager, des repères pour savoir s'ils sont sur la bonne voie et si l'enjeu est le combien ou le comment, à court et long termes.
Le psychanalyste Freud a eu besoin de comprendre le pourquoi des rêves pour découvrir l'inconscient et ses désirs. En revanche, Milton Erickson, créateur de l'hypnose et de la communication qui portent son nom, n'a pas eu besoin de comprendre pourquoi il était dyslexique pour s'en guérir.

SCORING

Pour gagner au golf, il faut faire le plus petit score possible, O.K., mais les leçons d'un parcours ne dépendent pas toujours du résultat obtenu. L'essentiel est le chemin, ce qu'il nous enseigne. C'est le voyage initiatique qui nous révèle à nous-même. Ce sont les rencontres, les aventures, les épreuves surmontées qui renforcent l'héroïsme d'Ulysse, pas sa destination.
Aimez votre chemin, votre voyage, votre parcours, le personnage principal : il vous ressemble beaucoup. Et si vous avez la chance de jouer au golf, servez-vous du parcours comme d'un

formidable outil de développement personnel, où travailler votre posture ou encore votre jeu d'influence, tout autant que vos cibles stratégiques.

COACHING

Le coaching n'est pas de la psychologie (pourquoi), mais de la pédagogie (comment). Seulement, entre le pourquoi et le comment, comme écrivait Gide, « la science ne progresse qu'en remplaçant partout le pourquoi par le comment ; mais si reculé qu'il soit, un point reste toujours où les deux points d'interrogation se rejoignent et se confondent. »
Le rôle du coach n'est pas de montrer la voie, mais d'accompagner, d'aider à trouver des trésors, des ressources, de donner du sens. Comme on l'a très bien vu avec Patricia, les séances de préparation mentale permettent de ménager une « zone réservée à la réflexion », où nous cherchons avec la personne coachée à ouvrir une voie. Ces sessions brèves permettent de se consacrer à l'action le reste du temps (l'immense majorité).
La mission d'un coach est parfois de faire sortir son client de sa zone de confort – en toute sécurité – pour lui permettre, plus tard, de mieux entrer dans la zone (le flow, traité plus spécifiquement au chapitre 16). Néanmoins, au quotidien, mon approche du coaching relève de l'accompagnement des personnes vers du mieux-être, en autonomie et en harmonie avec leur environnement : je cherche à les aider à mieux percevoir leur réalité, en tenant compte notamment des leçons d'Edgar Morin : « Ce que je perçois avec mes yeux n'est jamais une photographie de la réalité. Ce que je perçois avec mes yeux, c'est une traduction, suivie d'une reconstruction mentale. [...] Mais il y a des risques d'erreurs dans la traduction, comme il y a des risques d'erreurs dans la reconstruction. »

CHAMPION

Le plus amusant dans ces histoires de limites imposées par l'architecture et les règles du golf est qu'il nous faut risquer de jouer *hors limites* pour éprouver nos propres limites. Ces limites spatiales donnent tout le piment à la chose : « À vaincre sans péril, on triomphe sans gloire. » Ces limites, il faudra en triompher pour l'emporter sur le champ des autres joueurs, car l'enjeu sur ce champ de bataille qu'est un parcours de golf reste d'être le champion du jour, c'est-à-dire, selon l'étymologie latine du mot, « celui qui combat en champ clos pour soutenir une cause. »

Nous y sommes : comment devenir ce champion – trouver sa cause à défendre – sans avoir à être plus héroïque que le Cid ? Car tout golfeur évolue toujours entre deux mondes plus ou moins chevaleresques. Le plaisir du joueur est donc de s'autoriser la fantaisie et la hardiesse d'une aventure cynégétique ou martiale en pleine nature, mais dans certaines limites, les parcours étant entretenus comme les jardins à Versailles (et non une forêt hostile), et les dimensions d'un parcours de golf étant royales. Comme aux échecs, la mort n'y est que symbolique.

Un champion n'est pas quelqu'un qui ne rate jamais, au contraire : c'est quelqu'un qui accepte de rater beaucoup, d'avoir mal, et continue, malgré tout. Certains sont mieux armés que d'autres pour cela, mais cela se travaille. Nous en reparlerons.

RISQUES / AVENIR

Les notions de limites, de prise de risques, d'élévation, de créativité me ramènent toujours à l'un de mes ouvrages préférés, *L'Avenir est ouvert*, un livre d'entretiens entre Konrad Lorenz et Karl Popper. Ces deux grands penseurs du XXe siècle s'interrogent autour de la question : « Qu'est-ce que vivre ? » Dans cet extrait, l'éthologue s'adresse au philosophe : « Je suis bien d'accord avec toi pour dire que chaque être vivant se construit sa niche écologique, et ce, parmi toutes les autres. Et lorsque tu dis que celui qui prend un risque parvient à un étage au-dessus, c'est tout à fait en accord avec mon sentiment qu'un être vivant doit inventer quelque chose de nouveau et prendre un certain risque, un risque d'autant plus élevé qu'il vise haut. » Existe-t-il plus bel appel à l'aventure ?

YALLA !

De la naissance à la mort, la vie ne s'arrête jamais. Il en va de même des tournois de golf sur quatre jours et trois nuits. Et ces tournois s'enchaînent de semaine en semaine, entrecoupés de voyages en avion, de séances d'entraînement et de récupération, comme l'expliquait Patricia, ce qui nécessite une parfaite préparation et une excellente hygiène de vie pour être en mesure de donner le meilleur de soi dans l'action pendant une longue durée – en espérant, bien sûr, que cela aboutira au meilleur résultat possible.

Il en va de même en affaires. Il s'agit d'être en forme pour aller jusqu'au bout : la compétition finie, le contrat signé. Après, il sera toujours temps de s'interroger sur ce qui a marché ou moins bien fonctionné. Mais dans l'action, on est là, et on avance !

Selon le témoignage de l'un de ses camarades d'université, peu importe ce qu'il arrivait à Dustin Johnson – un quintuple bogey ! – sur un parcours de golf, il continuait comme si de rien n'était. En juillet 2020, DJ a joué +16 sur les deux premiers tours du Memorial. Interpelé par des journalistes qui l'interrogeaient sur les raisons de cette contre-performance, il a répondu : « Je ne sais pas vous, mais moi, je tape des mauvais coups très souvent. Mais c'est très facile à oublier. J'ai juste besoin de deux bons coups, et c'est reparti. » En effet, il a vite retrouvé la première place mondiale. C'est peut-être sa plus grande force. On a vu que c'était celle aussi de Tiger lors du Masters 2020 (vous trouverez plus de détails dans les miscellanées du chapitre 8).

« Yalla ! » (en avant !), comme disait sœur Emmanuelle dans son bidonville du Caire, car il s'agit toujours d'avancer, malgré les obstacles, coûte que coûte.

Chapitre 2

TROU 2
L'APPONTAGE

Objectif | Trouver sa mission

État d'esprit | Être à l'affût

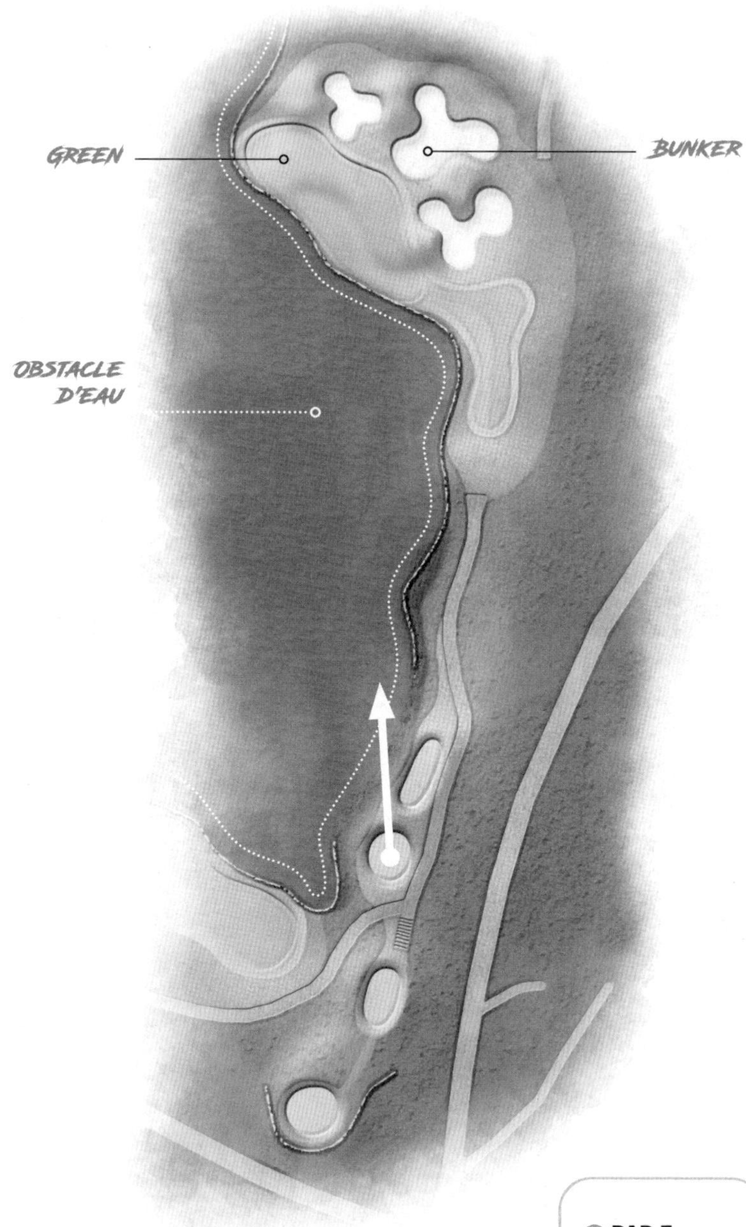

PAR 3
141 mètres

Hubert Chesneau

TROU 2 - L'APPONTAGE

« J'ai appelé ce trou l'appontage, car c'est vraiment, depuis l'aire de départ, ce que je ressentais face au green que l'on surplombe. On a une vision du dessus, tel un pilote dont la mission est de se poser sur une piste de porte-avions. C'est très spectaculaire : il y a toute l'eau à survoler, et il faut être très précis en profondeur. Ni trop court, bien sûr, ni trop long, à cause des bunkers. Il faut attraper « le crochet » au début de la piste, et pas à la fin. C'est un clin d'œil. Pour les professionnels, aucun problème. Ils savent combien de mètres ils ont à survoler jusqu'à la berlinoise : ils prennent trois mètres de sécurité en plus, et c'est tout. Quand on connaît exactement sa longueur de club, il n'y a pas de difficulté. Quant aux amateurs, ils approvisionnent copieusement le plan d'eau. [*Rires*]
C'est un vrai challenge !
Heureusement, le vent est généralement porteur, et il y a de la place à droite... L'essentiel est d'être en confiance. Moi, je ne joue pas au golf pour pleurer, même si, de temps en temps, comme tout le monde, j'ai envie de tout balancer dans la mare... Mais je ne l'ai jamais fait, contrairement à d'autres. [*Rires*]
Le golf est un sport, mais il reste un jeu. Dans les autres sports, le tennis, le judo, le rugby, il y a des adversaires à affronter. Là, il n'y a personne, mis à part le terrain, qui parfois se défend bien. Mais je ne dirai pas qu'on se bat contre le terrain. Pour moi, on doit le prendre tel qu'il est, en respectant les règles. On ne se bat pas contre *mais* sur *le terrain, avec l'angle, la lumière, le vent. Le golf est là, on avance sur le parcours et on l'aborde comme lors d'une randonnée : quand tout à coup, ça monte, la pente n'est pas contre nous. »*

TEE TIME

Nous viendrait-il à l'idée, en effet, lors d'une balade en campagne, de dire que la colline est contre nous ? Non, à moins de souffrir de paranoïa ! La colline ne nous en veut pas personnellement. Elle n'a rien contre nous. Elle est juste là. Et nous pouvons nous en ravir, car elle enrichit notre promenade. Elle rompt la monotonie, comme les obstacles qui rendent le parcours plus intéressant, plus instructif. Souvenez-vous du conseil amical du champion américain Lou Graham : « Si vous tentez de battre un terrain, vous serez vaincu. »

Le coach de golf Michel Teichet a très souvent bien scoré sur l'Albatros ; aussi adore-t-il ce parcours : « Les trous du National m'hypnotisent par leur difficulté. Ils me font peur et me fascinent. Comme sur un ring, face à un adversaire que l'on sait plus fort que nous : on ne peut s'empêcher de vouloir le combattre. On cherche toujours comment le vaincre. C'est un challenge. Et ce trou 2, par 3, arrive très vite. Il faut donc très vite être très bon. Si tu ne sors pas le coup de fer nickel, tu as un problème dès le début de la partie. En fait, j'adore détester certains trous, comme on aimait adorer-détester JR dans *Dallas.* » [Rires]

Cet appontage motive aussi la coach Olga Leonovitch : « Au début, ce trou me faisait très peur. J'avais la sensation qu'il y avait de l'eau partout ! Je l'ai raté souvent. Je ne trouvais pas le bon club. Après, je me souvenais toujours d'avoir manqué la fois d'avant, comme un poison mental qui me parasitait, et je ratais encore. Je n'arrivais pas à effacer le souvenir de la balle qui tombe dans l'eau, et ça me faisait rater... Maintenant, je réussis à frapper la balle normalement, sans peur, et elle ne tombe plus dans l'obstacle. C'est ça qui me plaît. J'ai réussi à dépasser la pensée négative. Pour moi, si j'arrive à dépasser ce trou, tout ira bien ! »

On voit d'emblée combien l'aventure sur l'Albatros sera périlleuse.

L'APPEL DU HÉROS S'OUVRIR

Joseph Campbell - Le voyage du héros : « Le héros, qui a répondu à l'appel qui lui est fait et qui poursuit sa route courageusement, découvre à ses côtés, au fur et à mesure que s'en présentent les conséquences, toutes les forces de l'inconscient. »

Mobilisation / Mission
Face au vertige, ma peur du vide, j'ai décidé, tel l'albatros survolant les mers, de fondre sur ma mission dès qu'elle s'offrira à moi. J'espère ainsi progresser grâce aux forces protectrices qui ne manqueront pas de se présenter à moi – même Ethan Hunt n'est pas seul.

TROU 2 – L'APPONTAGE

Objectif : trouver sa mission
État d'esprit : être à l'affût

Stratégie / Coup 5 - Relever les défis

Avec Jean-Lou Charon, président de la Fédération française de golf de 2013 à 2020

Son œil brille de malice et gentillesse mêlées, il aime les gens et la vie – et ils le lui rendent bien.
Jean-Lou Charon est né le 5 janvier 1947 à Sarrebruck, en Allemagne. Élevé par ses grands-parents, dans une double culture franco-germanique, il représente l'idée même de la force tranquille, de celle qui n'effraie pas, qui avance doucement mais sûrement vers son but, avec ses atouts, son ouverture d'esprit et son éducation raffinée, qui n'entame pas sa détermination.
Sportif accompli (football, rugby, tennis), il a découvert le golf à trente-huit ans, un âge où il n'est plus question de devenir un champion, mais où l'on peut se faire plaisir et, surtout,

progresser, ce qu'il ne s'est pas privé de faire, jusqu'à descendre sous la barre des 20 d'index. C'est au Golf de Rebetz, à proximité de Paris, qu'il a fait ses premiers pas dans la vie associative, premiers pas qui, en passant par la Suisse, l'Afrique du Sud ou encore le célèbre Golf Club de Lyon, l'ont mené à la tête de la Fédération française en 2013, où il a effectué deux mandats. Mission accomplie.
Le golf, comme la vie, nous offre de nombreux challenges au fil du parcours. Jean-Lou nous conseille de les relever sans coup férir, notamment en investissant sur la confiance et en se mettant au service des autres. Il n'hésite pas à revenir sans langue de bois sur sa riche carrière professionnelle, sa pratique passionnée du golf et son amour indéfectible de la vie associative.

Jean-Lou Charon. « Après seulement une semaine de cours lors de vacances en Espagne, mon épouse et moi sommes devenus victimes d'une passion presque irraisonnée pour le golf. Ce sport merveilleux permet l'expression de votre personnalité en vous sollicitant constamment. Il vous oblige, si vous le souhaitez, à relever des défis en permanence. On ne peut jamais le maîtriser totalement, quel que soit son niveau. C'est un sport où d'autres facteurs que musculaires entrent en ligne de compte : le psychisme, l'humeur du jour, les biorythmes, l'environnement au sens large. Tout ce qui se passe entre les deux oreilles influence très fortement le résultat. »

“ Polyglotte, Jean-Lou a consacré sa carrière au négoce international, à acheter et vendre des cargaisons entières d'huiles végétales à des industriels, des producteurs, des chocolatiers, des biscuiteries sur tous les continents. Le golf, même dans ce cadre professionnel, lui a été très utile.

JLC. « C'était passionnant ! Mes clients étaient en Europe, Afrique, Asie... Ce que j'appréciais dans le monde industriel,

c'est que la parole donnée était engageante, les valeurs humaines cruciales.
Mes nombreux déplacements professionnels m'ont conduit notamment en Afrique du Sud, un pays paradisiaque pour le golf, où 80 % de mes clients étaient golfeurs. Donc imaginez le plaisir de jouer là-bas ! Au début, mon président néerlandais ne comprenait pas mes notes de frais de green fees quand j'invitais des clients... jusqu'à ce qu'il constate les retours que j'obtenais. [Rires]
On apprend beaucoup de l'autre et de la confiance qu'on peut lui accorder selon sa manière de se comporter sur un parcours de golf, avec tous les aléas qui peuvent advenir, le long des 18 trous, des 80, 90, 100 coups ; on a le temps de voir comment l'autre réagit. Quand on se salue à la fin, on sait à qui l'on serre la main. Les contrats sont plus faciles. »

“ Les forces du destin vous offrent parfois des opportunités qu'il convient de saisir.

JLC. « Il faut accepter les défis que la vie vous présente. Je vous donnerai un exemple professionnel : quand la maison américaine de commerce pour laquelle je travaillais a décidé de cesser son activité en Suisse, je me suis retrouvé obligé de revenir en France pour m'inscrire à l'ANPE, ce que je ne souhaitais pas : je voulais rester dans le monde du travail, dont j'ai besoin.
S'est alors présentée à moi l'opportunité de rebondir dans un groupe néerlandais. Avec mon épouse – car ces décisions se prennent à deux –, nous avons décidé de partir vivre aux Pays-Bas. C'était une opportunité très enrichissante. J'ai beaucoup appris en Hollande, qui est un petit pays, mais avec une culture tellement différente de la nôtre, avec une hiérarchie *flat*, fondée sur le respect de l'individu et de l'intérêt général, qui l'emporte sur les intérêts corporatistes. On tutoie son président qui est un collègue, on travaille tous dans l'intérêt de l'entreprise, on est tous au service des autres. »

Questionnement en relevant les défis :
Perso : Acceptez-vous facilement d'être dans une position inconfortable ?
Pro : Seriez-vous prêt à partir vivre ailleurs, longtemps, loin des vôtres, loin de vos bases, pour saisir une opportunité ?
Sujet de dissertation en cheminant :
Pour chacun, il y a des milliers de possibilités ou de défis susceptibles de favoriser le développement de soi.
Mihály Csíkszentmihályi, psychologue, théoricien du flow

Stratégie / Coup 6 - Consolider ses fondations

Avec Anne Le Coniat, coach de champions sportifs et consultante en entreprise

« On ne va pas se mentir... » Je ne sais pas si vous avez remarqué combien cette expression est à la mode. C'est une belle incitation, en tout cas, si tant est qu'elle ne soit pas une « dénégation », comme dirait Freud. La lucidité et l'honnêteté avec soi-même sont des vertus basiques au développement de soi et à l'établissement de relations saines avec autrui.
En toute objectivité, avez-vous les bases psychologiques, physiques et techniques ? Est-ce vrai ? Comment pourriez-vous être sûr de les avoir ?

Anne Le Coniat. « Comme je l'avais dit à Greg [Anne a découvert et formé le champion Gregory Havret, 2e de l'US Open en 2010], dans l'absolu il n'y a pas de très bons entraîneurs et des moins bons. Le meilleur entraîneur du monde pour l'un n'est pas forcément le meilleur pour l'autre.
Mais si vous êtes très bon et si vous voulez aller très loin, commencez par aller voir un excellent technicien qui vous dira clairement comment améliorer votre posture, votre alignement, votre grip, poser votre club : le reste, c'est de la littérature. Si vous êtes capable de supporter quelqu'un comme ça, qui va

vous aider à être super rigoureux sur ces points-là, vous ferez carrière. Sûr ! Parce que techniquement, ça ouvre dix mille portes. Parce que ça demande de l'humilité, de l'attention, de la concentration. Parce que ça va vous faire bouger, vous faire réfléchir sur vos routines, votre préparation, des tas de choses annexes... qui, forcément, vous feront "mieux penser" quand vous serez face à des lies différents. Si vous êtes "propre" là-dessus, il ne peut rien vous arriver.

La technique est donc fondamentale, mais ce n'est pas une finalité. Le marteau peut être très fonctionnel, et la sculpture ratée. Des champions du monde sur practice, il y en a beaucoup. Les résultats ne sont pas toujours à la hauteur de l'outil technique. C'est incroyable le nombre de balles que les gens tapent au practice sans que ça serve ! Derrière chaque frappe, il faut un projet.

J'aide surtout les jeunes pros à gagner du temps : comprendre le cheminement, poser des actions, mieux communiquer, aller à l'essentiel, sur une séance, une saison, une carrière. Par exemple, mon rôle au Cadre Noir de Saumur [où Anne intervient comme coach des cavaliers] est de poser ces questions qu'on ne se pose pas quand on est à l'intérieur du système : "Explique-moi comment tu fais pour réussir à rater ?" Le fait de démonter le processus permet de changer sa vision du problème, sa façon de penser.

L'essentiel est de vous concentrer sur vous-même : entraînez-vous, travaillez avec les gens qu'il faut, investissez jusqu'à votre dernier sou dans votre capital, c'est-à-dire vous-même. »

« On le dit souvent au sujet des musiciens : la technique est au service d'une émotion, d'une expression. C'est valable pour tous les métiers.

ALC. « La technique n'est jamais qu'un outil. Un outil essentiel, comme le marteau pour un menuisier, mais ça reste un outil, pas davantage. Vas-tu attendre que ton marteau soit parfait pour fabriquer ton premier meuble ? Non. Commence par apprendre à te servir du marteau pour ne pas te blesser, puis travaille sur ton meuble. Au fur et à mesure, tu vas prendre conscience de tes besoins techniques : là, le marteau est trop gros ou trop lourd. Tu vas faire évoluer ton outil par rapport à un objectif plus clair, plus précis, une trajectoire... pour finir par réaliser le plus joli meuble. La technique (le marteau) en soi n'a aucun intérêt si elle n'est pas au service d'un joli meuble... »

Questionnement en consolidant ses fondations :
Perso : Seriez-vous prêt à tout miser sur vous ? Que seriez-vous prêt à sacrifier ?
Pro : De quels outils avez-vous besoin pour réaliser votre chef-d'œuvre ? Qu'attendez-vous pour vous y mettre ?
Sujet de dissertation en cheminant :
Le langage de la sculpture est un néant prétentieux s'il n'est pas composé de mots d'amour et de poésie.
Zadkine

Stratégie / Coup 7 - Voir plus grand que soi

Avec Pascal Grizot, président de la ffgolf, homme d'affaires

Je le croise au pied de son immeuble à deux pas de la Porte Maillot, il est en pleine conversation téléphonique. Pascal Grizot, président de la ffgolf depuis décembre 2020, marche d'un pas souple, à vitesse soutenue, ce rythme que l'on est censé avoir sur un parcours pour éviter le jeu lent. Je suis ravi d'avoir bientôt l'occasion de m'entretenir avec lui sur les liens qu'il perçoit entre business, golf et psychologie.
Dans son vaste bureau blanc, ce *self-made-man* surdoué jette un dernier regard à son écran de smartphone avant de l'éteindre. À partir de cette déconnexion numérique, Pascal se connecte à 100 % avec moi, je le sens (comme tous ceux avec lesquels j'ai eu la chance de m'entretenir pour écrire ce livre). Lors de notre

échange, il offre une qualité d'attention et de présence tout à fait notable. C'est sans doute l'un des secrets de sa réussite sur les greens comme dans les affaires. On perçoit immédiatement sa force de conviction, sa capacité à être mû par une vision, un grand projet, à impulser l'action et à s'engager totalement dans la force du mouvement.
Pascal s'exprime avec calme, assurance et beaucoup d'aisance. Sa pensée est aussi vive que sa marche. Excellent golfeur en individuel (-0,9 d'index en 2020 !), capitaine de l'équipe de France masculine pendant huit ans, avec laquelle il a gagné tous les titres jusqu'au Championnat du Monde, homme d'affaires très aguerri, incontournable hiérarque de la ffgolf depuis des années, Pascal comprend très vite l'objet de mes questions et se livre avec sincérité ; il faut dire que le sujet l'habite : « Oui, il y a un fil conducteur entre tout ça ! »
Il illustre généreusement ses propos de souvenirs, souvent très personnels et sensibles, et partage ainsi largement sa grande expérience, constellée d'incroyables succès dans tous les domaines, dont l'obtention de la Ryder Cup 2018, face à tous les autres pays continentaux européens. Cette compétition où l'équipe américaine affronte l'équipe européenne est le troisième événement le plus suivi au monde en termes de médiatisation ! Elle a été organisée de main de maître par Pascal Grizot, tous les membres et cadres de la ffgolf, et grâce à des milliers de bénévoles au Golf National sur le parcours de l'Albatros. Une grande première en France, qui ne s'est pas accomplie en un claquement de doigts...

Pascal Grizot. « Mes premières expériences en golf ont été extrêmement formatrices, car si le golf est connu comme un sport individuel, on oublie souvent que c'est aussi un formidable sport d'équipe.
J'ai commencé les compétitions en équipe dans mon premier golf du Prieuré, puis au Racing Club de France, où Raymond Illouz m'a donné, à l'âge de vingt-cinq ans, la responsabilité

d'être le plus jeune capitaine des jeux. Puis j'ai rencontré Thomas de Kristoffy, qui m'a demandé de jouer un rôle bénévole dans la Ligue de Paris, en encadrant les équipes. Puis je suis devenu vice-président de la Ligue de Paris. Avec ces expériences, j'ai découvert mon envie de me mettre au service d'un collectif, à chaque fois sans autre ambition que de participer à des projets qui me paraissaient importants.
Ainsi, on a gagné plusieurs fois la Gounouilhou avec le Racing Club ; on a gagné la coupe de France, d'Europe ! Avec François Illouz, on a été les premiers à battre les Américains sur leur propre terrain, dans la plus grande compétition de double des États-Unis ! C'était encore en équipe, et ce n'est pas un hasard ! Je m'épanouis plus facilement autour de projets collectifs, en golf comme dans les affaires où, même si vous êtes le plus brillant de la Terre, vous êtes obligé d'avoir autour de vous des équipes qui peuvent arriver à transcender votre projet individuel. »

« Le nouveau rêve de Pascal est de réussir, une fois encore, l'impossible à la tête de la Fédération française de golf, dont l'administration reste dirigée par Christophe Muniesa. Autour de ce grand projet, il a su, une nouvelle fois, regrouper autour de lui une équipe impressionnante, riche de trente-deux hommes et femmes, dont Pierre Bechmann (secrétaire général), Gilles Paris (vice-président, chargé du développement), Sylvianne Villaudière (vice-présidente, chargée de la transition écologique), Mauricette Feuillas (administration du sport), Éric de Saint-Louvent (golf professionnel), Guillaume Livet (trésorier) et un comité d'experts avec notamment Franck Riboud (Danone, Evian Championship), Nicolas de Tavernost (M6, RTL), Erik Orsenna (Académicien), François Illouz, Jérôme Nanty (Carrefour), Antoine Arnault (LVMH) et Heidi Ueberroth (propriétaire de Pebble Beach et première femme membre à Augusta).

PG. « Après la Ryder Cup, je ne savais pas si j'aurais encore l'énergie de mener à terme un grand projet, car, je le rappelle, à chaque fois, c'est du bénévolat. Quand vous vous lancez dans les affaires, même s'il y a un risque, vous savez qu'à la fin, il y aura un *reward*. Personnellement, je n'ai aucun problème d'ego à satisfaire ; je ne tiens pas à me faire appeler "Président", je préfère "Pascal". Donc ce n'est pas pour ça que je le fais. J'ai pris beaucoup de plaisir à travailler avec Jean-Lou Charon, un homme très impliqué dans la vie fédérale, et j'espère que notre collaboration a été fructueuse pour le golf en France, notamment via la Ryder Cup. Mon projet est de réussir des choses qui marqueront l'histoire du golf français avec les équipes de la ffgolf et les élus qui m'ont fait confiance. »

« Premier axe du programme de Pascal : placer et maintenir des joueuses et joueurs français dans le Top 20 mondial, en leur offrant le meilleur environnement possible.

PG. « Les golfeurs français ont besoin de champions qui jouent régulièrement pour la gagne dans des tournois Majeurs. C'est une satisfaction que l'on n'a jamais connue en France. La ffgolf a une vraie responsabilité dans la formation des jeunes et des futurs pros. Mon premier objectif est d'avoir des Français et des Françaises dans les meilleurs mondiaux. Je ne sais pas si j'y parviendrai, mais, comme lorsque je me suis lancé dans mes précédents projets, je sais que je vais mettre tous les moyens pour y parvenir. Je serais également très fier d'une victoire française au Championnat du Monde 2022, au Golf National : ce serait encore le fruit d'un travail collectif. »

« Deuxième ambition : mieux communiquer et échanger en bonne intelligence avec les associations environnementales, pour le meilleur intérêt de chacune des parties.

PG. « Nous ne sommes pas les ennemis de la nature, bien au contraire. Si le Golf Old Course de Mandelieu-la-Napoule n'existait pas, croyez-vous qu'il y aurait encore des espaces verts à cet endroit ? Le golf est encore trop mal perçu, les gens ne font pas l'effort de nous écouter, le joueur de golf au cinéma est toujours le méchant patron pollueur. Pourtant, dans le monde, le golf est le premier sport individuel avec quelque soixante-dix millions de pratiquants. Vous les imaginez tous nantis, fumeurs de cigare et roulant en grosse cylindrée ? Nous ne communiquons pas assez sur ce que l'on fait. Le président Barbaret, avec lequel j'ai beaucoup appris, a passé les premières chartes avec les ministères des Sports et de l'Écologie, il y a bien longtemps, et nous continuons.
Notre ambition avec Sylvianne Villaudière est d'établir non pas un rapport de force, mais de compréhension, autour des différentes problématiques. On peut s'allier, travailler ensemble avec les associations environnementales à la préservation de la faune, de la flore, de la biodiversité. »

“ *Last but not least*, Pascal veut développer le nombre de golfeurs licenciés en France, grâce aux golfs urbains, notamment, ces cent petites structures « compactes », de type *Pitch & Putt*, plus accessibles en temps et financièrement, qui permettent d'offrir une pratique plus diversifiée, mieux adaptée à tous les profils (particulièrement les jeunes et les actifs, hommes et femmes, qui n'ont pas le temps de faire dix-huit trous), sans perdre le sens du jeu ni le plaisir de jouer en pleine nature.

PG. « La Ryder Cup et le programme de développement des équipements compacts urbains ont permis de générer + 3 % de golfeurs licenciés en France, sur la période 2009-2019. C'est très faible, mais c'est à comparer avec les - 18 % sur la même période en Irlande (malgré Rory) ou les - 15 % en Espagne (malgré Sergio) ! Il faut offrir un plus large choix à tous les “consommateurs golfeurs". Tout le monde doit pouvoir y trouver son compte, des plus jeunes aux plus âgés. Pour avoir des champions, il faut bien sûr élargir la base. Des statistiques récentes ont fait ressortir que 78 % des enfants abandonnent le golf avant deux ans de pratique ! Ce n'est pas tolérable. Avec Gilles Paris, nous allons réformer les écoles de golf, de façon qu'elles soient plus attractives : ce qui amuse vraiment les enfants, c'est de faire partie d'une équipe, de faire des matchs, des compétitions avec d'autres clubs, comme dans tous les autres sports collectifs, et non de faire des gammes sur les tapis de practice. Ma véritable priorité, ce sont les jeunes que nous devons séduire en les faisant jouer sur les parcours. »

Questionnement en vous engageant :
Perso : Pour quelle idée seriez-vous prêt à vous engager totalement ? Quelle grande cause aimeriez-vous défendre ou partager avec d'autres ?
Pro : Avez-vous une *dream team* à même de vous accompagner dans la réalisation de votre grand projet ? Comment pourriez-vous la constituer ? Si tout était possible, qui mettriez-vous à quel poste ? À défaut de titulaires disponibles, quels remplaçants pourriez-vous trouver ?
Sujet de dissertation en cheminant :
Vous voyez les choses et vous dites : pourquoi ? Moi, je rêve de choses qui n'ont jamais existé et je dis : pourquoi pas ?
George Bernard Shaw

L'APPEL DU HÉROS
S'OUVRIR

Au village, j'ai cherché ma mission. Face à l'appontage, j'ai appris de mes amis trois nouvelles stratégies :

- ☑ *Relever les défis et saisir les opportunités.* Jean-Lou Charon
- ☑ *Consolider ses fondations et tout miser sur soi.* Anne Le Coniat
- ☑ *Voir plus grand que soi grâce aux autres.* Pascal Grizot

Et j'ai accepté ma première mission : me trouver.

MISCELLANÉES
ENTRE LA MISSION ET LE 5e ÉLÉMENT

MISSION

« L'opprimé et l'oppresseur sont tous deux dépossédés de leur humanité. Quand j'ai franchi les portes de la prison, telle était ma mission : libérer à la fois l'opprimé et l'oppresseur. » Nelson Mandela

Nous ne sommes pas tous vertueux comme un Prix Nobel de la Paix, mais nous gagnerons tous à nous libérer et à retrouver notre humanité en accomplissant une mission, et la mienne est d'aider les autres à accomplir leurs propres missions. « Nous privilégions dans nos relations ce que nous voulons, explique l'économiste Clayton Christensen, sans penser à ce qui compte pour l'autre. Changer de point de vue est un moyen efficace d'approfondir nos relations. »

Pour essayer de clarifier, prenons un exemple très concret : quels problèmes mon client vient-il résoudre en entrant chez moi ?

Le comprendre réclame de l'empathie. Quand mon client entre dans mon magasin pour acheter un produit, il vient « le recruter », dans l'objectif qu'il remplisse une mission pour lui. S'il vient chercher une perceuse, il la recrute a priori pour réaliser une mission : celle de faire un trou pour mettre un cadre. En

fait, il l'achète surtout pour raconter qu'il est un bon bricoleur, pour qu'elle l'aide à remplir sa propre mission au sein du foyer et qu'elle lui permette d'être satisfait de lui.
Le bon commerçant doit comprendre la mission de son client pour identifier l'outil qui permettra à celui-ci de remplir au mieux sa véritable mission. Ainsi, les hypermarchés répondent à la mission : « Je gère mon budget pour nourrir ma famille. » Les magasins bio : « J'ai le souci de la planète et de mon corps. » Les librairies : « Je nourris mon esprit. » Les boutiques de décoration : « J'ai un bel intérieur, comme tout le monde. » Les sites Internet de recettes de cuisine : « Je séduis mes beaux-parents. » Cherchez donc la mission secrète...
Comme le dit, une fois encore, Clayton Christensen, « tout produit ou service à succès est structuré autour d'une mission à accomplir. » Il donne un excellent exemple de la réflexion à mener sur un produit a priori basique : quelle est la mission qui apparaît dans la vie des gens et qui les pousse à venir dans un fast-food « recruter » un milk-shake ? Quelle est la mission d'un milk-shake a priori banal ? Qui sont nos clients du matin ? Du soir ? Quels sont leurs points communs ? Leurs différences ? Quelles sont leurs attentes ? Etc.
Voici ce que l'on peut répondre après observation in situ. Il s'avère que le milk-shake du matin doit être grand et épais pour remplir deux missions : occuper et nourrir les clients qui sont sur le trajet du travail. Le milk-shake du soir doit être plus liquide et petit pour remplir deux missions : faire plaisir aux enfants et donner l'image d'un bon parent qui offre cette joie à moindre coût.
Alors, quelle est la mission de l'autre ? Quelle est ma mission pour faciliter celle de l'autre ? Pour quelle mission l'autre m'a-t-il choisi, recruté ? A-t-il choisi mon produit ou mon image ? Qu'attend-il de moi dont il n'a peut-être pas conscience lui-même ? A-t-il eu raison de m'avoir choisi pour cette mission ? Comment puis-je tenir mon rôle au mieux ? Ces quelques questions vous aideront à comprendre ce qui est important pour

vous, pour vos clients, mais aussi pour mieux comprendre et satisfaire peut-être les attentes de vos proches.
Et une dernière question : quelle est la mission du golf, pour vous ?

AWARE / OUVERT

Trouver sa mission, on l'a vu avec Jean-Lou, c'est ouvrir son esprit à d'autres possibles, être ouvert, *aware*, comme dit à raison JCVD (à ne pas confondre avec JVDV[4]) à l'idée de prendre son envol. Vous lancer dans l'aventure peut vous paraître pour l'heure impossible. Mais *Impossible = I'm possible*, comme le traduit la célèbre formule. Continuez à marcher malgré votre imperfection du moment, cherchez votre raison d'être et devenez acteur de votre vie. Ayez confiance : si vous progressez, vous trouverez en chemin de nouvelles ressources qui vous aideront à aller plus loin.
Bien sûr, l'appel de l'aventure peut prendre différentes formes. L'essentiel est de répondre à l'appel et de s'engager à 100 % dans sa vocation.
Votre mission est de savoir à quoi vous êtes bon, pour reprendre l'expression fameuse de Samuel Beckett. En effet, quand le journal *Libération* lui demanda « Pourquoi écrivez-vous ? », le dramaturge répondit qu'il n'était « bon qu'à ça. »
Être ouvert, c'est tendre la main pour aider, mais aussi pour demander. C'est admettre ses limites, en sachant que la capacité d'apprendre de ses erreurs est sans doute ce qui construit le mieux une personne.
Être ouvert, c'est également admettre s'être trompé quand c'est le cas. Comme le reconnaît le druide Benoît Ducoulombier dans *Nice Matin*, en 2016 : « Je ne sais pas trop analyser ma façon de faire. C'est une attitude. [...] Je cerne beaucoup plus vite les problèmes, je vais à l'essentiel. Mais ça m'arrive encore de me perdre. Je cherche des solutions dans des endroits où il ne faut

4 Jean Van De Velde, champion de golf français que nous évoquerons plus en détail bientôt...

pas aller la chercher. Mais je le reconnais sans problème. Je dis au joueur : "Écoute, je me suis trompé, laisse tomber. Tout ce que je t'ai dit pendant une heure, c'est que du bidon." Le plus dur pour un coach, c'est d'arriver à dire tout ça. » Le plus dur pour nous tous – à tort.

C'est souvent en acceptant d'être plus simple et imparfait, en se montrant sincèrement tel qu'on est aux autres et en se mettant à leur service, en confiance, que l'on découvre ce pour quoi l'on est fait, ce à quoi l'on est destiné. L'échec et la frustration, que l'on croise si souvent au golf, nous font grandir à partir du moment où on leur fait face, et c'est plus facile quand on est épaulé par des personnes honnêtes et bienveillantes.

BASIQUES

Le surdoué Victor Dubuisson confiait dans l'émission de Michel Teichet avoir noté que la plupart des amateurs connaissent mal les basiques : routine, positionnement devant la balle, grip, cible, visualisation, posture, frappe sans pensée, tout en restant dans la simplicité. Et à ma question sur les clés de la performance, il m'avait répondu : « Il faut réserver la technique au practice. Sur le parcours, on peut avoir deux ou trois clés en tête avant de jouer [Lors d'un coup d'essai, par exemple, quelle intention y mettez-vous ?], mais il faut avant tout se concentrer sur sa stratégie de jeu, sa routine et réfléchir le moins possible quand on tape le coup. Et, au practice, il faut revenir sans cesse sur les basiques. »

Jeunes golfeurs, vous qui rêvez de devenir joueurs professionnels comme Victor, voici quelques questions : êtes-vous lucides et sincères sur vos intentions, sur vos motivations intrinsèques et extrinsèques ? Votre détermination est-elle sans failles ? Avez-vous les qualités d'humilité et d'arrogance nécessaires ? Êtes-vous prêts à repartir à zéro, à revoir vos gammes et fondamentaux ? Êtes-vous prêts à ce travail de forcené dans lequel vous devez trouver une satisfaction autotélique ? Si des réponses sont négatives, revenez sur les basiques de la préparation mentale.

Quand vous serez solides sur vos motivations, vos habiletés physiques, techniques et mentales, investissez à fond sur vous – vous êtes votre patrimoine –, aussi bien en golf que dans tout autre domaine : *all-in !*

OUTILS

« La technique [l'outil, le marteau] en soi n'a aucun intérêt, si elle n'est pas au service d'un joli meuble », nous expliquait Anne. Il est vrai qu'avec un marteau, même le plus rudimentaire, on peut se mettre rapidement à bricoler, mais pas pour autant faire un chef-d'œuvre. Plus on progresse, plus on devra affiner sa technique, revenir et travailler ses bases, changer d'outils, jusqu'à les adapter sur mesure (*fitting* en golf).

Au practice, nous devons nous entraîner en essayant de mettre de la conscience dans chaque drive, par exemple, de l'intention, de la tension, de la fatigue, de l'émotion, afin de nous rapprocher du « drive en situation », sous pression, après avoir fait birdie ou double bogey, qui n'a rien à voir avec le 45e drive de suite sur tapis et sans témoins.

En forgeant, on devient forgeron, car en situation, on prend conscience de ses manques, de ses besoins, de ses ressources. On peut se croire faible mentalement, alors que le problème est technique. Quand on rate deux drives sur trois au practice, comment être serein sur le tee de départ ? Dans cette situation, craindre de rater son drive en compétition n'est pas de la faiblesse mentale : c'est de la lucidité. Michel-Ange n'a pas réalisé son David uniquement avec son mental d'acier.

Dans la vie, quelle est votre posture ? Quelle mainmise avez-vous sur les choses, vos outils ?

En situation, que sentez-vous, que pensez-vous, que dites-vous, que faites-vous ? Prenez conscience de vos incohérences éventuelles : suis-je bien aligné sur ma cible ? Ajustez votre comportement pour être en phase avec la situation, le contexte (le lie de la balle, la position de celle-ci sur le sol) sans perdre de vue votre objectif (le drapeau sur le green).

Comme nous l'a enseigné Milton Erickson : le cheval connaît le chemin de la maison, la voie du retour. Nous ne sommes encore qu'au début de l'aventure, mais on sait que dans toute épopée, le but, c'est le retour. Le rôle du coach (ou, en l'occurrence, du cocher) est donc d'amener le cheval perdu sur la route principale – que l'animal a déjà empruntée maintes et maintes fois – et de l'encourager à avancer, puis de le laisser faire ; le cheval saura naturellement s'il doit partir à droite ou à gauche pour rentrer chez lui. En tant que cocher, coach, formateur, cadre, nous devons aider la personne coachée, formée, managée, à trouver sa route principale et l'encourager sincèrement à cheminer : si notre attitude à son égard traduit cette conviction fondamentale qu'elle en est capable, elle ira au bout, à son rythme.

MARTEAU DE MASLOW

Une fois que l'on a trouvé son marteau, son outil (sa technique), il est nécessaire de se méfier de cette tentation qui consiste à considérer qu'il n'y a qu'une réponse unique à tous les problèmes, comme le résume ce parfait aphorisme d'Abraham Maslow : « Tout ressemble à un clou pour qui ne possède qu'un marteau. » N'oubliez pas, restez *aware.*

GOLF ET ÉCOLOGIE

Depuis 2006, la Fédération française de golf travaille en étroite collaboration avec le Muséum national d'Histoire naturelle, afin de connaître, préserver et valoriser le patrimoine naturel des espaces golfiques et de mieux intégrer les enjeux écologiques dans ses actions de développement. Le Golf National fait ainsi l'objet d'un suivi spécifique.

Dès le début des années 2000, la ffgolf, délégataire d'une mission de service public, s'est engagée dans cette voie avec la ferme intention d'« associer le développement du golf en France à toutes mesures favorisant un développement durable. » Aujourd'hui, l'immense majorité des golfs est respectueuse de l'environnement et cherche à réduire son impact sur les ressources en eau et à limiter l'utilisation de produits phytosanitaires.

Pascal Grizot souhaite améliorer l'image de notre sport et continuer à nouer des dialogues constructifs, fondés sur l'écoute et le respect commun, avec les opposants au golf. Fin 2020, la ffgolf a validé la création d'un fonds de dotation destiné à faciliter et accélérer la transition écologique du golf. Cette initiative fédère tous les acteurs de la filière, et pour cause : les interactions entre le jeu de golf et son environnement sont particulièrement étroites. Il est indispensable pour tous de « préserver la biodiversité, de valoriser les espaces naturels des golfs et de garantir sur le long terme la jouabilité optimale des parcours. »

DÉFAUTS DU GOLF

On reproche communément au golf deux défauts principaux : coûter cher, financièrement, et prendre du temps.

Défaut 1 : Coût des cours, du matériel, des parcours

Pour optimiser vos cours, commencez par mettre en pratique sur le practice et le terrain les conseils dispensés par votre enseignant. Autrement dit, comme dans tout apprentissage, il ne suffit pas d'assister à un cours. Prenez des notes et exercez-vous. Cela paraît évident, mais combien le font ?

Pour le matériel, on trouve d'excellents clubs d'occasion pour débuter et progresser à des coûts raisonnables. Méfiez-vous juste des contrefaçons. Une adresse parmi d'autres : Golf Plus Outlet à Paris.

Pour les parcours, l'abonnement annuel coûte 1 200 € en moyenne, ce qui, ramené à une fois par semaine, revient à 23 € le 18 trous. Si c'est trop cher pour vous, les fameuses cent structures urbaines sont beaucoup plus accessibles financièrement. Par exemple, à cinq minutes de Caen, le Golf compact (six trous) de Louvigny est jouable à l'année pour 380 € (ses gérants ont remporté un tel succès qu'ils ont repris également les rênes du 27 trous du Golf de Caen la Mer !). Enfin, autres solutions : les carnets de green fees, les opérations promotionnelles à surveiller et les cartes spéciales, comme Be Golf, Golfy ou LeClub. Si vous êtes encore indécis, profitez de la grande opération nationale d'initiation « *Tous au golf* », organisée par la ffgolf et la filière dans toute sa diversité, généralement en septembre. Plus de 350 clubs répartis sur l'ensemble du territoire ouvrent alors gratuitement leurs portes aux débutants désireux de goûter aux plaisirs de la petite balle blanche. Pour connaître les dates et modalités des prochaines initiatives découvertes, n'hésitez surtout pas à vous rapprocher du golf le plus proche de votre domicile ou consultez la carte qui en répertorie un grand nombre sur le site de la ffgolf : https://www.ffgolf.org/Jouer/Debuter/Carte-des-initiations-des-clubs.

Défaut 2 : Coût en temps

Pour y remédier, rien de plus simple : jouez moins de coups. Comment ? En étant mieux organisé, mieux préparé physiquement, techniquement et mentalement.

ALLER PLUS LOIN

Le golf est connu comme un sport individuel, mais l'image prête à confusion. En effet, on joue rarement seul au golf. On a besoin de regarder les autres joueurs, surtout les meilleurs, pour aiguiser nos neurones miroirs[5], qui sont à la base du partage des émotions avec autrui et s'activent aussi bien lorsque nous faisons une action motrice que lorsque nous observons une personne réaliser cette même action. Et nous avons besoin du regard des autres – les préparateurs techniques, physiques, mentaux – sur nous pour progresser. Les joueurs professionnels de golf sont à la tête de petites entreprises et ne jouent jamais en compétition sans cadet.

En 2012, Pascal Grizot disait déjà à *Golf Amateur* que ses nombreux succès en tant que capitaine de l'équipe de France étaient le fruit d'un travail collectif, réalisé avec François Illouz, Christophe Muniesa, Maïtena Delamontagne, Patrice Amadieu, les entraîneurs des équipes nationales, ainsi que ceux des pôles :

5 *Les Neurones miroirs*, Giacomo Rizzolatti, Corrado Sinigaglia, Éditions Odile Jacob, 2007.

« Nous fonctionnons comme au sein d'une entreprise. Mon rôle de capitaine a consisté à élaborer un calendrier en collaboration avec les entraîneurs, à constituer un staff en choisissant les bonnes personnes à chaque poste – préparateur physique, préparateur mental, kiné –, afin que les joueurs soient mis dans les meilleures dispositions pour aborder les grandes échéances. »
Les plus grandes compétitions de golf au monde (Ryder Cup, Solheim Cup) opposent des équipes (États-Unis, Europe), pas des individus. Ces compétitions par équipe ne sont pas réservées à la seule élite. Dans tous les clubs de France, la vie associative est très riche, et de nombreuses compétitions par équipe sont organisées, notamment chez les seniors.
Comme le dit le proverbe africain : « Seul, on va plus vite ; ensemble, on va plus loin. »

Chapitre 3

TROU 3
LE MÉRANTAIS

Objectif | **Trouver son élément**

État d'esprit | **Être fluide**

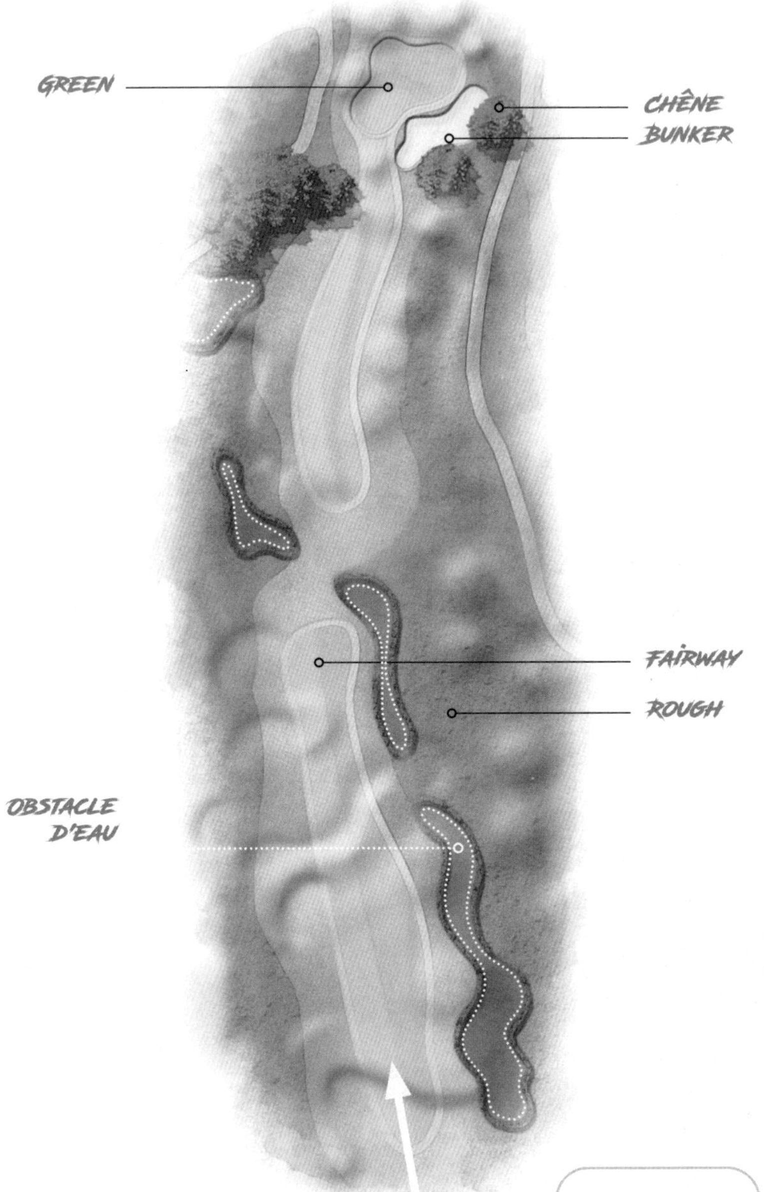
GREEN
CHÊNE
BUNKER
FAIRWAY
ROUGH
OBSTACLE D'EAU
PAR 5
456 mètres

Hubert Chesneau

TROU 3 - LE MÉRANTAIS

« Les pièces d'eau du 15, 16 et 18 forment un petit lac artificiel. Elles sont connectées par des canalisations souterraines qui se déversent dans le plan d'eau des trous 1 et 2. Ensuite, le trop-plein d'eau pluviale s'en va vers le point bas : le filet d'eau naturel, le ruisseau, qui s'écoule au long du 3 et s'en va après vers Châteaufort. Ce ruisseau s'appelle Le Mérantais. J'ai simplement repris son nom. »

TEE TIME

Après l'entame difficile, ce premier par 5, handicap 12, paraît relativement simple, mais son fairway bordé par le Mérantais semble bien étroit, et son petit green reste bien défendu par un bunker de sable et un joli chêne ancien.

Les canalisations souterraines décrites par Hubert m'évoquent l'importance des connexions qui nourrissent les ruisseaux et les fleuves. L'hommage au Mérantais revient à rendre hommage à la source de l'océan, aux sources de la vie : l'eau, premier élément, puisque notre corps est constitué d'environ 60 % d'eau (80 % dans le cerveau).

L'APPEL DU HÉROS S'INITIER

Joseph Campbell - Le voyage du héros : « Sous la conduite et avec l'aide des personnifications de son destin, le héros poursuit son aventure qui le mène devant le "gardien du seuil", à l'entrée de la zone de pouvoir accru. »

Mobilisation / Apprentissage 1
Face à mon inexpérience, j'ai décidé, avec mes compagnons, de m'adapter aux fluctuations du parcours, d'absorber les obstacles pour trouver mon élément naturel : eau, terre, air, feu, éprouver de nouveaux affects. Je commence par vider mon esprit, je cherche à être « informe comme l'eau », à l'image de Bruce Lee.

TROU 3 - LE MÉRANTAIS

Objectif : trouver son élément
État d'esprit : être fluide

Stratégie / Coup 8 - Œuvrer pour le futur

Avec Pascal Grizot, président de la Fédération française de golf

Mieux vaut prévenir que guérir. Nous le savons : de sept à soixante-dix-sept ans, le golf est excellent pour la santé physique et mentale. On peut partager une partie de golf avec tout le monde : hommes et femmes, petits et grands, joueurs pros et débutants. C'est véritablement le sport d'une vie. Imaginez alors quel cadeau vous faites en apportant le golf à quelqu'un ! En 2018, à l'occasion de la Ryder Cup, Pascal Grizot a tenu à organiser un forum médical sur les vertus du golf en faisant appel aux plus éminents spécialistes, experts du corps et de l'esprit, dont nous retrouverons deux représentants parmi les illustres témoins de ce livre : les Professeurs Saillant et Gaillard.

Une étude réalisée en Suède a démontré que la pratique régulière du golf augmente l'espérance de vie de cinq ans. Mais sur ce thème ô combien important de la santé, plutôt que de vous bombarder de statistiques, je préfère partager avec vous ce témoignage très personnel du président de la ffgolf (interview réalisée en décembre 2019).

Pascal Grizot. « Mon père a aujourd'hui plus de quatre-vingt-cinq ans. C'est simple : s'il n'avait pas joué au golf, il serait mort à quatre-vingts ans. Il y a cinq ans, je jouais avec lui durant les vacances d'été. Pendant les parties, il se plaignait souvent de son cœur qui "l'oppressait", affirmait-il. Je ne le croyais pas trop, car le reste du temps, à l'heure du dîner en famille, il semblait vraiment en pleine forme. Je n'imaginais donc pas un instant qu'il puisse avoir un problème cardiaque. Une fois rentré de vacances, il est allé voir un cardiologue, et celui-ci ne l'a pas laissé ressortir de l'hôpital : quadruple pontage à l'âge de quatre-vingts ans ! Quand vous passez vos journées à ne faire que des sudokus dans votre canapé, votre cœur ne risque pas de vous signaler un problème, et cela peut vous tuer. Le fait de solliciter son cœur en jouant au golf a permis à mon père de se rendre compte qu'il avait un souci. Plus encore, c'est le fait d'avoir joué au golf aussi longtemps qui lui a permis d'être opérable à son âge avancé, chose impossible s'il n'avait pas été un minimum sportif. Donc oui, sur le plan physique, l'apport du golf peut être vital !

Il en est de même sur le plan psychologique. Pour les enfants, en contrepoint d'une société de récompenses immédiates, le golf vient leur apprendre la patience, la pédagogie lente, le bon apprentissage, qui s'inscrit nécessairement dans la durée.

Sur ce point, les politiques eux-mêmes ne donnent plus l'exemple. Ils n'ont plus de vision à long terme. Ils n'ont de vision que sur la période de leur mandat.

Dans le business également, on retrouve de plus en plus ce même défaut. Les grandes sociétés cotées n'ont de plus de vision au-delà de deux ou trois ans... Il n'y a quasi plus de vision à long terme, car vous êtes drivé par la distribution de dividendes. Si le groupe LVMH réussit aussi bien, c'est peut-être parce que Bernard Arnault peut, lui, avoir une vision à long terme, car il reste encore majoritaire dans sa société. »

> “ Dans l'intérêt de leur propre carrière, pour obtenir la promotion souhaitée, des cadres dirigeants de grandes entreprises peuvent être tentés de privilégier les résultats spectaculaires immédiatement mesurables. Pourtant, les plus grands chefs d'entreprise golfeurs montrent que d'autres modèles existent, fondés sur le long terme.

PG. « Voyez Franck Riboud : il a une véritable générosité. D'une façon très intelligente, il a réussi à positionner Evian en Asie, où le golf féminin est très apprécié. C'est exceptionnel, mais à l'origine, sa démarche était très généreuse, car avant d'en faire un Majeur, il a commencé par un petit tournoi.
Au départ, je pense que c'était de la pure générosité, certes calculée – puisqu'il le faisait avec l'argent du groupe Danone, il devait bien sûr se soucier de rentabilité –, mais le tout a été mené avec beaucoup de brio, sur du long terme, une fois encore. Puis il y a eu la compétition Haribo Kids Cup, pour les moins de douze ans, avec Sandrine Mendiburu, ou encore la Coupe Arnold Palmer, organisée entre les meilleurs universitaires américains et les meilleurs universitaires européens : c'est encore un vrai acte de générosité. Ce sont de tels gestes que j'apprécie, car pour moi, le partage est important. »

Questionnement en pensant long terme :
Pro : Quelle est votre vision professionnelle ? Intègre-t-elle toutes vos valeurs ? Seriez-vous prêt à la partager largement ?
Perso : Faites-vous suffisamment d'exercices physiques au quotidien pour vous sentir mieux dans votre corps ? Dans votre golf ? Dans votre vie ?

Sujet de dissertation en cheminant :
Une vision sans action n'est qu'une hallucination.
Michael Kami

Stratégie / Coup 9 - S'adapter aux fluctuations
Avec Christophe Muniesa, directeur général de la ffgolf

Il est toujours très agréable d'échanger avec Christophe Muniesa, directeur général de la ffgolf. Aussi charmant que carré, il parle d'une voix posée, mais ses phrases sont ciselées, comme sa pensée. Homme des dossiers complexes et des synthèses express, il est de ceux qui comprennent vite et agissent pareillement. Avec Jean-Lou Charon et Pascal Grizot, et grâce à ses qualités techniques, stratégiques et relationnelles exceptionnelles, Christophe a su organiser parfaitement la reprise rapide de la pratique du golf en France en mai 2020, après le premier confinement de la crise sanitaire due à la Covid. Rien d'étonnant, car en matière de lucidité, de réactivité et de sens des responsabilités, il a de l'expérience.
Ancien jour professionnel de golf, Christophe a su rebondir quand et comme il le fallait pour s'adapter parfaitement au monde de l'entreprise, où ses capacités managériales naturelles ont été vite remarquées par les organisateurs d'événementiel et par les instances du golf, où il a gravi les échelons sans coup férir. Un modèle de reconversion.

Christophe Muniesa. « Le titre de directeur général de la ffgolf fait référence à une notion de polyvalence, mais je reste avant tout un golfeur. Jeune, je jouais de façon intense, ce qui m'a permis de jouer en équipe de France, puis de tenter l'aventure chez les pros au début des années quatre-vingt-dix. Même si j'ai eu quelques succès, après cinq ans, je me suis interrogé sur mes réelles possibilités de gravir les échelons de la hiérarchie mondiale. Objectivement, pour y parvenir, il faut un talent

ex-cep-tion-nel, si on veut le résumer ainsi. Et je me suis rendu à l'évidence que je n'étais pas en capacité d'exceller en golf. J'ai donc fait le choix de me reconvertir.
En tant que joueur pro, on est sponsorisé par des entreprises qui organisent des *Corporate Days*, des journées de découverte du golf auxquelles je participais et qui m'ont fait découvrir le monde des affaires. Lors de ma reconversion, j'ai voulu explorer cette piste avec des agences d'événementiel, de marketing sportif, en leur proposant d'organiser ce genre d'opération avec différentes sociétés.
À la fin des années quatre-vingt-dix, ces animations étaient très en vogue, et cela m'a offert une reconversion assez facile. Alors que j'organisais ce type de service, j'ai été approché par la PGA France, qui m'a recruté comme directeur. Quelques années plus tard, début 2000, la ffgolf m'a sollicité, car elle ouvrait un poste que l'on qualifierait dans le monde de l'entreprise « d'animation réseau ». Je devais prendre en charge l'animation de nos ligues régionales – vingt-cinq régions, à l'époque, alors qu'aujourd'hui, il n'y en a plus que quatorze – et les comités départementaux.
Ensuite, dernière étape, en termes d'évolution de mes missions, quand le président Philippe Martin s'est retiré, Georges Barbaret, élu en 2005, m'a proposé de devenir directeur de la Fédération en remplacement d'Hubert Chesneau. »

> “ Ce qui est frappant chez Christophe, c'est combien les liens entre le management et le golf sont étroits, voire superposés. Il est la preuve vivante que l'on a toujours intérêt à développer une double, voire triple compétence, et à continuer à apprendre notamment via l'école du golf...

CM. « J'ai un baccalauréat scientifique qui, a priori, me destinait plutôt aux métiers médicaux. Une voie que j'aurais volontiers explorée, mais j'étais confronté à une difficulté toujours en vigueur en France : il est extrêmement difficile de mener

ce qu'on appelle un double projet, c'est-à-dire un projet sportif de haut niveau et un projet académique. Là où, dans la culture anglo-saxonne, le sport est une vraie valeur ajoutée, en France, quand vous voulez faire un parcours en médecine ou en école de commerce ou d'ingénieur, on vous fait rapidement comprendre que c'est assez incompatible avec un parcours sportif de haut niveau, et on vous demande de choisir.
J'ai donc fait le choix de faire un parcours sportif, mais j'ai toujours cherché à interagir avec le monde de l'entreprise, avec les *Corporate Days* que je citais précédemment ou avec la recherche de sponsors. Ces nombreux contacts m'ont d'ailleurs permis de mieux comprendre ce que ces organisations attendent du monde du sport comme leviers de croissance. J'ai interagi avec les directions de la communication, du marketing, de l'événementiel des entreprises avec lesquelles je travaillais. J'ai appris beaucoup ainsi, aux côtés des managers de ces différents services qui m'ont transmis leur savoir. »

« Être un joueur pro de golf exige de planifier sa saison, à l'instar d'un chef de projet.

CM. « Entre les deux univers du sport et de l'entreprise, il y a un grand nombre de similitudes, dont on n'a pas forcément conscience quand on est un jeune golfeur. On les découvre et acquiert au fur et à mesure, en tirant expérience de sa pratique sportive et en comprenant comment la réinvestir dans d'autres domaines d'expertise.
Pour prendre un exemple très concret, quand on démarre sa saison sportive en tant que jeune pro, on démarre à zéro euro au compteur. On est obligé de programmer son calendrier sportif en nous interrogeant sur notre financement, en sachant qu'il y aura forcément des creux, ce qui demande de planifier et d'être réactif, d'être capable de faire évoluer son projet, le cas échéant, en fonction des circonstances, à l'instar d'un projet en entreprise à piloter. La culture du sportif professionnel est

très proche de la culture du chef de projet qui doit manager un certain nombre d'interlocuteurs externes (pour le sportif : son préparateur physique, son préparateur mental, son entraîneur, etc.). On n'est pas exactement dans le management d'un chef de service en entreprise, mais il y a beaucoup de similitudes avec le fonctionnement d'un chef de projet.
La manière dont, golfeur, on prépare un tournoi s'apparente à la manière dont, chef de projet, on prépare un événement, quelle que soit sa nature : un lancement de produit, par exemple, demande dans tous les cas d'anticiper, de hiérarchiser, de programmer. Des habiletés nécessaires, bien sûr, dans le monde de l'entreprise. On trouve ainsi de nombreuses analogies, on peut aisément faire des transpositions. Quand je regarde dans le rétroviseur, il est vrai que les leçons du circuit, au fil de l'eau, m'ont été extrêmement utiles par la suite, quand j'ai eu à mettre en œuvre le même type de compétences au cœur d'une entreprise. »

Questionnement au fil des fluctuations du parcours :
Pro : Quel pont pouvez-vous faire entre tous vos acquis, toutes vos compétences et votre projet futur ?
Perso : Êtes-vous bien sûr d'utiliser toutes les cordes que vous avez à votre arc, voire votre harpe ? N'avez-vous rien oublié ?
Sujet de dissertation en cheminant :
Gouverner, c'est prévoir.
Adolphe Thiers

Stratégie / Coup 10 - Se construire à partir d'un modèle
Avec Thomas Levet, champion de golf

Avec son franc-parler, son regard limpide et son lumineux sourire, Thomas Levet nous a accordé un long entretien depuis la Floride, pendant le premier confinement de 2020 qu'il a consacré à entretenir ses muscles et à rénover sa maison. Évidemment, celui qui a pour devise : « Si tu me dis que ce n'est pas possible, je vais quand même essayer », reste un incorrigible optimiste.

Premier tricolore à remporter la Ryder Cup en 2004, 2e du British Open en 2002 (5e en 2004), meilleur Français au Masters d'Augusta, vieux routier du Tour européen (six victoires, dont l'Open de France en 2011), le légendaire Thomas s'attaque désormais au Champions Tour aux USA et à l'European Seniors Tour, sur lequel il a déjà ouvert le compteur.

Toujours aussi passionné, direct et actif, joueur professionnel senior, commentateur pour Canal+, coach des espoirs Charles Larcelet et Mathilda Cappeliez, le champion français nous fait part des leçons que le golf lui a enseignées au plus haut niveau mondial. Avec lui, on aborde les avantages de la maîtrise technique, de l'organisation, du *benchmarking*, de la préparation mentale (visualisation et introspection). En usant d'images très parlantes dont il a le secret, il nous apprend comment repousser nos limites – car souvenez-vous : *tout est possible !*

Thomas Levet. « Quand je m'adresse aux jeunes, je leur apprends avant tout à construire le joueur qu'ils veulent être. Dans le projet, c'est toujours le joueur qui doit être en haut de la pyramide de l'entreprise. C'est lui qui doit choisir quelle entreprise il veut construire, *qui il veut devenir*. Ensuite vient la question du *comment y parvenir*.

Est-ce que je veux devenir moniteur de golf, le meilleur joueur régional, national ou bien le n° 1 mondial ? Prenons Charles Larcelet, dont je m'occupe actuellement. Il est déjà le meilleur joueur de sa région. Alors, si c'était son rêve, je pourrais d'ores et déjà lui dire : "Bravo ! Amuse-toi, c'est bon !" Mais s'il me dit "Je veux devenir le meilleur joueur français", alors il y a encore un peu de travail à fournir. "Meilleur du monde ?" Là, il va y en avoir beaucoup.

Mon rôle est de lui fournir les armes pour parvenir à atteindre son rêve, mais c'est à lui de choisir le projet et les ingrédients, à

lui de définir l'entreprise qu'il veut être, puis de se comparer à la concurrence. Si son rêve est d'être le n° 1 mondial, il doit se comparer aux meilleurs mondiaux : Dustin Johnson, Jon Rahm, Justin Thomas... Si le premier est Rory McIlroy, on va donc comparer Charles à Rory : que se passe-t-il alors ? Où gagnes-tu des points ? Et où te met-il une raclée ? À partir de là, le joueur commence à s'interroger et à chercher lui-même des réponses : c'est le plus important.
Par exemple, il va remarquer que Rory sait faire tourner la balle à gauche sur commande et se dit : "Moi, je n'y arrive pas aussi bien, il va falloir que je travaille ma technique." Il va se rendre compte que Rory n'hésite sur aucun de ses coups, quand lui hésite la moitié du temps. Sur ce point, il y a peut-être aussi un travail mental à faire. »

“ Ces éléments de comparaison servent de bases de réflexion et de programme de travail. Ils sont extrêmement précieux, car au plus haut niveau, la différence entre le premier et le deuxième se joue à d'infimes détails, des petits riens qui font perdre, des petits plus qui font gagner beaucoup.

TL. « C'est ce que j'appelle se regarder dans la glace. Si je vous dis que je mesure deux mètres et que j'ai des cheveux, ça ne va pas le faire ! Il faut être objectif : qu'est-ce que je peux faire avec ce que j'ai ? Est-ce que je peux déjà devenir le meilleur au monde ? Si oui, super, mais comment ?
Il y a toujours de nombreux moyens pour y parvenir et pas toujours sur le terrain. On peut jouer sur l'organisation, par exemple. Si mon joueur me dit après un tournoi qu'il était fatigué, je vais lui poser des questions : "Qu'est-ce qui fait que tu n'arrives pas au départ en pleine forme ? À quelle heure as-tu pris l'avion ? À quelle heure tu t'es couché la veille, l'avant-veille, durant toute la semaine ? Comment pourrais-tu mieux récupérer ? Peut-être que le problème n'est pas le sommeil...

Comment pourrais-tu arriver au départ en pleine forme ? Comment as-tu préparé tes affaires, quand, à quelle heure ?” »

> “ Parfois, le problème ne relève pas de la préparation, de la récupération ni de l’organisation, mais d’une difficulté plus psychologique, d’une impression, d’un biais cognitif qui, pour diverses raisons, déforme notre perception de la réalité...

TL. « D’autres fois, le problème repose sur des questions d’impressions : j’ai l’impression que Rory est n° 1 mondial, parce qu’il ne rate aucun coup. Or c’est faux ! Il rate, lui aussi, beaucoup de coups. On a l’impression qu’il réussit tout, mais ce n’est pas le cas ! »

> “ Nous avons l’impression que l’autre est parfait et pensons alors que c’est mission impossible pour nous de faire mieux, puisque nous nous savons imparfaits. Nous sommes alors parasités par une vision tronquée de la réalité.

TL. « Rory nous paraît parfait car, à la télévision, on ne le voit jamais rater. Parce qu’à la TV, on suit toujours et uniquement les premières parties, donc les meilleurs du jour, par définition en pleine euphorie. Mais Charles est pareil, quand il est dans le flow, il ne rate plus aucun coup, et si Rory le voyait à ce moment-là, il pourrait se dire : “Waouh, ce gars est trop fort : il va me battre !”
Il faut vraiment relativiser. La transmission du savoir, c’est dire aux jeunes que tout est possible. Que tu peux très mal jouer tes trois premiers trous et faire birdie sur les quinze suivants ! Je dis toujours aux gamins que si, moi, j’ai réussi, ils le peuvent tout autant. Ils disposent même de plus de moyens pour y parvenir : plus de technologie, plus d’aides dans le monde entier, plus de références, plus de matériel. Ils peuvent plonger dans un vivier de possibilités plus large et plus intéressant. Pour les

y aider, j'aimerais créer une Académie où ils disposeraient de conditions matérielles d'entraînement au top niveau [pas de tapis, pas toujours à plat, de vraies balles...]. »

« Technique, physique, mental, stratégie : tous les facteurs de performance sont importants.

TL. « Pour réussir au plus haut niveau, il faut qu'au moins l'un de tes points forts soit très très très au-dessus du lot, et que les deux autres soient au moins dans la moyenne. Pour être parmi les meilleurs du circuit, il faut deux domaines excellents sur trois pour faire la différence.
Par exemple, on va me comparer à Ernie Els. Au niveau mental, même si on avait des qualités différentes, on était à égalité. Sur le plan technique, idem. Mais en puissance pure, si je veux me comparer avec lui, je vais avoir un problème ! [Ernie Els mesure 15 cm de plus que Thomas.] Donc pour rivaliser avec lui, je vais devoir trouver d'autres armes. Ça peut être au putting, où la puissance ne joue pas. Ou bien je dois chercher ailleurs : dans ma capacité d'enchaîner des tournois, par exemple. La récupération est un domaine très facile à travailler : ne pas boire, ne pas fumer, mieux dormir. Ce sont des petits trucs simples qui peuvent te permettre de t'améliorer et de rivaliser avec d'autres joueurs, sans utiliser les mêmes armes qu'eux. »

« Cette exploitation de toutes ses capacités en allant chercher dans toutes ses ressources permet à Thomas d'avoir un palmarès à nul autre pareil en France. Il a vécu de magnifiques victoires sur le circuit professionnel et de grandes émotions, de celles qui marquent les esprits. Les yeux brillants, il est capable de s'en souvenir dans les moindres détails, comme si c'était hier.

TL. « Dans une carrière, des souvenirs, c'est vrai qu'il y en a plein ! Je me souviens de mon coup de fer 8, parfait au 18, pour

gagner l'Open d'Écosse en 2004. Ce jour-là, j'avais su rentrer des putts incroyables, alors que je chassais le leaderboard. C'est dans ces moments-là que tu te dis que tout ce que tu as fait à l'entraînement est en train de payer.
Ma première victoire, à Nîmes, au championnat PGA [Professionnels de Golf Associés], était pleine d'émotions : c'était la première à ce niveau... Ma première sur le Circuit européen, c'était l'Open de Cannes, en 98, avec encore beaucoup d'émotions et d'enjeux économiques à la clé. Là, sur un putt de deux mètres, tu joues quasiment toute ta carrière ! J'ai réussi à contrôler mes émotions, je jouais alors tellement bien !
La victoire la plus facile a été l'Open d'Espagne, en 2009 : c'est là que j'ai joué mon meilleur golf. Ça se voit aussi au score : 18 sous le par. La victoire à l'Open de France en 2011 a été la plus difficile à aller chercher. J'y suis vraiment parvenu grâce au soutien du public. Surtout au 18 ! J'ai gardé mon driver en souvenir, je l'aurai toute ma vie. »

Questionnement en se comparant à son modèle :
Pro : Quelles sont les grandes étapes de votre carrière ? Quels événements êtes-vous en mesure de raconter avec un maximum de précisions (sensations, pensées, comportement, émotions), comme si c'était hier ? Réfléchissez et consignez-les précieusement sur le papier.
Perso : Quel objet, club, coupe, diplôme, photo (ou autre chose) allez-vous exposer sur votre étagère pour vous rappeler plus tard, quand vous douterez de vous, que vous êtes capable de réussir ?
Sujet de dissertation en cheminant :
La plupart des golfeurs se préparent au désastre. Les bons golfeurs se préparent pour réussir.
Bob Toski

Stratégie / Coup 11 - Absorber les obstacles

Avec Dominique Fournet, coach de golf, expert en préférences cognitives et motrices

Et si les obstacles faisaient partie des trésors du chemin ? Et si les obstacles étaient là pour nous appendre, nous prévenir de l'ennui, nous faire progresser ?
Ancien professeur d'EPS, co-fondateur d'AxelConseil, formateur et coach de sportifs de haut niveau, professionnel de golf, Dominique Fournet parle doucement, avec légèreté mais assurance, sans lenteur ni précipitation, ni volonté d'imposer sa pensée. Ses yeux souriants nous invitent à réfléchir, à nous interroger sur ce que l'on croit, à reconsidérer notre manière de penser, à chercher surtout en nous notre réponse en observant nos préférences...

Dominique Fournet. « Il y a quelques années, avant un stage avec des élèves au Maroc, lors d'une partie amicale, je tapais bien la balle, mais je manquais, selon moi, cruellement de chance. À cause de très mauvais rebonds, je ratais les greens d'un rien et finissais dans les bunkers ! Ça avait le don de m'énerver. J'en ai pris conscience. Je me suis dit alors : “Tu es énervé et tu vas dans le bunker... Si tu n'étais pas énervé, iraistu dans le bunker ? Est-ce que les obstacles ne sont pas là pour te montrer combien tu as d'énervement en toi ? Combien tu ne lâches pas prise ?”
À partir de ce moment-là, au lieu de m'énerver, je me suis de nouveau concentré sur mes coups, en me disant : “Joue et vois ce qui va se passer ; accepte-le.” Bizarrement, je ne suis plus retourné dans des obstacles. J'avais de nouveau de la chance, le bon rebond...
C'est un symbole du golf, et les symboles sont importants : les obstacles sont là pour ton bien, pour te mettre en face de quelque chose. Tu apprends des échecs, c'est évident. Mais n'est-ce pas toi-même qui as créé cet échec ? Ne serait-ce pas

ta *vibration interne* qui aurait envoyé la balle dans l'obstacle, qui t'aurait conduit à l'échec ? En vibrant d'une autre manière, quand tu es plus toi-même, tu vas plus dans la voie qui est la tienne. »

> « Quand tout devient plus simple dans notre esprit, les éléments que nous aurions vus avant comme des problèmes disparaissent de nos préoccupations. On voit le bunker, mais ce n'est plus un obstacle.

DF. « Bref, joue, concentre-toi sur ton jeu, prends du plaisir, vois ce qui se passe et accepte-le. Avec l'expérience, je sais que plus je suis centré, calme, apaisé, moins je vais dans des obstacles. Au golf comme dans la vie. Pour qu'un échec ne se reproduise pas, que faut-il changer ? Les autres ou toi, ta manière de voir les choses, ton envie, ton comportement ?

Questionnement en appréciant les obstacles :
Pro : Comment pourriez-vous assouplir votre mental ? Comment prenez-vous les coups de chance ou de malchance ? Comment prenez-vous les obstacles qui se dressent sur votre route ? Est-ce de la malchance ou une occasion de vous améliorer ? Comment pourriez-vous ne plus avoir peur de frapper à une porte, de prendre la parole en public, de dire non ?
Perso : Quelle est votre vibration de l'instant ? Vibrez-vous positivement ? Êtes-vous dans l'acceptation ou dans le jugement ? Que pourriez-vous faire de façon désintéressée ?
Sujet de dissertation en cheminant :
La méditation est un effacement, un silence, une ouverture, donc une acceptation, un non-conflit.
Arnaud Desjardins

Stratégie / Coup 12 - S'amuser au lieu de travailler

Avec Olga Leonovitch, ex-patineuse de haut niveau, pro de golf PGA - Certifiée FlowMotion

En ce dimanche matin d'hiver, Olga Leonovitch et Stéphane Bachoz me reçoivent dans leur chaleureuse maison de Saint-Nom-la-Bretèche. Le couple à la vie et sur les parcours partage pour son plus grand bonheur un même amour et une passion réciproque. Autour d'un café, nous partons dans une discussion animée sur les vertus du golf qui va durer plus de trois heures (comme l'immense majorité des interviews de ce présent ouvrage, d'ailleurs), jusqu'à ce que sonne l'heure pour eux d'aller dispenser leur enseignement dominical au golf de Noisy-le-Roi (Yvelines), sans avoir pris le temps de déjeuner, mais avec cette ambition de rendre leurs élèves plus heureux.
C'est un plaisir d'échanger avec eux sur notre vision commune du JE.u.
Professionnelle de golf depuis peu, Olga était déjà une sportive de très haut niveau quand elle était patineuse sur glace. Formée au CSK Moscou, le club de l'armée russe, elle a reçu un *modèle* éducatif des plus stricts. Arrivée en France, elle a été entraîneure de l'équipe nationale de patinage, notamment de Stéphane Bernadis et Sarah Abitbol. Avec son charmant accent qui nous rappelle ses origines, Olga aime évoquer la rigueur de sa formation initiale, en contraste total avec la méthode *FlowMotion* qu'elle prône aujourd'hui dans l'apprentissage du golf.

Olga Leonovitch. « À l'âge de six ans, j'avais déjà un excellent niveau en patinage. J'ai été élevée avec ces valeurs soviétiques : "On est les plus forts, on est les meilleurs au monde." Pour moi, le sport n'était pas un jeu. La notion de travail dans le sport, je connais, j'ai donné, mais tout a changé pour moi quand j'ai découvert le golf [à quarante-cinq ans !] avec Stéphane Bachoz [qui, depuis, est devenu son compagnon].
J'ai tout de suite adoré jouer au golf, car enfant, je ne jouais

jamais. Salariée de l'URSS, dès quinze ans, je gagnais très bien ma vie, mais je ne jouais jamais : mon emploi du temps était exclusivement consacré au patinage et à l'école.
Quand j'ai découvert le jeu de golf, là, j'ai compris que je pouvais rattraper toutes mes années d'enfance ! Et grâce au plaisir du jeu, j'ai très vite progressé. Je suis devenue pro à cinquante-trois ans ! Le golf est une activité sportive, qui exige une dépense physique et mentale, mais avant tout, le golf reste pour moi un jeu qui correspond à ma nature. J'aime être concentrée et, en même temps, m'amuser. La notion de jouer au golf, je ne l'oublie jamais, et c'est celle que je transmets en premier lieu à mes élèves. Je leur rappelle qu'ils sont là pour jouer, pas pour travailler. L'origine du mot "travail" est "torture" : ça renvoie à une notion de soumission, d'oppression.
Et c'est important, parce que lorsque vous voulez arrêter de faire quelque chose, de faire du golf, par exemple, c'est peut-être parce que, justement, vous ne jouez pas assez. Parce que le jeu, par définition, on ne veut jamais l'arrêter, puisque c'est amusant ! Si vous voulez arrêter, c'est tout simplement parce que vous ne jouez pas : vous travaillez. Vous avez déjà un job, donc quand vous venez au golf, venez pour vous libérer, venez pour jouer, bien ou mal, mais jouez toujours !
Le golf reste un jeu, même si je demeure compétitive. J'aime gagner au golf. Comme dans n'importe quel jeu. Quand je joue au Trivial Pursuit, je veux gagner : c'est ça, l'esprit compétitif !

> “ Le jeu n'empêche évidemment pas d'aimer la concentration, la compétition, bien au contraire. Le jeu permet de se sentir moins sous pression, de pratiquer de manière plus détendue, ce qui n'empêche évidemment pas d'aimer la concentration et la compétition, bien au contraire.

OL. « On n'est pas obligé non plus de faire de la compétition. Le golf peut être un plaisir en dehors de la compétition. L'important est de voir les choses de façon positive.

Par exemple, hier, j'ai donné un cours à un homme d'affaires iranien de passage à Paris. Il était dans l'obscurité totale, il ne souriait pas, il était très, très fermé. Il a raté ses trois premiers coups et m'a dit : "Mon golf ne va pas, j'en ai marre, je pense que je vais abandonner." Ce n'était pas le golf qui "n'allait pas", je ne lui ai donc pas donné un cours technique. J'ai tout simplement pris le temps de parler avec lui, et il a commencé à se détendre. Je lui ai raconté une blague, et il a commencé à rigoler.
Pendant son échauffement, je ne lui ai dit que des choses positives, puis soudain, je lui ai dit qu'on allait directement jouer sur le parcours, et d'emblée, sur le premier trou, il a très bien joué. Il était stupéfait : "C'est incroyable, ça fait un an que je ne touche plus une balle correctement, et là, tout est parfait !" Je lui ai dit : "Ce qui se passe dans notre tête se traduit dans notre jeu. Si tu es heureux, si tu es positif, tu tapes de belles balles. Si je dis quelque chose qui te dérange, tu rates la balle." Il m'a répondu : "C'est vrai. Pour la première fois aujourd'hui, depuis longtemps, je me sens bien."
Après le parcours, il ne voulait plus s'arrêter. Il voulait faire encore du petit jeu. C'était un important homme d'affaires d'une bonne cinquantaine d'années, mais il était redevenu un simple enfant qui veut jouer. »

Questionnement en s'amusant :
Pro : Quel plaisir prenez-vous à faire ce que vous faites ? Quand jouez-vous ? Quand travaillez-vous ? Comment pourriez-vous vous amuser davantage dans votre travail ?
Perso : Enfant, comment vous amusiez-vous ? Comment pourriez-vous mettre plus de jeu et d'humour dans votre vie ?
Sujet de dissertation en cheminant :
C'est sur la base du jeu que s'édifie toute l'existence expérientielle de l'homme.
Donald W. Winnicott

L'APPEL DU HÉROS
S'INITIER

Au village, j'ai cherché mon élément. À la source du Mérantais, j'ai puisé cinq stratégies :

- ☑ *Œuvrer pour le futur.* Pascal Grizot
- ☑ *S'adapter aux fluctuations.* Christophe Muniesa
- ☑ *Se construire à partir d'un modèle.* Thomas Levet
- ☑ *Absorber les obstacles.* Dominique Fournet
- ☑ *S'amuser au lieu de travailler, jouer avec l'écume des jours.* Olga Leonovitch

Et j'ai accepté l'initiation.

MISCELLANÉES
ENTRE FLUIDITÉ ET FORCE

ÊTRE EN FORME

La loi de la nature fait que plus on vieillit, plus nos capacités physiques diminuent, et plus les possibilités de sport deviennent limitées. Mais à tout âge, on peut jouer au golf avec bonheur, dans des endroits agréables, seul, avec des amis ou en famille.

C'est pourquoi le golf entre, bien sûr, dans le cadre du *Sport santé* cher au Professeur Saillant qui, avec le Comité Olympique 2024, œuvre actuellement à l'opération *Pour une France en forme*, afin que tous les Français pratiquent une activité physique : monter trois étages à pied plutôt qu'en ascenseur est un élément très important sur le plan préventif et curatif de nombreuses pathologies.

Le Pr Gérard Saillant, que nous retrouverons dans ce livre (notamment au chapitre 5), est formel : « Il est évident que si vous faites une activité physique, vous allez prévenir un certain nombre de maladies, surtout si vous entamez cette prévention primaire le plus tôt possible. Or à cause de la sédentarisation, les adolescents perdent actuellement beaucoup de leurs capacités cardio-respiratoires en jouant devant des écrans six heures par jour. C'est un élément très important. Le sport est une excellente façon de se frotter aux autres : quand vous êtes enfant unique, bien dorloté chez vous, en allant dans un club, vous verrez ce qu'il en est des autres. Les grands golfeurs sont aujourd'hui des athlètes de haut niveau. Sans aller jusque-là, le golf est un sport absolument complet. »

En effet, le golf fait appel à fous les facteurs de performance sportive : caractéristiques physiques, capacités motrices, aptitudes techniques, éléments intellectuels, psychologiques et comportementaux. Il faut marcher pendant plus de quatre heures, en tirant son chariot ou en portant son sac, exécuter une centaine de swings en étant toujours au mieux de sa forme, de son équilibre et de sa lucidité en fonction du contexte, du parcours, des conditions météorologiques et de l'adversaire si on joue en match play.

En le pratiquant, on accède obligatoirement à un autre rapport à la temporalité (nous traiterons plus tard de ce sujet avec le psychiatre Raphaël Gaillard). C'est pourquoi les grands capitaines d'industrie, les chefs d'entreprise et les enfants ont tout intérêt à pratiquer le golf, premier sport individuel au monde avec quelque soixante-dix millions d'adeptes !

Notre corps exploite mieux ses capacités cognitives en mouvement qu'en position assise. Si les plus grands philosophes aimaient souvent la marche, c'est peut-être parce qu'ils avaient constaté qu'à l'issue d'une balade autotélique, ils avaient avancé dans leur pensée.

VOCABULAIRE SMART

Tout projet nécessite une planification, à l'échelle d'une carrière, d'une saison, d'un tournoi, d'un parcours, d'un trou, d'un coup. Cette planification exige un objectif, une grande vision, des bases solides, des efforts constants, beaucoup de réactivité et d'humilité face au cours des choses.

Le vocabulaire commun au monde de l'entreprise et au monde du sport nourrit la réflexion de Pascal, de Christophe et des « managers golfeurs ». Voici quelques exemples : besoins, ressources, cibles, vision, mission, règles, maîtrise, technique, respect, résultat, contrôle, feed-back, objectifs SMART (traités en détail dans les miscellanées du chapitre 7), PDCA (chapitre 11), qualité, tableaux de bord, analyse, confiance en soi, motivation, détermination, gestion, émotions, compétition, benchmark, performance, lancement, événement, agilité, changement, *design thinking* (chapitre 13), ajustement, procrastination, etc.

ERRANCE
Prenez régulièrement le temps de vous perdre, de vous évader, d'errer à l'aventure. Que faites-vous quand vous sortez de vos sentiers battus ? Aimez-vous ce que vous faites quand vous ne travaillez pas ? Si oui, comment pourriez-vous passer vos futures journées à faire ce que vous faites quand vous n'êtes pas « productif » ? Chez Google, 20 % du travail des employés est dédié à des recherches personnelles.

FLUCTUAT NEC MERGITUR
La belle devise de la Ville de Paris est un appel à la résilience : battue par les flots, la Tour Eiffel ne sombre pas. En golf, comme dans la vie, les choses se passent rarement comme on le souhaiterait, mais comme nous l'a appris Nietzsche, « ce qui ne nous tue pas... » Les échecs momentanés ne sont que des aiguillages plus ou moins désagréables vers le chemin du mieux-être. Il est bon de le savoir dès le début du parcours : l'obstacle est ton ami ; il sera tellement nécessaire de t'en souvenir au fil de l'eau.

GRATTER QUELQUES POINTS
Si notre projet nous paraît accessible avec nos moyens, mais s'il nous manque un je-ne-sais-quoi pour y arriver, il convient de chercher où l'on peut encore monter le curseur. Et c'est parfois dans des secteurs indirects qu'il faut modifier quelque chose. Car s'il est bon de s'améliorer dans tous les secteurs du jeu de

golf, il faut chercher aussi au-delà de la pratique même. En effet, nous pouvons toujours gagner quelques points en pensant *out of the box*.

Dans tout domaine, on peut facilement gagner des points en améliorant notre hygiène de vie : sommeil, alimentation, environnement, addictions, etc. Mieux se connaître permet de mieux savoir ce qui nous convient, ce qui nous réussit, ce qui nous manque, ce qui nous fatigue, ce qui nous nuit. Car la meilleure façon de réaliser dix-huit trous en beauté est de garder constantes ses habiletés physiques, techniques et mentales – chose impossible si l'on est fatigué.

BIAIS ET MINDSET

De nombreux problèmes viennent troubler notre perception de la réalité. Nous sommes « pensés » par notre culture. Voilà pourquoi, comme Spinoza qui gagnait sa vie en taillant des lentilles optiques, il est si important de nettoyer et de polir les verres qui nous font percevoir la réalité, la nôtre, différemment, selon notre vue et les lunettes que l'*On* nous a posées sur le nez...

Un biais cognitif est une heuristique de jugement qui crée une distorsion dans le traitement d'une information : le sujet privilégie certains aspects à d'autres via des raccourcis intellectuels qui le poussent parfois à des erreurs de raisonnement ou des jugements paradoxaux.

Par exemple, le biais dit de l'aversion à la perte (voir le chapitre 9) pollue fréquemment notre façon de penser : si nous aimons le gain, nous détestons plus encore la perte. Ce biais, qui a été prouvé tant en neurosciences qu'en recherches psychosociales, nous empêche donc souvent de réfléchir de façon logique. Il explique aussi que nous nous focalisons sur les 10 % qui ne vont pas au lieu de nous réjouir et de renforcer les 90 % qui vont bien. C'est pourquoi nous devons toujours faire attention à notre météo intérieure – ce que je ressens, pense, dis, fais, quel est mon comportement – et faire du renforcement positif pour faire « le plein de plaisir » et veiller à notre façon de penser.

Le mindset, que j'essaie d'appeler la plupart du temps « état d'esprit » ou « attitude », fait que selon que l'on est triste ou joyeux, le verre sera à moitié vide ou à moitié plein. Être dans le « meilleur état d'esprit » demande d'être formé à la pratique des outils universels de la préparation mentale. Ces outils sont à notre portée depuis la nuit des temps, mais dédaignés du plus grand nombre : respiration et relaxation (yoga, pranayama par exemple), suggestion (dialogue interne, imagerie, autohypnose), concentration (focus, méditation), activation (mise en tension, dynamisation/rétroaction), etc.

Pourquoi certains passent-ils des milliers d'heures à améliorer leur technique (golf, piano, chirurgie, etc.) et se privent-ils de ces outils universels qui permettent d'être sur commande au meilleur de l'expression de sa technique ? Une fois ces bases comprises, un coaching poussé demande évidemment un accompagnement individualisé. En maîtrisant mieux biais cognitifs et mindset, on peut gagner des points facilement, en étant plus pointu sur ces détails auxquels les concurrents ne font peut-être pas assez attention.

MIROIRS SWOT

Comparaison n'est pas raison, mais on ne peut progresser sans lucidité, sans prise de conscience et sans effort. Quels sont objectivement nos forces, nos faiblesses ? Le fait d'identifier qui nous sommes vraiment, à l'aide d'un miroir symbolique ou humain, nous aidera à être bienveillants et objectifs vis-à-vis de nous. Sinon, attention aux miroirs déformants. Attention aux biais cognitifs évoqués à l'instant, qui peuvent perturber notre perception de la réalité, comme le redoutable « biais de confirmation » qui nous fait percevoir uniquement ce que nous voulons voir pour satisfaire notre « besoin de cohérence ».

Il est toujours très intéressant de prendre un modèle qui nous ressemble au plus près, avec lequel nous pouvons nous comparer. En entreprise, on pratique sans cesse cet exercice grâce au *benchmarking* et avec la classique *matrice SWOT (Strengths, Weaknesses, Opportunities, Threats : Forces, Faiblesses, Opportuni-*

tés, Menaces) chère au marketing : « Par rapport à ce modèle, qu'ai-je en plus ? Qu'est qui me manque ? Puis-je réellement me comparer à lui ? Comment risque-t-il de me nuire ? Comment me rapprocher de lui ? Comment pourrais-je faire mieux ou autrement ? »
Les champions ont cette capacité de s'auto-évaluer en permanence pour s'ajuster et agir de façon optimale, cette capacité de se piloter en mettant la grand-voile quand il convient. Cela demande un peu d'attention au quotidien sur ses feed-back, ses ressentis, ses pensées, ses émotions, ses indicateurs, ses cadrans, son tableau de bord personnel.
On gagne toujours à s'appuyer sur ses forces. Prenons le cas du n° 1 mondial 2020 : au lieu de s'obstiner à jouer en draw, Dustin Johnson a renforcé sa tendance naturelle, le fade, pour l'amener à un tel niveau de maîtrise qu'il sait désormais ce qu'il a à faire – driver sur le fairway – en s'appuyant sur son point fort – le fade qu'il joue plus ou moins fort, plus ou moins haut, et plus ou moins prononcé –, et il le fait, après des milliers de drives en fade en amont, sans plus se poser de question : « je regarde ma cible, je pose la balle sur le tee, je frappe. »
Renforçons ce qui marche pour nous tant sur le plan technique que mental.

SOUVENIRS RENFORCÉS

Comme nous l'avons vu avec Thomas Levet, ce sont les émotions qui ancrent profondément les souvenirs dans la mémoire à long terme, et les émotions positives renforcent la confiance. Listez donc bien vos réussites.
Faites ce que l'on appelle, en *Techniques d'Optimisation du Potentiel®* (*TOP*), du *renforcement positif* (*RP*, concept sur lequel nous reviendront dans les miscellanées du chapitre 10) : il est toujours très utile de se constituer une bibliothèque de bons souvenirs dans laquelle on peut plonger quand une nouvelle épreuve délicate se présente à nous. On peut aussi mieux préparer cette épreuve en utilisant une *Préparation Mentale à la Réussite* (*PMR*), méthode très efficace quand elle est faite en

amont, avec suffisamment de temps, pour l'optimiser avec du matériel de qualité, issu de notre bibliothèque de sensations, d'images relaxantes et motivantes, remplie lors d'états modifiés de conscience ou d'activités où l'on exerce ses sensations VAKOG (*Visuel, Auditif, Kinesthésique, Olfactif, Gustatif*). Au fil de l'ouvrage, nous aborderons ces différents points pour les éclairer sous différents jours...

AVOCAT DU DIABLE

Face à l'angoisse, face à l'anxiété, face à cette terrible impression que rien ne va plus, que tout vous échappe dans l'obstacle, et que cela va être pire, je vous invite à décrire le plus factuellement possible la situation et à vous poser cette question : *Le diable serait-il d'accord avec moi ?*

Si même l'avocat du diable est d'accord avec vous, centrez-vous sur votre ressenti et vos besoins, et assumez la responsabilité de vos émotions, de vos pensées, de vos paroles et de vos comportements dans l'obstacle. « Plus je suis centré, plus je suis moi-même, tranquille, moins je vais dans des bunkers », disait Dominique. Plus nous nous entraînons aux sorties de bunkers, plus nous aimons les bunkers.

Multiplions les expériences, élargissons nos compétences techniques, physiques et mentales : ainsi, nous musclerons notre confiance en nous. Nous saurons désormais que dans l'obstacle, nous disposerons des ressources pour rebondir. Du coup, nous irons moins souvent dans les obstacles.

Quand nous nous entraînons à multiplier les expériences en les vivant comme de simples expériences, et non des finalités, notre cerveau devient de plus en plus souple et finit par connaître la réponse adaptée. Nous retombons « plus souvent sur nos pattes », comme les chats.

Quand nous sommes mieux avec nous-mêmes, nous nous dirigeons tout naturellement vers une voie qui nous ressemble plus. Tout devient soudain plus simple, même si, attention ! le fait qu'une idée nous vienne vite à l'esprit ne veut pas dire qu'elle est juste. Nous rencontrons moins d'échecs, car nous avons

compris qu'un échec dépend juste de notre lecture immédiate de la réalité. Cet échec du jour ne sert-il pas le succès de demain ? C'est nous qui interprétons négativement le fait qu'une balle finisse sa course dans le bunker. La balle et le bunker, eux, ne disent rien. C'est nous qui interprétons le résultat, qui donnons un sens à cette balle dans le bunker... Il arrive fréquemment aux pros de viser stratégiquement les bunkers de green.
On ne décide pas des malheurs qui nous arrivent, mais on peut toujours influer sur la manière dont ça nous affecte. « Pour moi, tout n'est que moyen, même l'obstacle », dit le roi Ibn Saoud.

HIGHWAY DIMENSION

Quand nous avons pris une décision claire et nette, quand nous savons précisément où nous en sommes et où nous voulons aller, comme par hasard, nous trouvons la voie la plus rapide, la plus simple, qui n'est pas toujours la plus courte. A contrario, si notre intention est indécise, on se perdra dans les méandres des bretelles autoroutières.
Cela me fait penser à ce que l'on appelle la *Highway Dimension* en informatique : si je veux aller rapidement d'une petite ville à une autre éloignée, j'ai intérêt à me rendre dans la grande ville la plus proche de mon point de départ pour prendre l'autoroute et à chercher la grande agglomération proche de l'arrivée.
Dans la vie professionnelle – mais cela vaut aussi dans la vie personnelle –, si je veux atteindre un client, ce n'est pas forcément en m'adressant à lui directement que j'ai le plus de chance de l'intéresser, mais en passant peut-être par un ami qui connaît un ami qui connaît le client et saura vous mettre en relation. Le réseau social professionnel LinkedIn a bâti son succès sur ce modèle. En business, il faut toujours chercher quels sont les relais qui vous mettront en relation avec votre destination finale, comme nous le verrons avec Jean-Lou Charon dans le coup 18.

VIBRATION POSITIVE

Préoccupés, nous vibrons parfois négativement, c'est-à-dire que nous envoyons par notre langage corporel de mauvaises ondes, de mauvais signaux, que nos interlocuteurs ressentent immédiatement. Pour vibrer positivement, nous avons avant tout besoin de nous connecter à l'instant présent, pour mobiliser toutes nos ressources et peut-être éviter que ce futur préoccupant advienne.

Au golf, après avoir imaginé ma trajectoire de jeu, défini clairement mon projet, je dois être en mesure, grâce à mon entraînement mental, d'utiliser, à l'instant présent, toutes mes ressources techniques, physiques et cognitives au service de la trajectoire imaginée, en me libérant de l'obsession du résultat. Il doit en aller de même en communication, dans l'échange avec les autres.

Pour éclairer mon propos, je citerai Raphaël Jacquelin en réponse à l'une de mes questions sur la préparation mentale et la visualisation : « Je vois avant tout la trajectoire de balle par rapport au coup que j'ai choisi de réaliser. Ensuite, je vais m'organiser pour exécuter la trajectoire que j'ai imaginée, me placer, exécuter le coup. Cela repose beaucoup sur l'expérience. » Simple comme du DJ.

Quand tout est clair, quand je suis mobilisé sur le présent, Je (mon corps, mon cerveau) peux puiser dans ma bibliothèque de swings la réponse à ce coup de golf (ou à ce premier rendez-vous amoureux, à cet entretien d'embauche, à cette négociation commerciale).

Quelle est ma vibration à l'instant ? Quel est mon état d'âme ? Ma météo intérieure ?

Je suis hyperstressé. O.K. Comment puis-je faire quelques ajustements ? Quels outils ai-je à ma disposition ? Je peux me concentrer sur ma respiration. Le contrôle de la respiration permet d'une manière très simple de « reprendre le contrôle » sur son corps et de se concentrer sur le présent, la réalité. J'inspire, 1, 2, 3, 4 ; je retiens ma respiration, 1, 2, 3 ; j'expire, 1, 2, 3, 4, 5, 6, 7, 8. Bien sûr, vous pouvez compter plus ou moins vite, ou changer le rythme proposé, selon votre ressenti du moment. Vous pouvez associer à cette respiration des images et/ou des mots de calme, de confiance, des sensations kinesthésiques (lourdeur ou légèreté, chaleur ou fraîcheur), etc.

AIMER LA GAGNE

Jouer ne veut pas dire « jouer pour du beurre », comme on disait dans mon enfance, c'est-à-dire sans que cela n'ait d'importance. Rien de plus ennuyeux, en effet, que de jouer avec quelqu'un qui se fiche de gagner ou de perdre, car alors, il n'y a pas plus d'enjeu, plus de jeu, plus de motivation ; cela devient une occupation ennuyeuse pour tuer le temps. Or quand nous jouons, on perd justement la notion du temps, pris par l'enjeu que l'on s'est soi-même fixé. Lorsque les enfants s'amusent, ils sont dans leur monde – ou leur *zone*, pour utiliser un vocabulaire sportif. Ils sont complètement focalisés sur ce qu'ils sont en train d'imaginer avec leur poupée ou leurs petits soldats, parce qu'ils vivent pleinement ce qu'ils visualisent (l'imagerie mentale n'est pas si compliquée, vous voyez). Ils sont archiconcentrés, et ce n'est pas du travail pour autant.
Ce que l'on aime aussi dans le golf, c'est retrouver son âme d'enfant, le plaisir du jeu de billes avec des amis, de se taquiner gentiment. Nous sommes tous d'accord : il est indispensable de travailler beaucoup pour réussir, mais on peut travailler aussi sans souffrir, et sans jouer sur les mots, c'est encore plus efficace si on joue à travailler, en mettant en pratique la phrase de Confucius : « Choisissez un travail que vous aimez, et vous n'aurez pas à travailler un seul jour de votre vie. »

HUMOUR

Parce qu'il faut parfois savoir détendre l'atmosphère avec une plaisanterie, je vous conseille d'avoir quelques blagues en poche. En voici une pour la route sous la forme d'une devinette :
« Savez-vous quelle est la blague la plus courte au golf ?
— Réponse à la fin du prochain trou… »

Chapitre 4

TROU 4
CHÂTEAUFORT

Objectif | Trouver sa force
État d'esprit | Être en équilibre

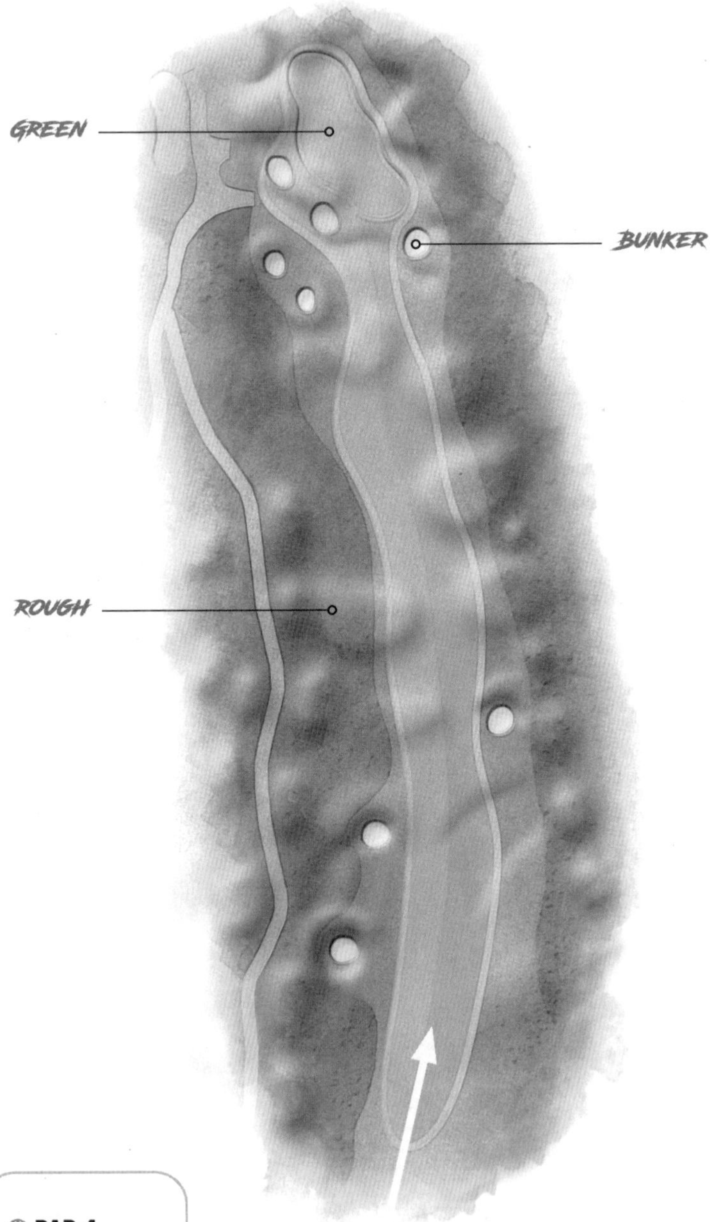

PAR 4

385 mètres

Hubert Chesneau

TROU 4 - CHÂTEAUFORT

« Ce nom de Châteaufort est un nouvel hommage géographique, puisque nous sommes tout simplement sur la commune de Châteaufort. L'avantage, c'est qu'il évoque, bien sûr, l'idée d'un château fort, en deux mots. Un green surélevé, défendu par des bunkers, parachève la justification de la chose. Ainsi, tout le monde est servi : l'hôtel est implanté sur la commune de Magny, le club-house sur Guyancourt, et Châteaufort a un trou à son nom ! Il y a cinq ans, ce trou s'appelait encore la plage en raison d'un énorme bunker de fairway. Mais c'était trop facile pour les meilleurs joueurs, qui n'avaient aucune difficulté à en sortir. On a donc supprimé la plage à l'occasion de la Ryder Cup.
Elle a été remplacée par une butte beaucoup plus utile pour les spectateurs. Ainsi, la plage est devenue Châteaufort.
J'aime beaucoup ce trou pour le plaisir technique, car il y a un vrai coup de golf amusant à effectuer pour rejoindre le green si on a réussi à placer son drive où il faut. C'est un trou qui sanctionne, mais pas injustement. »

TEE TIME

La commune de Châteaufort (Yvelines) doit son nom à la présence de trois châteaux forts sur son territoire au Moyen Âge. Aujourd'hui encore, l'idée de « château fort » éveille notre imaginaire d'aventurier, comme le souligne l'historien Jacques Le Goff avec les dessins d'enfants ou les châteaux de sable... sur la plage. Est-ce parce que « L'esprit même du château fort, c'est le pont-levis », comme l'écrivait joliment René Char ? Je ne sais pas, mais les succès du *Seigneur des anneaux* ou de *Game of Thrones* ne risquent pas d'endiguer notre goût romantique pour les légendes médiévales. Le film *La Plage* excitait, lui, un tout autre imaginaire.

L'APPEL DU HÉROS SE PERFECTIONNER

Joseph Campbell - Le voyage du héros : « L'homme ordinaire est plus que satisfait – il est même fier – de rester dans les limites convenues, et la croyance populaire lui donne tout lieu de craindre plus que tout le premier pas dans l'inexploré. [...] Les régions de l'inconnu (désert, jungle, mer profonde, terre étrangère, etc.) sont des champs libres pour la projection de contenu inconscient. »

Mobilisation / Apprentissage 2
Face aux ombres inexplorées, j'ai décidé de m'édifier avec l'aide de mes mentors pour atteindre, entre perfection et liberté, la sage gravité de la Montagne magique, en trouvant ma véritable force entre les vérités opposées. Ainsi, j'espère m'élever et accueillir en moi la force de l'équilibre dans le déséquilibre permanent.

TROU 4 - CHÂTEAUFORT

Objectif : trouver sa force
État d'esprit : être en équilibre

Stratégie / Coup 13 - Trouver sa montagne

Avec Patricia Meunier-Lebouc, championne de golf

Ce n'est pas un hasard si Patricia Meunier-Lebouc a gagné de nombreuses compétitions, dont un Majeur sur le sol américain ! Elle le doit à un parcours exemplaire. Pas à pas, elle a dû apprendre à se faire confiance, à maîtriser son corps et son esprit, apprendre à ne pas se laisser déséquilibrer par les plus vives émotions. Pour Patricia, se préparer à une compétition, c'est comme envisager l'ascension d'une montagne plus ou moins haute, selon le niveau de chacun.

Patricia Meunier-Lebouc. « Quand je m'entraîne, l'objectif est clair : le sommet, la victoire ! C'est une évidence. Mais quand on est au pied de la montagne, le sommet est à des kilomètres. Être obsédée par la victoire, ce serait comme vouloir être directement, immédiatement, tout en haut. On a besoin d'avoir un objectif élevé pour se motiver, mais j'ai besoin aussi d'avoir un objectif beaucoup plus proche, sur les dix mètres à venir, pour avancer petit à petit vers le sommet. Un alpiniste sait toujours où il veut aller, bien sûr, mais il sait surtout qu'il doit se concentrer sur ce qu'il a à faire dans l'immédiat. La victoire, c'est le but, forcément, comme le sommet de la montagne est évident en face de toi. Mais ce n'est pas parce que la montagne est là, juste devant toi, que tu vas tout de suite être en haut. Cela exigera du temps… »

“ En tant que compétitrice née, Patricia se mettait beaucoup de pression, à l'origine. Pour vivre mieux les choses, elle a appris à prendre du recul, à mettre en place des objectifs de moyens plutôt que de résultats.

PML. « Au golf, comme lorsqu'on gravit une montagne, il y a beaucoup de choses à gérer dans l'instant. Donc si l'on est bien organisée, on a largement de quoi s'occuper plutôt que de penser à la Coupe. Ce n'est pas en voulant à tout prix gagner que l'on se donne l'espace de bien faire ce que l'on a à faire : taper avec fluidité pour arriver parfois à gagner, et j'ai gagné plusieurs fois. Je suis arrivée également à perdre en sachant que j'y mettrais ensuite du sens, que j'utiliserais cette défaite pour aller plus haut. »

“ On n'atteint pas les hautes cimes sans guides, sans porteurs, sans relais ni renforts. La mère et le père de Patricia, Alain Meunier, ont joué un grand rôle dans le parcours de leur fille, en lui apportant les ressources et l'environnement dont elle avait besoin pour s'épanouir.

PML. « De toute façon, sans les parents, on ne peut pas faire grand-chose. Mon père, kiné de profession, jouait au golf en amateur. Il adorait le sport et a vite remarqué mes prédispositions pour la compétition. J'ai vite eu des résultats avec l'équipe de golf Junior de Dijon. Mon père a cherché à comprendre quelles étaient les étapes suivantes pour me permettre d'évoluer. C'est la grande force du système qu'il a mis en place autour de moi et que j'ai gardé tout au long de ma vie : quelle est la prochaine étape ? Quels sont mes besoins ? Pour répondre à ces besoins, quelles ressources trouver pour m'aider à franchir l'étape ?
C'est ainsi que mon père m'a fait rencontrer, lors d'une compétition à Saint-Cloud, Cécilia Mourgue d'Algue (à l'époque capitaine de l'équipe de France). Il a eu la très bonne idée de lui demander conseil. Cécilia a joué le jeu et nous a donné la marche à suivre. Puis j'ai démontré des capacités en compétition qui lui ont plu, et j'ai assez vite intégré l'équipe de France, pour laquelle j'ai joué pendant deux ans.
Ensuite, quand j'ai dit mon intention de devenir pro de golf, mon père m'a répondu qu'il faudrait alors que je redouble d'efforts et que j'apprenne mon métier en allant directement jouer avec les meilleures sur le Tour. Et ça s'est bien passé, puisque j'ai gagné dès la première année mon premier tournoi professionnel : l'Open d'Angleterre en septembre 94 ! C'était cool. C'était surtout bon signe : la première récompense du travail effectué. Ça m'a convaincu de m'engager à fond, ce qui n'était pas difficile pour moi : grâce aux valeurs que mes parents m'ont inculquées, je savais qu'il me faudrait travailler dur, que ça ne se ferait jamais tout seul. »

« Si Patricia a parfaitement intégré l'idée qu'il faut être accompagnée pour parvenir à ses fins, aujourd'hui, c'est elle qui se met au service des autres, qui se positionne en personne ressource aux côtés des autres, jamais au-dessus...

PML. « En tant qu'entraîneure de l'équipe de France Dames, ma mission est d'accompagner un collectif, mais si je gère un groupe, je reste à 100 % concentrée sur la personne. Surtout dans cet univers où toutes rêvent de devenir joueuses professionnelles. Ça arrivera, ça n'arrivera pas ? L'essentiel est d'avoir le rêve en tête.
Je suis là pour les accompagner à mon tour, comme on m'a accompagnée par le passé, avec bienveillance. Je n'avais pas besoin que des personnes-ressources fassent à ma place, mais ça m'apportait beaucoup de les savoir là, pas loin, au cas où...
Ce que je propose, c'est surtout un travail d'écoute et de compréhension des besoins de chacune au sein du collectif, en les laissant s'exprimer à leur juste valeur pour qu'elles puissent se transcender dans le groupe. C'est la force de l'humain : si on dit à une personne qu'elle est douée, si on lui fait confiance, si elle sait qu'elle peut compter sur nous à tout moment pour l'accompagner dans son parcours, si elle sait ce qu'elle a à faire, il n'y a pas de limites à la performance.
Dans l'équipe, le cœur du système, c'est Pauline, c'est Chloé, c'est Candice, c'est Agathe... C'est la joueuse, toujours. Elles connaissent ma disponibilité, elles savent qu'elles peuvent me contacter quand elles le veulent. L'entraîneur ne doit pas se mettre au centre et dicter aux jeunes ce qu'ils ont à faire : son rôle est d'accompagner, d'être là, à côté. »

Questionnement en regardant sa montagne :
Pro : Vous laissez-vous facilement accompagner par d'autres ? Accompagnez-vous avec bienveillance les personnes moins expérimentées de votre équipe dans l'accomplissement de leurs rêves, en partageant généreusement et humblement votre expérience ?
Perso : Quels prochains petits pas pourriez-vous faire aujourd'hui pour vous rapprocher du sommet votre montagne ?
Sujet de dissertation en cheminant :
L'alpiniste est un homme qui conduit son corps là où, un jour, ses yeux ont regardé. Gaston Rébuffat

Stratégie / Coup 14 - Trouver son mentor

Avec Thomas Levet, champion de golf

Contrairement à ce que l'on croit communément, plus on avance, plus on grandit, plus on prend conscience que l'on a besoin d'être aidé. Les sportifs de haut niveau, les plus grands dirigeants ont des coachs, s'entourent d'experts pour être plus efficaces, pour prendre de meilleures décisions dans l'action, être plus en paix avec eux-mêmes. Thomas Levet, qui connaît les frissons des plus hautes cimes, estime avoir appris à toutes les étapes de sa carrière grâce à son sens de l'adaptation, de l'observation, et aussi grâce aux autres.

Thomas Levet. « Au début, on a ses parents, bien sûr, puis nos entraîneurs de club, puis ceux des équipes de France, puis on part à l'étranger, et ça devient encore plus compliqué. En tant que pro, on apprend directement sur le terrain des tonnes de choses, et au bout d'un moment, on devient une véritable petite entreprise. On a besoin de tout un staff pour se préparer, gagner du temps, s'organiser au mieux, négocier les contrats, communiquer... Au-delà du golf, la gestion de carrière sur le parcours est une vraie école de la vie. »

> « Pour aller loin, il faut aimer relever des challenges, s'exercer beaucoup, essayer encore, éveiller ses neurones miroirs (neurones qui s'activent quand on fait un geste ou que l'on observe autrui le réaliser), imiter, recommencer, trouver son style – comme un artiste – en faisant feu de tout bois.

TL. « J'ai découvert le golf avec mon père [ancien joueur de hockey sur gazon] au Racing Club de France. Je jouais très bien au hockey, mais j'ai finalement choisi le golf, parce que là, c'est toi qui as le contrôle de ce que tu fais, sans dépendre de tes partenaires. Ce challenge m'a vraiment plu, car si tu t'exerces suffisamment longtemps, tu finis par y arriver. Et au golf, il est facile de s'entraîner tout seul. J'étais curieux, j'observais au practice les joueurs de première série ; ensuite, je cherchais à les imiter. Mon but a toujours été d'être le meilleur possible, et sur le practice de la Boulie, j'avais des modèles à imiter directement sous les yeux. C'était génial ! J'ai beaucoup appris par l'imitation des meilleurs joueurs du club. Mais je ne me dirai pas pour autant autodidacte, j'ai reçu beaucoup d'aide durant mon adolescence. »

“ Thomas se souvient de son premier professeur, Philippe Maréchal du Golf de Gif-Chevry, auquel il rend hommage, car il le faisait rire. En effet, l'humour est une excellente méthode pédagogique : quand un enfant découvre le jeu et repart avec le sourire, il y a de fortes chances qu'il revienne apprendre. C'est le plus important : aimer apprendre. Thomas se souvient également avec plaisir de toutes les influences qui l'ont construit. Il savait d'instinct apprécier et choisir ce qui lui convenait.

TL. « Après Philippe Maréchal, il y a eu, bien sûr, Christian Bonardi et tous les pros du golf de la Boulie. Ils m'ont vraiment beaucoup apporté. Parfois, quand ils partaient jouer entre pros, ils m'invitaient avec eux, alors que je devais être encore 24 d'index ! Quand tu joues avec un pro, tu apprends toujours beaucoup. Ces gars-là, tu ne les remercies jamais assez. Sans parler de mes copains de golf, qui me poussaient à me battre plus loin. Et tous les capitaines d'équipes, en Saint Sauveur ou en Gounouilhou. Puis j'ai eu des coachs étrangers, comme John Jacobs, que j'ai beaucoup écouté. Mon propre jeu est devenu une sorte d'amalgame de toutes ces influences. Chez chacun, je prenais ce qui marchait et je l'entretenais. J'ai toujours su choisir et retenir ce qui était le plus efficace pour moi.
J'avais de grands modèles, comme Jack Nicklaus ou Bernhard Langer : ils m'ont beaucoup inspiré. Ils étaient dotés des mêmes aptitudes physiques que moi et avaient réalisé de très

belles carrières. C'étaient donc de très bons exemples. Je me disais : "ils sont très forts, mais ils restent des humains. S'ils ratent moins de coups que moi, c'est parce qu'ils ont travaillé plus que moi ces coups-là." Quand j'ai compris ça, je me suis mis à travailler beaucoup plus.
Parfois, aussi, comme dans la série *Kung-Fu* de mon enfance, ce n'est que des années plus tard que l'on comprend ce que le maître voulait nous dire, en quoi son conseil était important. Ainsi, quand j'avais quinze ans, John Jacobs m'a dit : "Toi, avec ton niveau de jeu, n'abandonne jamais. Tout est possible. Tu peux faire birdie à tous les trous de toute ta carrière." Je l'avais alors regardé et je m'étais dit "John est devenu fou : faire birdie à tous les trous !" Il voulait tout simplement me dire que je pouvais me faire confiance, que je ferais des pars très facilement et des birdies quand ça sourirait. Et en effet, ça m'est arrivé en tournoi de faire -7 au retour pour passer le cut d'un point, alors qu'arrivé au 9, j'avais quasi réservé mon avion pour rentrer à la maison. [Rires] Tout d'un coup, tu te mets à jouer comme un dieu et tu enfiles les birdies. J'ai déjà joué -10 sur neuf trous ! Là, tu touches la vérité de très près, le flow, et tu repenses à ce que te disait John. Il avait raison : c'est possible de faire birdie à tous les trous. Parce qu'il l'avait déjà expérimenté. La transmission du savoir, c'est ça : "C'est possible." Tout est possible. »

Questionnement en repensant à ses mentors :
Pro : Êtes-vous prêt à faire birdie sur tous les trous de votre parcours professionnel ou avez-vous des pensées limitantes ?
Perso : Avez-vous déjà remercié tous ceux qui vous ont aidé ?
Sujet de dissertation en cheminant :
Observe l'univers dans lequel tu vis. Il est comme ce bassin. Ici, il y a douze poissons. Cela fait déjà douze bassins différents. Tu n'en vois qu'un seul, mais il y en a beaucoup. Celui que tu vois. Celui que je vois. Et ceux que d'autres peuvent voir. Sans compter celui que voit chacun des poissons. Le monde dans lequel tu vis est mystérieux, mouvementé et encore vierge. Le mien est assagi, bien connu et calme. Tu ne percevras jamais mon monde. Pas plus que je ne

percevrai le tien. Vois-tu avec mes yeux ? Penses-tu avec mon cerveau ? Pourtant, je suis en harmonie avec l'univers. Et toi aussi. Mais être en harmonie ne veut pas dire être identique. Il existe autant de mondes différents qu'il y a de créatures. Tu aurais bien tort de te prendre pour le point central de l'univers et de te croire sage, beau et bon. Cherche plutôt autour de toi la sagesse, la beauté et la bonté. Et honore-les partout où tu les rencontres.
Maître Po, série *Kung Fu*

Stratégie / Coup 15 - Être lucide et fort

Avec Éric Douennelle, président de la PGA France, Master pro de golf, entraîneur de Jean Van de Velde

Et si une défaite avec panache valait mieux qu'une victoire sans éclat ? « Assurément, oui ! », comme l'a très intelligemment démontré la plateforme Netflix en consacrant une série documentaire à de grands sportifs qui ont su transformer leur cuisante défaite en triomphe humain.

Parmi les héros de cette réjouissante série intitulée *Losers*, on retrouve le golfeur français Jean Van de Velde dans un épisode nommé *Le 72e trou*. En 1999, à Carnoustie (Écosse), le n° 1 français avait toutes les cartes en main pour remporter brillamment le British Open – quatre-vingt-douze ans après l'exploit demeuré unique d'un tricolore, Arnaud Massy ! –, mais il a « craqué » dans la toute dernière ligne droite, au 72e trou. Cette désillusion, cette grande leçon qu'au golf, rien n'est définitif, c'est ce que le monde entier a retenu de cette édition 1999. Et c'est ainsi que Jean Van de Velde est entré dans la légende du golf.

Dans cet épisode de *Losers*, de nombreux témoins sont appelés à la barre, dont un certain Éric Douennelle, président de PGA France, avec lequel j'ai eu énormément de plaisir à échanger dans son bel appartement parisien.

Très sympathique, enthousiaste et sensible, Éric parle avec beaucoup d'admiration de son ami Jean Van de Velde, dont il est devenu le swing coach. Malheureusement, un problème récurrent de genou tient actuellement Jean éloigné des fairways. Mais avant cela, en 2016, les deux compères ont sillonné les États-Unis ensemble, jusqu'à la redoutable épreuve des cartes, où Jean est parvenu à obtenir une catégorie. Éric en garde le meilleur souvenir.

Éric Douennelle. « Je m'en souviens comme si c'était hier. J'étais en week-end avec des amis, quand soudain, je vois sur mon portable s'afficher *Jean VdV*. Je décroche, il m'annonce : “Éric, si mon genou le veut bien, j'envisage de jouer sur le Tour Senior et, plus particulièrement, sur le Tour Américain, l'année prochaine. Pour ça, j'aimerais savoir si tu serais d'accord pour être mon entraîneur ?” Ça fait vraiment partie des choses qui resteront gravées dans ma mémoire. Quand vous êtes enseignant de golf et que Jean Van de Velde vous fait suffisamment confiance pour vous faire cette proposition ! J'hésite à peu près un dixième de seconde et je lui réponds : “Aucun problème, ce sera avec plaisir.”
C'est ainsi que notre collaboration a débuté, en 2015, au Golf National. Puis en 2016, nous sommes partis ensemble sur notre premier tournoi à New York. C'était la 4e dimension pour moi ! Tout le monde venait lui dire bonjour, et moi, j'étais embarqué là-dedans, à discuter avec des joueurs comme Vijay Singh ! On voyageait ensemble d'État en État, dans d'excellentes conditions ; c'était incroyable. J'ai gardé des souvenirs fabuleux de cette épopée, et aussi de plus de douloureux, car au golf, ça se joue souvent à pas grand-chose… Le long jeu de Jean était vraiment excellent. Sur l'ensemble de ses tournois, cette année-là, il a atteint 82 % de greens en régulation : c'est hallucinant ! Le coacher, c'est comme préparer une Formule 1 : vous faites des petits réglages de détails, vous donnez des consignes très simples. Je m'occupe de son swing. Ensuite, j'essaie de voir où sont ses besoins et, en fonction, on fait appel aux meilleurs spécialistes dans chaque domaine. Après, c'est du bon sens.

Malheureusement, son problème de genou s'est réveillé. C'est d'autant plus frustrant que son swing était vraiment bien calé. Jean s'est fait mal au début des années 2000 en faisant du ski. Depuis, il a subi de multiples opérations ; des fois, son genou tient, et des fois, non. Je pense toujours que Jean a vraiment toutes les qualités pour réussir sur le Champions Tour. Le chronomètre tourne, mais je ne désespère pas... »

« Il faut saisir sa chance quand elle se présente, quel que soit son âge.

ED. « L'année de mes cinquante ans, en 2016, a été l'année la plus extraordinaire pour moi : devenir l'entraîneur de VdD au milieu des Fred Couples, Colin Montgomerie, Nick Faldo ! C'était juste extraordinaire, pour moi. J'ai découvert l'ambiance du Champions Tour, Jean m'a permis de rencontrer toutes mes idoles. Cela restera, grâce à lui, la plus grande année golfique de ma vie. »

« Lors de son périple américain, Éric a eu la chance d'échanger avec un Tiger Woods très agréable, disponible et professionnel.

ED. « Lors du Tiger Woods Invitational, avec Jean, nous étions assis à dix mètres de Tiger. Celui-ci a fait un discours fabuleux de vingt minutes, extrêmement bien construit, animé, très très professionnel. Il avait fait un clinic [masterclass ou exhibition] la veille ; c'était pareil : parfait. C'est un extraterrestre. J'ai toujours dit qu'on ne peut faire aucun pronostic sur lui. Qui sait de quoi Tiger Woods est capable ?
J'ai demandé à Jean de me présenter à Tiger. Je sais qu'il n'aime pas trop ce genre de chose, mais il a accepté pour moi. Quand Tiger a vu arriver Jean vers lui, il a poussé un immense "Jean !" qui a généré un silence absolu dans la salle. Les deux hommes se sont fait une accolade très forte, ils ont discuté un moment,

puis Jean m'a présenté. Alors Tiger m'a interrogé sur la PGA France, la Ryder Cup, le Golf National, et voilà, j'étais à discuter avec lui ! C'était dingue ! Je n'ai jamais été fan de nature, mais quand TW vous parle, quand il est à côté de vous, c'est difficile de dire qu'on n'est pas impressionné ! Il a une façon de vous mettre à l'aise qu'on n'imagine pas. On sait que les Américains sont de grands professionnels, mais alors, quelle leçon de professionnalisme ! Il m'a vraiment donné l'impression de s'intéresser à ce que je lui disais, et qui n'était peut-être pas si intéressant que ça pour lui. »

“ Jean Van de Velde est entré dans la Légende en 1999, quand il a survolé The Open, battu le Tigre de la grande époque, mais fini deuxième...

ED. « Jean est fabuleux, les gens ne le connaissent pas tel qu'il est vraiment. Il a deux aspects dans sa personnalité. L'un est de se protéger, l'autre est d'être extrêmement généreux quand il est avec des personnes bienveillantes. Il doit se protéger, parce que tout le monde le reconnaît, y compris sur les terrains de golf aux États-Unis.
Il a fini deuxième à Carnoustie, mais ça l'a construit, même si ça reste une blessure qui laisse une petite marque, comme toute cicatrice. Après, on essaie de rebondir, de regarder ce qu'on a réussi à faire, et Jean a été, à un moment donné, sur le toit du monde. Il a géré du mieux possible la situation.
Beaucoup osent dire “Il aurait dû...” Personne n'était à sa place à ce moment-là ! Quel était le lie de sa balle, comment était le rough ? Puis au moment où il descend dans l'eau, la balle est encore jouable : il y a une vraie possibilité. Après, comme l'eau monte un peu, vous connaissez l'histoire : l'eau submerge la balle, et on garde la photo de cet instant ! Enfin, petit rappel : il a fait quand même sortie-putt [au lieu de sortie de bunker plus deux putts, comme le font la plupart des joueurs, soit un coup de gagné sur la norme] pour partir en play-off ! Il reste en vie,

malgré ce qu'il vient de subir ! Après, il y a aussi la fatigue, parce qu'on puise au fond de soi pour gagner un British Open, le plus beau tournoi du monde pour les Européens ! Au play-off, il est encore au combat !

Depuis, Jean a un vrai crédit sympathie. “Le perdant magnifique !” Il a tout donné. Il est resté digne. C'est la dure loi du sport. Les Américains ont beaucoup de respect pour lui, parce qu'il est allé au bout : il n'a pas balancé ses clubs. Il a trouvé la lucidité et la force de faire sortie-putt ! Il n'a pas lâché l'affaire. Il est resté tenace et digne.

Paul Lawrie a gagné. Jean ne s'est jamais énervé. Il y a un vrai respect entre ces deux hommes, qui sont restés amis. Le sport, c'est comme ça. Un mauvais rebond, un rough plus dense qu'on ne l'avait perçu. Le chemin professionnel est dans le chemin de vie. Comment on vit les choses ? Qu'est-ce qu'on retient ? C'est ça qui compte.

Un jour j'ai dit à Jean : “Tu en auras vécu des choses dans ta vie ! Est-ce que tu changerais quelque chose si tu pouvais ?” Il m'a répondu : “Rien.”

Parce que sa vie est pleine. »

Questionnement en appréciant la vie :

Pro : Préparez-vous les choses comme un grand professionnel ? Seriez-vous prêt à tout lâcher pour suivre un ami dans son grand projet ?

Perso : Que changeriez-vous dans votre vie si vous le pouviez ?

Sujet de dissertation en cheminant :

Impose ta chance, serre ton bonheur et va vers ton risque. À te regarder, ils s'habitueront.

René Char

Stratégie / Coup 16 - Libérer ses préférences

Avec Dominique Fournet, coach, expert en préférences motrices et cognitives

On peut s'inspirer de son idole DJ, TW, JVdV, TL, PML, AS (à votre goût)… C'est un très bon début de s'appuyer sur un modèle, comme nous l'avons vu avec Thomas Levet dans le coup 10, mais faites bien attention de partager les mêmes aptitudes, les mêmes préférences que votre référence identificatoire (Thomas n'a pas pris Ernie Els comme modèle, souvenez-vous). Car votre force vive, vous ne la découvrirez qu'en étant pleinement vous-même, à l'image de votre idole (DJ, TW, JVdV, TL, PML, AS…) qui, à coup sûr, est pleinement elle-même, sans quoi elle ne serait pas devenue votre idole.

Dominique Fournet. « Quand on ne sait pas qui l'on est, on essaie de calquer son fonctionnement sur un autre. Mais si on n'a pas toujours exactement les mêmes dispositions, on risque d'aller à l'encontre de qui l'on est.
Ma voie en golf n'était pas celle de la compétition, mais de l'enseignement, de la formation. Il vaut toujours mieux aller vers tes préférences, les domaines où tu es bon naturellement, les secteurs qui te conviennent, qui te valorisent. »

> « Avec sa formation initiale de professeur d'EPS, Dominique est arrivé dans le monde du golf avec de nouvelles méthodes pédagogiques. Sa volonté de mieux comprendre comment les gens fonctionnent, apprennent et progressent a toujours été le fil rouge de sa vie vouée à l'enseignement.

DF. « En 2001, ma rencontre avec *Action Types* (Ralph Hippolyte et Bertrand Theraulaz) m'a permis de donner du sens à tout ce que j'avais fait auparavant. Ce qui m'intéresse, c'est de mieux communiquer avec les autres, de les accompagner. Mon

expérience – les trente-cinq années de travail personnel que j'ai derrière moi – donne une assise à mon discours actuel.
Les choses sont arrivées petit à petit, avec des hauts et des bas, comme toujours, mais avec une certaine logique. Je ne suis plus dans l'apprentissage, dans la restitution de ce que j'ai appris. Mon approche est une création, et aucune création ne part du néant. Tous les gens que j'ai côtoyés depuis quarante ans ont apporté leur pierre à tout ça. Plus j'avance, plus je comprends les choses, et plus je comprends les choses, plus je suis en mesure de les simplifier. Au golf, par exemple, notre approche chez Axel Conseil [la société que Dominique a fondée avec Francine René, qui découle d'Action Types], on dit que le mouvement appartient à l'élève. L'idée première n'est pas de trouver la bonne solution, mais de s'interroger sur comment on va apporter cette solution, comment on va la transmettre pour que l'autre progresse. Est-ce que je vais me positionner en professeur, que "je vais te dire les choses" ou en me posant d'abord la question de comment tu vas entendre mon message ? Je vais me positionner plus en ressource qu'en *sachant*.
Il ne s'agit pas de transmettre un savoir selon une approche scolaire, mais de comprendre comme tu fonctionnes pour essayer de te faire progresser progressivement, en tenant compte de tes préférences, de tes besoins, de ton fonctionnement, du niveau où tu es. »

“ Le noyau central de l'accompagnement axé « préférences », que ce soit en sport ou en entreprise, est de vous permettre de mieux comprendre votre propre fonctionnement, afin de libérer ce que vous êtes et de vous ouvrir pleinement aux autres, car comment s'épanouir ou aller vers les autres si l'on ne sait pas comment on fonctionne ? Une fois cette compréhension effectuée, le coach peut faire le lien entre son domaine d'expertise et le vôtre, le golf, le marketing ou tout autre projet, pour vous aider à évoluer de façon autonome, à votre rythme.

DF. « On part trop souvent de critères techniques pour aller vers la personne, au lieu de partir de la personne pour aller vers la technique. Nick Faldo, par exemple, a une excellente technique, mais si tu me fais jouer comme lui, ça va être une catastrophe pour moi, car il fonctionne à l'opposé de moi. Notre approche est de mettre ce qu'on appelle l'*avatar*, c'est-à-dire ce qui nous fait fonctionner de façon innée, nos préférences motrices naturelles (œil moteur, équilibre...) avant les techniques. On ne nie pas l'importance de la maîtrise technique ni l'importance de l'éducation ou de la personnalité : c'est juste qu'en amont, on s'intéresse aux préférences inconscientes. L'avatar est notre concept de base avec son fonctionnement binaire. Il n'existe que deux façons de perdre l'équilibre : vers l'avant ou vers l'arrière. Une fois que l'élève a saisi comment il fonctionne, il peut passer d'un système de préférence à l'autre. C'est la seule façon de rendre les gens autonomes. »

Questionnement sans faire de copier-coller :
Pro : Quand vous communiquez, vous posez-vous la question de savoir comment l'autre va recevoir votre message avant de le transmettre ? Quels parasites pourraient venir troubler la transmission et la réception ? Comment pourriez-vous améliorer la qualité de votre communication ? Qu'avez-vous compris que vous pourriez simplifier ?
Perso : Savez-vous quel est votre mode de fonctionnement quand vous êtes en pleine forme ou quand vous êtes stressé ? Quel est le fil rouge de votre vie ? Quelles ont été les rencontres clés de votre vie ?
Sujet de dissertation en cheminant :
L'originalité du cerveau humain est d'être un créateur de mondes.
Alain Berthoz

L'APPEL DU HÉROS
SE PERFECTIONNER

Au village, j'ai cherché ma force. Dans l'enceinte de Châteaufort, des mentors m'ont formé à quatre stratégies :

- ☑ *Trouver sa montagne.* Patricia Meunier-Lebouc
- ☑ *Trouver son mentor.* Thomas Levet
- ☑ *Être lucide et fort.* Éric Douennelle
- ☑ *Libérer ses préférences.* Dominique Fournet

Et j'ai découvert que ma force venait de mon équilibre.

MISCELLANÉES
ENTRE LA FORCE ET LA PASSION

CHACUN SON EVEREST

Si réaliser un grand projet revient à escalader une montagne, il convient de rappeler qu'à chacun son sommet, et que l'on part rarement seul – et à raison ! – escalader l'Everest. Avant tout départ vers les cimes, questionnez la force de votre envie. Vous ne convaincrez jamais aucun sponsor de votre capacité à gravir le K2 ou gagner Augusta en lui montrant votre collection de piolets ou de putters dans votre garage. Votre seule chance d'obtenir du soutien de qualité sera de définir clairement votre sommet, vos motivations, vos habiletés, vos besoins, vos ressources et d'expliquer comment vous comptez les exprimer, les combler, les renforcer pour arriver à votre but.

Si l'on n'est pas concentré dans l'instant présent lors d'une escalade d'une falaise, la sanction est immédiate : la chute. De fait, dans l'action, on ne pense donc pas au sommet (le futur) ou au sol (le passé), mais à assurer sa prochaine prise.

Appréhendez le golf de la même façon : jouez chaque coup concentré comme si votre vie en dépendait, mais en souplesse, pour ne jamais tétaniser. Dans votre vie professionnelle, prenez les mêmes risques... calculés.

OBLIGATION DE MOYENS

Un sportif comme un artiste ne peuvent se fixer que des obligations de moyens, et non de résultats. Nous devons chercher à déployer nos meilleurs efforts pour atteindre l'objectif attendu. Mais nous ne pouvons jamais, en tout cas en golf, être certains que le résultat sera atteint.

Si vous êtes sûr d'y parvenir, c'est que vous vous attaquez à une montagne trop petite pour vous. Choisissez un projet à votre taille et *donnez tout pour ne rien regretter*, selon l'expression consacrée. Les petits pas font de grandes avancées, et ils ne peuvent se faire que dans le respect, la bienveillance et la confiance mutuelle entre les autres et vous.

Vous avez des failles, comme tout un chacun, donc n'hésitez jamais à solliciter une personne que vous admirez. Demandez-lui respectueusement conseil : cela peut vous faire gagner énormément de temps. Faites également appel à un coach. Le travail de celui-ci est de vous entraîner, de vous aider à comprendre votre attente, de vous accompagner avec empathie, de vous permettre de libérer votre puissance, l'énergie nécessaire à la réalisation de ce qui vous tient à cœur. Lancez-vous avec force et passion dans l'ascension de votre rêve, et pour vous y aider, trouvez non pas le premier de cordée, mais celui qui sera toujours à vos côtés pour vous épauler.

YODA KUNG FU

Comme Thomas, j'ai toujours adoré la série *Kung Fu* : enfant, je m'identifiais à Kwai Chang Caine (David Carradine). Adolescent, j'ai adoré *Star Wars* et je rêvais d'être Luke. Maintenant que j'ai vieilli, ce sont plutôt Maître Po et Obi-Wan Kenobi qui m'inspirent. La *Force*, qui donne au Chevalier Jedi son pouvoir, est une sorte d'énergie créée par tout être vivant, une énergie qui nous enveloppe et nous pénètre, et qui maintient la galaxie en un tout unique...

- Padawan tu seras avant de devenir Jedi.
- Padawan tu ne seras plus quand la folie du maître se relèvera sagesse.
- Plus grand tu seras, de plus de soutiens tu auras besoin.
- Si d'être accompagné tu n'as pas besoin, c'est qu'aller loin tu ne veux pas.
- Apprends à sourire, et apprendre tu aimeras.
- Aime apprendre, et tu souriras.
- Apprends à sourire, et enseigner tu aimeras.
- Aime enseigner, et tu souriras.
- Imite comme un artiste, et ton propre style tu trouveras.
- Choisis bien ton modèle, et tu le dépasseras.

Tout est possible, à condition de commencer par y croire, de se tenir prêt à réussir. Savoir que cela peut arriver, que tout est possible – comme disait Mark Twain, « ils ne savaient pas que c'était impossible, alors ils l'ont fait. » – permet de ne pas être déstabilisé quand le miracle arrive, car il finit toujours par arriver. Quand plus rien n'est sûr, tout devient probable. Et que la Force soit avec toi ! À jamais.

IDENTIFICATION

Pour ce présent ouvrage, j'ai eu le grand plaisir de rencontrer le Pr Gaillard (nous reviendrons plus longuement avec lui sur les vertus du golf, dont la « déconnexion » et la « greeness », dans les stratégies 22, 29, 48 et 52). Psychiatre, il nous a expliqué ce qui se joue dans les mécanismes d'identification à l'âge clé de l'adolescence.

J'en ai également profité pour lui demander si le succès d'un joueur français, comme Victor Perez ou Céline Boutier, pourrait servir de modèle et donner envie aux plus jeunes de pratiquer. Pour lui, dans ce moment clé et compliqué de l'adolescence – où l'on doit prendre son indépendance, tout en s'appuyant sur son éducation –, l'identification à une figure est souvent cruciale. Donc oui, on peut penser que des figures du golf – des stars françaises jeunes – pourraient être source d'identification et avoir un effet bénéfique.

Mais, comme le souligne aussi Raphaël Gaillard, cela pourrait également passer par des médias complètement différents. En effet, on voit parfois un objet être récupéré par un phénomène culturel que l'on n'attendait pas du tout (voir le coup 48 pour plus de détails). Les voies du succès sont parfois impénétrables. Ainsi, le succès inattendu de la série Netflix *The Queen's Gambit* a entraîné un engouement pour les échecs. On pourrait imaginer la même histoire avec le golf, j'ai déjà tout le scénario en tête, mais ce sera l'objet d'un prochain livre...

QUI PERD GAGNE

En 1999, Jean Van de Velde a failli être le premier joueur de golf français à remporter un Majeur (après Arnaud Massy en 1907 !), mais les sirènes de la renommée ne l'entendaient pas de cette oreille : VdV a perdu au dernier trou du British Open, après avoir joué ses fers comme un dieu de l'Olympe pendant quatre jours. Sa dernière approche pour atteindre le green, parfaite dans sa direction, sa frappe et son envol, a malencontreusement heurté une pièce de métal qui dépassait de la tribune édifiée pour l'événement sur les bords du Barry Burn, entraînant un rebond improbable, qui lui a coûté la première place.
Le jeu de golf maîtrise vraiment tout de l'art de la dramaturgie, car finalement, c'est peut-être Paul Lawrie – le vainqueur – qui, paradoxalement, a le plus souffert de ce British Open 99. Le dernier jour, Jean n'a pas craqué ; il a clairement manqué de chance, comme ça arrive parfois. Paul, lui, a joué la meilleure partie de sa carrière. Au bout du compte, Paul a gagné, mais c'est Jean qui est entré dans la légende du golf, en devenant un symbole de la difficulté extrême auquel un joueur de golf peut être confronté.
Paul n'a pas volé sa victoire en jouant un superbe 67 le dimanche, mais comme il l'a confié aux journalistes de *L'Équipe* : « On ne peut pas obliger les gens à vous aduler... Tout le monde a vu la scène de Jean sur le dernier trou. Il aurait dû gagner. Et c'est son triple bogey au dernier trou qui a marqué cet Open, pas ma victoire. Cela a été un problème pour la suite de ma

carrière, mais bon, j'ai fini par passer à autre chose. » Paul, Jean. On croirait presque une parabole biblique.
Beaucoup de premiers seront derniers, et les derniers seront les premiers. On n'est jamais certain d'avoir gagné, et encore moins d'avoir tout perdu. Victoire ou défaite, la vie ne s'arrête pas là, l'essentiel est toujours de passer à autre chose.

LE GENOU DE JEAN

En 2019, Jean VdV a rappelé au journal *L'Équipe* qu'il avait vécu des périodes bien plus difficiles que celle de Carnoustie : « Quand j'ai subi mes deux reconstructions du genou droit, entre le 1er juillet 2002 et début 2005, là, ça a vraiment été une période difficile. J'étais très mal, je ne pouvais pas marcher. Moralement, j'étais atteint. Quand tu as du mal à te lever de ton lit pour aller aux toilettes, alors que ton métier, combiné à ta passion, c'est de marcher dix kilomètres par jour, en mettant pas mal de pression sur un genou, tu te rends vite compte qu'il ne te reste plus grand-chose dans la vie. »
Heureusement, Jean va aujourd'hui beaucoup mieux. Il s'occupe de la première Académie d'enseignement à son nom, au sein du nouveau Golf international de Roissy, avec laquelle il a envie de transmettre ses connaissances.

MA PRÉFÉRENCE À MOI

S'il est bon d'imiter des modèles qui nous correspondent, d'expérimenter, gardons uniquement ce qui marche pour nous, comme l'expliquait Thomas Levet. Ne singez pas ce que vous ne comprenez pas, ou le résultat sera médiocre.
Soyez simplement et pleinement qui vous êtes, jusqu'à devenir maître dans votre art, expert de vous-même... Travaillez au développement de votre propre créativité : celle-ci repose sur vos préférences naturelles, avant de se nourrir d'apprentissages. À l'élève de trouver son mouvement, son modèle et son maître. S'il ne trouve pas, c'est qu'il n'est pas prêt...
Dominique Fournet s'est inspiré de ses études, de sa collaboration avec le psychosociologue Jacques Salomé ou encore avec

les concepteurs d'Action Types pour créer sa propre méthode en fonction de ce son expérience. J'ai fait de même. Bien sûr, j'ai mon propre parcours et mes propres idoles en golf, en sciences humaines, qui m'inspirent au quotidien, comme participent à ce livre et à ce que je suis mon éducation, mes expériences, mes passions, mes rencontres, mes valeurs, mes lectures et mes études en psychologie, psychanalyse, préparation mentale, histoires de l'art, journalisme, communication, marketing, stratégie et management. Par conséquent, mes accompagnements ne peuvent être que personnalisés, à nul autre pareil, non pas parce que sont les meilleurs, évidemment, mais parce qu'ils me ressemblent.
Mon rôle est de vous accompagner dans votre révélation à vous-même, car si vous n'êtes pas honnête avec vous-même, vous serez malheureux, vous allez créer de la distance entre vous et vous-même, entre les autres et vous. Or je crois avec Jacques Salomé, « comme sœur Emmanuelle le disait, "[...] que nous sommes nés pour être heureux" et "qu'il faut avoir le courage d'être heureux !", message qui peut sembler paradoxal quand on sait la misère, la violence, l'injustice qui traversent le monde ou qui règnent autour de nous. » À défaut de bonheur béat, le courage d'être plus souvent heureux et d'aider les autres à moins souffrir permet d'être plus nombreux à être heureux plus souvent.
Je n'ai jamais eu l'occasion de faire de la spéléologie, mais son étymologie – du grec ancien « grotte », et « logos », discours – m'inspire. J'aime l'idée de descendre dans la caverne platonicienne pour dénouer les liens et aider les prisonniers à sortir des aveuglements, de la doxa, des préjugés pour découvrir le vrai monde. Je n'ai jamais fait d'escalade non plus, mais j'aime la poésie du montagnard Gaston Rébuffat : « Alors, une corde réunit deux êtres qui n'ont plus qu'une vie ; le guide, pour quelques heures, se lie à un inconnu qui va devenir un ami : quand deux hommes partagent le meilleur et le pire, ce ne sont plus deux étrangers. »

Je joue au golf et partage la sagesse de la championne Catherine Lacoste : « Le golf n'est pas un jeu où il faut se presser. Il faut laisser entrer en soi la richesse du sport. »
Telles sont les vivres qui alimentent mon approche du coaching. J'accompagne avec empathie, patience, mais vigueur, humilité et désir de tout concilier. Pour cela, je me sers de tous mes acquis : journalisme, management, littérature, philosophie, éthologie, psychologie, techniques de préparation mentale, etc. Mais si je suis riche de connaissances, j'accorde beaucoup d'importance à mes sens, mon ressenti, mon bon sens, mon kit génétique d'Homo sapiens – et c'est ainsi, me semble-t-il, que je parviens à m'adapter aux individualités, à personnaliser mon accompagnement, entre challenge et réconfort. Il n'existe aucune vérité, ou bien seulement contextuelle et momentanée.

HUMOUR (suite)
« Ça y est, j'ai compris. »

Chapitre 5

TROU 5
PLEIN GAZ

Objectif | Trouver sa passion

État d'esprit | Être prêt

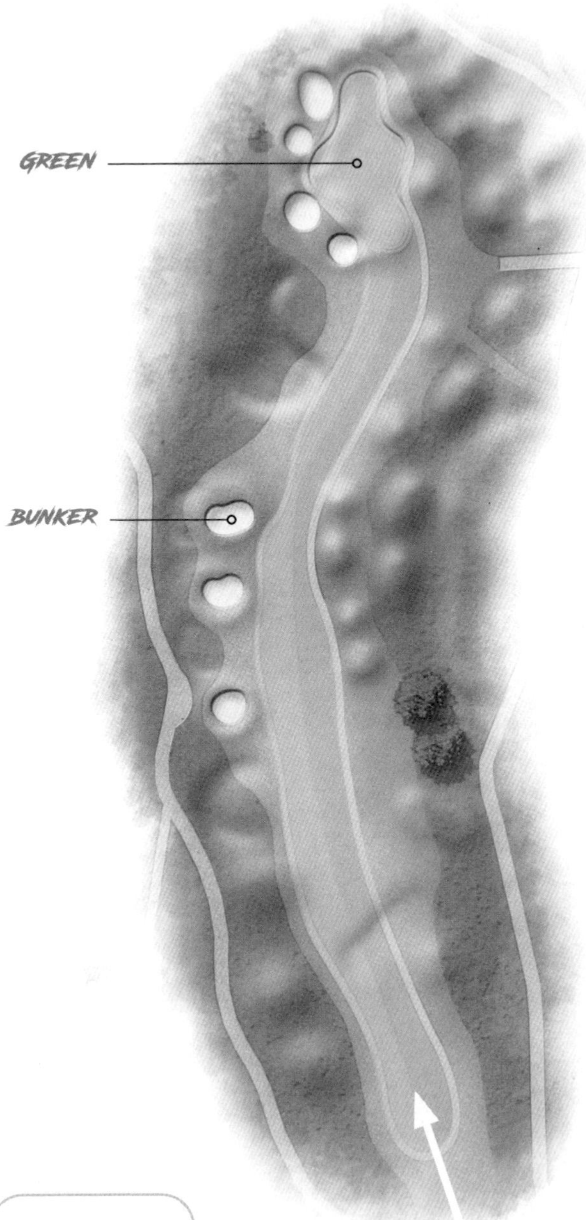

PAR 4

339 mètres

Hubert Chesneau

TROU 5 - PLEIN GAZ

« Le nom “Plein gaz” fait directement écho aux avions qui nous survolent et qui agacent certains. C’est un trou sans eau, où l’on peut enfin se lâcher et mettre les gaz au driver, a priori, mais attention à gauche aux nouveaux bunkers de fairway avec leurs hautes lèvres. Même les champions les évitent, car une fois tombés dans ces trous, ils ne peuvent plus faire ce qu’ils veulent en deuxième coup. »

TEE TIME

Les golfs en périphérie des villes jouxtent souvent des aérodromes, voire des aéroports, comme une autre invitation au voyage héroïque... Ainsi, quelle audace fallait-il à un homme pour oser imaginer sauter en parachute de l’avion qu’il pilotait lui-même ?

Imaginez, aérodrome de Châteaufort, 19 août 1913 : Adolphe Pégoud pilote seul son vieux Blériot XI quand il ose sauter en parachute. Lors de sa descente, il jette un dernier regard à son vieux coucou livré à lui-même et le voit former dans le ciel de curieuses arabesques avant de s’écraser au sol. L’ingénieux Pégoud comprend qu’un avion peut effectuer des manœuvres jusqu’ici impensables.

L’acrobatie aérienne était née, et cette découverte allait sauver la vie de nombreux pilotes en situations désespérées.

Cette petite anecdote historique nous rappelle combien les voies de l’innovation reposent sur un mélange de chance, d’observation et de questionnement à même de libérer une pensée créatrice. Pour innover, il faut aller contre les conventions, observer, analyser et interpréter le phénomène qui s’offre à nous pour en déduire quelque chose de nouveau qui pourrait être utile.

L'APPEL DU HÉROS SE RISQUER

Joseph Campbell - Le voyage du héros : « Comme la fumée d'une offrande qui s'élève à travers la porte du soleil, ainsi va le héros, délivré de l'ego, à travers les murs du monde – abandonnant son ego et poursuivant sa route. »

Mobilisation / Motivation
Face à l'inéluctable finitude, je suis prêt à prendre le risque de vivre pleinement une aventure en territoires inconnus, parmi les crânes et vanités, à la quête de rencontres et de motifs qui m'amèneront au-delà des murs immobiles vers une nouvelle naissance. Vanitas vanitatum et omnia vanitas.

TROU 5 – PLEIN GAZ

Objectif : trouver sa passion
État d'esprit : être prêt

Stratégie / Coup 17 - Préparer tous les ingrédients

Avec Thomas Levet, champion de golf

Le golf nous apprend beaucoup sur notre manière de fonctionner, de nous aveugler ou de nous surpasser. On y développe des compétences transférables à tous les domaines. De fait, Thomas Levet dispense régulièrement des formations dans des entreprises. Celles-ci lui demandent d'intervenir soit pour faire une conférence, soit pour coacher autrement leurs cadres dirigeants.
Thomas les aide en leur expliquant comment lui s'y prend face à la complexité des choses. Il leur fait découvrir les vertus de l'anticipation par visualisation (sur le principe bien connu et démontré par les neurosciences que voir, c'est faire).

L'approche en préparation mentale reste toujours la même : les recettes (pour reprendre un vocabulaire que Thomas affectionne) tournent toujours autour des mêmes ingrédients (relaxation, visualisation, suggestion, etc.). Enfin, c'est le tour de main du cuisinier ou du coach qui fera la saveur du plat...

Thomas Levet. « Je rencontre des cadres qui ont plein de choses à dire, mais qui, malheureusement, devant un groupe n'arrivent pas à aligner trois mots ! Parce que, lorsque tu te laisses submerger par les émotions, tout devient très compliqué ! Je suis donc souvent appelé pour aider des personnes à s'exprimer plus facilement en public.
En fait, c'est en tout point la même chose que de se préparer au départ du 1 dans une compétition qui t'importe. En tant que professionnel, je commence à m'y préparer la veille ou l'avant-veille. Je me vois au départ du 1 : je me vois jouer tel club, je viserai tel endroit si le vent est dans telle direction ; si le vent est contre, je viserai ailleurs, etc. Je me prépare à plusieurs options. J'entends la voix du speaker : "Au départ du trou 1, Thomas Levet !" J'imagine sa voix, j'imagine ma réaction.
Grâce à ce type de préparation, le moment venu de passer à l'action, on est ainsi moins surpris par ce qui arrive : on a un coup d'avance. On peut directement enchaîner et, sans être déstabilisé, se concentrer sur ce que l'on a à faire. Pour moi : un coup de driver ; pour un cadre dirigeant : prendre la parole devant une assemblée générale – le tout le plus naturellement possible, puisqu'on s'y est préparé en amont.
Par exemple, j'ai coaché un chef d'entreprise qui rencontrait un gros problème : il travaillait avec des Japonais et avait l'impression que ces derniers dormaient à poings fermés quand il s'adressait à eux, car ils avaient l'habitude de fermer les yeux. Comme le PDG avait l'impression que ses clients n'écoutaient pas, il perdait ses moyens. Je lui ai conseillé ma technique : "La prochaine fois, la veille, tu imagines la salle et surtout comment tu vas t'y prendre... Quels pourraient être les points de fixation

de ton regard pour que tu te sentes bien quand tu vas faire ton speech ? Et tu imagines le discours se dérouler tout seul.”
Une semaine plus tard, le gars m'a appelé, ravi : “C'était fabuleux !” Cette fois, ça s'était bien passé, car je lui avais donné d'autres points d'ancrage. Je l'avais rassuré également en lui rappelant qu'il n'était pas le seul au monde à éprouver cette difficulté. Car ça arrive évidemment à tout le monde : ça m'arrive à moi aussi d'être perturbé sur un tee de départ, et c'est pourquoi je m'y prépare. Avec un peu d'expérience, tu arrives à débloquer la situation en t'accrochant uniquement à ce que tu as à faire sur le moment. Si tu fais bien les choses pendant, l'après se passera bien aussi.
Mon travail avec les cadres, les chefs d'entreprise est donc de provoquer en eux des petits courts-circuits pour que tout se passe du mieux possible au moment où ils devront agir. »

“ Néanmoins, la préparation mentale ne relève pas pour autant de la magie. Si vous n'avez rien à dire ou si vous ne savez pas driver, la visualisation ne vous sera d'aucune utilité… Imaginer un bon plat sans ingrédients sous la main ne peut que vous ouvrir l'appétit, et non vous rassasier.

TL. « En golf, comme pour tout, si tu mets la casserole à chauffer, avec de l'eau mais sans rien mettre dedans, la soupe ne sera pas bonne. Pour réussir un plat, il faut bien décomposer ce que l'on a à faire et suivre patiemment toutes les étapes de la recette dans l'ordre, l'une après l'autre. »

“ La recette de Thomas est simple. Commence par choisir quelle soupe tu veux faire. Ensuite, choisis tes légumes, brosse-les, lave-les, coupe-les. Mets de l'eau et du sel dans la casserole, comme il convient. Fais chauffer le temps prévu… et à la fin, ce sera peut-être bon.

TL. « Le bon process, c'est de penser toujours à ce qu'on doit faire pour bien taper ce coup-là. Si je me suis bien entraîné, je peux me faire confiance, tout va bien se passer. Puis j'enchaîne : un coup après l'autre, et à la fin, ça fera peut-être la victoire. Mais la première pensée d'un tournoi est bien en amont du Tee 1, bien en amont du premier coup ; elle commence quand tu choisis de jouer ce tournoi plutôt qu'un autre dans ta saison. Puis ça se poursuit avec le repérage stratégique : quels sont les coups techniques spécifiques que tu dois mettre dans ton sac lors de ta préparation, par exemple un hook de quarante mètres qu'il va falloir travailler au practice pour ne pas avoir à réfléchir à l'instant T du tournoi lorsqu'il faudra le réaliser. »

Questionnement en préparant sa liste d'ingrédients :
Pro : Connaissez-vous les techniques de visualisation qui permettent de mieux préparer la réussite de votre intervention, de prévoir l'imprévisible et de dérouler à l'instant T ce que vous avez à faire ?
Perso : Êtes-vous sûr d'avoir tous les ingrédients et de les mettre dans le bon ordre, au bon moment, à la bonne température, pendant le temps nécessaire ?
Sujet de dissertation en cheminant :
L'anticipation n'est possible que grâce à la mémorisation.
Henri Laborit

Stratégie / Coup 18 - Trouver des relais de croissance

Avec Jean-Lou Charon, ex-président de la ffgolf, expert en commerce international

Quand il travaillait dans l'import-export, il n'avait de cesse de parcourir le monde, de rencontrer des producteurs et des industriels pour négocier de gros contrats avec eux. Jean-Lou Charon a toujours été un homme de réseaux, de contacts humains, de relais. Durant ses deux mandats à la tête de la Fédération, il a sillonné la France avec son bâton de pèlerin

pour dispenser la bonne parole et remonter les informations du terrain à Levallois. Grâce à tous ses relais en région, la Fédé connaît parfaitement le quotidien des dirigeants de golfs, des associations sportives, des personnels et des enseignants, qui restent les premiers prescripteurs...
L'importance des professeurs de golf est évidemment cruciale. Ce sont les premiers à pouvoir susciter des passions et... fidéliser les clients.

Jean-Lou Charon. « Quand votre pro de golf vous conseille d'acheter tel club ou telle balle, vous lui faites entièrement confiance, les yeux fermés. Les pros ont une grande importance sur le flux d'abonnés des parcours et, par voie de conséquence, le nombre de licenciés à la ffgolf.
Avec Éric Douennelle, président de la PGA France, on travaille beaucoup en ce sens. Notre but est de sensibiliser les enseignants, de les impliquer pleinement dans l'avenir de notre sport : je pose mes graines pour lever une récolte, plus tard, une nouvelle génération de passionnés, de futurs élèves. Tous les pros ne savent pas le faire. Certains s'investissent plus ou moins dans la vie de leur club. Parfois, ils ne se positionnent qu'en simples moniteurs-consommateurs. Leur implication se mesure souvent le week-end, à la remise des prix : où est le pro ? Présent ou pas ? Il n'est pas là ? Ce sont pourtant ses clients qui sont présents. S'intéresse-t-il vraiment à leurs résultats ? »

“ Quand les enseignants sortent de leur cadre technique, ils deviennent les premiers promoteurs de notre discipline, comme en témoignent les coachs interviewés dans ce livre. La ffgolf et la PGA en ont conscience et rappellent régulièrement les bases de la pédagogie et de la relation client. Bien sûr, beaucoup font déjà parfaitement leur travail.
Au golf d'Alençon, le jeune moniteur Charles Pironneau a pris ses responsabilités en devenant également président du club. C'est dire combien il est sorti de sa zone de confort !

Son rôle de prescripteur est devenu pour lui de première importance : tout contact est un élève potentiel, un abonné potentiel au golf, qui, s'il est satisfait, fera la promotion du jeu de golf, du golf d'Alençon et de son pro. C'est ainsi que l'on crée des boucles vertueuses. En deux ans, le nombre de membres a quasiment doublé (voir le coup 23). Charles n'est évidemment pas le seul...

JLC. « Par exemple, à Saint-Cast (Côtes d'Armor), le pro a créé une école de golf pour adultes, et ses cours sont suivis à l'année, quel que soit le temps. Ses élèves apprennent, progressent avec lui, et son agenda est plein, même en hiver ! Mais au practice, il sait s'arrêter pour vous rappeler un point que vous avez oublié. Quand le pro est vraiment sympa, ça change tout.
Dans le choix d'un enseignant-formateur, c'est l'aspect pédagogique qui doit primer. Un champion, comme entraîneur, c'est bien, mais est-il pédagogue, sait-il bien transmettre ? Par ailleurs, quand on devient un champion, quand on gagne, il ne faut jamais oublier le premier moniteur de golf, celui qui nous a fait débuter, qui nous a fait aimer le golf : la réussite est toujours partagée...
Outre la technique, les pros ont également pour mission d'enseigner le respect de l'étiquette dans la pratique du golf. Or de plus en plus de petits incidents me sont rapportés, pour des futilités, des prises de polos au 18 au recording, par exemple, qui n'existaient pas il y a cinq ans. Nous devons toujours veiller à garder nos valeurs.
Dans la vie professionnelle courante, la notion d'échantillon (de cadeau), de service que vous rendez gratuitement, l'intérêt sincère que vous montrez pour l'autre sont essentiels. Il faut le transposer au golf. La notion d'apport supplémentaire, de valeur ajoutée, la volonté de se mettre vraiment au service de son client, dans le monde industriel, comme au golf, c'est pareil. »

Questionnement en cherchant des relais de croissance :
Pro : À quel point vous souciez-vous sincèrement de vos collègues, de vos partenaires, de vos clients ? Au point de les aimer, de vouloir participer à leur bonheur ? Il est bon d'agir en conscience sans trop se soucier du regard des autres sur soi, mais selon vous, que disent ou pensent vos collègues, vos partenaires, vos clients de votre travail et votre personne quand vous n'êtes pas là ? Que cela dit-il de vous ?
Perso : Avez-vous vraiment envie de vous investir dans ce que vous faites ? De faire ce que vous faites ?
Sujet de dissertation en cheminant :
Qui a dit qu'une vie sans engagement est une vie sans substance ? Un phraseur pompeux quelconque, sûrement... Mais ce gars a quand même touché la vérité du doigt.
Douglas Kennedy

Stratégie / Coup 19 - Être curieux et faire simple

Avec le Professeur Gérard Saillant, président de l'Institut du Cerveau et de la Moelle épinière

Gérard Saillant a opéré nombre de grands sportifs, dont quelques-uns parmi les plus célèbres – Michael Schumacher ou Ronaldo, pour n'en citer que deux. Ancien Chef du service Chirurgie orthopédique et traumatologique de La Pitié-Salpêtrière, il est aujourd'hui président et membre fondateur de l'Institut du Cerveau et de la Moelle épinière (ICM).
Spécialiste de la médecine sportive, il a été médecin officiel de l'équipe olympique française et collabore encore avec le PSG. Président délégué de la Fédération internationale Automobile, il a appris à lire dans *L'Équipe*, pratiqué un peu tous les sports, fait beaucoup d'athlétisme (jusqu'au marathon) et trouve régulièrement le temps de jouer au golf.
Alors évidemment, quand on parle de santé et de sport, le Pr Gérard Saillant sait de quoi il retourne. La santé faisant

partie intégrante du bien-être, du bien vivre, il prône en premier lieu les vertus physiologiques et psychologiques de la pratique du golf pour les seniors, mais aussi les plus jeunes. Et s'il goûte la stratégie inhérente au jeu, il avoue préférer celle de « l'épicier » à celle de « la brute ». Mais ses réponses sont bien celles d'un chirurgien... au scalpel. Brillant, Gérard Saillant va directement au but, sans circonvolutions ni perte de temps. Il refuse la starification et préfère s'intéresser à l'essentiel.

Pr Gérard Saillant. « J'ai décidé de faire des études de médecine par défaut. J'avais choisi de faire ma prépa à Louis Legrand dans l'idée de faire Polytechnique, mais je me suis rendu compte que c'était trop difficile pour moi. J'ai donc fait médecine, comme mon père, puis chirurgie orthopédique, parce que lors de mon premier stage d'étudiant, je suis tombé sur des gens géniaux dans le service des Professeurs Judet et Roy-Camille. C'était le hasard. Mais je crois qu'il faut de temps en temps profiter du hasard. Être curieux. Ne pas rater une occasion qui se présente. Ce n'était donc pas une volonté, au départ, d'être chirurgien orthopédique.
Ensuite, j'ai fait le choix de la carrière hospitalière plutôt que du privé, car ça correspond à une triple vocation : le soin, la recherche et l'enseignement. De plus, contrairement, par exemple, au commerce de l'automobile (où en tant que clients, on n'aura pas la même voiture selon nos moyens), en médecine, comme en éducation et en justice, on est théoriquement tous à un niveau d'égalité, et je trouvais ça intéressant. »

“ On le voit, en quelques phrases simples a priori, le Pr Gaillard nous délivre quelques grandes leçons de vie : reconnaître rapidement son juste niveau, s'adapter en fonction de ses moyens, du contexte, des circonstances plus ou moins favorables, saisir sa chance, se réjouir et profiter des belles rencontres que la vie nous offre, avancer, trouver sa voie, construire sa carrière sur des valeurs... Et si, pour le professeur de médecine, il est bon de travailler beaucoup et longtemps, cela reste soumis à certaines conditions.

GS. « L'épanouissement dans son métier est une chose absolument essentielle. On passe un tiers de son temps à dormir, un tiers à travailler, un tiers à des activités autres (domestiques, familiales, de loisirs, etc.). Donc puisque vous consacrez un tiers de votre vie, au moins, à travailler, il vaut mieux, dans la mesure du possible, que ce vous faites vous passionne. Beaucoup de métiers sont passionnants à partir du moment où on les fait à fond. Après, il y en a évidemment de moins intéressants, comme le travail à la chaîne. Pour les départs à la retraite, on parle beaucoup de pénibilité ; je comprendrais aussi que la retraite puisse être anticipée par rapport à l'intérêt du métier. A contrario, plus le métier est intéressant, plus on devrait avoir le droit, voire le devoir, de partir à la retraite le plus tard possible. »

“ Le moteur du Pr Saillant a toujours été la curiosité, l'ouverture d'esprit, la créativité, le progrès qui vient du partage de connaissances.

GS. « J'aime approfondir de nouvelles disciplines, comme la pneumologie quand j'étais au service militaire. Après, le hasard vous fait choisir telle spécialité plutôt qu'une autre, comme je l'ai déjà dit. Dans mon métier de chirurgien, il y a beaucoup de choses valorisantes, comme l'aspect technique, les échanges humains et la satisfaction d'un résultat rapide.
Parmi les chirurgiens, certains sont plus médiatiques que d'autres : ça ne veut pas dire qu'ils ont mieux réussi. Ce qui est important, c'est d'être curieux et passionné, et non pas de devenir hyperspécialisé dans l'orteil gauche. Je pense que c'est bien d'être curieux, d'aller voir ce qui se passe ailleurs, dans d'autres congrès que votre domaine de prédilection. Vous n'y trouverez peut-être pas une recette qui vous sera directement utile dès le

lendemain matin, mais ça vous servira un jour ou l'autre pour autre chose.
Le progrès vient du partage. C'est en échangeant avec d'autres, dans d'autres disciplines, que l'on va progresser ; sinon, on devient des techniciens. Les techniciens sont certes utiles, mais le métier du médecin est différent. Le médecin doit pouvoir réfléchir à d'autres solutions, décider parfois autre chose. Quand vous allez voir un mésothérapeute, il doit pouvoir dire parfois, quand c'est nécessaire, que ce n'est pas de mésothérapie dont vous avez besoin. Bien sûr, c'est valable pour toutes les disciplines. La réflexion est souvent plus intéressante que l'aspect technique. Le problème est qu'aujourd'hui, l'aspect technique est très valorisé.
Ramené à l'univers de la mode, le chirurgien devrait être vu comme un créateur, et non comme un couturier : ce n'est pas à lui de coudre les fils verts avec les fils verts. »

“ On peut estimer maîtriser son sujet quand, à la manière de Descartes, face à un problème compliqué, on parvient à le décomposer en sous-problèmes plus simples, quitte à devoir ensuite recomposer l'ensemble. Golfeur ou chirurgien, c'est par la maîtrise de son sujet que l'on parvient à gérer au mieux ses émotions.

GS. « La compétition, c'est comme lorsqu'on passe un examen. Certains sont stimulés, d'autres ont une trouille bleue. À mon petit niveau, au golf, je n'ai jamais été aussi bon qu'en compétition. Et si, au final, ça se passe bien, je pense que ce n'est pas la peine de trop s'occuper du contrôle de ses émotions. Ce que j'observe surtout, c'est que lorsque le geste dépend d'une décision entre avantages et inconvénients, certains sont trop impulsifs, foncent bille en tête et, de fait, sont dangereux ; d'autres sont trop anxieux, hésitent à n'en plus finir, ne prennent aucun risque et, de fait, ne progressent pas.

On retrouve ces caractères au golf et dans tous les domaines. C'est plus ou moins inné, je pense, et cela peut sans doute se modifier avec de l'entraînement, du coaching, de l'expérience. Le fait d'être anxieux, de douter, vous amène à vous poser de bonnes questions. Mais il faut savoir aussi maîtriser son sujet, et maîtriser son sujet, c'est face à une fracture à cinq fragments, arriver à une fracture à deux fragments.
Au golf, c'est pareil, il faut ramener le problème compliqué – un arbre qui vous gêne – à un cas beaucoup plus simple, un cas déjà connu. Si vous ne vous posez pas de questions, vous jouerez très mal [vous tentez de passer à travers les branches, vous tapez dans l'arbre, et la balle est perdue]. Si vous vous posez trop de questions tout le temps, vous jouerez très mal également [vous droppez systématiquement votre balle et prenez des pénalités dès que vous n'êtes pas sur le fairway].
Je crois qu'il y a un juste milieu, et que la meilleure façon d'y parvenir est de maîtriser son sujet par le travail. Le golfeur qui s'est beaucoup entraîné, qui réussit sept drives sur dix au practice sera plus confiant au départ du 1 que celui qui en rate deux sur trois, et le résultat s'en ressentira.
C'est en dominant son physique, sa technique, qu'on arrive à dominer l'ensemble de sa discipline, dont le mental. Après, tout bon chanteur, tout bon acteur ressent bien sûr du stress avant de monter sur scène. Tout le monde éprouve du stress ! Moi, je suis timide : avant de prendre la parole devant une centaine de personnes, je stresse, mais dès que je parle, c'est fini. Le stress est normal. Après, il faut surtout s'entraîner pour gagner en confiance, avec un coach si besoin. »

Questionnement en appréciant son insatisfaction :
Pro : Quelle est votre vocation ? Quelles sont vos valeurs ? Êtes-vous pressé d'être à la retraite ?
Perso : Êtes-vous capable de vous poser les bonnes questions sans tout compliquer ?
Sujet de dissertation en cheminant :

Le golf est un jeu où il est plus nécessaire d'avoir de la précision que de la force. Jack Nicklaus

Stratégie / Coup 20 - Voir le plomb transformé en or
Avec Éric Douennelle, président de la PGA France

Excellent joueur, Éric Douennelle se réjouit des multiples hauts et des bas, des contrastes qui émaillent le jeu de golf… et la vie. Il adore ces montagnes russes, qui nous font ressentir des émotions fortes. Il a appris à digérer les mauvais coups et à se réjouir du bon coup, quand beaucoup ne sont capables ni de l'un ni de l'autre, car ils placent leurs exigences trop hautes.

Éric Douennelle. « Le mauvais coup, il faut le prendre comme une opportunité de montrer de quoi on est capable face à la déception, l'occasion de montrer que l'on est capable de rebondir au prochain, capable de produire une nouvelle émotion positive. Rater un coup peut nous permettre de réussir le suivant. [Il faut préciser aussi qu'Éric, auteur avec Jean VdV d'un excellent ouvrage technique spécifique sur le golf, sait lire les trajectoires et corriger immédiatement le tir, c'est le cas de le dire !] Et réussir le suivant, c'est remplir son contrat : on oublie aussitôt la déception des précédents coups ratés. Je trouve ça génial, cette alternance de situations.
De toute façon, pourquoi les gens jouent au golf ? *Pour vivre !* Pour vivre quelque chose ! Sinon on ne jouerait pas au golf. »

« Le golf est un terrain d'observation du comportement humain.

ED. « Quand j'ai postulé au Golf de Dinard pour donner des cours, je me souviens de mon entretien de sélection avec le très regretté Jérôme Paris [propriétaire de ce golf mythique]. Jérôme m'a emmené directement sur le parcours, et à la fin des dix-huit trous, il m'a dit : "Tu seras le prochain professeur ici, et avec beaucoup de plaisir." J'ai appris beaucoup de ma pratique du golf, dont la résilience, la ténacité et la patience. Le golf m'a aidé à mieux comprendre mes mécanismes et à transformer le négatif en positif. »

« Éric est intarissable quand il s'agit de démontrer les vertus de la pratique du golf. Il fourmille d'exemples édifiants.

ED. « Un des amis a été atteint d'un cancer. Pendant ses séances de chimio, ce qui l'aidait à tenir, c'était la perspective de jouer au golf. Le golf, c'était sa fenêtre. Il me disait : "Éric, quand je joue, j'oublie ce que je suis en train de traverser." À la fin de la partie, il retrouvait une énergie qui lui permettait de continuer son traitement. L'issue a été très positive, il a guéri, et on a toujours plaisir à jouer ensemble. »

« Le sport a permis à Éric de prendre conscience combien, dans sa pratique de sa passion, il s'intéresse aux autres, combien il aime transmettre. Il a ainsi trouvé sa vocation dans l'enseignement et dans la vie associative.

ED. « À dix-huit ans, je suis entré en STAPS à l'Université d'Orsay, pour devenir prof d'EPS, option football. C'est pendant mes études que j'ai découvert le golf. À mon premier coup de fer 7, j'ai balancé la balle à cent mètres en faisant une sorte de coup droit de tennis dans un plan plus vertical ! Là, j'ai été directement piqué ! Et je suis passé de non-classé à 3 d'index en deux ans et demi. »

« Président de la PGA France, Éric évoque les valeurs essentielles du golf avec toujours beaucoup d'intensité, de variations passionnées dans la voix.

ED. « Je porte auprès des pros de golf des valeurs de solidarité.

On est ensemble pour s'écouter, se comprendre, s'entraider à avancer ensemble ! Ce chemin que l'on parcourt individuellement, ne pourrait-on pas le rendre plus joyeux, plus intéressant, en le partageant avec d'autres ? C'est ce que j'essaie de partager avec tous les pros. Au risque de passer parfois pour un illuminé. Comment mieux vivre avec les autres ? Je cherche toujours à partager mes aventures avec des amis. Le golf est un sport individuel, mais qui se pratique au milieu des autres.
Ça me rend dingue quand les gens sont juste intéressés par leur seule performance ! Quand on joue au golf, on partage un moment de vie. Faisons en sorte que ce moment de vie soit le plus joyeux possible ! "Qu'est-ce que je vais pouvoir faire pour rendre la partie des autres plus agréable ?" C'est ça, le jeu de golf ! Et non, comme on le voit de plus en plus souvent, en tout cas chez une partie des joueurs, des gens qui disent à peine bonjour, portent le dernier truc à la mode et ne sont pas même fichus de partager un café à la fin de la partie pour parler du temps que l'on vient de passer ensemble.
S'intéresser aux autres, respecter l'étiquette, parler poliment, c'est ça, le golf.
Ça continue à être mon projet à la tête de la PGA. Le travail des pros est de faire passer ce message, de servir de modèles pour avancer mieux, plus loin, ensemble. C'est génial de prendre des cours, et votre pro est le meilleur ambassadeur de la discipline. Comment vivre ensemble au golf ? Sur le papier ça paraît facile, et pourtant, on voit des gens qui, dès le départ du 1, envoient la balle dans les bois et vous mettent tout de suite une mauvaise ambiance avec les gros mots, les clubs qui volent dans tous les sens ! Ce n'est pas ça, le golf. Ou plutôt : vous tapez dans la balle, mais vous n'êtes pas encore des golfeurs ! »

Questionnement en vivant les choses autrement :
Pro : Avec qui pourriez-vous partager votre projet pour le rendre plus intéressant ?
Perso : Êtes-vous un vrai golfeur ?

Sujet de dissertation en cheminant :
En golf, les règles de l'étiquette et de la bienséance sont aussi importantes que les règles du jeu proprement dites. Bobby Jones

L'APPEL DU HÉROS
SE RISQUER

Avant de quitter le village, j'ai vérifié ma motivation. Plein gaz, je veux décoller grâce à quatre stratégies transmises par de bons génies :

- ☑ *Préparer tous les ingrédients.* Thomas Levet
- ☑ *Trouver des relais de croissance.* Jean-Lou Charon
- ☑ *Être curieux et faire simple.* Pr Gérard Saillant
- ☑ *Voir le plomb transformé en or.* Éric Douennelle

Je suis prêt à vivre et partager une grande aventure.

MISCELLANÉES
ENTRE PASSION ET PATIENCE

CAPACITÉS VS COMPÉTENCES

Comment peut-on être capable de parler brillamment avec ses amis et être incapable de parler en public ? Pour mieux comprendre, je vous propose un petit rappel de vocabulaire.
Une *capacité* est une aptitude, une faculté innée ou acquise de réussir une activité donnée. Je sais faire, je suis capable de faire... normalement. Mais les mains tremblantes, déverrouiller la serrure de sa porte d'entrée quand on est poursuivi par un criminel avec une hache devient une tâche très très très difficile !!! On n'en est soudain plus capable.
Une *compétence* est un savoir-agir qui mobilise un ensemble de ressources, de savoirs, de savoir-faire et de savoir-être dans

une situation concrète. Je peux mettre en pratique : j'ai peur, c'est normal, je tremble mais je respire, je fixe mon regard, je mets la clé dans la serrure, je tourne la clé, j'appuie sur la poignée, j'ouvre la porte, j'entre... On peut donc être capable sans être compétent : je suis capable de chanter sous ma douche, et peut-être même très bien, mais je n'ai forcément pas les compétences pour gagner *The Voice*.

En préparation mentale, il est donc essentiel de renforcer le sentiment de compétence, notamment en vous imaginant réaliser parfaitement toutes les actions nécessaires à la réalisation de votre objectif. Les récents progrès de l'imagerie cérébrale l'ont confirmé : imaginer, c'est faire.

Les diplômés savent beaucoup de choses en théorie ; ils peuvent disposer de connaissances et avoir d'excellentes idées, mais perdent parfois leurs moyens quand il s'agit de les partager publiquement lors d'une réunion avec des supérieurs qui ne les écoutent pas ou lors d'une conférence avec un public à conquérir. Connaître des techniques pour dépasser ces blocages peut donc changer leur vie et être des plus utiles pour la communauté.

Parmi elles, les *Techniques d'Optimisation du Potentiel®* (*TOP*) proposent notamment, nous l'avons déjà évoqué, la *PMR* (*Préparation Mentale à la Réussite*). Sa créatrice, le Dr Édith Perreault-Pierre la définit ainsi : « La PMR permet d'aborder positivement et en pleine possession de ses moyens n'importe quelle situation, surtout si elle est vécue comme difficile, complexe et stressante. La PMR correspond à une anticipation à plus ou moins long terme d'une activité. Vous pouvez en faire pour un projet dès que vous en avez connaissance, car selon les enjeux engendrés par ce projet, il sera peut-être nécessaire de faire plusieurs PMR. Plus vous en faites, plus vous vous sentirez prêt à agir. »

Quand le projet est important, la PMR est une technique efficace, très proche de ce que préconise Thomas en entreprise, mais avec un protocole évolutif très compartimenté, une orga-

nisation personnalisée relativement complexe, qu'il serait trop long de présenter ici plus en détail. Pour plus d'informations sur cette méthode développée dans les années quatre-vingt-dix par l'Armée française et adaptée aujourd'hui à la société civile, je vous invite à consulter le site d'Édith : www.coevolution.fr ou à vous rapprocher d'un praticien TOP®.
Pour que vous appréhendiez néanmoins le principe, je vous inviterai, lors de votre prochain coucher, à imaginer la réussite d'une action simple qui se déroulera le lendemain. Parvenir à visualiser cette action sera une première expérience positive, et donc une nouvelle ressource à ancrer. Cette projection est particulièrement importante, car je crois avec le physiologiste Alain Berthoz, que « le cerveau s'est développé de sorte à pouvoir anticiper les conséquences d'une action, projetant sur le monde ses préperceptions, ses hypothèses et ses schémas d'interprétation. »
Toutefois, je tiens toujours à rappeler qu'il ne suffit pas de rêver au bon plat pour que le petit-déjeuner soit prêt à votre réveil. Au matin, levez-vous du bon pied et mettez en place la prochaine étape qui vous rapproche du résultat escompté, du bon petit plat que nous avons tous envie de manger au dîner ! Si ce plat est très important pour vous, préparez tous vos ingrédients soigneusement et suffisamment en amont. Et souvenez-vous : si vous voulez être prêt, préparez-vous pour mieux anticiper.

PRISE DE PAROLE EN PUBLIC

Parmi toutes les calamités de la terre, devant les araignées, les cancers et les accidents de voiture, selon tous les sondages, la chose plus redoutée au monde est la prise de parole en public ! Certains préféreraient mourir sur-le-champ plutôt que de parler devant un auditoire !
Cette peur ancestrale est celle de se montrer « bête », c'est-à-dire non humain, donc ostracisé. Autrement dit, d'être exclu du groupe des Humains, et dès lors, de mourir de faim ou d'être dévoré par les loups (donc autant prendre les devants !).
La peur est notre amie depuis la nuit des temps pour nous

sauver du danger : tu prends tes jambes à ton cou et tu cours tout droit le plus vite et le plus longtemps possible en transpirant beaucoup pour éviter la surchauffe ! Rappelons que l'homme doit sa survie à son intelligence, mais tout autant à ses capacités d'escalade et d'ultra-endurance à la course supérieures à nombre de carnassiers...

Dans l'univers aseptisé des bureaux, le danger d'être croqué par un loup n'existe plus – en tout cas, au sens propre. La peur est devenue exagérée, inadaptée à nous apporter l'aide dont on a besoin. Car la peur nous délivre certes de l'adrénaline pour courir vite, mais bloque dans le même temps notre cerveau supérieur, celui qui réfléchit si on va à droite ou à gauche, comme l'âne de Buridan – même si ce n'est pas le moment de philosopher, non plus. Aujourd'hui, le pire du pire qu'il puisse nous arriver, après un raté professionnel, c'est d'être licencié ou d'être la risée du Net pendant vingt-quatre heures.

Comment soigner cette peur ? Avec des techniques de préparation mentale déjà évoquées et en adoptant des postures de vainqueur : « Je fais semblant de ne pas avoir peur », révèle Tris, l'héroïne de *Divergente*, quand on lui demande comment elle fait pour être aussi courageuse. Endossez le rôle du héros. Changez votre dialogue interne. Un exemple : à la place de dire « J'ai peur de prendre la parole », dites « J'ai super envie de prendre la parole, je suis excité à l'idée de partager mes idées... », et c'est sûrement plus proche de la réalité.

Ayez également conscience de la réalité de votre environnement : les autres, qui vont bientôt vous écouter, ne sont pas vos ennemis. Avec leur cerveau à peine éveillé, leur estomac en mode digestion, ils ruminent certainement leurs propres problèmes du moment (impôts, collègues, voiture, dos...) et n'attendent rien de vous en particulier, si ce n'est éventuellement de les distraire. Ils pensent déjà tout savoir, y compris ce que vous allez dire... Au mieux, vous les étonnerez en les déstabilisant, l'espace d'un instant, dans leur certitude ; au pire, ils vous écouteront d'une oreille distraite et vous oublieront rapidement, comme les lions oublient les mouches qui tournent autour d'eux. Et si vous êtes déçu par votre intervention, dites-vous, que dans tout ce chaos, l'univers a sans doute d'autres projets pour vous.

AMBASSADEURS

Toutes les entreprises ont besoin de prescripteurs, de porteurs d'affaires, de relais d'opinion, de messagers. Les premiers ambassadeurs d'une entreprise sont ses employés, puis ses clients et ses partenaires. Si vous ne vous en souciez pas, sachez que les premiers détracteurs sont les mêmes – employés, clients, partenaires – et que leur pouvoir de nuisance est en général très supérieur au prosélytisme des promoteurs. C'est pourquoi, avec l'aide d'un professionnel de la stratégie marketing, par exemple, il est toujours bon de se demander : « comment rendre l'expérience de mes employés, clients, partenaires plus "merveilleuse", de façon qu'ils deviennent les ambassadeurs de mon produit, de ma marque ? » Cette question inclut le bien-être des employés, car il est impossible de satisfaire pleinement ses clients à long terme avec des employés insatisfaits.
Je suis intervenu dans certaines entreprises où le personnel et les fournisseurs étaient en souffrance : je peux vous garantir que cette souffrance « en coulisse » est toujours ressentie « sur scène » par les clients. Certains s'en fichent, tant que le résultat (le chiffre d'affaires) est là : croyez-moi, à moyen terme, ce n'est jamais une bonne idée, à aucun point de vue.
C'est pourquoi il est bon de commencer par cette question : *Que pourriez-vous faire pour mieux aimer votre vie et apporter plus de bien-être à votre entourage ?*
Ad summum pro omnibus in omnibus (le meilleur pour tous en tout), car omnibus in omnibus (tout est dans tout).

NPS (*NET PROMOTER SCORE*)

Vous connaissez tous le NPS, cet indicateur de fidélité développé par F. Reichheld. Si, si vous savez, il s'agit de cette question que les services marketing vous posent par e-mail, après votre passage dans un magasin ou un restaurant : « Quelle est la probabilité que vous recommandiez [X] à un ami, un membre de votre famille ou à un collègue ? » La réponse est donnée sur une échelle de Likert de 0 (« Tout à fait improbable ») à 10 (« Tout à fait probable »).

Le NPS se calcule en soustrayant le nombre de détracteurs (notes de 1 à 6) aux promoteurs (9 à 10), les notes de 7 et 8 étant considérées comme neutres. Le score ainsi obtenu peut donc se situer entre -100 et +100. Le NPS est considéré comme correct s'il est positif et comme excellent à partir de +50.

Parmi les sociétés les mieux notées au monde, on retrouve surtout des entreprises américaines, comme Netflix, pour n'en citer qu'une, avec des NPS supérieurs à +65. Si vous êtes abonné Netflix, que dites-vous de votre expérience client lors de vos repas de famille ? Si vous regardez uniquement cette « chaîne », vous êtes certainement un « promoteur » Netflix.

Quand votre NPS est négatif, les gens ne se privent sûrement pas d'émettre des avis acides sur votre société.

Le NPS est d'autant plus intéressant qu'au-delà des bénéfices immédiats que vous en retirez, c'est un indicateur fiable de votre santé future. Le problème est qu'aujourd'hui, tout le monde l'utilise à tout bout de champ et n'importe comment. On en viendrait à noter le professeur après son cours, et là, attention aux dérives ! L'excellent outil NPS est donc aujourd'hui cassé, car trop utilisé, trop galvaudé. Les clients trop sollicités ne répondent plus à ce type de mailing. Ces notations permanentes posent d'évidents problèmes éthiques.

Mais selon moi, il faut toujours avoir cette question en tête lorsque l'on entreprend ou propose un nouveau service : « Qu'en diront mes clients à leur entourage lors des dîners en ville ? »

RÉDUIRE POUR AUGMENTER

Simplifiez ! « Car il faut toujours simplifier », comme le préconise l'écrivain Georges Perec dans *L'Augmentation*. Surtout quand ça va mal : il faut réduire le problème impossible à une série de possibles.

Face à un par 4 qui vous effraie, « jouez-le comme deux pars 3 », conseillait le grand Nick Faldo à propos du dromadaire de l'Albatros (voir le chapitre/trou 7). Face à la difficulté, on a naturellement tendance à penser que la réponse est compliquée, donc à paniquer, et on finit par répondre à cette anxiété par plus de n'importe quoi, ce qui entraîne plus de complications. Le « trop » part toujours d'un bon sentiment, mais souvent, en voulant en faire plus, vous vous compliquez la vie et vous aggravez le problème. Prenez donc le contre-pied : *faites-en moins, mais mieux !* Soyez vraiment exigeant avec vous-même : gardez le meilleur, le plus facile, le plus utile, le plus agréable, le plus rentable.

En golf, c'est pareil, c'est flagrant : les débutants ont toujours des swings ultracompliqués qui partent dans tous les sens. Sauf rares exceptions qui confirment la règle, comme l'excellent Matthew Wolff, les pros ont un swing lisse et fluide, d'un seul tenant, d'un seul bloc, d'un seul rythme.

Mais simplifier dans un monde complexe n'est jamais simple, car simplifier coûte toujours.

Pour simplifier sans dénaturer un problème complexe, il faut donc le *simplexifier*. Je reviendrai plus en détail aux chapitres 15 et 16 sur ce concept, mais en voici d'ores et déjà les bases, car cette notion est transverse dans mon propos. La simplexité est l'art de rendre simples, lisibles et compréhensibles des choses complexes sans les trahir, de façon à pouvoir agir comme il convient. On pourrait définir une chose simplexe comme une « chose complexe dont on a déconstruit la complexité, de manière à pouvoir l'exploiter ou l'exprimer de manière simple », pour reprendre les mots d'Edgard Morin.

Le neurophysiologiste Alain Berthoz l'a ainsi définie : « La simplexité est l'ensemble des solutions trouvées par les organismes vivants pour que, malgré la complexité, le cerveau puisse préparer l'acte et en anticiper les conséquences. » Dans le domaine du sport, du développement personnel ou du business, vous comprendrez que la question du passage de la complexité à la simplexité mérite toute notre attention, car « ces solutions simplexes, trouvées par notre organisme, nous permettent d'arriver à des actions plus élégantes, plus rapides, plus efficaces. »

PÉDAGOGIE

Saviez-vous qu'Einstein avait essayé de se mettre au golf aux États-Unis, mais qu'il n'était pas a priori aussi agile avec son corps qu'avec son esprit ? Son moniteur, désespéré, essayait de trouver l'instruction supplémentaire qui aiderait le grand homme dans ses malheureuses tentatives de contacter la balle, mais rien n'y faisait.

À la fin du cours, Einstein prit quelques balles en main et commença par en lancer une à son professeur, qui l'attrapa facilement, en regardant d'un air perplexe son célèbre élève. Puis Einstein lui lança toutes les autres balles en même temps en criant : « Attrape ! » Le pro gesticulant dans tous les sens ne parvint pas à saisir la moindre balle. Einstein leva le doigt et lui dit d'un ton docte : « Jeune homme, quand je vous lance une balle, vous l'attrapez aisément. Mais quand je vous lance trois balles, vous n'attrapez rien ! Quand vous enseignez, n'abordez qu'un point à la fois ! » Malheureusement, le mal était fait : le théoricien de la relativité, dégoûté, n'est jamais devenu golfeur. La morale de cette histoire est qu'il faut toujours garder ses idées simples et ne travailler qu'une clé à la fois. Ainsi, même les tâches les plus compliquées peuvent être intégrées une à une. Sans quoi on peut décourager les meilleurs physiciens, alors que le golf repose justement sur des principes physiques , comme le momentum : quantité de mouvement, masse, vitesse ! Peut-être aurait-il mieux compris avec une seule instruction de type $E = \gamma mc^2$? En tout cas, si Einstein ne pouvait pas digérer plus d'une pensée à la fois, quelle chance avons-nous de faire mieux ?

ÊTRE GOLFEUR

La quête du swing parfait permet d'entretenir son équilibre, sa coordination, de développer ses habiletés physiques et techniques, et de mieux scorer. Mais être golfeur ne se résume pas à cela ; je suis totalement d'accord avec Éric. Être golfeur, c'est un état d'esprit. Et cet état d'esprit du golf, vous le retrouvez, j'espère, dans tous les témoignages que je partage ici avec vous et dans toutes mes pensées, puisque c'est le cœur même du pourquoi j'écris ce livre.

Chapitre 6

TROU 6
MAÏS ET COLZA

Objectif | Trouver sa germination

État d'esprit | Être patient

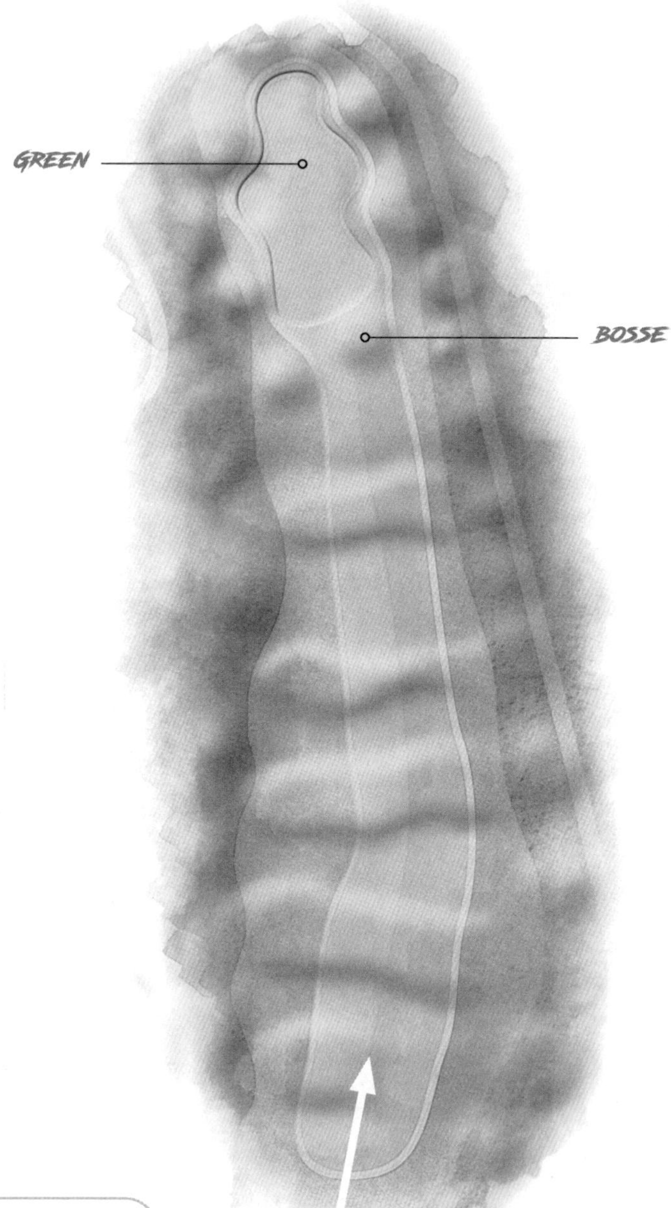

PAR 4

295 mètres

Hubert Chesneau

TROU 6 - MAÏS ET COLZA

« J'ai tout simplement voulu rendre hommage au lieu, puisque les champs qui longent le trou sont semés de maïs et de colza. Ici, on est en terre agricole. Ce n'est pas un trou compliqué. Le fairway et le green sont faciles. Dans de bonnes conditions, en tapant très fort, le green peut même être atteignable en 1. Seule difficulté – clin d'œil d'architecte –, j'ai mis devant le green, à quinze mètres, une bosse taillée fairway, qui a pour objectif de cacher le pied du drapeau, ce qui entraîne souvent des erreurs de club. C'est un trompe-l'œil ou "trompe-couillons" [Rires], *si vous ne faites pas attention. »*

TEE TIME

Sur le papier, le trou 6 est le plus facile du National avec son handicap 18. Un trou d'autant plus important que, sur ce parcours de championnat, les occasions d'oiselet, d'aigle et d'albatros ne sont pas si nombreuses !
Hubert Chesneau fait partie de ces architectes qui ont appris les bases de leur métier aux Beaux-Arts. Rappelons qu'en art, le clin d'œil (la touche d'humour) qui accompagne souvent le trompe-l'œil en est l'élégance. C'est la distance qui fonde le point de vue ; l'approche du tableau ou du green révélera le stratagème : qu'il s'agisse de peinture ou de golf, l'art aura joué son rôle.
L'illusion d'optique résulte d'une mauvaise interprétation par le système visuel des informations qui lui parviennent. Rappelons que le système visuel n'est pas vraiment un instrument de mesure, mais plutôt un moyen d'interagir efficacement avec l'environnement. Dans la vie ordinaire, en cas de doute, un changement de point de vue, comme de se rapprocher du green, donne une vision plus exacte de la réalité. Les illusions cognitives reposent sur des ambiguïtés, des distorsions, des paradoxes visuels, des hypothèses préformatées ou des connaissances emmêlées.

Si l'on est comme Saint Thomas, on ne croit que ce que l'on voit, or l'on ne voit que ce que l'on croit... donc on ne croit que ce que l'on croit. Notre façon de percevoir notre environnement dépend de l'intentionnalité de nos actes, de l'ordre de nos observations, de notre mémoire, de nos anticipations, de nos points d'attention. Donc usons des raccourcis cognitifs, des simplifications et de notre bon sens, mais avec la plus grande vigilance dans l'élaboration de nos stratégies. Décidément, tout est simplexe.

L'APPEL DU HÉROS S'ÉLEVER

Joseph Campbell - Le voyage du héros : « L'idée que le passage du seuil magique permet l'accès à une sphère de renaissance est représentée par l'image symbolique du ventre – vaste comme le monde – de la baleine. Le héros, au lieu de vaincre la puissance du seuil ou de pactiser avec elle, est englouti dans l'inconnu et semble avoir succombé à la mort. »

Mobilisation / Confirmation
Face à mon impatience, je reste prêt à attendre patiemment que sonne l'heure du départ vers ma renaissance. Pour me régénérer physiquement et spirituellement, j'invoque le courage de Starbuck, car j'ai conscience qu'avant de sortir de ma chrysalide, une longue gestation sera nécessaire pour sortir victorieux des combats en haute mer et des batailles galactiques.

TROU 6 – MAÏS ET COLZA

Objectif : trouver sa germination
État d'esprit : être patient

Stratégie / Coup 21 - Être soi-même chêne ou pâquerette

Avec Anne Le Coniat, coach de champions sportifs et consultante en entreprise

---

Être ou ne pas être une fleur ou un arbre ?
Qui suis-je ? Quelles sont mes racines ? Quelles sont mes branches, mes feuilles, mes fleurs, mes fruits ?
Anne Le Coniat est riche d'une incontestable expérience d'entraîneure de golf et de coach au plus haut niveau international. Dans son métier, elle fait feu de tout bois pour aider ses clients à devenir ce qu'ils sont. Elle sait combien l'on peut éviter de

malheurs en accompagnant les gens comme il convient : sur mesure.

Anne Le Coniat. « Ma philosophie est qu'à partir du moment où les gens ont un rêve, un projet, un objectif, un truc qu'ils ont envie de faire, qui est important pour eux, à ce moment-là, je peux les aider, d'une part, à correctement le définir et, d'autre part, les accompagner dans le chemin qu'ils ont envie de faire vers cet objectif-là. Pour ça, je me sers de tout, de toutes mes connaissances pour les aider à s'épanouir. Qu'ils s'épanouissent ! Pia Nilsson a une métaphore que j'aime beaucoup, celle du jardinier : vous prenez le pot de la bonne taille, vous y mettez de la bonne terre, vous plantez la graine et vous l'arrosez quand il faut. À partir de là, ça peut donner une petite fleur ou un arbre. [Grand sourire]
Quand je parle de performance, je parle de ce que l'on veut toucher en émotion, que ce soit en catégorie 12 ou 1, on s'en fout. La question, c'est : "Qu'est-ce que vous voulez vivre à travers ce truc-là ?" Si son but est de devenir millionnaire et qu'il n'est pas doué en golf, il n'y parviendra jamais. »

“ Bien sûr, Anne ne met aucune hiérarchie, d'échelle de valeur entre le chêne et la pâquerette.

ALC. « Si vous êtes une pâquerette, on va faire la plus jolie pâquerette du monde ; si vous êtes un chêne, on va faire le plus joli chêne du monde. On est des facilitateurs. Il arrive souvent qu'un chêne soit cultivé comme une pâquerette, et ça crée, je pense, autant de dépression que l'inverse. C'est une question de mesure : rien n'est juste et rien n'est vrai, cela dépend du contexte, d'où on regarde. »

Questionnement en puisant dans ses racines :
Pro : Que voulez-vous vivre avec ce « truc-là » qui vous habite ?
Perso : De quel pot, de quelle terre, de quelle exposition, de

quel arrosage avez-vous besoin ?
Sujet de dissertation en cheminant :
La rose est sans pourquoi, fleurit parce qu'elle fleurit.
Angelus Silesius

Stratégie / Coup 22 - Retrouver sa véritable nature
Avec le Professeur Raphaël Gaillard, psychiatre, chef de pôle à l'Hôpital Sainte-Anne, président de la Fondation Pierre Deniker

Blouse blanche de praticien ouverte sur une chemise bleu clair, qui s'accorde parfaitement à ses yeux, Raphaël Gaillard s'excuse de me saluer de loin. En pleine période de pandémie, dans un secteur hospitalier directement touché par la crise sanitaire, on prend évidemment très au sérieux les gestes barrières.
Président de la Fondation Pierre-Deniker, chercheur en neurosciences cognitives, le Professeur Gaillard dirige le pôle Addictologie de l'Hôpital Sainte-Anne, à Paris.
Nous nous installons confortablement autour de la table ronde de son cabinet. Il m'écoute avec attention lui présenter l'objet de ce présent ouvrage sur les vertus du golf en termes de santé publique. Raphaël parle doucement, mais de façon très directe, agréable ; « moderne » est le mot qui me vient à l'esprit. Beaucoup de ses amis sont passionnés de golf, certains y excellent. Il a été initié par eux, les accompagne parfois avec intérêt sur un parcours et les écoute volontiers parler de leur passion. Raphaël a une parfaite connaissance du jeu de golf, mais ne le pratique pas autant qu'il le souhaiterait, par manque de temps... Il faut dire que le parcours professionnel du Professeur Gaillard est aussi dense qu'inspirant.

Pr Raphaël Gaillard. « J'ai eu un double parcours de médecin et de scientifique. J'ai commencé par des études de médecine et, après la première année, j'ai préparé le concours d'entrée à

l'École Normale Supérieure, où je suis entré en Sciences. J'ai donc fait en parallèle Médecine et Normale Sup.
La rue d'Ulm a été pour moi l'occasion de fréquenter des philosophes, des agrégés de lettres, des historiens. C'était le plaisir de la culture partagée. Je suis très curieux. Je trouvais passionnant de pouvoir me préparer à mon métier, celui de médecin, tout en développant des approches différentes scientifiques ou littéraires. Je pense que dans l'exercice de la médecine, il est précieux d'avoir la culture générale la plus vaste possible, surtout dans le métier de psychiatre. Il est apparu assez vite que le terrain de jonction entre les différents univers qui me passionnaient, c'était le fonctionnement psychique : ce qui se passe dans la tête des gens tel qu'on peut le comprendre, tel qu'on peut le percevoir, tel qu'on peut le soigner. La découverte du fonctionnement psychique comme point de raccord de mes études de médecine et de mes études à l'ENS a été déterminante.
J'ai fait mon internat en psychiatrie et une thèse en neurosciences avec Lionel Naccache et Stanislas Dehaene. À l'issue de mon clinicat en psychiatrie, j'ai fait un doctorat en Grande-Bretagne, à l'Université de Cambridge. Ensuite, je suis devenu maître de conférences, puis professeur de médecine à l'Université de Paris. »

> “ L'intérêt principal d'un double parcours est de pouvoir établir des passerelles.

RG. « Les vraies inventions se font à la jonction d'univers très différents. Il faut se donner la peine de faire coïncider, cohabiter, des univers différents. Il y a là un vrai enjeu d'inventivité, et un enjeu qui est celui des Humanités, qui fait de nous des êtres humains. Quel intérêt porte-t-on à la personne de façon la plus globale possible ? Quel intérêt porte-t-on à la trajectoire des individus ? En psychiatrie, il est toujours question de ce qui constitue l'identité d'une personne. »

« Un soignant doit avoir le souci de l'autre – qu'il aille mieux, qu'il souffre moins – et de le comprendre dans ce qu'il a de plus complet, de plus complexe.

RG. « J'ai rapidement perçu dans mes études de médecine que devenir le spécialiste de tel ou tel organe me donnerait une grande légitimité, mais que ça m'ennuierait vite...
Quand il s'agit du cerveau, on est certain de ne pas s'ennuyer, parce que tout reste à comprendre. Je peux faire feu de tout bois pour relever le challenge de la complexité en me servant de champs de cultures très différents. L'important, c'est d'essayer de comprendre le fonctionnement des êtres humains et de les aider. Le cerveau est un organe absolument fascinant avec ses cent milliards de neurones et ses dix mille synapses par neurones : c'est un organe absolument stupéfiant de complexité.
Mais, d'une part, cet organe ne fonctionne pas tout seul : il fonctionne sur un corps, donc il faut intégrer tous les aspects de ce fonctionnement, de ce corps. Et d'autre part, à la différence d'autres organes, il sécrète quelque chose de très particulier qui est la pensée. Il faut donc s'intéresser à la façon dont les êtres pensent, dont les êtres ont des émotions, et à la façon dont ça détermine leur trajectoire de vie. Je pense qu'intégrer tout courant comme la psychanalyse ou la philosophie – pouvant être utile à une meilleure compréhension des êtres humains – doit faire partie de la capacité de penser du psychiatre. »

« Pour mieux comprendre les raisons de notre goût pour le golf et l'intérêt de succomber à cette passion, Raphaël nous propose différents éclairages au gré de ce que la science a pu mettre en évidence.

RG. « Le golf est une pratique éminemment sociale. On joue au golf à plusieurs, on passe beaucoup de temps ensemble. C'est une vraie communauté.

Par ailleurs, on a observé les effets délétères de la retraite quand elle se traduit par une désinsertion sociale. La solitude est un facteur pronostic de maladie, de toutes les maladies. L'isolement social est toxique pour le corps et le cerveau. Comment maintenir le lien social ? C'est un enjeu de l'exercice du golf. »

« Une autre vertu de la pratique du golf est de rapprocher l'Homo sapiens qui est en nous de son habitat naturel.

RG. « Un autre enjeu majeur, en termes de santé mentale, repose sur ce que l'on appelle la *greeness*. Bien au-delà de la beauté du site, il est important pour nous, humains, de voir de la verdure pour être en bonne santé. Le potentiel du jeu de golf est de générer ce besoin d'aller dans la verdure, avec un ressort interne, qui est du registre du plaisir.
Nos aïeux, nos ancêtres et les espèces qui nous ont précédés ont tous vécu dans la nature, et nous avons donc une vraie relation de dépendance à elle. On a besoin de ce rapport à la nature. On voit aujourd'hui le goût pour les bains de forêt qui apaisent. Cette connexion à la nature est essentielle. Mais il y a un élément qui ressort plus que les autres, c'est vraiment la *greeness*, le vert, la couleur dominante de la nature. Ne pas avoir accès au vert, c'est vraiment souffrir. »

« Des études scientifiques ont démontré que lorsqu'une population voit soudain du vert dans une cité bétonnée, comme un carré de verdure en lieu et place d'un terrain vague, les habitants se sentent globalement mieux, d'où l'importance de réserver au cœur de la cité des espaces pour des squares, des jardins ouvriers et des terrains de sport.

RG. « Si quelques mètres carrés peuvent créer un effet mesurable, imaginez l'effet d'un parcours de golf ! Donc pour les citadins hyperactifs, la question du rapport avec la *greeness* est essentielle. Et, bien sûr, qu'est-ce qui représente mieux cette question de la *greeness* que le green, l'identité même du golf ? »

Questionnement en s'interrogeant sur la véritable nature :
Pro : Quels liens faites-vous entre toutes vos compétences pour innover, être plus créatif ?
Perso : Comment pourriez-vous améliorer votre relation avec l'Homo sapiens qui vit en vous et dirige bon nombre de vos comportements ? Avez-vous assez de contacts humains ? Êtes-vous suffisamment en contact avec la nature ? Êtes-vous prêt à retrouver votre sapience naturelle ?
Sujet de dissertation en cheminant :
En fait, le monde est beau. Quand nous sommes seuls en pleine nature et disposés à l'attention, quelque chose nous porte à aimer ce qui nous entoure, et qui n'est fait pourtant que de matière brutale, inerte, muette et sourde.
Simone Weil, philosophe

Stratégie / Coup 23 - Agrandir sa zone de confort

Avec Charles Pironneau, coach de golf, président du golf d'Alençon

Son record sur le parcours de l'Albatros est 71 depuis les boules noires réservées aux champions, juste après l'Open de France. Il faut dire que Charles Pironneau est en terrain connu sur ce parcours de championnat, puisqu'il a été enseignant au Golf National. Mais si je connais bien Charles, c'est pour jouer régulièrement au Golf à Alençon-en-Arçonnay, quand je retourne dans mon village natal pour rendre visite à mes chers parents.
Charles, trente ans, est le président de la SAS Team Golf qui a repris le golf d'Alençon (à la frontière de l'Orne et de la Sarthe) en 2017. Il assure également la codirection avec Laurent Coppola, qui a été, par ailleurs, le batteur de Florent Pagny, Nolwenn Leroy ou encore de la golfeuse Céline Dion : c'est vous dire s'il a le rythme ! (Il confie jouer au golf en fredonnant du Genesis pour garder sa concentration et se détendre.) Bien sûr, Charles est resté le coach du club, son métier principal, et il trouve encore

le temps de jouer, car sa passion pour le jeu reste intacte. Son appartement lui ressemble beaucoup : la sobre décoration soulignée de camaïeux de bleus s'accorde parfaitement avec sa tenue toujours impeccable de professeur de golf. Il me reçoit dans son salon, très souriant et disponible, comme à son habitude.
Charles a commencé le golf à neuf ans, parce que son père dirigeait le golf de Bellême (Orne), puis de Sablé-Solesmes (Sarthe), et que tous ses proches y jouaient. Donc pratiquer, au début, était plutôt pour lui l'occasion de faire des balades agréables en famille, et très vite, le goût de la compétition l'a poussé à jouer davantage.

Charles Pironneau. « Passer du temps à jouer avec mon père était un moment privilégié. Aujourd'hui encore, j'ai énormément de plaisir à jouer. Par exemple, demain, je me rends à Saint-Jean-de-Monts faire un tournoi PGA avec des pros des Pays de la Loire. »[6]

“ Charles anime et participe à toutes les compétitions du Club d'Alençon.

CP. « Ça m'amuse ! Ça montre aussi à mes élèves et aux joueurs des équipes que je reste dans la réalité du jeu. J'aime bien me confronter à eux. Ils ont toujours cette motivation de me battre, donc c'est top. Je n'ai jamais eu envie de devenir joueur professionnel, de partir galérer toutes les semaines en tournoi. Enseigner, c'est ce qui me plaît. C'est toujours agréable de gagner un tournoi, mais je n'ai jamais joué dans le but de gagner de l'argent en compétition, juste m'amuser, garder le lien avec le jeu. Pour le tournoi de demain, c'est toujours sympa de se retrouver avec les pros des autres golfs pour échanger et progresser. Mais la compétition est là quand même ; je vais essayer

6 Interview réalisée le dimanche 8 décembre 2019. Charles a brillamment gagné le tournoi en question dans des conditions climatiques très difficiles.

de bien jouer, de gagner, c'est sûr. [Rires] J'ai malgré tout gardé cet esprit de compétition. »

« En 2015, Charles a quitté le National pour ce golf d'Alençon parce que, d'une part, il aime cette région dont il est originaire et, d'autre part, il apprécie la convivialité d'une petite structure dont il connaît tous les membres. En 2017, le golf d'Alençon était en liquidation judiciaire. Charles a donc décidé de sortir de son rôle de simple prof pour monter un projet de reprise avec certains adhérents du club... »

CP. « On était à la base trois ou quatre moteurs. On a sollicité tous les membres du club pour savoir qui serait prêt à s'associer à ce projet. Au bout du compte, on est vingt-huit dans la société ! C'est atypique, on n'est pas loin de l'association. [Rires] Les gens me connaissaient déjà en tant que pro du golf depuis deux ans, et ils m'ont fait confiance ; c'est peut-être ça qui a aidé au départ à la constitution du projet et à son développement.
Aujourd'hui, les intérêts communs entre la direction et l'enseignant sont évidents ! C'est le pro du club qui crée les golfeurs qui vont devenir adhérents. Si le pro ne bouge pas, le golf va créer peu de golfeurs. L'un ne va pas sans l'autre. Une direction a besoin d'un pro motivé, et un pro a besoin d'une structure solide, d'un parcours de qualité. J'ai relevé le challenge de reprendre un golf en difficulté et j'en suis heureux. »

« Au niveau de l'étiquette, un pro de golf doit donner l'exemple.

CP. « J'autorise, bien sûr, les clients du golf à venir jouer en tee-shirt et short. Mais le respect de l'étiquette est pour moi hyperimportant. Quand j'arrive dans un golf, je suis en tenue de golf, je vais saluer l'accueil, le pro : ça me paraît essentiel. Mon travail d'enseignant, c'est aussi d'expliquer aux gens l'importance de ratisser un bunker, de relever les pitchs [impacts laissés par la balle à son arrivée sur le green]... En particulier aux plus jeunes, et ils le comprennent très bien, parce qu'ils ont envie que le lieu sur lequel ils viennent jouer reste beau. Une fois qu'ils ont l'explication, ça leur paraît normal. Quand un enfant se met à aimer le golf, ça se voit très vite au niveau de sa tenue. »

> « La transparence avec les salariés permet d'avoir leur confiance.

CP. « En tant que joueur, je suis plutôt agressif. Je vais prendre des risques, attaquer le parcours. C'est rare que je me place. [Attention ! Charles a les moyens techniques et physiques de le faire !] Depuis l'enfance, mon jeu est basé sur le feeling.
Quand je manage les équipes, j'essaie que ce soit toujours dans la bonne humeur. J'aime laisser de la liberté aux personnes, ne pas trop cadrer, leur laisser de l'autonomie. Quand je faisais partie du pôle enseignement du Golf National, tous les mois, on avait un point pour savoir où on en était, et je sais que ça me parlait beaucoup, de travailler et de voir le résultat de mon travail. Je cherche donc à faire la même chose avec mes équipes à Alençon.
C'est important que la personne à l'accueil, qui bosse tous les jours, sache combien elle a vendu de seaux de balles, de green fees, combien elle a participé au CA global. Ce mode de fonctionnement au National me plaisait, donc je le reproduis ici. C'est un outil fort de communication et d'implication. »

> « Un bon manager est un excellent communicant, qui sait s'adapter à son interlocuteur, vérifier que le message est passé et bien compris. Une compétence que Charles a développée aussi sur les terrains de golf, dans le jeu en équipe.

CP. « Quand on joue en foursome, on s'aperçoit vite qu'on ne joue pas tous de la même façon, on n'a pas tous les mêmes points faibles, les mêmes points forts. Il est indispensable de faire alors en fonction de l'autre avant de jouer un coup. Même sur les putts ! Personnellement, je les attaque en dépassant d'un mètre le trou. Est-ce que mon partenaire se sentira à l'aise à un mètre ? Je dois putter en fonction de ça. Je le dis toujours à mes joueurs : "Parlez-vous !" Lors de mes recrutements de personnel, comme pour mes équipes en compétition, je fais attention à ce que ça matche d'emblée entre les gens, que ça puisse échanger, communiquer.
Personnellement, ce qui me motive le plus aujourd'hui, c'est d'arriver à payer les salaires des employés, de voir le nombre de membres en très forte augmentation, de voir la bonne humeur des clients et de les entendre dire qu'on a réussi à améliorer le golf d'Alençon. »

“ Charles reste coach dans l'âme : ce qu'il aime, avant tout, c'est aider ses élèves à progresser.

CP. « Pour progresser, il faut aller souvent sur le parcours pour être en lien avec le jeu, tout en prenant le temps de bien faire les choses, de faire sa routine, de visualiser le coup imaginé... Visualiser permet d'avoir un choix plus clair dans sa tête. Il n'y a rien de pire que d'arriver sur un drive et de se dire : "Je la joue en fade ? Non en draw ? Je ne sais pas trop..." Hésiter, c'est le meilleur moyen de l'envoyer hors limites. Cette visualisation m'aide à faire un choix. Après, que le drive soit bon ou mauvais, c'est autre chose. Le plus important est de choisir et de ne pas avoir de doutes. Une bonne condition physique, quoi qu'on en dise, est également nécessaire pour performer. Enfin, bien sûr, il est bon de prendre des cours avec le pro pour s'améliorer sur le plan technique. » [Sourire]

« L'essentiel est d'apprendre. Et on apprend beaucoup avec le golf...

CP. « Sur le parcours, on apprend notamment à gérer la frustration. Quand j'ai été recruté au Golf National, je me souviens que Philippe Pilato [actuel directeur du Golf National] m'avait demandé : "Quelle est la première chose qui peut faire arrêter le golf ?" Je lui avais répondu : "La frustration de ne pas réussir." Aujourd'hui, la Fédé travaille beaucoup sur ce sujet, par exemple avec les nouveaux départs avancés, qui permettent d'offrir des parcours adaptés au niveau de jeu. C'est une bonne idée. Mais quoi qu'on fasse, on ne pourra jamais dire : "J'ai compris le golf." On fera toujours des erreurs... Le golf apprend à relativiser. »

« Au golf, les hommes d'affaires peuvent développer leur réseau et se vider la tête, prendre conscience de leurs forces et faiblesses, et évoluer...

CP. « Beaucoup de chefs d'entreprise commencent à jouer au golf dans l'idée de réaliser des affaires. Notamment les concessionnaires de voitures : ils savent qu'une clientèle potentielle sera présente. Ils se constituent un réseau qui peut fonctionner, si la personne s'intègre réellement au sein du club. D'autres viennent tout simplement se "vider la tête". Certains n'admettent pas d'être confrontés à leurs limites. On revient à la gestion de la frustration. Le golf peut leur permettre de prendre conscience qu'ils sont parfois dans l'excès, trop rigides, exigeants, impulsifs ou stressés. »

« Le golf est une bonne école pour les plus jeunes.

CP. « Lorsqu'un jeune joueur que j'entraîne se met à trois mètres du drapeau et râle, je lui fais comprendre qu'il devrait au contraire en être satisfait : c'est un bon coup de la placer à

trois mètres, il est important que l'enfant prenne conscience de ça. Il en fera de bien plus mauvais !
Quand un enfant parvient à atteindre un certain niveau, commence à se sentir à l'aise avec l'équipe, à apprivoiser la compétition, à s'habituer aux situations de victoire, à savoir comment gérer les matchs, là, on sent que des changements de comportement sont en train de s'opérer. »

“ Le golf est le sport parfait pour sortir de sa zone de confort, apprendre à s'adapter, à prendre des risques calculés, ne pas faire n'importe quoi...

CP. « Je suis un joueur offensif, mais si le risque n'est pas utile, je ne vais pas agresser tous les trous. Si, par hasard, le vent se lève et que je me suis laissé surprendre, je ne me mets plus en colère. J'intègre immédiatement cette nouvelle donnée pour mieux jouer le coup suivant. Après vingt ans de golf, j'arrive plus facilement à me reconcentrer en reprenant ma routine : “Allez, c'est bon, on est reparti !” »

Questionnement en élargissant sa zone de confort :
Pro : Tout en restant dans le même univers, comment pourriez-vous étendre votre champ d'action, votre fonction, votre rôle, votre utilité, votre « zone de confort » ?
Perso : Quand vous placez votre balle à trois mètres du drapeau, êtes-vous du genre à râler ou à vous réjouir ?
Sujet de dissertation en cheminant :
Ce n'est pas parce que les choses sont difficiles que nous n'osons pas, mais parce que nous n'osons pas qu'elles sont difficiles.
Sénèque

Stratégie / Coup 24 - Faire appel au bon sens paysan

Avec Michel Teichet, coach de golf, pilote d'avion

« Parlez-moi de rêve plutôt que d'objectifs ! » Telle est l'injonction de Michel Teichet, car à force de se fixer des tonnes d'objectifs au quotidien, on risque fort de se noyer. En navigation, pour aller loin, il est indispensable d'avoir un cap, de vérifier régulièrement si le bateau est dans la bonne direction, d'ajuster, de tirer des bords, mais il serait épuisant et donc contreproductif de chercher en permanence à être pile dans l'axe, au degré près.

Michel Teichet. « Je pense qu'il faut structurer la démarche, mais ne pas se mettre trop d'objectifs, de plans. Il faut une trame, mais rester calme. Est-ce que Rory McIlroy, Victor Dubuisson – tous ces joueurs qui ont de belles réussites – ont structuré comme des malades leur entraînement et leur évolution ? Non. L'essentiel n'est pas de tout paramétrer, mais d'avoir le niveau. Quand on a un niveau, les compétences s'agrègent autour. Quelqu'un qui a un niveau, de toute façon, ne fera pas n'importe quoi. On peut croire parfois qu'il fait n'importe quoi, mais ce n'est pas le cas.
Il faut mettre les choses en place, évidemment. Mais pour être bon, quel que soit le domaine, il faut surtout que tu saches où tu veux aller et que tu aies beaucoup de bon sens.
On a aussi ça en aviation. Je suis aussi pilote d'avion. Parmi les meilleurs conseils que j'ai reçus de commandants de bord d'Air France, il y a celui-ci : "Michel, sors la tête de tes instruments, regarde dehors, quel est ton bon sens ?" Ils l'appellent *le bon sens paysan*, dans l'aviation. Avec ce ressenti que lorsque tu ne le sens pas, tu ne le fais pas. Et en management, aussi, il doit y avoir cette idée de bon sens.
Dans le golf, le bon sens paysan, c'est : je suis sur un départ, par 3 en montée de 170 m, il fait beau, tranquille, je vais taper un fer 5. Quand j'arrive au départ, rafale de vent, droite/gauche, je

me sens moins bien. Je retourne à mon sac, je décide de prendre un fer 4, balle basse en fade. J'avais prévu quelque chose, mais je m'adapte à la modification du moment. Je sur-clube, je la fais punchée. Alors que tous les jours, je tapais le 5, aujourd'hui, non, je ne le sens pas.

Parfois, si je reprends l'analogie de l'aviation, il m'est arrivé de dire à mon instructeur : "Tiens, je vais passer là, près des rochers." Il me répondait : "Ne passe pas là ! Tu vas te faire secouer." Moi, je ne voyais pas où était le problème, je ne voyais rien ; pour moi, il n'y avait pas de vent. Il me disait : "Alors, vas-y !" Et évidemment, je tombais dans des turbulences !

On peut acquérir une perception plus forte que la moyenne grâce à l'expérience. C'est ce qu'on pourrait appeler aussi du *bon sens de perception, d'adaptation*. Et c'est indispensable. »

Questionnement en interrogeant son bon sens paysan :
Pro : Si tu oublies un instant tous les objectifs que tu t'es fixés, quel est le rêve qui t'anime ?
Perso : Que sens-tu ? Que ressens-tu ? Te fais-tu confiance ?
Sujet de dissertation en cheminant :
Plus je m'entraîne et plus j'ai de la chance.
Apocryphe d'Arnold Palmer ou Gary Player...

L'APPEL DU HÉROS
S'ÉLEVER

Avant de partir, j'ai fait preuve de patience. Dans les champs de maïs et de colza, j'ai récolté quatre stratégies qui me serviront en chemin :

- ☑ *Être soi-même, découvrir ses racines.* Anne Le Coniat
- ☑ *Retrouver sa véritable nature.* Raphaël Gaillard
- ☑ *Agrandir sa zone de confort, s'ouvrir à d'autres possibles.* Charles Pironneau
- ☑ *Faire appel à son bon sens paysan.* Michel Teichet

Et j'ai dépassé mes derniers doutes.

MISCELLANÉES
ENTRE PATIENCE ET DEVENIR

MOTIVATION

Enfonce-toi dans l'inconnu qui creuse. Oblige-toi à tournoyer. Es-tu prêt à suivre René Char ?

Avant le départ, il est bon toujours de douter, d'interroger les vraies raisons de sa motivation. Pour qui je pars ? Pour quoi je pars ? Quelles sont les raisons intrinsèques qui me meuvent, même si tout cela est vain, ou parce que tout cela est vain ? Suis-je prêt à tout et à cueillir le jour ? Suis-je suffisamment mûr ? Ai-je renoué avec mes racines, mes désirs, ma véritable nature ? Ai-je acquis assez de connaissance pour sortir de mes habitudes sans faire n'importe quoi ? Quels avantages aurai-je à réussir ? Quels avantages aurai-je à échouer ? Que me dit mon bon sens ? Suis-je prêt ?

ÉCLOSION

Le rôle d'un coach est d'aider à fleurir, tout en gardant en tête que n'être pas cultivé comme il convient peut générer beaucoup de souffrances. Ne jouez donc pas contre nature. Singe ou poisson, êtes-vous dans la bonne jungle, le bon aquarium pour vous épanouir ? C'est encore une fois une question de bon sens. Mais chêne ou pâquerette, c'est vital.

ROSE

Souvenez-vous de ce petit poème allemand du XVIIe siècle d'Angelus Silesius, que je cite à la fin de la stratégie 21 et qu'appréciaient Jorge Luis Borges et Martin Heidegger :
« La rose est sans pourquoi, fleurit parce qu'elle fleurit,
N'a souci d'elle-même, ne désire être vue. »
Je le trouve aussi magnifique qu'inspirant : la rose fleurit parce qu'elle est là pour ça. Elle n'a pas le souci d'elle-même, elle s'ouvre et s'offre sans se demander : « Suis-je la plus belle, suis-je regardée, appréciée, aimée, admirée ? » Elle devient simplement ce pour quoi elle est faite. Elle joue pleinement, humblement et royalement son rôle dans le concert universel. En termes encore plus simples, la rose « ne se prend pas la tête », elle fait ce qu'elle a à faire, elle n'est pas obnubilée par son nombril, ne s'inquiète pas du regard des autres. C'est tout. Je ne fais pas preuve d'originalité en aimant ce poème, *Die Rose ist ohne Warum*. Mais je le cite souvent.

***A WAY OF BEING* / FLEUR OU CHÊNE**

« Que nous parlions d'une fleur ou d'un chêne, d'un ver de terre ou d'un bel oiseau, d'un singe ou d'une personne, nous ferions bien, je crois, de reconnaître que la vie est un processus actif, et non passif. Que le stimulus vienne de l'intérieur, que l'environnement soit favorable ou non, on peut être sûr que les comportements de l'organisme s'orientent vers son maintien, son enrichissement et sa reproduction. C'est la nature même du processus que nous appelons "la vie". Cette tendance agit à tout moment. En fait c'est seulement la présence ou l'absence de ce processus de direction globale qui nous permet de déterminer si un organisme est vivant ou non. » Carl Rogers, 1980. Rien à ajouter, là non plus.

RELATIVITÉ

Tout est relatif, et les perceptions immédiates sont parfois trompeuses. Un pas de côté, et la réalité devient toute autre : un 6 devient un 9.

Définir ses objectifs prend beaucoup de temps, demande beaucoup de vigilance et réclame de poser des indicateurs clés d'avancement sur des points pertinents de mesure. Par exemple, le produit intérieur brut (PIB) est-il le plus pertinent des indicateurs pour mesurer le bien-être d'une société ? Pour définir vos *objectifs et résultats clés*, réfléchissez en premier lieu à vos valeurs clés, celles qui vous définissent : c'est là que sont vos racines et vos ailes.

OKR

Le golf a tout compris des *OKR* (*Objectives and Key Results*) : objectifs clairs, raisons d'y parvenir, moyens d'y parvenir, instruments de mesure.

- Un objectif clair : le trou, et des indicateurs incontestables et neutres d'avancée (le nombre de coups pour l'atteindre en respectant des règles strictes).
- Pourquoi l'atteindre : pour se mesurer à une cible définie, objective, simple, comprise et acceptée par tout le monde.
- Comment l'atteindre : avec une balle et quatorze outils, clubs réglementés, normés.

Tous ces indicateurs, toutes ces contraintes donnent tout le sel à l'exercice, donnent du sens au jeu, à la vie – là où il n'y en a peut-être pas, comme le dit David Lynch : « *I don't know why people expect art to make sense. They accept the fact that life doesn't make sense.* » (Je ne vois pas pourquoi les gens attendent d'une œuvre d'art qu'elle veuille dire quelque chose, alors qu'ils acceptent que leur vie à eux ne rime à rien.)

Le golf donne un sens, celui du parcours. Faites comme le golf, mettez des OKR dans vos projets...

SOUCI ET CURIOSITÉ

« Je ne crois pas que l'esprit d'aventure risque de disparaître dans notre monde. Si je vois quelque chose de vital autour de moi, c'est précisément cet esprit d'aventure, qui me paraît indéracinable et s'apparente à la curiosité. » Marie Curie

Les deux éminents professeurs de médecine interviewés dans ce livre partagent de nombreux points communs, dont ceux d'avoir le souci de l'autre et d'être curieux. Prenons-les comme modèles, cela pourrait nous offrir des clés essentielles. Sortir des sentiers battus, être ouvert à autrui et à d'autres possibles pourrait nous permettre de trouver de nouvelles solutions en créant des passerelles au-dessus des incompréhensions.

GRÉGARITÉ

La philosophie classique confirme avec Aristote : « L'Homme est un animal social. »

GREENESS

Le Feng Shui, art millénaire d'origine chinoise, confirme les vertus du vert, couleur de l'espoir, de la sérénité et de l'équilibre. Le vert apaiserait et inspirerait confiance. Ce serait la couleur parfaite pour les bureaux, les bibliothèques... Je lève les yeux de mon ordinateur, et comme par hasard, les murs de mon bureau sont verts, et j'ai la chance d'avoir vue sur un parc.

Mais est-ce étonnant ? La nature a été notre cadre de vie pendant tellement longtemps.

L'espèce Homo sapiens a été décrite en premier par Carl von Linné en 1758. Les plus anciens fossiles connus de notre espèce (génétiquement homogène à environ 99,9 %) sont datés d'environ trois-cents mille ans. L'agriculture n'est apparue qu'il y a dix mille ans. Au XVIIIe siècle, 20 % de l'humanité avait encore un mode de vie chasseur-cueilleur. La Révolution industrielle ne date que du XIXe siècle, comme le béton armé. La première route a été goudronnée en 1902 (à Monaco) pour éviter la poussière. En 1914, 42 % d'entre nous étaient encore occupés à des tâches paysannes...

Aujourd'hui, nous vivons majoritairement dans des villes où le gris est omniprésent, des façades d'immeubles à nos voitures en passant par les chaussées et nos vêtements. Selon le Feng Shui, la couleur grise provoquerait tristesse, solitude et dépression : pas étonnant que l'on fasse si souvent grise mine dans le métro !

Le golf est une activité saine de plein air au cœur de la verdure, comme bon nombre de Français l'ont découvert pendant la pandémie qui a débuté en 2020. Dès la sortie du premier confinement, le 11 mai, les habitués des clubs se sont précipités sur les parcours. À partir de septembre, quand le port du masque est devenu obligatoire dans de nombreuses métropoles, y compris dans les espaces verts ou au Bois de Boulogne, les golfs sont de nouveau apparus comme des havres de paix.

Que ce soit à Longchamp ou à Saint-Cloud, au cœur des hippodromes, les tapis verts de practice n'ont jamais été aussi courtisés. Les campagnes de promotion de la ffgolf ont été plus persuasives que jamais. Les passionnés de golf ont été soudain plus écoutés dans les dîners en ville. Et de nouveaux adeptes sont apparus, histoire de prendre un grand bol d'air après avoir été cloîtrés durant des mois. Oubliant leurs a priori négatifs, ils ont pointé le bout de leur nez dénudé, et les cours se sont remplis de non-sportifs et de couples amoureux. Puissent-ils ressentir le grand frisson du golf, et nul doute qu'ils seront mordus à vie. C'est tout le mal que l'on peut leur souhaiter en ce temps où notre monde sombre dans les nuances de gris.

DE L'INCONFORT AU CONFORT

En ayant des bases solides, de bonnes racines sur lesquelles s'appuyer, en prenant le temps nécessaire, on peut sortir de terre et se développer harmonieusement de branche en branche, de feuille en feuille, et aller très haut dans le ciel...

La zone de confort est un état psychologique dans lequel une personne se sent à l'aise dans ses baskets. Tout va bien. Dans cette zone, nous avons le sentiment de garder le contrôle, notre niveau de stress est neutre. Exemple : j'habite le village de mon enfance, je travaille à la ferme avec mes parents, je passe tous mes samedis soir avec les mêmes amis. Ça peut être très cool ou ennuyeux. Mais si nous voulons en sortir, comme un certain Luke S., il nous faudra vaincre l'anxiété…

- *La zone de stress.* Sortir de sa zone de confort entraîne une réaction de peur : suis-je à la hauteur de mes ambitions ? Que vont penser les autres si je quitte le village ? Et que diront-ils de moi si j'échoue ? C'est un passage difficile où l'on subit souvent le feu nourri de la critique. C'est normal à ce moment-là d'être « mal à l'aise ». Cela ne veut pas dire que nous sommes faibles, au contraire, cela veut dire que nous avons osé sortir de notre zone de confort pour grandir. Mais pour parvenir à l'étape suivante, on a souvent besoin d'être bien accompagné…
- *La zone d'apprentissage.* Une fois que nous avons pris le risque de franchir la porte de la peur – tout simplement en entrant en action –, nous nous apercevons avec bonheur que nous avons survécu. Ouf ! Nous pénétrons dans la *ZOP* (*zone optimale de performance*, concept défini par White en 2009), dans laquelle, soutenu par un stress modéré ou contrôlé, nous allons prendre plaisir à relever de nouveaux défis, rencontrer de nouvelles personnes, tester-expérimenter, acquérir de nouvelles compétences pour grandir et accéder à l'étape suivante…
- *La zone de croissance.* Nous avons grandi, nous ressentons un sentiment de plénitude, de liberté, de réalisation. L'heure est venue de consolider nos acquis, de concrétiser nos rêves, de les partager largement, de nous reposer dans cette nouvelle zone de confort optimisée, puis de nous ouvrir à de nouvelles opportunités.

Actuellement, dans quelle zone vous situez-vous ? Si vous êtes en zone confortable et si vous recherchez avant tout le confort, pourquoi en changeriez-vous ? Parce qu'on a qu'une vie ? Je ne sais pas… Que ferait la rose ?

Un bon coach saura vous aider à bousculer vos certitudes, vous faire passer d'une zone à l'autre, à votre rythme et sans encombre, en croissance ou en vous faisant revenir sur vos pas à l'occasion, si vous vous êtes égaré en chemin. Ce schéma ressemble évidemment au voyage du héros de Campbell, vous l'aurez remarqué, et ce voyage ne fait que commencer.

LE BON SENS PAYSAN

En préparation mentale, la question du bon sens est un basique de l'accompagnement. J'invite systématiquement mes clients à faire appel à leur bon sens... puis à l'interroger. Je fais régulièrement à appel à mon bon sens pour les aider... et je m'interroge avec eux. « Est-ce un 6 ou un 9 ? L'inverse ne pourrait-il pas être tout aussi exact ? »

J'apprécie autant que je me méfie des heuristiques cognitives qui peuvent se cacher derrière le bon sens. « La terre est plate ! » Mais pour survivre, éviter de se prendre trop souvent des « râteaux » (de bunker) dans la tête, mieux vaut, dans l'action, faire appel, en effet, à son bon sens paysan et regarder où l'on met les pieds. Ainsi, je fais très souvent appel à mon bon sens pour évaluer la pente d'un green... tout en sachant parfaitement que la Terre est bleue comme une orange.

LA FATIGUE DU PAYSAN

Nos journées de travail sont éreintantes. Tout le monde est fatigué aujourd'hui et s'en plaint. Cela nous inquiète même souvent. Sur ce point, comme source de réflexion, je citerai l'historien Georges Vigarello qui, peut-être, vous rassurera, avec un peu de bon sens, une fois encore : « La fatigue du paysan au Moyen Âge n'intéressait personne, et lui-même ne commentait pas cette sensation. C'était d'une évidence totale consubstantielle à la réalité de son quotidien ! »

Il est normal d'être fatigué après une journée de travail. Nous nous en plaignons aujourd'hui plus qu'hier parce qu'en dehors du travail, on voudrait désormais pouvoir faire autre chose que de récupérer et que nous n'en avons plus l'énergie. Le travail, c'est la santé, mais il ne faut pas en abuser...

OÙ EST CHARLIE ?

La perception de ce qu'il y a à voir et le sens à lui donner dépendent de notre anticipation et de notre prédiction, fondées sur la mémoire.
Par exemple, quand on s'amuse à un jeu comme *Où est Charlie*, la première fois que nous voyons l'image, nous entamons un processus de recherche visuelle pour trouver Charlie. Une fois que celui-ci est trouvé, nous l'avons en mémoire. Si on nous remontre la même image, nous trouvons aussitôt Charlie. L'image est toujours la même, mais nous avons mis sa représentation en mémoire, et par conséquent, nous la percevons autrement que la première fois. La mémoire influe donc sur nos perceptions, elle permet d'interpréter directement l'image. On sait ce qu'il faut chercher et où le trouver.
Le bon sens, c'est aussi cela, selon moi : de l'entraînement, de la programmation, de la mise en mémoire qui peut aboutir au flow dont nous reparlerons... À nous d'encoder les données pour avoir un meilleur processus perceptif, un meilleur bon sens, « avoir plus de chance », comme dirait avec beaucoup de bon sens Arnold Palmer.

GERMINATION

Je rappellerai avec Freud que le rêve est un accomplissement du désir, la voie royale de l'Inconscient. Alors faut-il écouter ou refouler nos rêves ? Conscient, Inscient ou Inconscient, qui agit en nous, qui parle en nous, que nous ne maîtrisons pas et qui nous effraie ou nous stimule ? Comment prendre en compte nos pulsions et nos désirs, faire appel à notre bon sens paysan ? Quels sont les ingrédients d'une bonne germination ? L'aventure ne fait que commencer !

Chapitre 7

TROU 7
LE DROMADAIRE

Objectif | Trouver son destin

État d'esprit | Être en devenir

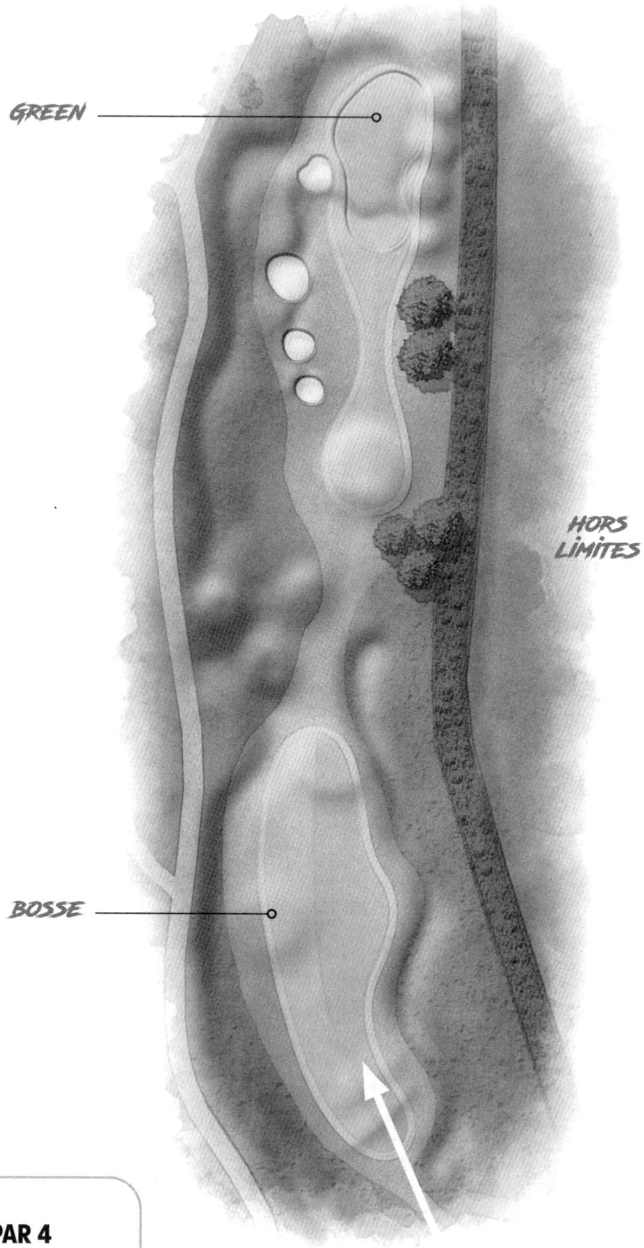

PAR 4

411 mètres

Hubert Chesneau

TROU 7 - LE DROMADAIRE

« J'ai ajouté une grosse bosse au beau milieu du fairway pour monter et descendre, et compliquer ainsi le trou, d'où le nom. C'est un trou difficile, qu'il faut jouer "comme deux pars 3", disait Nick Faldo. On doit en effet réussir à poser la mise en jeu sur la bosse du dromadaire. Sachant qu'à droite, un hors limites vous tend les bras. À gauche, buttes et hautes herbes sont redoutables. Si vous parvenez à placer la balle sur le plateau surélevé, le deuxième coup devient envisageable vers le green en contrebas. »

TEE TIME

Le dromadaire est un extraordinaire compagnon de voyage pour traverser le désert, atteindre le centre caché : l'oasis. Ce « chameau à une bosse » est le trou préféré du coach Stéphane Bachoz, et pour cause : « Le 7 est celui qui me fait le plus peur ! La mise en jeu est préoccupante. J'en ai mis beaucoup hors limites avant de comprendre comment le jouer ! En revanche, le deuxième coup m'inspire beaucoup plus. Le premier coup m'enquiquine, le deuxième me réussit. Au bout du compte, je fais souvent le par sur ce trou [l'un des plus durs du parcours, handicap 2]. J'adore aussi le 15... Et tous les autres trous, en fait. »

ACTE II
LE VOYAGE DU HÉROS PARTIR

Joseph Campbell - Le voyage du héros : « Le héros peut se mettre en route, mû par un désir personnel d'accomplir l'aventure, comme Thésée quand, arrivé à Athènes, la cité de son père, il entendit l'horrible histoire du Minotaure ; ou il peut y être entraîné par un agent du destin, bienveillant ou hostile, comme Ulysse, ballotté sur les rivages de la Méditerranée par les vents d'un dieu furieux, Poséidon. L'aventure peut commencer par un geste maladroit, ou bien ce peut être quelque phénomène fortuit qui, au hasard d'une promenade, attire le regard et entraîne le héros loin des chemins battus. »

Après l'appel, la rencontre avec la mission et le mentor, après la formation, le perfectionnement, la confirmation et la maturation, le héros va enfin pouvoir quitter le monde ordinaire et s'engager véritablement dans l'aventure, où il devra explorer de nouveaux mondes, relever des défis, passer des tests, réussir des épreuves, affronter des crises pour acquérir de nouvelles compétences. Il ne réussira pas toujours, car ce sont les échecs qui font grandir. Il rencontrera de nouveaux personnages et devra distinguer amis et ennemis. Avec ses compagnons de voyage, il devra se confronter aux soucis réels et imaginaires qui l'éloignent de lui-même. Alors, il pourra peut-être trouver son Graal...

Mobilisation / Le départ

Face à la difficulté d'être, j'ai décidé de franchir le seuil, de croquer la pomme, de changer d'univers, d'emprunter la route dangereuse qui prend le chemin de la mort, pour être plus résilient et écrire ainsi ma propre histoire. « Et vogue le navire... »

TROU 7 – LE DROMADAIRE

Objectif : trouver son destin
État d'esprit : être en devenir

Stratégie / Coup 25 - Jouer plutôt que de se battre

Avec Stéphane Bachoz, Head pro de golf - FlowMotion/ Triangulaid

---

It might seem crazy what I'm 'bout to say
Sunshine she's here, you can take a break
I'm a hot air balloon that could go to space
With the air, like I don't care baby by the way
Huh, because I'm happy...

Coach de golf bien connu sur le Web, notamment, pour sa bonne humeur et sa volonté farouche de transformer ses élèves en *happy golfers*, Stéphane Bachoz apprécie évidemment Pharrell Williams. Et quand il ne chantonne pas, il considère que son travail est, avant tout, de rendre les golfeurs plus heureux avec leur jeu et leur Je. Être heureux avec son Je étant une compétence primordiale pour bien jouer au golf et réussir quantité d'autres choses. Stéphane, qui vient d'être nommé expert pour l'enseignement et le développement du golf auprès de la Confederation of Professional Golf (CPG), a connu également de belles joies sur le Tour européen senior, en tant qu'entraîneur du joueur anglais Phil Golding.

Passionné par le jeu et son enseignement, son premier mentor a été le pro gallois Bill Owens, créateur de la méthode d'apprentissage du geste naturel *Triangulaid*. La grande idée de Bill, depuis l'origine, est fondée sur une très ambitieuse préoccupation : « Le golf peut-il changer la face du monde ? » Mais avant d'arriver à cela : le golf a peut-être tout simplement sauvé la vie de Stéphane.

Stéphane Bachoz. « L'histoire est incroyable : j'ai rencontré Bill à trente-trois ans, j'étais alors directeur du développement du groupe Bistrot Romain, et on m'avait diagnostiqué un cancer du testicule ! Mais avant ça, entre vingt-deux et vingt-sept ans, j'étais toxicomane, héroïnomane. »

“ Stéphane a réussi à échapper à la drogue grâce à une meilleure communication avec ses proches, ses parents, qui ont alors pu l'aider, et aussi grâce à une autre addiction, plus forte.

SB. « J'ai découvert le golf à vingt-six ans grâce à mon père. C'était en décembre, il m'a envoyé un billet d'avion pour que je les rejoigne en Guadeloupe.
Une fois que je suis arrivé à l'hôtel, papa me dit qu'il a pris deux cours de golf en même temps, avec deux pros différents. Il ne veut pas annuler et me propose d'aller à sa place à l'un des cours déjà payé. Une heure plus tard, j'envoie des fers 9 à cent mètres ! Quand tu touches une belle balle, d'emblée, c'est viscéral ! Il se passe une chose spéciale qui te prend du périnée au cerveau en passant par le ventre. Ça crée une nouvelle addiction. Tu veux ressentir de nouveau cette incroyable sensation, ces shoots : sept max par jour ! Après, tu cours sept mois à la recherche de cette sensation que tu ne retrouves pas. C'est ça, l'addiction : “Punaise, comment je vais faire pour retrouver ça ?” Tu es au fin fond du désespoir, et tac ! une nouvelle belle balle qui dépasse la qualité de la précédente. Tu réanimes alors tous les compteurs. »

“ À en croire Stéphane – et beaucoup d'autres –, il ne serait humainement pas raisonnable de prendre plus de sept beaux shoots de golf par jour. Plus de sept, ce serait trop, comme une overdose...

SB. « Ben Hogan a dit un jour : “J’ai fait six belles balles aujourd’hui : à une près, j’étais dieu…” Ça se passe comme ça : “Je déteste le golf. Je déteste le golf. Je déteste le golf. ” Belle balle ! “J’adore le golf !!!” [Rires] C’est ainsi : il y a des paliers. Quand tu joues mal, ce n’est pas très agréable, mais c’est toujours signe d’une progression en cours.
Bien sûr, la sortie de la drogue est multifactorielle, mais la découverte du golf a été vraiment très importante dans cette étape de ma vie. Tous les jours, j’allais taper des balles du matin au soir pour échapper au mal-être de la désintoxication. Ce n’était pas rien, mais jouer au golf diminuait énormément les souffrances liées au manque. “Merci Golf !”
Trois ans plus tard, j’étais 4 d’index et, surtout, sorti de l’héroïne. J’avais décroché un poste important dans une grosse boîte qui m’assurait un revenu confortable. Tout allait bien, j’étais super content. Mais j’avais toujours ce truc derrière la tête, le golf qui me chuchotait : “Viens, viens…” J’avais alors trente-et-un ans, je pouvais faire des belles parties. En étant 4, tu n’as pas l’air d’un con quand tu joues avec des hommes d’affaires, mais bon, tu ne vas pas gagner ta vie avec ça. Je me résignais donc à continuer au Bistrot Romain.
Deux ans plus tard, on m’a diagnostiqué un cancer et on m’a enlevé le testicule droit. Chimio, perte de cheveux, etc. Sur mon lit d’hôpital, je me suis alors posé cette question : “Qu’est-ce que tu ferais demain si tu gagnais cinquante millions au loto ?” Et la réponse s’est imposée : “Je ferais du golf.” Alors, j’ai annoncé à tout le monde : “Je vais faire golfeur professionnel !” Je n’avais pas les cinquante millions, mais on s’en fout, de l’argent. Un ami m’a dit : “Mais t’es complètement malade !” J’ai répondu : « Malade, oui ! Mais si tu veux, je te file ma maladie et je prends tes conseils.” Voilà comment je suis parti sur un nouveau chemin : “Inconnu, bonjour !” »

“ Pendant sa convalescence, Stéphane s’est rapproché du pro du golf de Maintenon, le plus près de sa maison de campagne, et a découvert le pouvoir du mindset qui fait qu'un jour, c'est non, et le lendemain, c'est oui.

SB. « Je suis allé voir le pro du golf qui se trouvait être Bill Owens. J'étais déjà le meilleur joueur du club et n'avais jamais adhéré aux principes originaux de Bill. Il avait fait progresser 99 % des membres du club, mais moi, je m'en fichais, je restais le roi de la bananeraie ! À trente-et-un ans, 4 d'index, je dominais tout le monde. Le suivant était 10, sauf que l'année d'après, il était 6, puis l'année d'après, 5, et il commençait à se rapprocher de moi, qui restais bloqué à 4. Mais je n'arrivais pas à comprendre ce que Bill me disait : "Le patron, c'est le club", "Tu joues comme tu marches." Je ne comprenais rien à toutes ces clés sur lesquelles, depuis, j'ai basé tout mon enseignement. Je n'étais pas prêt.
Bill essayait de me faire changer de grip, et je n'y arrivais pas. Mais lors de ma convalescence, quand je lui ai annoncé mon intention de devenir pro, il m'a reparlé de mon grip, et immédiatement, j'ai compris le grip qu'il me conseillait – et depuis, je ne l'ai plus jamais quitté.
Au moment où j'ai décidé de changer de vie, j'ai changé mon état d'esprit. Avec un testicule en moins, j'ai su écouter et comprendre, prendre le club comme il convenait pour moi, et à partir de là, tout mon jeu a pu évoluer. Donc je dis souvent aux gens qui ne veulent pas changer de grip : "Attention, ça m'a coûté un testicule !" » [Rires]

“ Stéphane explique alors à Bill Owens sa décision de changer de vie et lui demande de devenir son assistant. Bill lui propose plutôt de participer à son grand projet révolutionnaire...

SB. « Bill m'a dit : "On est en plein cœur de la Beauce ; ici, il n'y a pas beaucoup à assister. En revanche, j'ai inventé une méthode qui permet à tout le monde de pouvoir découvrir les plaisirs de

ce jeu fabuleux en un temps record. Je ne veux pas devenir le prochain milliardaire de la prochaine académie révolutionnaire du golf : je veux changer la face du monde avec le golf !"
Je lui demande "Mais comment ? Tu as avalé un clown Bill ?"
Et là, il m'explique son idée de Golf Éducatif [récompensé en 2017 du Prix du Meilleur projet de développement de golf lors du congrès annuel du PGAs of Europe 2017], programme que je continue toujours à servir à ma manière aujourd'hui[7].
Bill me dit très simplement (c'était il y a vingt-cinq ans) : "Stéphane, aujourd'hui, les problèmes sont connus. On a des problèmes d'éducation, d'environnement, de société, de tolérance... Or chaque problème a une solution, et cette solution est à son opposé. Il suffit de trouver le problème, et on trouvera sa solution à l'opposé !" »

« Pour Bill, le golf offre de multiples solutions à même de régler le problème global. Stéphane se présente toujours comme son porte-parole.

SB. « Bill me détaille son programme.
Éducation. Les trois valeurs du jeu de golf sont le respect, l'étiquette et l'humilité. Si tu mets le golf à l'école, tu donnes à tous les scolarisés les moyens de mieux comprendre le respect, l'étiquette et l'humilité. Tu n'as pas besoin de mettre un flic : c'est le jeu lui-même qui fait l'éducation.
Environnement. On veut replanter des arbres. Au lieu de le faire façon "forêt des Landes", pourquoi ne pas les replanter autour des espaces de jeu que seront les futurs golfs éducatifs ? Sous la responsabilité de chaque enfant dans les écoles, on va créer des greens, des fairways. Chaque enfant va planter son arbre, va grandir avec. Ils respecteront ce qu'ils ont construit.

7 Voir sur YouTube la conférence TEDx Talks *Le Golf : Une ALTERNATIVE pour un Monde différent ?* de Stéphane Bachoz, 2018.

Société. C'est le seul jeu où tu peux faire jouer ensemble jeunes et vieux, filles et garçons. C'est un jeu pour tout le monde.
Moi, je n'avais pas vu le golf comme ça. Je le voyais alors comme tout le monde : “Bras gauche tendu, tête sur la balle. Je rate. J'en ai marre, je suis déprimé.” Je ne comprenais rien, comme un enfant qui fait du bruit.
Enfin, on arrive à la plus grave des oppositions “guerre vs paix”, où les gens détruisent et meurent parce qu'ils se battent.
Bill me demande : “Quel est l'opposé de détruire ?
— C'est simple : construire.
— Quel est l'opposé de mourir ?
— Vivre.
— Quel est l'opposé de se battre ?
— S'aimer ?
— Non, c'est l'opposé de se haïr. Stéph, réfléchis : que font les animaux quand ils ne se battent pas ?
— Ils jouent !
— *That's it !* L'opposé de se battre, c'est jouer. Si on veut changer l'avenir de la planète, il faut faire jouer les gens !”
Et là, ça transforme tout ce que Bill était en train de me dire. C'est parce que tu ne peux pas battre la nature, que tu ne vas jamais t'en lasser. C'est de là que vient ce phénomène d'addiction pour le golf. Le “plus haut, plus vite, plus fort” de la devise sportive disparaît dans le même temps. Car avec ce jeu, je trouve l'harmonie avec moi. Je deviens heureux avec mon Je.u, ce qui, inexorablement, va me donner la possibilité d'être heureux avec moi-même, avec les autres. On a ainsi à disposition tous les ingrédients pour offrir à la planète un avenir meilleur.
Je crois toujours dur comme fer à ce programme : même s'il remonte à vingt-cinq ans en arrière, il est toujours d'actualité. »

Questionnement en cherchant à faire la paix :
Pro : Votre projet a-t-il pour ambition de changer le monde ? De rendre les autres plus heureux ?

Perso : Que feriez-vous si vous gagniez cinquante millions d'euros au loto ?
Sujet de dissertation en cheminant :
Le monde est un terrain de jeu, tous les enfants savent ça, mais on finit par l'oublier en grandissant.
Zooey Deschanel dans le film *Yes Man*

Stratégie / Coup 26 - Changer de voie

Avec Anne Le Coniat, coach de champions sportifs et consultante en entreprise

Elle avait quitté Tanger à dix-huit ans pour venir étudier l'économie en France et n'avait pas du tout prévu de faire carrière dans le sport. C'est un très grave accident qui est venu bouleverser la vie d'Anne Le Coniat.

Anne Le Coniat. « À ce moment-là, j'étais en maîtrise de Sciences économiques à l'Université de Reims. Je ne jouais plus au golf qu'en dilettante. J'avais vingt-deux ans, j'étais une excellente joueuse de club, promise à le rester, et ça me convenait. Mais dans la forêt de Compiègne, alors que je rentrais à Reims, j'ai eu un très grave accident de voiture avec dix-sept fractures tibia-péroné : la totale.
La veille de cet accident, j'avais assisté à Chantilly à une exhibition avec Betsy King [n° 1 mondiale] et la championne française Anne-Marie Palli. Ça avait été pour moi l'occasion de découvrir le plus haut niveau féminin. Et je m'étais dit en les voyant jouer : "Mais moi, je peux faire ça !"
Le lendemain, j'ai eu mon accident, et je suis restée deux ans sans pouvoir marcher ! Quand, à vingt-deux ans, vous passez deux années allongée sur une planche, vous avez le temps de réfléchir. [Long silence, regard dans le vide par la fenêtre ouverte sur son jardin.] Et ce qui m'a sauvée à ce moment-là, ça a été de me dire : "Il faut absolument que tu rejoues au golf !"

Avant cet accident, je n'étais pas velléitaire, mais j'avais la vie facile... Je réussissais pas mal de choses sans trop d'efforts, je jouais pas mal au golf, j'avais des parents sympas.
Cet accident m'a donné accès à des parties de moi que je n'avais jusqu'alors absolument pas exploitées, dont ma détermination, ma résistance à la douleur, ma patience... Je n'ai pas vraiment eu de problème à être confinée. Je sais ce que c'est qu'attendre. J'accepte les courbes, les hauts et les bas. J'ai surtout découvert avec cet accident que je pouvais m'appuyer sur ma force de volonté. Quand vous savez pouvoir compter sur vous, vous développez ce qu'on appelle la confiance en soi : "Je sais que je suis capable de..."
Les trois premiers mois après l'accident ont vraiment été compliqués. On ne savait pas trop si on allait pouvoir récupérer ma jambe ou pas. Mon tibia était comme explosé. Heureusement, grâce à mon oncle militaire, je suis rentrée au Val-de-Grâce à Paris. J'ai eu la chance de tomber sur un jeune officier chirurgien qui a regardé mes radios, m'a demandé mon âge et m'a juré que je sortirais de l'hôpital en marchant. Ça a pris plus d'un an pour que sa promesse se réalise, mais voilà, je savais, grâce à lui, que j'allais m'en sortir !
Depuis, j'ai évacué des souvenirs, les plus douloureux de cette époque, les douleurs physiques... J'avais pris mon mal en patience, c'est vraiment ça – l'expression colle parfaitement. Mais quand je me suis relevée de cet accident, j'étais devenu un bulldozer. Rien ne pouvait plus se mettre en travers de mon chemin. Impossible de ne pas obtenir ce que je voulais.
J'avais tellement envie de respirer, de revivre, qu'au lieu de poursuivre mes études à la fac, j'ai décidé de prendre une année sabbatique, d'en profiter pour jouer au golf avec l'objectif d'entrer à l'École Fédérale, de devenir enseignante de golf pour financer ensuite mes études.
Dès que j'ai pu reprendre l'entraînement, je m'y suis mise comme une dingo pendant quelques mois. Je me suis refait un physique et j'ai réussi les tests pour préparer un Brevet d'État

de golf. À l'École Fédérale de Vichy, j'ai rencontré Jean-Étienne Laffite[8], Didier Nocera, François Berthet et d'autres professeurs qui m'ont acceptée dans leur famille et ont partagé avec moi leur passion pour l'enseignement, m'ont fait travailler sur la psychologie du sport, le mental, les notions de performance, les détails techniques. Et ça m'a parlé. »

“ Après son excellente formation à Vichy, Anne a décidé de laisser tomber l'économie. À Bussy-Saint-Georges (Seine-et-Marne), elle a créé une école de golf, où elle a fait débuter et progresser des enfants jusqu'au plus haut niveau (comme Grégory Havret[9]), puis a entraîné les équipes de France de golf pendant quinze ans.

ALC. « Lors de mes études à Vichy, j'avais vu Jean-Étienne Laffite rentrer des championnats d'Europe Boys avec une chemise Lacoste, marquée France. Je m'étais dit alors : “Un jour, je porterai ça !” Et je l'ai portée trois ans après, quand je suis devenue entraîneure nationale. Entendre *La Marseillaise* à un championnat du monde de golf, je dois avouer que ça a été une émotion que je n'oublierai jamais.
Après, j'ai vécu des choses extraordinaires. Des choses tristes, aussi. Des moments un peu difficiles dans ma vie, mais je ne peux pas dire... Des joies, j'en ai eu aussi. J'ai autant de merveilleux souvenirs de victoire avec les équipes de France qu'avec mon école de golf de Bussy. C'est pareil. C'est la même aventure. Ce n'est pas le même niveau, mais un grand projet collectif est toujours mû par plein de petits moteurs individuels, et à chaque fois, c'est une formidable aventure humaine.

8 Grand Monsieur du golf, malheureusement décédé en 2015. L'entraîneur Didier Nocera (père de la championne Gwladys) résume très bien son importance en France : « C'est incroyable le nombre de gens qui lui doivent ce qu'ils sont, moi le premier. Jean-Étienne, c'est une vie entière au service des autres, sans doute au détriment de sa propre vie, avec pour seul souci de faire avancer le golf. »
9 Champion de golf, 2e de l'US Open 2010, champion de France amateur de golf de 1997 à 1999, vainqueur de trois tournois sur le circuit de la PGA européenne.

Finalement, je n'ai pas personnellement expérimenté le très haut niveau en tant que joueuse de golf, mais je sais ce que ça demande d'aller chercher en soi. » [Rires]

Questionnement en vous en sachant capable :
Pro : Quel est votre moteur personnel et quels sont les moteurs individuels des partenaires qui servent le grand moteur de votre projet professionnel ?
Perso : Quelles sont les parties de vous que vous n'exploitez pas ? Quelle est votre promesse ?
Sujet de dissertation en cheminant :
La résilience, c'est l'art de naviguer dans les torrents.
Boris Cyrulnik

Stratégie / Coup 27 - Se fixer des objectifs réalistes, mais ambitieux

Avec Olivier Denis-Massé, directeur de la communication ffgolf, ex-directeur général Havas Sports & Entertainment

Directeur de la Communication de la ffgolf depuis 2014, Olivier Denis-Massé a l'œil pétillant de malice et le sourire taquin de ces golfeurs-rugbymen qui apprécient les plaisirs du jeu, de la vie, de la 3e mi-temps et du 19e trou. Très chaleureux, souple et percutant, il fait partie de ces grands professionnels qui envisagent l'avenir avec confiance et emportent l'enthousiasme, même si rien n'est jamais acquis.

Olivier Denis-Massé. « Le golf, c'est la plus grande école d'humilité qui puisse exister. Il faut toujours persévérer, continuer à bosser. Chacun a un niveau et, sans aller jusqu'à la parabole biblique des Talents, je dirais que chacun a un talent qu'il doit exploiter à fond pour le faire fructifier.
À quatre-vingt-dix ans, Clint Eastwood joue encore au golf. Récemment, alors qu'on lui demandait pourquoi il jouait toujours,

il a répondu : “J’essaie de m’améliorer.”
Le golf, c’est un parcours qui n’est jamais fini. Quand vous avez vingt ans, vous avez de la puissance ; à soixante ans, ce que vous perdez en muscles, vous le compensez par l’expérience.
Il faut toujours s’entraîner et apprendre pour garder son niveau de jeu, voire l’améliorer. C’est ça qui est sympa. Mais ce que le golf m’apporte avant tout, c’est de me projeter vers l’avenir et non de vivre dans le passé.

“ Olivier est objectivement un très bon joueur de golf, puisqu’il est 6 d’index. Mais tout est relatif, et surtout, l’essentiel est ailleurs...

ODM. « Je me débrouille bien avec un club de golf, O.K., mais bon, il y a toujours un mec qui joue mieux ! Voilà. Dans l’échelle de valeur du golf, c’est toujours délicat de se situer. Je suis à un chiffre, mais ça fait longtemps que j’y suis. Je crois depuis mes quinze ans, dans les années soixante-dix ! Quel que soit notre index, je pense que l’échelle de plaisir et de frustration en golf reste la même. Il y a bien sûr un intérêt personnel : “Où je me situe ?”, “J’ai été bon, je n’ai pas été bon”, toutes ces valeurs du sport et du golf. Mais parmi les valeurs piliers du golf, on trouve surtout une convivialité. Je me suis fait plein de copains, des gens formidables grâce au golf, qui abat certaines barrières d’âge : certains de mes copains ont quinze ans de plus, d’autres quinze ans de moins. Quand je rentre à Dieppe – au golf de mon enfance – j’aime bien appeler des copains et leur proposer de faire une partie. On passe quatre heures sympas, et c’est très bien. »

“ C’est dans cet esprit de convivialité, d’échanges à distance entre joueurs, qu’Olivier a développé Kady avec la ffgolf, une nouvelle application qui facilite la vie des golfeurs pour réserver, rentrer leurs scores, organiser leurs propres compétitions... à condition d’avoir une licence, bien sûr !

OMD. « Avant d'arriver à la ffgolf, j'ai passé vingt ans dans la publicité traditionnelle, le marketing, au sein du groupe Euro RSCG, devenu Havas. La ffgolf faisait partie de nos clients.
En 2014, la Fédé m'a proposé d'intégrer ses bureaux pour organiser la préparation de la Ryder Cup et le retour aux Jeux Olympiques. C'était pour moi une belle opportunité. Je n'étais plus tout jeune, j'avais déjà cinquante-deux ans à l'époque. C'est spécial, à cet âge-là, de démissionner d'Havas pour aller faire autre chose. Mais c'était un vrai challenge où je me suis dit : "Je vais faire ce que je sais faire du mieux possible, comme toujours, dans mon univers, et ça va m'éclater." La Ryder Cup s'est très bien passée, et il y a maintenant à préparer les championnats du Monde 2022, les JO 2024...
En dehors de ces grands événements, mon travail consiste surtout à développer la pratique du golf en France. On compte quelque 420 000 licenciés aujourd'hui. Il faut être lucide, on ne peut pas espérer 10 % de croissance par an. On est dans un cadre déflationniste sur la pratique du sport licencié en général. Le golf dans le monde se pratique de moins en moins, parce que jugé trop cher, trop difficile et chronophage. Nous, on résiste déjà bien en faisant 1,5 % de croissance.
Mon job est de me donner des objectifs raisonnables : avoir 3 % à 5 % de croissance par an sur les cinq ans à venir, ce serait déjà bien. 3 %, c'est 15 000 licences en plus ! Donc si on arrivait à 500 000 dans cinq ans, ça serait exceptionnel.[10]
Grâce aux nouveaux avantages fournis [comme des remises sur des abonnements presse ou sur des locations de voiture obtenues par le biais de partenariats], on a désormais un taux de renouvellement annuel de licences de 93 % (quand je suis arrivé, on n'était qu'à 80 %). La licence est désormais plus attractive.

10 Interview réalisée en janvier 2020. Selon une enquête de France Télévisions fin 2020, en raison de la crise sanitaire liée à la Covid-19, toutes les fédérations sportives ont fait face à une baisse drastique de leur nombre de licenciés. Malgré tout, les sports individuels de plein air, comme le tennis et le golf, ont beaucoup mieux résisté.

Grâce aux multiples services de notre application Kady – dont le meilleur est réservé aux licenciés –, on espère aussi arriver à séduire les non-licenciés et à les fidéliser.
Après, la visibilité médiatique du golf n'a rien de comparable au foot. La Ryder Cup a certes donné un coup de projecteur, mais il nous manque ce grand champion français pour nous aider à changer l'image du golf. Victor Perez et Céline Boutier sont bien placés pour faire de belles performances. Une médaille olympique nous aiderait beaucoup, parce que les journalistes aiment les vainqueurs. Qu'un Français soit 8ᵉ, c'est "vachement" bien, mais ça n'intéresse pas les grands médias. Il faut un gars qui joue la gagne régulièrement. Mais ça ne sera pas la solution à tout. Les Espagnols ont Jon Rahm et sont en baisse de licenciés. Le champion ne suffit pas. Tout n'est pas possible, il faut rester lucide.
On a travaillé également sur la création de Pitch & Putt pour attirer et satisfaire un autre public, accueillir plus de monde en proposant de nouveaux formats plus adaptés, plus souples... Donc 5 % de croissance par an pendant cinq ans, c'est ambitieux, mais pourquoi pas, avec un bon alignement des planètes, une médaille olympique, un champion et une championne, une bonne appli smartphone, des petites structures qui recrutent plus de jeunes, de femmes : on peut y arriver !

“ Ancien directeur d'Havas Sport & Entertainment, Olivier estime qu'il est plus facile d'arriver à atteindre des objectifs business que golfiques. C'est tout dire de la difficulté de notre sport.

ODM. « Je vais schématiser à l'extrême, mais dans l'industrie, on peut s'appuyer sur une sorte de méthodologie. Par exemple, si je suis un constructeur automobile et en perte de vitesse, qu'est-ce qu'il faut que je fasse ? Il faut que je sorte une voiture qui corresponde au besoin du public d'aujourd'hui. Donc il y a des segmentations de voitures qui correspondent. Je sais que

pour sortir cette voiture, il me faut deux ans, un peu de R & D et beaucoup de commercial, et j'aurai le produit adapté à la demande.
Au golf, on n'est jamais sûr d'atteindre son objectif. Vous pouvez vous dire : "Je veux être 12 d'index à la fin de l'année", il n'y a pas de recettes miracles. Ce n'est pas parce que vous allez bosser comme un malade que vous allez y arriver. Il y a des tas de paramètres, de facteurs techniques, physiques, mentaux qui peuvent vous empêcher d'optimiser votre swing.
C'est aussi ce qui fait le charme du sport et du golf en particulier. Il y en a qui sont faits pour ça et qui y arrivent, d'autres pour lesquels c'est "vachement" plus dur, et d'autres qui sont faits pour ça, mais qui n'y arrivent pas, car il y a des choses qui ne se connectent pas... Il n'y a pas de "méthodo" de la réussite en golf. »

« Olivier se sert beaucoup de ses expériences en sport pour manager.

ODM. « Au golf, j'ai appris beaucoup sur la remise en question nécessaire, le travail sur le long terme, la patience, la non-immédiateté du résultat, des qualités indispensables à l'heure du "tout-tout-de-suite". À la Fédé, je manage mon équipe d'une vingtaine de personnes, comme c'était le cas chez Havas, avec cette idée qu'on a besoin de tout le monde – comme au rugby, que j'ai aussi pratiqué. Au rugby, on a besoin de petits, de gros, de mecs qui courent vite, de mecs qui défoncent... Ces valeurs m'ont beaucoup appris au niveau du management d'équipe, de se rappeler qu'on a besoin de tout le monde. »

Questionnement en rêvant raisonnablement :
Pro : Quels sont vos objectifs de croissance ? Vos segmentations, les leviers possibles ? Comment pourriez-vous intéresser davantage les médias ? Attirer de nouveaux consommateurs ? Fidéliser vos clients ? Quel est votre engagement ? Quelle est

votre valeur ajoutée ? Vous battez-vous à 100 % pour défendre les intérêts de vos clients ? Comment pourriez-vous améliorer, simplifier, optimiser votre « circuit de distribution » dans l'intérêt de vos clients ? Quel est le rôle social de votre entreprise ? Que faites-vous pour améliorer le sort de vos clients ? De la société en général ?

Perso : Avez-vous conscience que vous ne serez jamais pleinement satisfait de votre index au golf (et d'autres choses dans votre vie) tant que vous ne changerez pas d'état d'esprit ?

Sujet de dissertation en cheminant :

Les seuls coups dont vous pouvez être sûr du résultat sont ceux que vous avez déjà joués.

Byron Nelson

Stratégie / Coup 28 - Trouver son chemin

Avec Patricia Meunier-Lebouc, championne de golf

Enseigner, c'est répéter. Il suffit parfois d'un mot, d'un geste pour débloquer une situation… mais lequel ? D'où la nécessité, pour les entraîneurs, de faire des variations symphoniques sur un même thème ; c'est ainsi. L'enseignant doit répéter différemment, encore et encore, parce qu'il y a des formules, des images qui font mouche pour certains élèves et n'ont aucun écho chez les autres.

Coacher, c'est utiliser des métaphores jusqu'à l'épiphanie, jusqu'à ce que ça fasse tilt, que l'autre soit piqué… Parce que, selon la formule d'Archiloque, « il sait bien des tours, le renard. Le hérisson n'en connaît qu'un, mais il est fameux ! » Donc ce qui suit, vous l'avez peut-être déjà lu ici ou ailleurs et vous le relirez sans doute ; mais l'essentiel est que vous finissiez par l'avoir dans la peau comme une aiguille de hérisson ou dans votre sac à solutions comme le renard. Selon vos préférences.

Vainqueure du tournoi Majeur Kraft Nabisco 2003, Patricia Meunier-Lebouc est la mieux placée pour nous raconter « de l'intérieur » comment une championne s'organise pour donner la pleine mesure de son talent à l'instant T d'une compétition.

Patricia Meunier-Lebouc. « L'idée d'être en équilibre sur la corde, le fil du rasoir, ce n'est pas pour moi du tout. [Rires] J'ai besoin de me sentir sur une route bien large, une voie bien dessinée, bien balisée à droite et à gauche, qui va vers une destination précise, une destination que j'ai étudiée soigneusement avant, en préparation mentale.
Après avoir clairement déterminé où je veux aller, je définis les étapes pour y parvenir. Comme sur un parcours de golf, un trou, puis un autre trou... Définir précisément ces étapes est un véritable travail. Ce travail préparatoire au voyage me permet ensuite, une fois dans l'action, d'utiliser au mieux mes capacités sans me poser de questions, capacités que je veille en amont, bien sûr, à améliorer.
Quand j'étais en compétition, j'avais vraiment besoin de cette route bien tracée. J'avais besoin aussi de l'assurance d'être accompagnée jusqu'au bout par mes proches. Tout cela, c'est important aussi. Car une fois que tout est clair dans ma tête, je peux travailler sans retenue en respectant à la lettre ce qui est inscrit dans le plan. C'est moi qui ai mis ce programme en place, qui ai dessiné le plan, je le respecte. C'était vraiment quelque chose que je vivais de l'intérieur.
La clé, c'est d'arriver à identifier les paramètres hyperimportants pour soi. Ça te permet ensuite de tracer ta route sans te retourner à chaque challenge. »

“ Une fois lancée, Patricia aime tant se livrer dans l'action à 100 %, sans limites, qu'elle sait combien sont précieuses les personnes qui la protègent, y compris d'elle-même.

PML. « J'ai besoin d'un entourage bienveillant, qui me rappelle le pourquoi de tout ça. Car pour moi, il n'y a pas que le golf, il n'y a pas que la compétition. Ces précieux "garde-fous" me per-

mettaient à certains moments de m'assurer que je ne perdais pas de vue le sens même de ce que je voulais mettre en place. Le fait que ce soit hypercadré [elle dessine un cadre avec ses mains] me permettait, à l'intérieur de ce cadre, de me libérer sans aucune crainte. Cela ressemble à un large fairway avec le staff qui vous accompagne. C'était hyperimportant pour moi d'avoir des personnes fortes à mes côtés, sur lesquelles je pouvais compter, toujours... Des proches qui ne s'intéressaient pas qu'à mes résultats, qui se souciaient du comment je les mettais en place.
J'avais besoin d'un coach mental pour gérer mon flux d'énergie, poser les choses, les mettre en perspective. Cette coach, j'ai eu la chance de la trouver très jeune parmi les membres de ma famille, avec ma tante, Nicole Ortis. Elle n'était pas encore spécialisée dans le sport, mais a accepté d'essayer. Et ça a marché.
J'ai vraiment eu beaucoup de chance d'avoir des gens de cette qualité autour de moi. Mon père, qui trouvait les ressources dont j'avais besoin, ma mère, qui m'apportait aussi beaucoup de stabilité, et donc ma tante, qui est entrée dans le système, puis Antoine, mon mari, qui a pris la suite, en quelque sorte, puisqu'il a été mon coach pendant huit ans sur le LPGA [circuit professionnel féminin américain].
Antoine est ma force tranquille. Quand, sur le parcours, je sens que je vais m'énerver, monter dans les tours à cause d'un mauvais coup, je le regarde et je vois son calme, du genre : "Oui, et alors ?" Il est à côté de moi, rassurant, positif : "C'est bon, on continue, on ne s'emballe pas." »

Questionnement en identifiant les bons paramètres :
Perso : Avez-vous besoin d'un plan de vol, d'un roadbook, d'amis, d'une équipe qui vous protègent et vous rassurent, ou êtes-vous du genre *poor lone some cow-boy* qui « n'a besoin de personne en Harley Davidson » ?
Pro : Quels sont vos besoins, vos failles, vos faiblesses, voire vos peurs ? Quelles ressources pourraient vous aider, vous

soulager ? À qui pourriez-vous demander de l'aide ? Comment pourriez-vous convaincre la personne de vous aider ? Êtes-vous réellement prêt à prendre la route ? À être aidé ?
Sujet de dissertation en cheminant :
Penser au lieu d'agir est la maladie la plus répandue dans le golf.
Sam Snead

LE VOYAGE DU HÉROS
PARTIR

Après ce départ vers l'aventure, je suis dans le bon état d'esprit – en devenir – et d'autant plus déterminé à écrire ma propre histoire. Au départ du village, j'ai pris la route vers l'inconnu. À dos de dromadaire, j'ai rencontré des compagnons de voyage et établi quatre stratégies :

- ☑ *Jouer plutôt que de se battre.* Stéphane Bachoz
- ☑ *Changer de voie, exploiter toutes ses ressources.* Anne Le Coniat
- ☑ *Se fixer des objectifs réalistes mais ambitieux.* Olivier Denis-Massé
- ☑ *Trouver son chemin et le tracer.* Patricia Meunier-Lebouc

Et j'ai pris conscience que j'allais écrire ainsi mon destin.

MISCELLANÉES
ENTRE DEVENIR ET DIGNITÉ

RÉSILIENCE

« La métaphore du tricot de la résilience permet de donner une image du processus de la reconstruction de soi. Mais il faut être clair : il n'y a pas de réversibilité possible après un trauma, il y a une contrainte de la métamorphose. Une blessure précoce ou un grave choc émotionnel laissent une trace cérébrale et affective qui demeure enfouie sous la reprise du développement.

Le tricot sera porteur d'une lacune ou d'un maillage particulier qui dévie la suite du maillot. Il peut redevenir beau et chaud, mais il sera différent. Le trouble est réparable, parfois même avantageusement, mais il n'est pas réversible. [...] On ne réussit jamais à liquider nos problèmes, il en reste toujours une trace, mais on peut leur donner une autre vie, plus supportable et parfois même belle et sensée. » Boris Cyrulnik, *Les Vilains petits canards*.
Comme le dit une amie : « ce qui importe et ce dont il faut être “fier” dans un accident ou une épreuve difficile n'est pas d'en sortir, mais d'en faire quelque chose de positif pour la suite. »

ADDICTION
Si je joue, le jeu suit, mais attention à ne pas chuter dans de nouvelles addictions.
« Le sport peut devenir notre pire ennemi. [...] De nombreux signes permettent de repérer l'addiction, mais il faut souvent savoir lire entre les lignes. Ce qui peut passer pour une super performance peut en réalité n'être qu'un acte dangereux, dicté uniquement par la volonté irrépressible de faire toujours plus et de ne rien céder. Ne soyez pas admiratif d'un ami qui vous dirait avoir fait toute sa séance de home trainer à fond malgré ses poumons qui le brûlaient et son mal de dos : voyez-y au contraire un signal d'alarme d'un comportement beaucoup plus proche d'une addiction que d'une passion pour le sport. » écrit fort justement Servane Heudiard dans son livre *Bigorexie*.
Je confirme, et tous les golfeurs le savent : notre jeu peut devenir terriblement addictif, à l'instar des jeux vidéo et de tout ce qui est super génial, en fait. Très sérieusement, le golf est une activité à pratiquer avec modération, comme tout ; à forte dose, il peut tout vous faire perdre.
Happiness therapy. Quand l'élève est prêt, le maître apparaît : changer d'état d'esprit permet de changer sa perception et son

comportement, donc sa réalité. Mais « si faut-il mourir »[11] pour changer d'état d'esprit ?

Fight Club. Je repense à l'excellent film de David Fincher, d'après le dérangeant roman de Chuck Palahniuk. « Pour toucher le fond, il ne suffit pas d'un week-end, ce n'est pas comme un de tes putains de séminaires de merde. [...] Si tu devais mourir maintenant, elle te ferait quel effet, ta putain de vie ? »

Requiem for a dream. Chaque problème a une solution à son opposé. L'opposé de se battre, c'est jouer. L'opposé du cauchemar, c'est la belle réalité du jeu.

I have a dream. Et si tous les enfants du monde construisaient des parcours, plantaient des arbres et jouaient au golf ? « Imagine... »

LE JEU

The game ! Cela sonne tout de suite plus fort en anglais, non ? On voit d'emblée l'ambiguïté du concept, le rire du clown, du joker, gentil ou cruel. *The Game* est un super film avec Michael Douglas. Le jeu rend la vie plus palpitante. En jouant, on ne voit plus le temps passer, on oublie ses problèmes, hors du temps et du monde. En réalité, on est concentré sur le jeu comme sur bien peu de choses.

Bonne nouvelle, le jeu est donc fondamental dans l'apprentissage (concentration, essais/erreurs), pour éviter les conflits (sublimation) ou pour vendre entre deux mi-temps de la publicité aux cerveaux disponibles (la publicité, c'est donner un message qui donne envie d'agir, *it's a call to act, to drink a Coke*). Le jeu intéresse donc autant les enseignants, les diplomates, les entrepreneurs que les élèves, les populations, les clients.

CHOSES PROMISES, CHOSES DUES

Le super pouvoir de la promesse, qui a tant soutenu Anne dans l'épreuve, peut faire des miracles. La promesse, c'est la preuve

11 Poème de Jean de Sponde.

même du pouvoir du langage. Elle est autoréalisatrice, comme une prédiction engageante. Elle est puissante par la seule force de la parole donnée.
En coaching d'équipe, la promesse est extrêmement structurante, car ce qui permet de mesurer l'unité, la véritable force d'un groupe, c'est la capacité de ses membres à tenir leurs promesses mutuelles. Impossible de promettre sans communiquer, d'où l'importance cruciale en coaching d'équipe de travailler la qualité de la communication : quand vous communiquez mal, vous compliquez la tâche de vos équipiers. La qualité (et non la quantité) de la communication est notre force numéro un. La promesse vérifiée d'être là pour l'autre, pour s'entraider, se soutenir, chacun prenant soin de l'autre, comme les membres d'un orchestre, est la base de la cohésion d'équipe, de la confiance, de la performance.

L'ART DE LA VOLONTÉ
Taper plusieurs seaux de balles un jour est une chose. Revenir le lendemain taper de nouveaux seaux de balles pendant deux heures après l'école, comme le faisait chaque jour Céline Boutier dans son enfance, en est une autre, beaucoup plus représentative du pouvoir de la volonté. « Gardez toujours à l'esprit que votre volonté de réussir est plus importante que tout », disait le grand Lincoln. La volonté suppose une tension vers une cible ; c'est cette tension interne, dirigée vers une cible externe, qui met le corps en mouvement. Cette tension est une manifestation de l'élan vital.
Pour Schopenhauer, le concept de volonté, de vouloir-vivre, est l'expression même de l'essence du monde : « Tout aspire et s'efforce à l'existence, et si possible à l'existence organique, c'est-à-dire la vie, et une fois éclose, à son plus grand essor possible. » Cela ressemble à du coaching, mais c'est de la philosophie.

STORYTELLING
John F. Kennedy nous l'a révélé avant de se rendre à Dallas, Texas : « La littérature, c'est mon arme secrète. »

À moi de faire en sorte de mieux vous armer avec mes mots, de vous fournir des cartouches pour vaincre les obstacles qui se dressent sur votre route, car « la route est longue avant le repos », comme aimait le répéter le président assassiné le 22 novembre 1963 en citant le poète Robert Frost.
John F. Kennedy aimait vraiment lire et était lui-même écrivain, puisqu'il a eu le Prix Pulitzer en 1957, avec son livre *Profiles in Courage*. Président des États-Unis, il continuait à estimer que le vrai pouvoir se trouve dans l'expression des idées à travers les mots. Il s'en nourrissait quotidiennement, et je le considère comme le père du storytelling. Il lisait les livres de ses amis, mais tout autant de ses concurrents, de ses ennemis, des gens qui ne pensaient pas comme lui, voire à l'opposé de lui. Qui fournit encore cet effort de prêter véritablement attention aux avis contradictoires ? C'est pour cette raison que j'ai interviewé plusieurs personnalités qui ne sont pas forcément toujours d'accord entre elles, pour multiplier les éclairages et vous permettre de vous faire votre propre opinion.
Si vous voulez comprendre vos clients, la société, convaincre les foules, vous devez lire. Beaucoup. Des essais et de la fiction. Des romans contemporains, des classiques. Ce qui vous aidera ensuite à raconter une histoire, la vôtre, à bâtir votre histoire. Vous devrez ensuite prouver la réalité de votre propos, l'incarner. Vous devez donner vie à votre verbe : « On ne peut peut-être pas prévoir l'avenir, mais on peut l'inventer », nous dit le généticien J.B.S. Haldane

BE SMART

Le concept de management par objectifs a été défini en 1954 par le théoricien Peter Drucker, sans employer l'acronyme SMART (intelligent), utilisé pour la première fois par George T. Doran, en 1981, dans un article intitulé *There's a SMART way to write management's goals and objectives*.
Un objectif est dit *S.M.A.R.T.* quand il est...
Spécifique : clair, précis et compréhensible par toutes les parties.
Mesurable : incluant des données, une quantité, une qualité, une

fréquence, des coûts, des résultats qui permettent de mesurer sa progression et de savoir quand l'objectif est atteint.
Atteignable : suffisamment Ambitieux pour être Attirant, mais en restant impérativement Accessible.
Réaliste : c'est-à-dire pertinent, réaliste avec les moyens, les ressources et le temps dont on dispose.
Temporel : avec une fin de projet clairement établie pour éviter de dépenser plus de ressources et de temps que nécessaire et éviter la Loi de Parkinson, qui pose que tout travail augmente jusqu'à occuper entièrement le temps qui lui est affecté.
Cette gestion SMART de projet présente l'avantage d'être simple et adaptable aussi bien à la sphère professionnelle que privée. Au golf, un objectif SMART est aussi facile à établir que difficile à tenir.

RELATION CLIENT
Édouard Leclerc, fondateur de la marque éponyme, expliquait ainsi le secret de sa réussite : « Vouloir se battre pour le consommateur. » On retrouve cette même idée, lorsque son fils, Michel-Édouard Leclerc, quelque cinquante ans plus tard, déclare devant un parterre d'entrepreneurs du numérique : « Nous gagnerons, car nous mettrons le meilleur de la technologie au service de l'utilité sociale, de la meilleure promesse sociétale ! » On revient à la notion d'engagement, de combat, de jeu de société économique.
Cette promesse simple, une fois encore, mais engageante, de se battre pour la société, la collectivité, est certainement une clé de réussite à long terme pour toute entreprise, si elle n'est pas hypocrite.

CONSOLIDATION
Fidéliser ses clients coûte moins cher que d'en conquérir de nouveaux : il reste donc impératif de bien gérer ses clients fidèles. Comme disait Peter Drucker avec beaucoup de bon sens : « Le but d'un business est d'avoir des clients et les conserver. » Comment ? En se battant pour son client, en lui offrant un nou-

veau service qui va bien au-delà du service minimum attendu. Pour vous faire rapidement comprendre comment cela fonctionne, je vous inviterai à penser la relation client comme une relation amoureuse. En général, les gens comprennent tout de suite : Comment le prendrait votre femme ? Votre mari ? Une « relation » est toujours une histoire d'émotions.
Enfin, j'aime toujours rappeler ce grand précepte que pour le client, la personne la plus importante au monde, c'est lui !

DÉVELOPPEMENT

À ses débuts, pour augmenter rapidement le nombre de ses usagers, Facebook cherchait à conquérir de nouveaux adeptes sans trop se soucier des premiers fidèles, suivant en cela les préceptes 2.0 du *Dilemme de l'innovateur* de Clayton Christensen : plutôt que d'innover pour faire plaisir à ses utilisateurs en place, une entreprise numérique doit évoluer pour en gagner de nouveaux.
De fait, Facebook a été abandonné par ses *early adopters*, et les adolescents sont passés notamment chez Instagram, Snapchat ou TikTok. Évidemment, entre-temps, Facebook a eu les moyens de racheter Instagram, mais pas TikTok. Avec les disruptions de l'économie numérique, les règles du jeu ont quelque peu évolué, mais pour combien de temps ? Facebook se soucie aujourd'hui beaucoup de la sauvegarde de son portefeuille clients.
Comme le dit Olivier Denis-Massé, il est plus difficile de prévoir sa progression en golf qu'en affaires, et il est notable que la disruption y est plus compliquée, également.

MIRACLE

Partir au départ du 1 avec la certitude de jouer son (véritable) index est impossible au golf. Nous ne pouvons jamais être certain d'atteindre notre objectif, même en nous entraînant beaucoup sur le plan physique, technique, mental, stratégique. Bonne nouvelle, c'est ce qui est plaisant ! Ce qui est excitant, c'est de batailler vaille que vaille avec son driver, ses fers et son putter.

Je crois sincèrement que si je réussissais tous mes coups sans exception, je serais sans doute ravi dans un premier temps, mais que dans un second, cela m'ennuierait (et cela gâcherait tout l'intérêt du public pour ce sport).
Néanmoins, s'il n'y a pas de recette miracle pour gagner à coup sûr un Majeur, certaines conditions favorables (que je vous présente notamment via les différents témoignages de ce livre) augmentent singulièrement les chances...

CONDITIONS FAVORABLES

Certes, Patricia a bénéficié de conditions très favorables, dont elle est parfaitement consciente. Elle avait un énorme potentiel, des proches exceptionnels, mais elle a su également admettre qu'elle avait des faiblesses, des besoins et s'en est ouverte aux autres. Elle a eu la sagesse d'oser solliciter ses proches et le courage d'effectuer les changements nécessaires en acceptant leur soutien. Cette qualité de communication, de confiance et d'ouverture est fondamentale. En vous ouvrant aux autres, vous leur permettez de vous aider, de participer pleinement et de partager ainsi une magnifique histoire.
Êtes-vous capable de cette humilité, de demander de l'aide, d'écouter les avis ? Puis de prendre vos propres décisions et de vous y tenir ? Êtes-vous en mesure de faire le travail de vous projeter en imagination au sommet de la montagne, de planifier concrètement le chemin qui vous y mènera, puis de vous engager sur cette route avec détermination ?
Et si vous étiez vainqueur d'un Majeur ? Si vous deveniez PDG de votre PME ? Si vous étiez apiculteur ? Quelle serait alors votre vie ? Où vivriez-vous ? Que feriez-vous au quotidien ? Qui serait autour de vous ? Quels seraient vos partenaires ? Quels seraient vos clients ? Quels seraient vos concurrents ? Combien d'argent gagneriez-vous ? Quel serait votre prochain objectif ? Seriez-vous heureux ? Que ce serait-il passé juste avant ? Et à l'étape d'avant ? Etc. Êtes-vous capable de répondre à ces questions ?

Faites travailler votre imaginaire. On peut considérer ces questions comme des exercices de visualisation, de la simulation prospective ou, comme en TOP®, de la Préparation Mentale à la Réussite, peu importe : quel que soit le terme, mieux vous visualiserez votre futur, plus vous serez à même de vérifier si la destination est la bonne, de déterminer les paramètres les plus importants, de trouver la meilleure voie, de vous engager pleinement. Enfin, une fois lancé, vous risquez de l'oublier, donc je vous le rappelle : *la destination ne doit jamais vous faire perdre de vue le sens du pourquoi et du comment.*

Chapitre 8

TROU 8
LE GREEN KEEPER

Objectif | Trouver son alignement

État d'esprit | Être digne

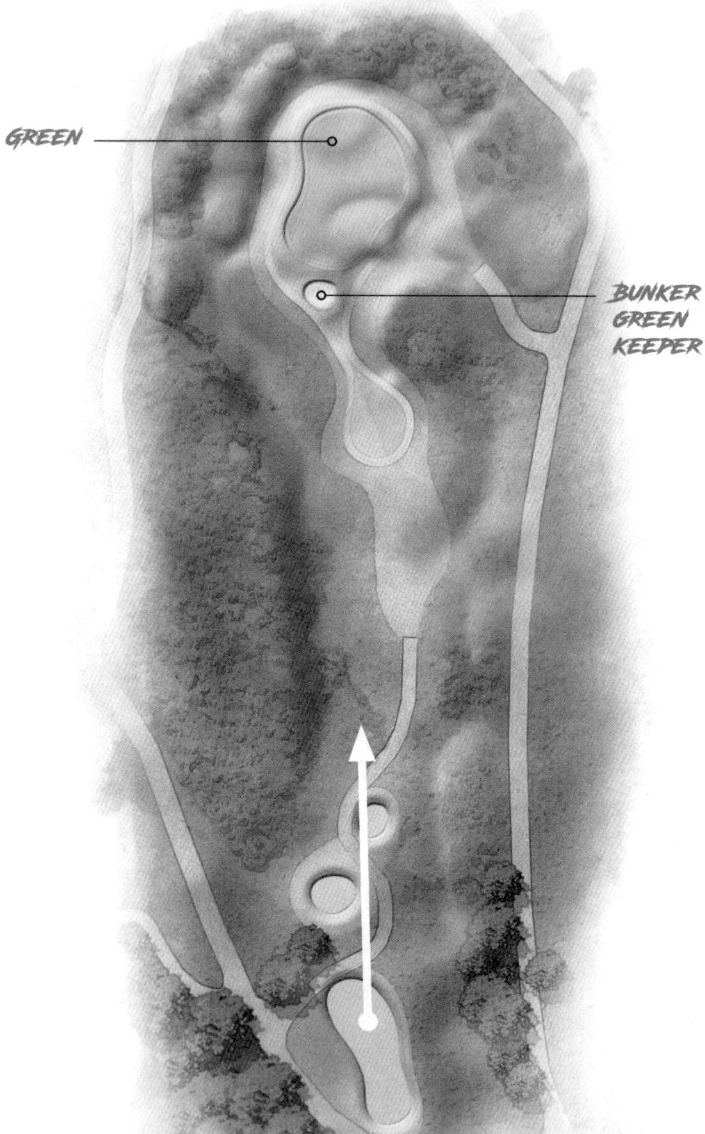

PAR 3

169 mètres

Hubert Chesneau

TROU 8 - LE GREEN KEEPER

« Green Keeper – le gardien du green –, c'est un jeu de mots, puisque c'est le nom que je donne au bunker petit, mais profond qui garde le devant du green. »

TEE TIME

Le bunker qui garde le green de ce long par 3 me fait penser à l'œil unique du Cyclope.
La mythologie attribue aux Cyclopes l'édification de certains grands monuments nécessitant une force considérable et une délicatesse parfaite, comme les murailles de Mycènes et de Tirynthe. Ils symbolisaient donc la violence et la douceur réunies.
Sur ce trou, tout dépend du vent et des positions de drapeau, comme sur les mers. C'est le trou préféré de Dominique Fournet : « D'une façon générale, j'aime bien les pars 3, peut-être parce qu'ils représentent un défi direct : tu peux la mettre directement dans le trou ! La configuration du 8 me plaît, comme un point haut du parcours, même si l'obstacle du bunker dans l'axe de la ligne de jeu me dérange, car il peut pénaliser un coup parfait, mais juste un peu court. Sachant que sans ce bunker, le trou serait déjà suffisamment dur ! Mais, de toute façon, sur l'Albatros, dès le 1, c'est compliqué... » N'est-ce pas pour ça qu'on l'aime ?

LE VOYAGE DU HÉROS S'ALIGNER

Joseph Campbell - Le voyage du héros : « Une fois le seuil franchi, le héros évolue dans un monde aux formes étrangement fluides et ambiguës, où il doit survivre à une succession d'épreuves. »

Mobilisation / Bataille 1

Face à mes ombres tourmentées, j'ai l'intention d'accéder à la dignité de l'âme, de rester droit et juste, tel un fil à plomb, pour trouver ma ligne d'horizon dans les filtres d'un dreamcatcher, au son d'un carillon éolien. J'ai décidé de me laisser être moi-même, tel Ulysse face au Cyclope.

TROU 8 – LE GREEN KEEPER

Objectif : trouver son alignement
État d'esprit : être digne

Stratégie / Coup 29 - Se méfier des chief happiness officers

Avec le Professeur Raphaël Gaillard, psychiatre, chef de Pôle à Sainte-Anne

---

Psychiatre, Raphaël Gaillard ne mène pas, comme certains, pour des raisons qui n'appartiennent qu'à eux, une guerre ouverte contre les coachs en développement personnel, mais il se méfie à juste titre du culte de la performance qui envahit tous les champs de notre société.

Pr Raphaël Gaillard. « Il y a aujourd'hui, d'une façon générale, parce que ça ne se limite pas à l'exercice du sport, un enjeu de préparation mentale. On le voit dans tous les registres, sous

la forme de coachings divers et variés : pour la prise de décision, pour le développement de carrière, pour la vie de couple… Beaucoup de modalités d'accompagnement passent par le mental. Il y a beaucoup à faire. Il existe des vraies stratégies, des vraies techniques, qui peuvent certainement améliorer le fonctionnement du mental. Mais je me méfie un peu du côté "hyperoptimisation" qui, finalement, dans notre société, a conduit à ce souci constant de la performance, sans plus se soucier de temporalité. C'est pourtant quelque chose qui peut rendre malheureux.
On peut tirer des bénéfices d'une préparation mentale grâce à certaines techniques, que certains maîtrisent mieux que d'autres. Puis il y a le risque d'en faire une culture de la performance. Or la vraie vie, c'est la succession d'états mentaux très différents : de frustration, de sentiment de réussite, d'attente, d'interaction avec d'autres, et pas uniquement de performance. Je pense qu'il faut se garder de faire de la culture de la performance une recette nécessaire. Sinon, ça deviendra quelque chose qui sera du registre, non plus seulement de la culture, mais du culte de la performance. En faire le but exclusif, c'est excessif, c'est toujours risquer d'être malheureux.
À certains égards, les ouvrages de développement personnel peuvent être intéressants quand ils apportent une attention à la personne, à sa richesse. À d'autres égards, je me méfie, parce qu'ils peuvent "mettre la pression", littéralement. »

« Comme de courir, de se dépêcher pour aller méditer…

RG. « Oui, c'est évidemment une caricature, mais je suis très méfiant à l'idée que le fonctionnement d'un individu soit mesuré à l'aune de la performance. Je crois même que l'on devient inventif quand on ne cherche pas uniquement la performance. Les grandes inventions ont toujours été des surprises. C'est tou-

jours des moments curieux où “un esprit bien préparé”[12] voit le résultat du hasard. C'est ce moment où Marie Curie découvre la radioactivité : elle en souffrira elle-même dans sa chair, mais cela passe par quelque chose qu'elle ne cherchait pas.
Cela réclame une disponibilité. Il ne faut pas être pressé et il ne faut pas en faire un but. Si c'est un but, ça devient une performance. Si ça devient une performance, ça devient quelque chose qui est une vraie pression.
Donc je me méfie de ce développement de l'exigence de l'épanouissement, qui devient une pression de plus au quotidien. Cela voudrait dire que si vous n'êtes pas épanoui, c'est vraiment que “vous êtes nul”, alors qu'il y a plein d'autres causes possibles. Parce que l'état économique des sociétés est celui-là, parce que vous êtes né à tel endroit, parce que vous n'avez pas eu tellement de choix... Maintenant, ça devient votre responsabilité.
Un jour, une de mes patientes a été nommée *Chief Happiness Officer* d'un très grand groupe. C'était tellement invivable pour elle d'être responsable du bonheur de tous qu'elle en a fait un épisode dépressif caractérisé...
Personnellement, j'ai raté plein de choses. Il faut en avoir conscience. Ces échecs ne sont pas forcément dramatiques, mais il est important de les identifier, de se dire que cela fait aussi partie d'un parcours. Mon métier repose sur l'attention à l'autre, ce fil directeur majeur l'emporte sur tous les autres. L'enjeu n'est plus celui de la performance, mais souvent du moins souffrir, du mieux-être.
Cette question de l'attention aux autres, du souci de l'autre est un point vraiment essentiel. »

Questionnement sans vous mettre aucune pression :
Pro : Quel est le fil directeur majeur de votre parcours ? Pouvez-vous identifier les échecs qui font partie de votre réussite ?

12 « La chance ne sourit qu'aux esprits bien préparés. » Louis Pasteur

La performance sociale est-elle synonyme de réussite personnelle ?
Perso : Vous souciez-vous des autres, de leur mieux-être ? Êtes-vous disponible à la surprise ?
Sujet de dissertation en cheminant :
En fin de compte, tout s'arrange, sauf la difficulté d'être, qui ne s'arrange pas.
Jean Cocteau

Stratégie / Coup 30 - Être compétent inconscient

Avec Stéphane Bachoz, coach de golf, ex-entraîneur de Phil Golding

Stéphane Bachoz commence souvent ses cours en posant cette question simple à ses élèves : « Que voulez-vous devenir avec votre golf ?

- Option A : un golfeur régulier, c'est-à-dire jouer bien régulièrement.
- Option B : un golfeur heureux avec votre jeu ? »

Stéphane Bachoz. « 100 % de mes élèves répondent “option B” : ils veulent avant tout être heureux dans leur jeu. Alors je leur explique que s'ils souhaitent devenir heureux avec leur jeu, ils doivent comprendre que c'est un jeu d'irrégularités.
Personne au monde, pas même le n° 1 mondial, n'est régulier au golf. Mieux vous accepterez cette notion d'irrégularités, plus vous serez heureux avec votre jeu. Chaque jour est différent, chaque coup est différent. Le lie dicte le coup. Parfois à 5 cm près, tu auras un coup injouable ou super facile, donc tu ne peux en aucun cas prédire ton score quand tu pars en compétition.
Mon rôle est d'aider à devenir un maître dans la variabilité en ouvrant le champ des possibles. Pour moi, “Impossible” veut dire “I'm possible.” Et mon job, c'est ça : devenez heureux avec votre Je.

Là, on est au cœur du sujet : pour aider les gens à devenir heureux avec le golf, la première chose que je leur rappelle, c'est que ce n'est pas un sport, mais un jeu, voire plusieurs jeux dans le jeu. Un jeu d'échecs où on passe plus de temps à rater qu'à réussir. Pour en avoir discuté avec Jordan Spieth, il estime que sur un 68, il "en rate la moitié", soit trente-quatre coups. Et des balles "waouh !" ? "Entre 5 et 10."
Donc la première chose qui va soulager l'ego et le cerveau du joueur, c'est de comprendre qu'il n'est pas seul au monde à rater, sachant que le n° 1 mondial est évalué à sa capacité à rater moins que le n° 2. Quand tu comprends le jeu de cette manière, tu ne joues plus pareil.
Les amateurs ratent trois balles, et ça y est, leur journée est fichue... Leur ego en a pris une tarte. Alors qu'en affaires, ils vont rater trois clients de suite et s'appliquer à ne pas rater le quatrième.
Le jeu de golf t'évalue surtout dans ta capacité à supporter l'échec. Combien de fois je vais être capable de me relever après une mauvaise balle ? Et sur un parcours, les échecs sont beaucoup plus nombreux que les réussites. Les bonnes questions sont donc : "Comment je peux m'ajuster, gérer mes émotions face à de nouvelles situations, m'entraîner pour avoir moins peur ?" Tout le monde veut "lâcher prise", mais au moment de le faire, ça fait peur. Comment on fait pour gérer cette peur ? Le seul moyen d'accéder à l'étape d'après, c'est d'avoir des résultats positifs. Donc si on ne met pas le joueur en situation de réussite pendant qu'il a peur, il aura toujours peur. Comment on fait pour ne plus avoir peur de rater ? Moi, à chaque fois que je rate, je suis content : je sais que, grâce à cette balle ratée, je vais pouvoir ajuster mon coup et peut-être réussir après la balle que j'aime bien. »

“ Pour définir l'infini pouvoir de l'attitude face à une situation problématique, les coachs américains parlent de « *Mindset before skillset* ». L'état d'esprit avant les compétences. Et en matière de golf, c'est en quelque sorte la *cup of tea* de Stéphane.

SB. « En cours, on récupère parfois des gens dans des états psychologiques incroyables ! Ils sont sur un tabouret, imbibés d'essence, la corde au cou, ils veulent tout arrêter, et pas que le golf ! Ils sont déchirés dans leur chair, c'est affreux. Ils sont dans un état d'esprit hypernégatif, ils viennent en me disant : "Après vous, j'arrête tout." Heureusement, après nous, à ma connaissance, personne n'a arrêté jusqu'à présent. » [Rires]

“ Quand un élève se trouve, à l'évidence, dans une situation qui l'effraie, le rôle d'un coach est de l'accompagner au bout de ses peurs, en rendant l'exercice a priori plus difficile, mais dans un cadre bienveillant, sécurisé. Par exemple, Stéphane va demander à l'élève de swinguer et de frapper sans regarder la balle. Petit à petit, le coach essaie ainsi d'enlever tout ce qui peut déranger l'élève, pour le faire réussir malgré sa peur initiale. Je vous rappelle l'équation simple et explicite de Tim Gallway : *Performance = potentiel - parasites.*

SB. « Pour enlever la balle qui fait peur, on va enlever le regard. Jouer sans regarder la balle ! Ensuite on va développer des sensations sur le poids du club, par exemple. On peut le faire chez soi : les yeux fermés, on tourne plusieurs fois le club dans les mains : comment est orientée la tête, à gauche, à droite ? Comment la remettre verticale ? On développe ainsi les sensations primordiales. Pour mieux jouer au golf, on a besoin d'avoir des sensations dans ses extrémités, le bout des doigts, le bout des orteils. »

“ Stéphane amène ainsi le golfeur à l'autonomie, avec du rythme, de l'équilibre, des sensations, en s'appuyant sur les quatre phases de l'apprentissage, dont la dernière est la compétence inconsciente (ces phases incontournables – de l'essai douloureux à la maîtrise aisée – seront traitées en détail à la fin de ce chapitre, parmi les miscellanées).

SB. « Être compétent inconscient, c'est signer son nom en bas d'une feuille. Retomber à la case antérieure, c'est essayer de recopier lentement, exactement, à l'identique, sa propre signature. C'est exactement ce que cherchent à faire la plupart des amateurs de golf. Ils essaient de reproduire un modèle fabriqué de swing et régressent ainsi en permanence de la phase 4 [ma signature naturelle], à la phase 3 [je cherche à recopier ma signature]. »

“ Notre signature est élégante et fluide quand nous la faisons sans réfléchir. Mais ce n'est pas pour autant qu'elle est naturelle : elle est le fruit d'un apprentissage.

SB. « Une signature, c'est le résultat final, le fruit d'une accumulation de compétences. Le but de l'apprentissage, c'est de parvenir à la compétence inconsciente. Mon boulot n'est pas de dire “Fais n'importe quoi et laisse faire”, mais d'augmenter le niveau de compétence des apprentis golfeurs. Donc j'ai fait la liste des compétences nécessaires pour parvenir à être plus compétent inconscient en golf. La première compétence, c'est de savoir comment ça fonctionne. La deuxième : comment tu tiens le club. La troisième : le rythme et la coordination. La quatrième, c'est que l'ensemble doit être équilibré... Sans ces compétences, tu ne peux pas devenir compétent inconscient. »

“ Grâce à cette approche pédagogique, Stéphane a réussi à former Olga Leonovitch à devenir pro de golf (voir chapitre 3) ou à coacher des pros vers le chemin de la victoire sur le Tour européen senior, comme le Britannique Phil Golding.

SB. « J'ai utilisé le même process avec Golding qu'avec tous mes élèves. A priori, Phil savait déjà tout, puisqu'il avait déjà gagné l'Open de France ! Sauf qu'il s'était perdu entre-temps dans la case 3 : "très compétent, très conscient".
Je l'ai donc aidé à développer d'autres compétences pour repasser en mode "compétent inconscient". Il était enfermé dans des certitudes, comme celle de garder obligatoirement la boucle de la ceinture face à la balle au sommet du backswing... sauf qu'à quarante-sept ans, c'était devenu très compliqué pour lui.
Il a adoré l'idée de swinguer comme on marche, qui lui a permis de retrouver un swing efficace : quand on marche, on utilise le corps en premier, et les bras suivent de façon naturelle, au diapason de ce que font les pieds. C'est une mécanique fantastique, les bras sont toujours dans le bon plan du rythme impulsé par les pieds. L'idée est donc de faire un swing de golf sur la même séquence cinématique que la marche.
Dans le golf, on confond souvent stabilité et immobilité. Quand un champion de baseball lance une balle, il ne perd pas en stabilité : même s'il est sur une jambe, il perd en immobilité, mais il reste stable. Au golf c'est pareil, si tu es immobile, tu es mort. »

Questionnement en devenant compétent inconscient :
Pro : Quelles sont les activités que vous maîtrisez suffisamment en étant compétent inconscient ? Marcher en mâchant un chewing-gum, conduire, danser, faire des crêpes, faire rire, enseigner ? À quelle phase d'apprentissage en êtes-vous de votre activité professionnelle ? Comment pourriez-vous aider un collègue, un employé, un ami à parvenir à la phase 4 dans une activité qui lui plaît ?
Perso : Comment pourriez-vous parvenir à devenir compétent inconscient sur de nouvelles aptitudes ?
Sujet de dissertation en cheminant :
Apprendre sans réfléchir est vain. Réfléchir sans apprendre est dangereux.
Confucius

Stratégie / Coup 31 – Jouer, perdre, gagner

Avec Thomas Levet, champion de golf

On ne monte jamais sur la plus haute marche d'un podium avec *La Marseillaise* en fond sonore du jour au lendemain (sauf peut-être sur un podium en carton dans sa chambre d'enfant). Pas de miracle, pas de magie, désolé : « Gagner une compétition, ça s'apprend. » L'adage est connu, parce qu'il est vrai. Pire, apprendre à gagner commence toujours par apprendre à... ne pas gagner – sans quoi, évidemment, on abandonne directement et on ne gagnera jamais rien –, car chaque victoire est difficile, surtout en golf : apprendre à gagner commence par apprendre à perdre, pour finalement peut-être gagner et relativiser la victoire...

Thomas Levet. « J'ai eu la chance d'apprendre à gagner très tôt chez les jeunes, puis à chaque étape de ma carrière. J'ai aussi appris à perdre. Et ce n'est jamais facile de gagner, car ce que les gens ne saisissent pas toujours, c'est que gagner sa première compétition de club est aussi difficile que gagner un Master, parce que ton niveau de compétence en golf correspond au niveau de jeu du tournoi.
J'ai donc toujours relativisé les victoires chez les pros, car je ne considère pas plus difficiles de gagner le dimanche sur le circuit que de gagner le dimanche dans un club. Tu dois savoir que la première fois que tu seras en tête d'un tournoi, ton cœur va s'accélérer, tu vas plus transpirer, tu vas taper plus fort, certains coups vont t'échapper – surtout tes points faibles – et ce sont ces coups-là qu'il faudra que tu travailles le plus à l'entraînement. Car sous la pression, la première chose qui va lâcher, ce sont tes faiblesses... Dès lors, tu les connais et tu sais quoi améliorer. »

> ‹‹ Le stress révèle nos failles... La mécanique des choses nous aide à rester zen.

TL. « Sur les tournois pros, la marge d'erreur est, bien sûr, plus étroite qu'en Grand Prix amateur, mais ce n'est pas une raison pour se mettre davantage de pression, car si tu es chez les pros, c'est que tu as, comme les autres joueurs, un niveau de jeu meilleur que le par. Ta marge d'erreur est réduite, mais tu as le niveau, puisque tu es là. Et il ne faut surtout jamais oublier que l'adversaire subit la même pression que toi, joue avec la même marge d'erreur.
En situation de gagner, je préfère vraiment relativiser, garder les pieds sur terre, rester dans le moment en me disant qu'un putt d'un mètre, que ce soit dans mon salon, sur le putting green de mon club ou au Master, ça reste un putt d'un mètre ! À partir de là, l'approche du golf devient plus zen, beaucoup plus proche de la réalité. Donc tu dois te dire : "Qu'est-ce que j'ai à faire pour rentrer un putt d'un mètre ?"
Moi, ma façon de faire pour rentrer un putt d'un mètre, c'est comme ça. Alors je fais comme ça. Il y a juste à mettre les ingrédients dans le bon ordre, et généralement, ça se passe bien. Par contre, si tu ne penses pas aux ingrédients, mais à l'efficacité du couteau, ton plat ne sera pas bon. »

Questionnement en étant sur le point de gagner :
Pro : Avez-vous appris à perdre ? Avez-vous appris à gagner ? Lâchez-vous parfois la bataille ?
Perso : Parmi les failles quc le stress révèle en vous, lesquelles pourriez-vous chercher à combler ? Avez-vous bien tous les ingrédients et la recette pour apprendre à gagner ?
Sujet de dissertation en cheminant :
Le propre de toute morale est de considérer la vie humaine comme une partie que l'on peut gagner ou perdre, et d'enseigner à l'homme le moyen de gagner.
Simone de Beauvoir

L'APPEL DU HÉROS
S'ALIGNER

En chemin, j'ai traversé une première épreuve. Sous le regard sévère du green keeper, j'ai cherché à m'aligner sur mes pensées et j'ai trouvé des amis solides qui m'ont confié trois stratégies :

- ☑ *Se méfier des chief happiness officers.* Raphaël Gaillard
- ☑ *Être compétent inconscient.* Stéphane Bachoz
- ☑ *Jouer, perdre, gagner.* Thomas Levet

Et j'ai remporté une première bataille : je me sens digne.

MISCELLANÉES
ENTRE ALIGNEMENT ET COHÉRENCE

DE LA DIFFICULTÉ D'ÊTRE

Suis-je coach en *happiness* ? En bonheur de vivre *Hollywood Chewing Gum* ? Non. Malheureusement non. Ni sorcier ni magicien. J'aimerais bien, mais non. Désolé. Mon métier, c'est de porter attention à l'autre, d'être à ses côtés, à son écoute pour l'accompagner vers plus de facilité d'être (pour prendre le contre-pied du beau livre *La Difficulté d'être*, de Jean Cocteau), ce qui peut passer par l'augmentation, la recherche de surperformance, ou pas.

Pour mieux accompagner mes clients, je me suis formé à la psychologie, à la psychanalyse, à la communication, à la pédagogie, aux techniques de management, à diverses techniques de préparation mentale, et en particulier à celles d'optimisation du potentiel (TOP®), mais l'enjeu n'est jamais de pousser une personne à être au TOP à tout moment et à tout prix.

L'enjeu est de lui apporter du mieux-être en commençant par l'aider à mieux être ce qu'elle est. En commençant par s'imprégner de la sagesse universelle de Nick Faldo : « Au golf, ce n'est pas la qualité des bons coups qui compte, c'est la qualité des mauvais coups. »

TOP

Les Techniques d'Optimisation du Potentiel, TOP®, que j'évoque régulièrement au fil de ce livre, ont été créées au début des années 1990 par le docteur Édith Perreaut-Pierre (que j'ai eu le plaisir d'avoir comme enseignante à l'Université de Paris-Saclay) pour la préparation mentale des sportifs de haut niveau et pour aider les militaires à se préparer, faire face et récupérer.

Cette préparation mentale ne se fait pas du jour au lendemain : nous devons nous entraîner mentalement au quotidien, comme on s'entraîne au quotidien à courir pour être au top le moment venu. Les TOP, c'est une façon d'être : afin d'atteindre nos objectifs, ces techniques regroupent un ensemble de stratégies mentales pour mobiliser au mieux nos ressources (physiologiques, émotionnelles, cognitives et comportementales) en fonction des exigences, des situations.

Les praticiens TOP® répondent à différentes problématiques : gestion du stress, prévention de la fatigue, gestion de crise, gestion de conflit, management humaniste, accompagnement au changement des individus et des équipes. Aussi, comme l'explique sa créatrice, outre l'Armée et le sport, cette méthode est applicable dans tous les secteurs d'activité, des hôpitaux aux entreprises.

PERFORMER

La notion de performance a plusieurs acceptions. Parmi celles-ci…

En *gestion de projet*, la performance décrit le degré de réalisation d'un objectif, de mise en œuvre d'une stratégie ou d'accomplissement d'un travail ou d'une activité.

En *sport*, la performance désigne le résultat brut obtenu par un athlète (comme une performance de 67 coups ou de 99 coups sur un par 72). À noter – subtilités de notre langue ! – que l'on peut faire des performances négatives, ou contre-performances, qui désignent des performances nettement moins bonnes que ses performances habituelles...

En *art*, la performance désigne une action artistique comportementale, entreprise par un ou plusieurs artistes face à un public. Au sens hérité du vieux français, *parformer*, ce verbe peut signifier et souligner la notion d'accomplissement.

Que ce soit en sport, en art ou en économie, je pense qu'il convient d'interroger toute idée de performance, dès lors qu'elle met, sans leur assentiment, en contrainte, sous pression ou en souffrance – parfois jusqu'à la violence physique et psychologique – des acteurs, des consommateurs ou des spectateurs de ladite performance. Être stressé, ne pas être à l'aise, pourquoi pas, si vous avez choisi de sortir de votre zone de confort. Rien de plus néfaste que le confort pour un artiste ou un performeur. Mais ne vous forcez jamais à être quelqu'un que vous n'êtes pas.

PERFORMATIVITÉ

La performativité est le fait pour un signe linguistique (énoncé, phrase, verbe, etc.) d'être performatif, c'est-à-dire de réaliser lui-même ce qu'il énonce. Utiliser l'un de ces signes, c'est faire advenir une réalité. Par exemple, quand un accusé est déclaré « innocent » ou « coupable », ces deux mots ont un impact immédiat et considérable sur l'identité de l'interlocuteur.

Pour le philosophe du langage John Searle, la performativité n'est que la façade linguistique de quelque chose de plus profond : la construction des réalités sociales. En effet, ce sont les actes de langage qui fabriquent nos institutions et nos conventions. C'est la parole qui permet de performer des créations et de leur donner une véritable fonction sociale. Ainsi, un billet de banque n'existe que parce qu'une institution affirme qu'il vaut 5 €, 10 € ou 50 €. Toute réalité sociale repose donc sur des actes performatifs et des croyances partagées.

Notre parole (notre pensée) est performative : elle construit donc notre réalité et notre identité, qui est avant tout culturelle. Par conséquent, veillez très soigneusement à ce que vous pensez de vous et des autres, veillez à bien penser et à soigner votre mindset : toutes les dernières découvertes en neurosciences vont en ce sens.

MINDSET

La « configuration mentale » et ses soixante-douze nuances forment le cœur de cet ouvrage, car notre état d'esprit agit directement sur notre destin. Notre programmation influence notre perception de la réalité, donc notre identité, nos compétences, notre humeur, nos performances quelles qu'elles soient. Par conséquent, jouons autant que possible sur les paramètres de configuration de notre état d'esprit : le dialogue interne, l'imagerie mentale pour être autant que possible dans le positif, le vert, l'encouragement...

Le mindset est éminemment performatif. Pour illuminer votre état d'esprit d'une nouvelle lueur, je citerai le poète surréaliste André Breton : « L'imaginaire, c'est ce qui tend à devenir réel. »

IRRÉGULARITÉ

La vie n'est pas un long fleuve tranquille... Pour prendre un exemple récent parmi des milliers d'autres, à l'Open d'Écosse, en octobre 2020, le très expérimenté Lee Westwood joue 62 le jeudi et 71 (dans le par) le vendredi. Interviewé à l'issue de cette deuxième journée, le joueur anglais répond simplement, avec le sourire : « Oui, quand on joue -9 [et le lendemain 0], ça peut paraître différent, mais en fait, je n'ai pas joué beaucoup mieux hier qu'aujourd'hui, où je n'ai pas eu beaucoup de chance, où je me suis souvent retrouvé dans des positions difficiles. Hier, c'était juste un de ces jours où tout fonctionne. »

Neuf coups d'écart pour un champion au top de sa forme, et du jour au lendemain ! Et vous désespérez de votre irrégularité ? Souriez comme le sage Westwood, quarante-sept ans : « Ce n'est qu'un jeu. » Profitez-en, comme il en profite avec Helen, sa femme, qui l'accompagne sur tous les parcours : c'est tout le mal que je vous souhaite ! Au bout du compte, Westwood a fini le tournoi à la 19e position sur un score de -5. Dans cette même

compétition, Victor Dubuisson a fini en 9e position à -7, après avoir joué +2 le premier jour.
Le jour (loin d'être venu) où un génie béni des dieux jouera 54, il aura forcément raté des trous en un sur les pars 3, de nombreux eagles et quelques albatros... Jamais régulier, jamais parfait, jamais content.

RÉGRESSION VERS LA MOYENNE

L'irrégularité avec ses hauts et ses bas, si fréquente en golf – jeu où le succès repose sur le talent et le hasard –, est un phénomène que l'on retrouve dans tous les domaines, car au bout du compte et en toute chose, il faut toujours anticiper, après chaque évolution (positive ou négative), ce que les statisticiens appellent la « régression vers la moyenne ». Ce phénomène – découvert seulement à la fin du XIXe siècle ! – se retrouve très fréquemment en golf, surtout dans les compétitions professionnelles qui se déroulent sur quatre jours. La raison en est simple, comme le résume le prix Nobel Daniel Kahneman : « un golfeur qui s'en tire très bien le premier jour a sans doute eu plus de chance que d'habitude », et le lendemain, sa chance ne se situera certainement plus au-dessus de la moyenne... C'est pourquoi les grands champions, ceux qui parviennent à rester au sommet durant des années, bien que sujets comme tout le monde à cette dure loi, sont si exceptionnels.

LES QUATRE PHASES DE L'APPRENTISSAGE

Quatre étapes : Essai, erreur, découragement, réussite...
1/ *L'incompétence inconsciente.* À ce stade, je ne sais pas que je ne sais pas. Bambi pense qu'il va pouvoir marcher comme sa maman et tombe directement. Mais on éprouve le désir de faire. « Cela vaudrait peut-être le coup d'essayer ? » On est alors volontaire et plus ou moins déterminé.
2/ *L'incompétence consciente.* Je sais que je ne sais pas. Premières tentatives. On s'aperçoit que l'on n'y arrive pas. Premiers abandons... « Cela vaut-il le coup d'aller plus loin ? » La frustration est grande, on entre dans le cadre de la persévérance... ou pas.

3/ *La compétence consciente.* Je sais que je sais. « J'y arrive, mais je dois faire attention où je mets les pieds. J'éprouve le besoin de contrôler que je sais. » Premières réussites, mais elles exigent beaucoup de concentration, de dépenses en ressources pour réaliser la tâche ; les chutes demeurent fréquentes. « Ai-je assez envie de pratiquer suffisamment pour passer à l'étape supérieure ? » Cela exige de la constance pour continuer malgré la fatigue, mais on s'approche de la réussite.
4/ *La compétence inconsciente.* Je n'ai plus besoin de savoir que je sais. Je réussis et prends les bonnes décisions sans même y penser, voire en pensant à tout autre chose. Je peux marcher et même courir en pensant à ma liste de courses. Détachés de la maîtrise technique consciente, on peut alors se concentrer sur des activités plus essentielles : une vision claire, une sensation pure, une intention simple, une action pertinente. Tant que l'on reste bloqué, concentré sur son geste, sa marche, sa signature, son swing, on ne peut pas être dans le flow (voir chapitre 16 pour plus détails).
Pour comprendre comment on peut régresser de la phase 4 à la phase 3, demandez à une personne de marcher sur une large poutre à vingt centimètres du sol, et elle ne verra pas où est le problème ; mais placez la même poutre à vingt mètres de haut, et la personne basculera directement en mode compétente consciente...
C'est ce qui nous arrive bien souvent avec notre driver au départ du trou 1 : l'appréhension nous fait régresser en phase 3 également. De fait, nous augmentons les risques de rater notre premier drive, et comme nous n'avons toujours pas compris que rater fait partie du jeu, nous descendons d'une nouvelle case pour nous retrouver en phase 2 : « Ah ! Non je n'y arrive pas ! Je suis vraiment nul », ce qui n'améliore évidemment pas les choses. Vous finissez en mode incompétent conscient. Travaillez donc les phases 2 et 3 au practice avec votre coach. Sur le parcours, roulez en 4e !

INGRÉDIENTS

Thomas Levet est un modèle d'état d'esprit positif. Il nous rappelle qu'apprendre à gagner, c'est apprendre à être plus zen, plus proche de la réalité, à être comme dans sa cuisine en train de préparer un bon Burger. Il nous conseille de nous concentrer sur les ingrédients nécessaires pour rentrer le putt, et non sur ce qui pourrait se passer après le putt : les millions à la clé, le fameux discours devant les officiels, la TV ou le regard des autres. Des conseils d'une simplicité lumineuse.

Le bon état d'esprit permet de se concentrer sur l'essentiel, d'être plus proche de la réalité, grâce aux ingrédients que l'on pourrait nommer des « invariants », en opposition à la variabilité inhérente au jeu de golf, à la vie. Quels invariants devons-nous mettre en place pour être plus stable face aux variations de la réalité ? Quelle routine devons-nous mettre en place pour rester en territoire connu face à l'inconnu ?

ROUTINE

Suivre les procédures d'une check-list, à l'instar des commandants de bord, rassure, surtout en période de crise. C'est un excellent antistress.

Un exemple : une fois dans la zone d'action (après la réflexion clairement définie par rapport à l'environnement, la cible, la trajectoire, le club), d'une façon automatique (qui m'est devenue naturelle), une fois ma décision prise, je respire, je regarde ma cible, je souris, je détends la mâchoire, je n'oublie pas de respirer, je relâche les épaules, je marche posément, je me présente correctement à la balle, sans précipitation, je vérifie ma posture, mon équilibre, mon grip, l'orientation de la face du club, mon alignement à la cible, mon confort, je me connecte à la cible, j'imagine le vol de la balle, je reviens à la balle, j'inspire et *Back/Hit* ! Je suis fluide dans mon mouvement et je reste dans un bel équilibre au finish (voilà, en tout cas, ma routine en m'inspirant du yoga, de Lynn Marriott et Tim Gallway). Comme lors d'un rendez-vous professionnel important, respire, détends ta mâchoire, souris, relâche les épaules, salue la personne comme il convient, vérifie ta posture, regarde ton interlocuteur avec assurance et bienveillance, souris, laisse aller, sois fluide, confortable, équilibré, tu sais faire, connecte-toi à la personne, regarde, écoute et parle, tu connais les mots. *That's it.*

SYNDROME DE L'IMPOSTEUR

Les personnes qui souffrent du syndrome dit « de l'imposteur » ressentent un profond malaise quand elles sont en passe de réussir, ce qui peut les amener à échouer. Ce trouble est dû au fait qu'elles ne s'en attribuent pas le mérite et donc ne pensent pas en être dignes. Elles n'ont pas « appris à gagner » et peuvent de fait échouer ou fuir pour éviter d'être « démasquées ».

Or, prendre la parole en public, gagner un Majeur ou accepter une promotion, ce n'est pas un hasard : si l'on est arrivé là, c'est parce que l'on a travaillé pour cela. C'est une récompense à apprécier, à savourer, même si l'on ressent une pression tout à fait normale.

Le bon état d'esprit, qui permet de résister à ce syndrome, est, une fois encore, de coller au plus près à la réalité : « Tu joues forcément à ton niveau. Ne t'inquiète pas, il n'y a pas d'erreur. Si tu es là, c'est que tu mérites d'être là », te dit Thomas. « Prends ton temps et ton espace », te conseille Patricia pour jouer ton meilleur coup. Si tu gagnes la compétition, prends les compliments : « Super, tu l'as mérité. Bravo ! » Si tu rates, les spectateurs vont applaudir un autre que toi. Rien de grave, « tu n'as pas échoué, tu as appris », te rappelle Mandela. Tu feras mieux la prochaine fois...

Imaginez le pire. Par exemple que vous fassiez +7 sur un par 3 de 140 m en Grand Prix ! La honte. Vous pourriez blêmir : votre imposture est démasquée, vous ne méritez pas votre index, vous devriez arrêter de jouer au golf et partir en pleurant... Sauf que ce genre de mésaventure peut arriver aux meilleurs d'entre nous, comme tout golfeur le sait.

Fin 2020, au 4e tour du Masters d'Augusta, Tiger Woods a fait le premier septuple bogey de sa carrière devant toutes les télés du monde entier ! La légende du golf, qui n'avait jamais

rendu un 10 sur le PGA Tour en 23 789 trous, a mis trois balles dans la mare du trou 12. Au lieu de rugir comme un vieux tigre blessé, de s'excuser en invoquant des douleurs dorsales, Tiger est demeuré « digne dans la difficulté », comme le soulignait le journaliste Thierry David. Cela ne veut pas dire qu'il n'était pas touché par ce naufrage public, mais il lui restait six trous... sur lesquels il a enchaîné cinq birdies !!! Que s'est-il soudain passé dans la tête de Woods, qui nous avait paru physiquement affaibli et moins motivé durant ce tournoi ? Pourquoi ce soudain +7 et ce tout aussi stupéfiant -5 ? Une nouvelle démonstration du pouvoir de la régression vers la moyenne évoquée ci-avant ?
Je ne m'étendrai pas ici sur le combat de Woods avec son corps, son jeu et sa motivation, ni sur sa résilience, mais j'observe qu'après ce « drame », il a décidé de « chevaucher le Tigre », de démontrer qu'il avait beau ressentir les effets de l'âge, il était toujours bien en vie ! Comment a-t-il réussi cette résurrection ? Il a répondu en conférence de presse : « Cela fait partie de notre jeu. Le sport est parfois fait de solitude. Personne ne va vous aider à sortir de cette mauvaise passe. C'est ce qui rend notre jeu si unique et si difficile mentalement. Pour combattre ça, il suffit de faire demi-tour et de trouver le coup suivant, et j'ai pu le faire en rentrant à la maison. »

Chapitre 9

TROU 9
VENT DEBOUT

Objectif | Trouver son fonctionnement

État d'esprit | Être cohérent

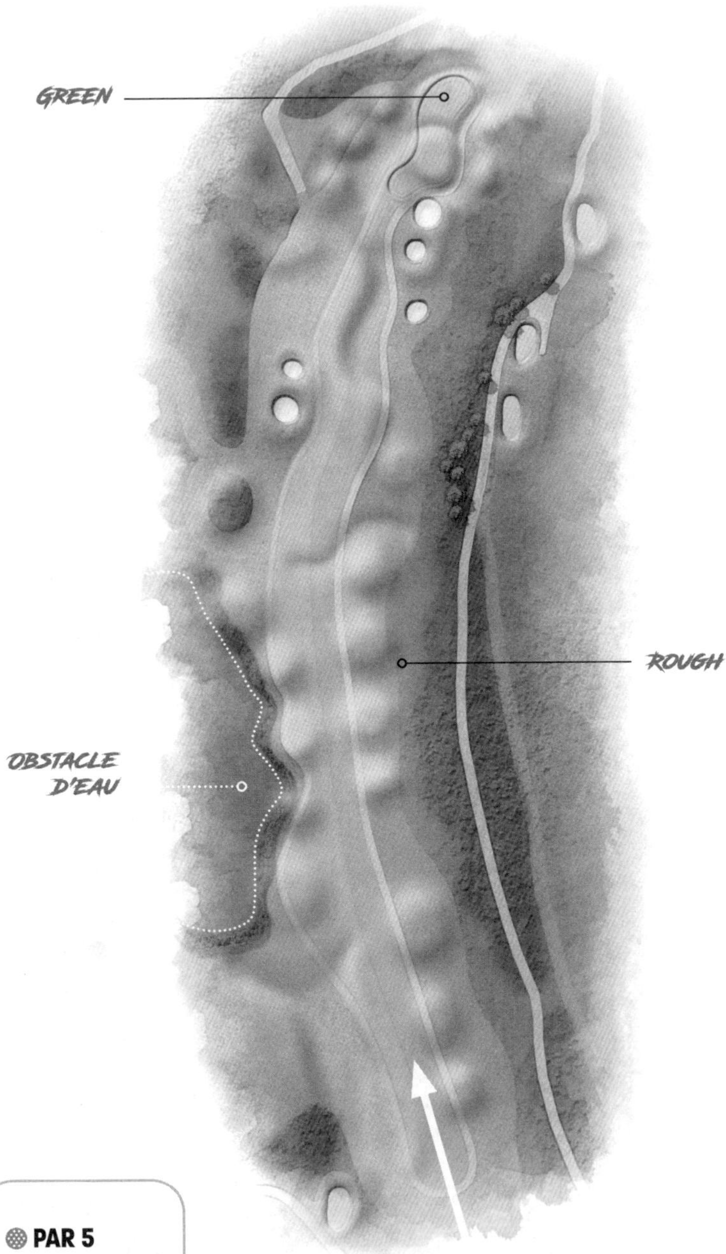

PAR 5

499 mètres

Hubert Chesneau

TROU 9 - VENT DEBOUT

« J'ai remodelé plusieurs fois ce par 5, parce que j'observe toujours la manière dont les meilleurs jouent ce parcours, notamment lors de l'Open de France. Et j'ai pu constater que, lorsqu'ils tapaient bien leur drive, au deuxième coup, ils attaquaient directement les bunkers autour du petit green, les sorties de bunker ne leur posant aucun problème, surtout quand ils sont parfaitement ratissés.
Pour rendre donc le trou plus difficile, j'ai reculé le départ arrière, supprimé les quatre bunkers de sable qui bordaient le green et les ai remplacés par des grass bunkers, *où le contact balle-club est beaucoup plus aléatoire. Depuis, ils préfèrent le jouer souvent court du green, sauf à être sûr d'y rentrer, mais c'est difficile. Maintenant, c'est un vrai par 5, et son nom en dit long sur ce qui peut attendre les joueurs quand le vent est contre. C'est pourquoi, architecturalement parlant, il est bon de connaître le jeu de golf, d'observer et de pratiquer.*
Lorsque je joue le parcours, je me dis : "Tiens, je pourrais faire ça..." Depuis sa création, j'ai toujours veillé à son évolution, mais je ne vais pas le faire éternellement. Je suis retraité, maintenant. Pour la Ryder Cup, il y avait bien sûr des choses à changer ; maintenant, c'est fini, je ne m'en occupe plus. Je passe la main, même si un architecte vivant, par déontologie, doit toujours être consulté. »

TEE TIME

L'Albatros a été allongé en 2004 et remodelé en 2017 pour la Ryder Cup, comme expliqué par Hubert. On voit que même les parcours sont vivants, mouvants, changeants : ils doivent s'adapter et évoluer sous le regard bienveillant de leur créateur et de tous ceux qui veillent à son entretien.
Éric Douennelle aime particulièrement ce trou, car si le golf se joue coup par coup, après neuf trous, « on regarde toujours ce qui s'est passé. » De fait, Éric adore terminer l'aller sur un

par 5 : « Un bon score au 9 peut nous aider à récupérer un peu d'énergie pour aborder le retour, et ce trou reste accessible si le vent debout n'est pas trop violent. Avec un peu de réussite, on peut même faire birdie et prendre le virage sur de bonnes bases. »

LE VOYAGE DU HÉROS S'ASSOUPLIR

Joseph Campbell- Le voyage du héros : « Quiconque entreprend pour soi-même le voyage périlleux dans les ténèbres et s'enfonce, intentionnellement ou non, dans les dédales tortueux de son propre labyrinthe spirituel se retrouve bientôt dans un monde d'images symboliques. »

Mobilisation / Bataille 2
Face au néant, j'ai l'intention d'affronter la tempête pour plier mais ne pas rompre, gagner en présence en cherchant non pas les vents favorables, mais à garder mon cap, vaille que vaille. Hooyah !

TROU 9 – VENT DEBOUT

Objectif : trouver son fonctionnement
État d'esprit : être cohérent

Stratégie / Coup 32 - Trouver son mode d'emploi
Avec Dominique Fournet, coach de golf

Sur le Web comme dans toutes les grandes surfaces spécialisées et au cœur des meilleures librairies de France, on trouve, et c'est heureux, des rangées et des rangées de livres consacrés aux techniques de golf, de communication, de développement personnel, dont l'ouvrage de Dominique Fournet ou celui-ci. Les contenus de ces livres sont fréquemment à l'opposé les uns des autres. Au sein même du mien, au travers des différents témoignages, vous trouverez également quelques contradictions, car il n'y a pas de vérités absolues ni définitives pour tout un chacun.
Tous les outils peuvent être a priori efficaces, puisqu'ils ont fait au moins une fois leurs preuves, à en croire leurs auteurs.

Face à cette profusion de solutions possibles, les gens ont de quoi être perdus. Que choisir ? Tout dépend, bien sûr, de votre projet, de vos capacités, de vos comportements, de vos forces et faiblesses techniques, physiques et mentales, de vos motivations, de votre état d'esprit, de vos préférences cognitives et motrices... Ouf ! Compliqué. Comme le disait le célèbre coach John Jacobs, « il y a du bon dans chaque livre de golf, cela dépend juste de qui le lit. »

Dominique Fournet. « Certains moniteurs de golf disent "Fais ci", d'autres "Fais ça." Dans un magazine, page 22, un pro te donne un conseil, et page 40, un autre te donne le conseil inverse. Qui croire ? Que faire ? En fait, le problème n'est pas tant, entre le conseil A et le B, de savoir qui a raison – les deux, potentiellement –, mais lequel est bon pour toi ? »

“ Pour éviter toute erreur, Dominique s'intéresse toujours en premier lieu aux préférences de la personne avant de lui enseigner telle ou telle technique. Car si Pierre est différent de Paul, Pierre diffère également de Pierre d'un jour à l'autre, voire d'une minute à l'autre...

DF. « Tellement de paramètres constituent notre personne qu'avoir une approche stable – avoir toujours le même enseignement – sur une personne instable me paraît compliqué ! Notre originalité est donc de mettre la personne de côté également. Évidemment, la personne, la culture, l'environnement, tout ce qui nous relie aux autres restent très importants. Bien sûr, les techniques restent hyperimportantes. Mais dans notre approche, qui part de celle d'Action Types, nous proposons une vision en amont de ça, que nous appelons l'*avatar*. Avec l'avatar, on est sur le fonctionnement humain. Par exemple, on peut avoir tous les deux la même voiture, mais ne pas nous comporter pareillement au volant. Nous, on est "sur la voiture". L'avatar condense tous les outils que la nature nous a donnés

pour survivre, c'est la partie invisible. Mes consultants et moi travaillons sur la partie invisible, celle qui nous constitue, qui nous fait fonctionner.
Autre exemple : lorsque j'observe mes petits-enfants, qui sont encore bébés, je vois qu'ils n'écoutent personne. Ils développent leurs propres stratégies : ils veulent grimper en haut d'un meuble avant même de savoir marcher, ils essaient, ils tombent, et après, ils ajustent. Nous, on travaille à partir de ce fonctionnement. Notre métier, c'est de donner le mode d'emploi aux personnes. On ne naît pas livré avec un mode d'emploi. Notre métier, c'est essayer de mettre les choses dans l'ordre, de montrer déjà dans quel avatar on est monté : quelle est la machine et comment elle fonctionne ? »

> “ Une fois notre avatar, notre mode de fonctionnement défini, nous pouvons alors y introduire notre éducation, notre culture, nos talents, notre personnalité, puis ajouter la technique en faisant appel aux experts qui répondent à nos besoins.

DF. « On s'est souvent rendu compte qu'en résolvant le problème d'avatar, dans le sport comme en entreprise, on résout la grande majorité des problèmes. “Quels sont vos besoins fonctionnels ?” On travaille surtout sur l'avatar, car autant la personne est compliquée [elle dépend de tellement de paramètres], autant l'avatar est simple, binaire. Soit c'est *off*, soit c'est *on*. Points forts / points faibles. Zones de confort / zones d'inconfort.
Quand tu connais clairement tes zones de confort, tu es plus à même de les utiliser au bon moment pour résoudre le problème. Sinon quels bons conseils vas-tu suivre parmi ceux que te donnent tes parents, tes profs, tes amis ? Ils vont tous te dire quelque chose, sans doute à raison pour eux, mais est-ce que c'est bon pour toi ?

Quand le grand David Leadbetter, le meilleur coach au monde, me disait “Tiens ton genou droit comme ça”, j'essayais, je n'y parvenais pas et je me trouvais nul... Sauf que ce conseil n'était pas adapté pour moi.
L'intérêt de notre approche est que nous n'assénons pas une vérité. On crée juste les conditions pour que la personne ressente des contrastes – ce contraste binaire –, tout en sachant qu'au sein de nous, on a toujours présents les deux systèmes.
Les préférences motrices sont devenues à la mode, souvent pour des raisons commerciales. Certains ont fini par créer des recettes : “Toi, tu es sur l'avant, tu dois donc faire ceci.” Non, tu n'es pas que sur l'avant ; tu es forcément sur l'avant et sur l'arrière. La gravité, par exemple, n'est pas une préférence, puisque tu la subis, tu ne peux pas t'y opposer. Mais dans ton équilibre, tu peux être soit sur l'équilibre avant, soit sur l'équilibre arrière. L'avatar nous aide à résoudre ce problème d'équilibre : la nature nous a donné une priorité, l'une plus que l'autre, l'avant ou l'arrière, par exemple. Notre fonctionnement, ce sont ces deux systèmes cohérents qui s'opposent et sont efficaces l'un comme l'autre. Moi, par exemple, je fais partie de ceux qui sont en équilibre avant. Ça veut dire que je fais partie de ceux qui partent de l'avant pour aller vers l'arrière, et non pas que je suis seulement “avant”. La préférence, c'est le sens du chemin.
Quand tu vas sur le cérébral, c'est encore plus important, sur l'avant : j'ai besoin de me projeter, de voir la finalité en premier pour définir les actions. Donc quand je parle, j'évoque souvent la finalité, et pendant longtemps, j'ai pensé que tout le monde fonctionnait comme moi, sans prendre conscience que c'était au risque de perdre tous ceux qui ont besoin d'être dans le concret. Car les personnes qui sont en priorité sur l'arrière – l'autre moitié de la population – partent, elles, du concret, et quand elles savent sur quoi ça repose, elles peuvent se projeter. Si je fais attention à l'autre et que je sens qu'il ne fonctionne pas comme moi, je vais aller sur sa préférence pour qu'ensuite, il vienne chez moi.

C'est la dynamique du chemin qui est importante. Beaucoup se contentent de dire "Tu es aérien" ou "terrien", mais ce n'est pas l'important : ce qui compte, c'est la dynamique. Ce qu'il faut montrer aux gens, c'est leur dynamique. Et, en fonction du contexte, ils doivent savoir qu'ils peuvent utiliser les deux dynamiques, passer d'un système à l'autre.
La préférence est un chemin, pas une étiquette. »

Questionnement dans sa préférence du moment :
Pro : Pourquoi suivez-vous telle méthode plutôt que telle autre ? Pourquoi avez-vous recruté tel consultant ? Pourquoi ne vendez-vous jamais rien à Marc ? Pourquoi Marc ne comprend-il rien à ce que vous dites ? Pourquoi Pierre matche-t-il avec Paul, mais pas avec Pauline ? Avez-vous conscience de vos préférences ? De votre fonctionnement ? Vous intéressez-vous suffisamment à l'autre avant de lui « balancer » votre savoir, de lui « vendre » quoi que ce soit ?
Perso : Savez-vous où, quand et comment vous fonctionnez au mieux ? Savez-vous où, quand et pourquoi vous êtes en surrégime ou sous-régime ? Avez-vous votre mode d'emploi ? L'avez-vous lu ? Et si vous changiez d'habitudes, que feriez-vous ?
Sujet de dissertation en cheminant :
Nos premiers maîtres en philosophie sont nos pieds, nos mains, nos yeux.
Jean-Jacques Rousseau

Stratégie / Coup 33 - Penser ensemble différent

Avec Pascal Grizot, président de la ffgolf

Pour le *so british* Pascal Grizot, il convient toujours de ne pas se laisser trop déborder par ses émotions et de rester humble, même si, pour ne rester que dans l'univers du golf, il a dirigé la Ryder Cup 2018 et fait sans doute partie des joueurs qui ont le plus remporté de Grands Prix...

Pascal Grizot. « Je n'ai aucun mérite, car ceux qui étaient plus forts étaient passés professionnels, mais c'est vrai que j'ai eu la capacité à gagner, et je l'ai encore. C'est l'exercice de cette capacité qui est intéressant. Car ce qui me motive, ce n'est pas de participer pour participer à une compétition, je joue pour gagner. »

> “ Pascal, en tant que joueur et plus encore en tant que capitaine d'équipes, a remporté les plus grandes compétitions internationales de golf amateur. Son palmarès est exceptionnel, comme en affaires. Dans la mesure où il s'engage toujours à 100 % dans ce qu'il fait, y compris bénévolement comme à la ffgolf, son temps lui est précieux, car compté. C'est donc un homme de *business plan* qui, pour être plus souple et investi dans l'action, cherche à savoir en amont si le projet en vaut la peine, même si cela n'exclut pas quelques échecs et désillusions.

PG. « Je ne dis pas que tous les projets dans lesquels je me suis lancé ont été *successful*, il y a aussi des échecs, et on s'en nourrit alors. On apprend incontestablement plus des échecs que des succès, car ils marquent plus longtemps. Mais on doit apprendre aussi de ses victoires : pourquoi on a gagné. En ce sens, j'ai, là encore, vraiment appris beaucoup du golf. Après, je pense que le succès vient aussi du fait de pouvoir donner sans avoir besoin d'un retour. J'ai toujours agi par pure générosité. Quand je me lance dans la Ryder Cup, je ne me dis pas “C'est fantastique, je vais avoir la Légion d'honneur ou je vais être médiatisé !” Tout ça ne m'a jamais drivé. Il n'y a pas d'autre calcul chez moi que le désir de participer à une aventure humaine extraordinaire. Et quand, en plus, on arrive à faire rayonner son pays, c'est le Graal. Voilà ce qui me drive, et c'est bien encore un terme de golf. »

« De la grande aventure Ryder Cup 2018, nous avons tous en tête la semaine médiatique de la compétition en elle-même, l'aboutissement à Guyancourt, la Victoire de l'Europe. Pascal, lui, garde en mémoire tous les grands et petits moments de ce parcours du combattant.

PG. « Je retiens la course de fond de dix années et pas seulement, tant s'en faut, la dernière ligne droite, pendant laquelle il faut certes continuer à veiller à ce que tout se passe au mieux, même si l'*input* est forcément moins important. Ce n'est pas toujours le dernier trou que l'on garde le plus en mémoire.
Quand je gagne, je repense surtout à tous les efforts collectifs qu'il a fallu faire tout au long du parcours. Quand on décide d'organiser la Ryder Cup, on recrute, comme par hasard, Paul Armitage, l'un des meilleurs directeurs de France à la tête du Golf National ; on a la chance d'attirer Alejandro Reyes, qui est aujourd'hui et de très loin le meilleur superintendant, capable, avec l'aide de la ffgolf, de délivrer le parcours le mieux préparé de l'histoire de la Ryder Cup ! Sans compter tous les bénévoles qui ont participé à ce succès. Tout ça parce que le projet était suffisamment attractif. Quand je remets tout cela en perspective, cette réflexion vous laisse dans un état d'humilité qui, à mon sens, correspond au tempérament qu'il faut avoir pour se lancer dans un nouveau projet.
Quand vous avez réussi un parcours de dix-huit trous, vous avez envie d'en refaire un autre. Dans la vie, c'est pareil. Échec ou succès, la vie ne s'arrête pas au soir de la Ryder Cup, comme elle ne s'est pas arrêtée le jour où j'ai vendu tous mes supermarchés. »

Questionnement en pensant différent :
Pro : Avant de vous investir à 100 % dans une nouvelle activité, pesez-vous le pour et le contre, faites-vous une étude de marché, un *business plan*, ou bien vous lancez-vous à corps perdu, on verra bien ? Cela vous a-t-il réussi ?

Perso : Quand vous êtes dans le dur, à qui ou à quoi pensez-vous ? À abandonner ou à mieux vous entourer et vous dire que cela fait-il partie de l'aventure ?
Sujet de dissertation en cheminant :
Si les Français savaient le rôle de l'intelligence et de volonté, la part de l'esprit et de caractère dans la plupart des sports, avec quel entrain ils y pousseraient leurs enfants !
Pierre de Coubertin

Stratégie / Coup 34 - Surmonter la frustration

Avec Christophe Muniesa, directeur général de la ffgolf

Au début des années quatre-vingts, chez les golfeurs Juniors, vous aviez deux catégories : ceux dont les parents jouaient depuis des générations et avaient eu la chance de commencer le golf à cinq ans, et ceux dont les parents ne pratiquaient pas et avaient commencé un peu par hasard au début de l'adolescence... Christophe Muniesa faisait partie de ces derniers.

Christophe Muniesa. « J'ai personnellement découvert le golf vers douze ans, après avoir pratiqué pas mal de sports individuels et collectifs. De nombreux sociologues ont planché sur ce thème du choix de l'activité sportive, notamment le Canadien Jean Côté, dont les productions scientifiques font aujourd'hui autorité. Il parle à l'adolescence de *sampling years* (années d'échantillonnage).
Certains sports, et le golf en fait partie, n'attirent généralement qu'après qu'on a essayé d'autres activités. Le golf est un sport un peu particulier pour les enfants, car il requiert beaucoup d'attention, de concentration, et c'est justement ce qui m'a séduit, comme je l'avais été précédemment par les échecs ou le tennis. J'étais donc déjà plus intéressé par les sports individuels.
Ce qui est spécifique au golf, c'est la gestion du temps et la gestion du coup, qui sont très différentes des autres sports. Ça

peut s'apparenter au tir, au billard, aux sports d'adresse. Vous jouez votre propre balle avec votre matériel, vous avez le temps de préparer votre stratégie en amont, votre coup. Comparé aux sports d'équipes, personne ne vient vous presser, vous bousculer, vous piquer la balle. En amont du coup, vous avez donc cette programmation qui réclame une activité mentale particulière. Enfin, la dimension physique joue également, car pour envoyer une balle à deux-cent-cinquante mètres, vous avez besoin d'être habile, affûté, parfaitement coordonné. Ce sont tous ces éléments réunis en une seule activité qui m'ont séduit. »

« Au golf, tout n'est pas luxe, calme et volupté. Ce sport est une école de patience et de détermination. Certains s'accommodent mieux que d'autres de la frustration des débuts, de cette « barrière à l'entrée », comme on dirait dans le monde de l'entreprise.

CM. « Au golf, les six premiers mois peuvent être difficiles. Pour un enfant, rater trois coups sur quatre est formateur, mais peut aussi être ultrafrustrant. Si vous le prenez comme un défi personnel, un challenge à relever, alors vous parvenez à vous investir dans la pratique et finissez par surmonter l'obstacle. Ou alors, vous avez plus de succès dans d'autres activités culturelles ou sportives, avec un *reward* plus immédiat, et vous vous éloignez de la pratique du golf.

Le golf est donc un sport qui peut parfois exclure, moins pour des raisons socio-économiques (comme parfois, on le condamne, à mon avis, à tort), que pour des raisons liées à la logique interne de cette activité très exigeante. On pourrait reprendre les écrits de Bourdieu sur le sujet, on verrait que des déterminants socioculturels vont vous orienter vers des sports collectifs, où vous aurez une progression relativement linéaire, ou vers des sports individuels, où l'apprentissage va réclamer des investissements de long terme avant d'avoir une récompense à la hauteur du temps consacré.

Cette difficulté, cette récompense différée, peut être un facteur d'attractivité pour les jeunes comme pour les adultes qui aiment relever des défis. Que ceux qui n'aiment pas ça changent de chemin, car ils auront forcément besoin, à un moment ou un autre, de ce type de compétence, de cette capacité à souffrir, à accepter l'échec, d'aller chercher ce dépassement de soi, s'ils veulent progresser en golf. »

Questionnement en acceptant la frustration :
Perso : Jusqu'à quel point aimez-vous relever des défis, vous dépasser ? Jusqu'à quel point le golf muscle-t-il votre goût de relever des défis ?
Pro : Avez-vous eu la curiosité de lire ce que les sociologues et chercheurs en sciences humaines disent de votre activité ?
Sujet de dissertation en cheminant :
Le seul jeu qui appartienne à tous les peuples et à toutes les époques, et dont nul ne sait quel dieu l'a apporté sur terre pour tuer l'ennui, pour aiguiser l'esprit, pour stimuler l'âme. Où commence-t-il, où finit-il ? Stefan Zweig, *Le joueur d'échecs*

Stratégie / Coup 35 - Faire les bons choix

Avec Patricia Meunier-Lebouc, championne de golf

Vent debout ! Ma mission avec ce livre est de vous aider à gagner en cohérence, sans vous enfermer dans un bloc de certitudes, car notre besoin de cohérence peut être également un raccourci cognitif dont il convient de se méfier, notre esprit pouvant être biaisé par de fausses explications causales. J'aimerais vous amener à reconsidérer peut-être certaines de vos convictions, à donner peut-être un nouveau sens à vos choix, puis à garder le cap.
Pour parvenir à prendre les meilleures décisions aux bons moments, Patricia Meunier-Lebouc a eu l'intelligence de faire appel à une préparatrice mentale très tôt dans sa vie. Pour son

équilibre, elle avait compris que son corps et son esprit devaient être associés.

Patricia Meunier-Lebouc. « Nicole, ma préparatrice mentale, avait cette capacité à percevoir chez les gens ce qu'ils étaient vraiment. Elle m'a aidé à poser des critères, des prérequis.
Au-delà de vouloir m'emmener vers la plus haute performance possible, son premier objectif était que je vive les choses de la meilleure façon possible, que j'aie également une vie à côté du golf. Car la compétition quelque part, je n'avais pas à l'apprendre, je l'avais dans le sang. La grande question, c'était dans quel cadre on met tout ça ?
C'était un vrai cadeau d'avoir ce recul sur les choses. Ça m'a aidé à réaliser ce dont j'avais besoin. Savoir de quoi tu as besoin t'aide à faire ensuite les bons choix. Durant toute cette période, de ma décision de passer pro à la victoire au Nabisco, je me rends compte que j'ai fait les bons choix, au bon moment, et sans douter, comme le choix de partir vivre et jouer aux USA.
Je me suis donné la capacité de faire les bons choix, qui paraissent alors évidents et faciles à faire, grâce à tout ce travail de réflexion effectué en amont. La route était déjà tracée. Donc quand j'arrivais à une bifurcation, il était clair que parmi les trois options possibles, eh bien, "c'est ça !" [Patricia fait le geste d'aller tout droit de façon tranchée.] J'ai ainsi appris à faire confiance à mes forces intérieures. Tout était aligné. Cet alignement, je l'ai vécu vraiment très fortement, avec un équilibre entre le corps et le cerveau. Donc pendant toute ma carrière pro, j'ai réussi avec mon entourage à créer un univers sans zones d'ombre : quand j'arrivais devant un challenge, tout était clair. Je pouvais choisir avec mes tripes, je pouvais continuer à rentrer dans l'action à 100 %, comme ça me convient. »

“ Devenue coach à son tour, Patricia aime réunir toutes ses expériences, toutes ses connaissances et compétences physiques, techniques et mentales, pour proposer à ses élèves des exercices originaux, sans club, les aider à ressentir quand ils ne comprennent pas...

PML. « Quand tu es débutant, que tu as un club à la main, une balle au sol, et une cible à cent-trente-cinq mètres, c'est très compliqué de saisir quand et comment tourner les hanches de façon optimale.
D'une façon générale, il est difficile de changer son swing de golf. Aussi, j'aime souvent faire travailler mes élèves avec des exercices sans club, sans balle. J'utilise alors des exercices biomécaniques, avec des élastiques, par exemple, pour améliorer indirectement ce que tout le monde recherche : plus de stabilité, plus de puissance, plus de vitesse à l'impact...
C'est compliqué, car le mouvement du golf est un mouvement global, qui devrait être pris comme un tout, qui ne devrait pas être arrêté comme on le fait en cours. On est, bien sûr, obligé de travailler d'après vidéo, sur des arrêts sur image, pour travailler dans le détail un plan de swing. Je suis la première à le faire, mais quelque part, le swing est trop rapide pour être décomposé en petits bouts. Donc, surtout avec les personnes qui ne sont pas très sportives, qui n'ont pas vraiment conscience de leur corps, qui ne savent pas vraiment où se situe leur club dans l'espace, et donc n'ont pas vraiment la capacité de sentir ce qu'ils mettent en place, j'isole certains mouvements du corps, très utiles pour le swing. Je leur fais travailler spécifiquement ces mouvements, sans club.
Je leur fais faire tel ou tel geste de lancer, comme des ricochets, en leur expliquant à quelle partie de leur swing ça correspond. Ensuite, petit à petit, le club en mains, mes élèves finissent par créer des ponts, des liens entre ces différents éléments physiques, et cela les aide vraiment à progresser.
Je suis très concrète, j'aime beaucoup cette approche biomécanique à laquelle je me suis formée aux États-Unis. À Ibis (Floride), où j'enseigne, j'ai appris beaucoup également avec Martin Hall. La technique, pour moi, ne doit pas être négligée, car une

bonne technique permet d'avoir plus de plaisir à jouer. Mais comme je suis partisane de l'équilibre, dans mon coaching, je m'occupe de tout : technique, physique, mental. C'est sans fin. Sans fin. »

Questionnement en forme de synthèse :
Perso : Êtes-vous aligné, avez-vous un bon équilibre corps/cerveau ? Entre ce que vous pensez, ce que vous dites, ce que vous faites, est-ce cohérent ?
Pro : Êtes-vous capable de décomposer la complexité pour aider l'autre à s'améliorer ? Vous formez-vous à de nouvelles approches pour voir les choses sous un autre angle ? Vous mettez-vous à la place de votre client pour mieux le satisfaire ?
Sujet de dissertation en cheminant :
La tête vous fait rater beaucoup plus de coups que le corps.
Tommy Bolt, golfeur surnommé le Thunder

Stratégie / Coup 36 - Sortir de l'équation
Avec Stéphane Bachoz, coach de golf

« Le bonheur à la clé ! » Je n'ai jamais fait et ne ferai jamais cette promesse aux personnes que j'accompagne. On connaît la réponse cinglante du Général de Gaulle à un journaliste qui lui demandait s'il était heureux : « Vous me prenez pour un con ? » Néanmoins, à défaut de bonheur ou de bien-être permanent, la promesse d'être mieux plus souvent, de moins souffrir, d'éprouver plus de plaisirs, paraît envisageable, sachant que la notion de bien-être est subjective. Quels sont les ingrédients de votre mieux-être personnel, ce « truc » qui éveille vos nerfs, vos neurones, vos synapses et diverses substances biochimiques ? Ma volonté est de vous aider à trouver votre truc, à donner du sens à la vie que vous avez choisie, de vous aider à clarifier votre destination, votre plan de route, pour savoir où, quand, comment vous devez bifurquer lorsque vous êtes à la croisée des chemins. Et c'est peut-être en commençant par jouer autrement au golf ! Comme Stéphane Bachoz, qui considère que la base de son travail, c'est d'aider tous les golfeurs à devenir heureux avec leur Je.u.

Stéphane Bachoz. « Pour faire simple : le sport, c'est plus haut, plus loin, plus fort. C'est la beauté de tous les sports. O.K. Au golf, ce n'est pas ça : pour être performant, il faut pouvoir trouver l'harmonie entre soi et soi.
Si tu veux être heureux avec ton jeu, tu dois être heureux avec ton Je, c'est le premier point. Commence donc par trouver l'harmonie entre toi et le matériel : le club est plus fort que toi. Si tu en doutes, mets-toi une petite claque avec un fer, tu verras très vite que c'est lui le chef. [Rires] La balle est également plus forte que toi [même test]. Commence par trouver l'harmonie avec la nature, qui, elle aussi, est beaucoup plus forte que toi. »

> « En partant avec cet état d'esprit d'un jeu de golf de toute façon plus haut, plus loin, plus fort que soi, on retrouve son état de nature face aux éléments... Cette idée me fait toujours penser au célèbre « homme mort avec son bâton crochu », dessiné sur les parois de Lascaux.

SB. « Je dis souvent à des top managers que je coache : "Disparaissez, sortez de l'équation, vous êtes trop présent dans votre entreprise ! De toute façon, vous ne servez à rien. Vous pensez le contraire car, quand vous n'êtes pas là, tout se casse la figure. Alors que tout s'écroule parce que vos équipes se disent : 'Il n'est pas là, donc je ne fais rien.' Vous ne savez pas vous effacer. Donnez à vos employés les moyens de progresser grâce à l'auto-évaluation, aidez-les à rebondir sur des échecs, et ils parviendront à l'autonomie."
Quand les managers ont un club en main, je leur propose tout pareil de disparaître, et ils font une drôle de tête. Je leur dis : "Je

te respecte en tant qu'homme, manager, joueur, mais je suis au regret de t'annoncer que tu n'es pas plus fort qu'un club de golf. Tant que toi, tu n'auras pas disparu, ça ne marchera pas." Je les invite à donner le pouvoir à celui qui est le plus fort, le club, à se mettre à son service, sans le contrarier.
Je leur dis : "Accepterais-tu, dans ton entreprise, qu'un collaborateur te contrarie sans arrêt ? Est-ce possible ?
— Non, il ne resterait pas très longtemps.
— Eh bien, au golf, il se trouve que le patron, c'est le club. Donc si tu te mets contre le patron, tu sais ce qu'il va se passer : il va t'éjecter. Je te rassure, quand tu rangeras le club, tu redeviendras le chef. [Rires] Mais là, sur le parcours, le chef, c'est le club. Tu as beau être le plus grand manager du monde, la nature est plus forte que toi. Donc, cède la place..." »

« Ne cherche pas à être quelqu'un d'autre, à être plus fort, plus régulier, mais plus heureux avec ton Je, et pour ça, « il faut que tu disparaisses. » O.K. Mais comment ? Pour mieux faire disparaître les managers a priori surpuissants, le coach utilise toujours la même méthode : il les rassure en créant un environnement d'apprentissage favorable, sécurisé, où ces leaders n'auront pas peur du ridicule ni d'un éventuel échec.

SB. « Que ce soit avec des managers, des débutants ou des joueurs du Tour – car avant tout, ce sont des êtres humains –, je commence par leur donner beaucoup d'amour, les mettre dans une situation où ils n'auront pas peur de rater. »

Questionnement en sortant de l'équation :
Perso : Comment pourriez-vous disparaître davantage, céder la place à d'autres forces ?
Pro : « C'est qui, le patron ? » Quand vos employés échouent, quelle est votre part de responsabilité ? Comment pourriez-vous les faire réussir ?

Sujet de dissertation en cheminant :
Tu as trop d'ego dans ton cosmos.
Rudyard Kipling, *L'Homme qui voulut être roi*

LE VOYAGE DU HÉROS
S'ASSOUPLIR

En chemin, j'ai traversé une deuxième épreuve. Malgré le vent debout, j'ai conservé ma cohérence avec l'aide de mes amis qui m'ont soufflé cinq stratégies :

- ☑ *Trouver son mode d'emploi.* Dominique Fournet
- ☑ *Penser ensemble différent.* Pascal Grizot
- ☑ *Surmonter la frustration.* Christophe Muniesa
- ☑ *Faire les bons choix.* Patricia Meunier-Lebouc
- ☑ *Sortir de l'équation.* Stéphane Bachoz

Et j'ai remporté une deuxième bataille : je sais ce que je suis.

MISCELLANÉES
ENTRE FONCTIONNEMENT ET FOI

ACTION TYPES

L'approche Action|types® dont s'inspire Dominique Fournet a été inventée dans les années quatre-vingt-dix par les coachs Bertrand Théraulaz et Ralph Hippolyte. Utilisée à la base dans le sport de haut niveau pour éviter les blessures et amplifier les performances individuelles, cette méthode permet d'étudier ses propres préférences motrices et ses variations dans le temps, en fonction du contexte. Les auteurs ont ensuite trouvé un point de jonction entre préférences et typologie jungienne des individus, ce qui a ouvert leur champ d'application.

Cette approche est extrêmement intéressante pour appréhender ses préférences de fonctionnement et pour s'interroger sur son « mode d'emploi. » Mais comme l'a souligné Jung lui-même, « il est assez stérile d'étiqueter les gens et de les presser dans des catégories. » Je prendrai ce seul et prestigieux exemple : Gandhi était introverti, à l'image d'un sage, et extraverti, à l'image d'un chef d'état révolutionnaire. Donc ne vous laissez pas enfermer dans des cases, et je sais que ce ne sont pas les vrais promoteurs de la méthode Action Types qui me contrediront.

VÉHICULE

« Quel type de voiture es-tu ? Quel est ton carburant ? Qu'est-ce qui te fait avancer ? Quelle est ta marche avant ? Quelle est ta marche arrière ? Qu'est-ce qui se passe quand tu es bien ? Qu'est-ce qui se passe quand tu es mal ? Qu'est-ce que tu ressens quand tu gagnes et quand tu perds ? Quel est ton comportement alors ? Quel est ton équilibre ? Quelles sont tes préférences naturelles ? Quels sont tes goûts culturels ? En es-tu sûr ? »

Une fois que tu sauras quelle voiture tu es, comment et à quoi tu fonctionnes, on s'intéressera à ta manière de conduire cette voiture, ce véhicule que la nature t'a donné pour traverser la vie.

HOMO SAPIENS

Visible est notre corps : grand, petit, plus ou moins souple, fort, etc.

Visible est notre identité sociale : maison, voiture, vêtements, âge, situation familiale, diplômes, fonction, hobbies, etc.

Visible est notre technique : avec des data dans tous les sens, des vidéos avec arrêt sur image, des mesures Trackman à l'appui, dans tous les domaines, etc.

Toute cette partie visible, nous la contrôlons plus ou moins. Mais quid de la partie immergée de l'iceberg ? La partie invisible, qui est présente en permanence, dans tous nos actes, mais qui est insaisissable par la vidéo ou l'imagerie cérébrale et pourtant bien présente dans le swing ?

Où sont nos préférences, nos émotions, nos instincts ?

On se voudrait des êtres très sophistiqués. Mais où se cache le

fourrageur qui s'est exercé à la chasse et à la cueillette durant des dizaines de milliers d'années ? N'est-ce pas lui qui anime le tout en nous, bien avant le scribe vieux de seulement trois mille ans ?
Coincés dans nos bureaux, les sens en éveil, nous avons besoin de mouvements, de verdure et de sensations. Nous ne sommes plus alors des simples golfeurs, mais des Homo sapiens en mode chasse qui partons en bande dans la vallée avec des fers propulseurs. Nous sommes des corps compétents inconscients, animés par des pulsions de vie et de mort, des esprits libres contrôlés par un surmoi oscillant entre le bien et le mal.

SYSTÈME 1 / SYSTÈME 2

Selon le prix Nobel d'Économie et psychologue Daniel Kahneman, nous disposons de deux systèmes de pensée :

- le Système 1 : rapide, intuitif, émotionnel ;
- le Système 2 : lent, réfléchi, logique.

Deux systèmes en concurrence et complémentaires, très utiles, selon moi, pour appréhender la stratégie à mettre en place au golf, en préparation mentale et sur le parcours.
Le Système 1 réagit, comme son nom l'indique, en premier, et s'il ne parvient pas à trouver une réponse automatique satisfaisante, il envoie un message au Système 2, qui prend alors les commandes. Le problème est que faire fonctionner ce deuxième système coûte beaucoup plus cher : cela exige une grosse dépense d'énergie, un effort de mise en route, d'attention, de concentration. Le cerveau réclame alors du sucre pour bien fonctionner (c'est pourquoi il n'est jamais bon de négocier avec quelqu'un qui meurt de faim). Bref, faire fonctionner le Système 2 fatigue, et notre cerveau, comme la mémoire vive d'un ordinateur, a tendance à saturer très rapidement. Donc pour s'économiser, on privilégie souvent le fonctionnement en Système 1, qui ne s'embarrasse ni de nuances ni de compromis : il se fonde sur sa première intuition, et c'est voté !
Notre première impression, que l'auteur nomme « amorçage », a donc une forte influence sur les automatismes du Système 1

et les actions qui vont en découler. Par exemple, le mot « vieillesse », lu ou entendu, nous fait marcher moins vite, sans que nous en ayons conscience. Si les mots sont simples et bien contrastés, ils n'alertent pas le Système 2, et donc le Système 1 continue à « marcher lentement. »

Inutile d'alerter le Système 2 quand les enjeux sont mineurs. C'est pourquoi l'ordre dans lequel on présente des informations à une importance cruciale pour éveiller ou non l'attention du Système 2 (phénomène d'amorçage). Ainsi, si l'on demande à des jeunes gens « Êtes-vous sortis ces jours-ci ? », puis « Êtes-vous heureux ? », la réponse sera différente, selon l'ordre des questions. Je ne vous ferai pas ici un cours sur l'utilisation de ce phénomène par la publicité ou la propagande, mais je vous laisse imaginer...

Il en va de même de l'ordre dans lequel nous prenons des informations avant d'effectuer un coup de golf : il n'est pas bon de focaliser sur l'obstacle en dernière impression, sans quoi, au moment de lancer le club, on active à mauvais escient le Système 2, qui nous fait basculer en mode compétent conscient...

Le Système 2 permet d'anticiper des prises de décision à moyen et long terme, de prendre de la distance, d'établir des objectifs, de « sortir la tête du guidon », d'échapper aux truismes, grâce à une vision externe, et de se poser toutes ces questions essentielles et supérieures qui commencent par « Et si... » Le Système 2, très évolué, permet d'anticiper et de contrer les échecs potentiels en acceptant l'incertitude. Ainsi, l'aversion à la perte, qui est le standard du Système 1 quand il est confronté au choix, doit être modérée par le Système 2, car trop d'attention sur la perte potentielle empêche la prise de risque et freine par conséquent l'évolution possible.

Pour bien programmer le Système 1, il est donc indispensable de faire travailler le Système 2, afin de répondre aux grandes questions qui exigent de la hauteur de vue : quelle stratégie sur la saison, sur le parcours, quels coachs choisir, quelle hygiène de vie avoir, quels clubs mettre dans mon sac ? Le Système 2 est

fondamental dans la préparation, les *business plans*, la conception du « Cheval de Troie »... Il l'est beaucoup moins dans l'action.
Sur le parcours, coup après coup, après nos séances d'entraînement au practice, les tâches cognitives ne sont pas des plus élaborées, à commencer par la prise d'information : arbres, mare, lie, vent, pente, distance, zone cible... Ça tombe bien : le Système 1 est justement le spécialiste de la prise d'information rapide du chasseur. Mieux, la confiance dans l'action est une réponse automatique qu'il affectionne... s'il n'est pas perturbé par une peur irrationnelle ou une question parasite soudaine qui éveillerait le Système 2.
Donc, je suis à 100 m du drapeau, entrée de green 90 m, sortie 115 m, léger vent favorable : quel club dois-je pendre ? Si vous connaissez vos distances au fer, pas besoin d'être un génie du Système 2 pour trouver la réponse : laissez le Système 1 s'en charger ; 95 % du temps, il saura quel coup jouer, et pour les 5 % restants, faites un coup roulé avec votre club préféré.
En tout cas, un martin-pêcheur qui plonge pour attraper un poisson calcule des choses bien plus compliquées (du genre FS = 1/2pSCSV2, un calcul qui a inspiré le design du TGV japonais, si, si !) en un dixième de seconde ! Certes, l'oiseau rate parfois sa prise, mais le grand Michael Jordan a raté 1 445 lancers francs en NBA ! L'échec fait partie du chemin.
Le rôle principal du Système 2 est d'agir en amont du parcours, pour la saine préparation du filtre du Système 1. Une fois programmé comme il convient, le Système 1 reste calme et sait se servir automatiquement de ses ressources innées et acquises pour prendre la bonne décision, en se fondant sur son intuition – qui n'est rien d'autre que de la reconnaissance – et l'appliquer comme il a appris, en confiance. Si le Système 1 est bien amorcé, sur les bons rails, avec des pensées positives, c'est lui qui peut nous mener au flow. Et c'est toujours le Système 2 qui risque de nous en sortir, comme Dustin Johnson au Northern Trust 2020 : DJ est sur un nuage et réussit l'exploit de jouer -11

après onze trous ! Il enchaîne birdie sur birdie, mais je pense que son Système 1, frétillant de joie, a fini par alerter son Système 2 de l'événement historique à portée de main, et imperceptiblement, Dustin (avec son cadet) s'est appliqué à s'appliquer un tout petit peu plus que de coutume, et il a fini avec seulement sept pars : -11 au final.

POÉSIE

Sur un parcours de golf, après les neuf trous de l'aller, le chemin n'est pas fini. Après le retour, au 18e trou, le chemin ne sera toujours pas fini. En tout cas, c'est tout le mal que je vous souhaite. Quand le président John F. Kennedy devait quitter une assemblée, il s'excusait en citant le poète Robert Frost : « Désolé, je dois partir : “J'ai des promesses à tenir, et la route est longue avant le repos.” »

Vous aurez peut-être remarqué que je parle souvent de poésie et de Kennedy. Pour l'expliquer, je citerai, une fois encore, le président assassiné à Dallas : « Quand le pouvoir corrompt, la poésie purifie. » Et Wallace Stevens : « La poésie est une façon de rendre acceptable l'expérience quasi inexplicable que l'on est en train de vivre. » C'est un message essentiel, car je partage totalement la prophétie de Jean-Pierre Siméon : « La poésie sauvera le monde, si rien ne le sauve. »

Je crois que la poésie permet d'appréhender ce qui nous échappe, autrement que par des data (bien que très utiles, par ailleurs, pour éviter nos fautes logiques, si les variables et les algorithmes sont bien paramétrés), en particulier, la partie immergée de notre personne, de l'avatar, de l'inconnu, de l'Homo sapiens qui est en nous au cœur de l'infini… « Il s'agit toujours, pour le poète, sans la nier, de traverser l'évidence du fait pour rejoindre l'universel humain », rappelle Siméon.

« L'homme ne se distingue pas en premier lieu des animaux par le langage, par la création de concepts ou par la réflexion, écrit le psychanalyste François Roustand. Il s'en distingue parce que, d'abord et avant tout, il perçoit le monde dans sa totalité et ses différences, ce qui équivaut à dire qu'il établit des correspon-

dances ou qu'il invente des liaisons. En d'autres termes, l'individu humain manifesterait l'appartenance à son espèce par son pouvoir poétique. » Et « chose admirable, comme le soulignait Hugo, la poésie d'un peuple est l'élément de son progrès. »
Pour résumer : tout poème est l'écho d'un combat sans fin contre le renoncement.

OBJECTIF LUNE
Au début des années soixante, après avoir promis d'envoyer un homme sur la lune d'ici la fin de la décennie, lors d'une visite au Centre spatial de Cap Canaveral, le président Kennedy demanda à un employé en combinaison de travail ce qu'il faisait là. Le mécanicien lui répondit : « Je fais ma part pour envoyer un homme dans la lune. » Waouh !
À quoi participez-vous ?

THINK DIFFERENT
On ne retient des champions que leurs plus belles victoires, en omettant souvent les épreuves et les difficultés qui ont émaillé leur parcours. Par exemple, d'aucuns estiment que Kennedy a eu toutes les chances que l'on puisse avoir sur terre ; pourtant il est loin d'avoir tout réussi, il a dû renoncer à beaucoup de choses, a perdu deux enfants, a souffert physiquement toute sa vie avant d'être assassiné à quarante-six ans.
Mais pour parler du monde de l'entreprise plutôt que d'histoire, je prendrai l'exemple de Steve Jobs. On se souvient, bien sûr, de son lancement de l'iPod en 2001 et du triomphe de l'iPhone en 2007, qui ont assuré le succès planétaire d'Apple. Mais avant cela, en 1985, saviez-vous que Steve Jobs s'était fait licencier d'Apple, sa propre société ?! Cette société qu'il avait cofondée en 1976 avec Steve Wozniak et Ronald Wayne. « Viré ! »
C'est Jobs, lui-même, qui a rappelé ce traumatisme devant un parterre d'étudiants de l'Université de Stanford, en 2005 : « Comment peut-on vous virer d'une société que vous avez créée ? C'est bien simple, Apple ayant pris de l'importance, nous avons engagé quelqu'un [John Sculley, débauché de Pepsi-Cola]

qui me semblait avoir les compétences nécessaires pour diriger l'entreprise à mes côtés, et pendant la première année, tout se passa bien. Puis nos visions ont divergé, et nous nous sommes brouillés. Le conseil d'administration s'est rangé de son côté. Donc à trente ans, j'étais sur le pavé. Et ce, très publiquement. Ce qui avait été au centre de toute ma vie d'adulte avait disparu, et c'était épouvantable. [...] J'étais un échec public, et j'ai même pensé à fuir la Silicon Valley.
Mais j'ai alors commencé à réaliser quelque chose : j'aimais toujours ce que je faisais. La tournure des événements à Apple n'y avait rien changé. J'avais été rejeté, mais j'étais toujours amoureux. Donc j'ai décidé de recommencer. »
Licencié, Steve Jobs part donc fonder NeXT Computers, puis s'empresse d'acheter Pixar à Lucasfilm, qui produira *Toy Story*, le premier film d'animation créé par ordinateur, en 1995.
En 1996, après l'échec commercial de l'agenda électronique Newton, la société Apple est en grandes difficultés financières. En quête d'un nouveau système d'exploitation, la firme à la Pomme ne voit d'autre solution que d'acheter... NeXT (quatre-cents millions de dollars), et c'est ainsi que Steve Jobs réintègre Apple comme conseiller.
En septembre 1997, il redevient iCEO, lance le slogan *Think different* et explique à ses collaborateurs qu'ils devront désormais se concentrer sur quatre produits au maximum. Retour gagnant : « Je suis presque sûr que rien de tout ça ne se serait produit si je n'avais pas été viré par Apple. C'était un médicament au goût affreux, mais j'imagine que j'en avais besoin. Parfois, la vie vous frappe la tête avec une brique. Ne perdez pas la foi.
Je suis convaincu que la seule chose qui m'a permis de continuer est que j'aimais ce que je faisais. Il faut que vous trouviez ce que vous aimez. Et c'est aussi vrai dans le travail qu'en amour.
Votre travail va remplir une grande partie de votre vie, et la seule façon d'être pleinement satisfait est de faire quelque chose que vous estimez important. Et le seul moyen de faire

quelque chose d'important est d'aimer ce que vous faites. Si vous n'avez pas encore trouvé, continuez à expérimenter. Ne vous arrêtez pas. C'est comme l'amour : vous saurez quand vous l'aurez trouvé. Et comme dans toutes les formidables relations, ça ne fera que s'améliorer au fur et à mesure des années. Alors, continuez à chercher jusqu'à ce que vous trouviez. Ne vous arrêtez pas ! » *Pensez différent.*

PAS DE VICTOIRE SANS ÉCHEC

Après une victoire ou un échec, la vie ne s'arrête pas. Aujourd'hui, le plus grand concurrent d'Apple n'est plus Microsoft, mais Google, une énorme machine à essayer. Sa méthode : essayer beaucoup, rater la plupart du temps, et parfois réussir de grandes choses !

Sans échec pas de réussite. Le meilleur golfeur au monde n'a pas acquis la sûreté de ses coups sans un long entraînement. Et ce ne sont pas ses derniers drives de trois-cents mètres plein fairway, ses dernières approches rentrées qui lui assurent sa maîtrise. Les premiers coups ratés, les innombrables putts manqués ont contribué à sa formation autant que ses meilleurs coups. Pas d'impatience, ne brûlez pas les étapes. Attendez toujours la fin de l'histoire pour savoir si l'échec n'est pas votre meilleure chance...

Un an après la fondation de Google, Larry Page et Sergueï Brin (à titre d'information : « qui n'était d'accord sur rien », à l'image de l'équipe Apple) étaient prêts à vendre leur moteur de recherche pour moins d'un million de dollars, mais l'acheteur, George Bell d'Excite, a trouvé le prix trop élevé. Un échec qui a finalement assuré la fortune de Page et Brin. En janvier 2018, Google pesait 793 268 milliards de dollars ! Le hasard a sa part, toujours.

LA PEUR DE LA PERTE

On est parfois témoins de situations bizarres, de comportements anormaux, où la personne que l'on observe se met soudain à déjouer, à faire n'importe quoi, à tout faire pour échouer,

à faire comme exprès de rater ! Cela arrive plus souvent qu'on ne le croit, et on observe fréquemment ce phénomène chez des personnes naturellement douées : par exemple, elles vont laisser tomber un match – y compris après un entraînement très long et très dur – dès que ça devient un peu difficile pour elles de gagner. Pourquoi laissent-elles « filer » quand d'autres s'accrochent ?
En fait, pour répondre à cette question, il conviendrait de demander à ces personnes quelle est leur plus grande peur. Que craignent-elles plus que de perdre un match ?
Qu'est-ce qui se joue dans cette histoire ? Je ne pense pas que ces personnes craquent parce qu'elles seraient moins endurantes que d'autres. L'endurance fait partie de notre ADN commun. Je pense avant tout qu'elles cèdent parce qu'elles ne veulent pas perdre quelque chose de plus précieux pour elles que ce match : elles ne veulent pas perdre leur talent, leur don, leur identité. Elles sont victimes de l'image qu'elles ont d'elles-mêmes et qu'elles pensent que les autres ont d'elles. Elles ont peur en perdant leur don aux yeux des autres d'être rejetées, de ne plus être aimées... Pour s'accrocher, transpirer, se dépasser au risque de perdre, malgré tous les efforts fournis, elles ont besoin de savoir qu'elles méritent estime et amour, avec ou sans talent spécial, avec ou sans victoire.
« L'ambition fait préférer une défaite à une victoire qui ternit la renommée du chef », nous dit autrement William Shakespeare.
D'où la nécessité, dans tout apprentissage, dans tout coaching, de travailler dans un cadre affectif sécurisant. En tant que coachs, que formateurs, nous devons préserver nos protégés du doute, surtout avant une épreuve, nous devons renforcer leur confiance, tant sur le plan de leurs compétences que sur le soutien indéfectible qu'on leur porte.
Pour être un peu plus au clair avec vous-même, pour déterminer raisons cachées et éventuels bénéfices secondaires, je vous invite à répondre à ces questions : « Quelle pression ressentez-vous ? Comment pourriez-vous la réduire ? »

Cela me fait penser au quadruple bogey du sensible Rory McIlroy au premier trou de « son » British Open 2019 en Irlande. Son +4 après un trou met fin directement et immédiatement à toutes pressions. Stressés, ne faisons-nous pas souvent pareil en commençant nos compétitions par des doubles aux trous 1 et 2, et en mettant cela sur le compte du manque d'échauffement ?
Quels seraient les avantages de votre réussite ? Quels seront les inconvénients de votre réussite ? Quels seraient les inconvénients de votre échec ? Quels seront les bénéfices de votre échec ?
Rory, à l'issue de ce British raté, a tenu ce discours : « C'est étrange à dire, mais rater ce cut a été l'une de mes meilleures expériences sur un parcours de golf. Je me suis rendu compte à quel point je comptais pour les gens autour, et à quel point ils comptaient pour moi en retour. C'est une chose que je n'avais jamais ressentie de manière aussi forte. »
Qu'avez-vous peur de perdre avant tout ?

ÉCHOUER MIEUX

La première chose à retenir d'un échec, c'est qu'il s'agit d'abord d'une tentative d'évolution, de progrès. On le sait, dans tous les sports, risquer la chute, tomber, c'est aller chercher des sensations qui, petit à petit, nous mèneront à un meilleur équilibre. Donc amusez-vous comme un enfant qui apprend à marcher : tombez ! Mettez un casque si vous avez peur des bosses, mais tombez !
Au bout du compte, d'échec en échec, il convient toujours de se relever et de repartir. Comme le révèle le proverbe japonais : « Le succès, c'est tomber sept fois, se relever huit. »
En paraphrasant Samuel Beckett, on pourrait dire : toujours essayer, toujours échouer, ce n'est pas grave, essaie encore, golfe encore, golfe mieux. Et ainsi, tu t'accorderas le droit de passer à une nouvelle étape de ta vie. Il n'y a pas d'échec, il n'y a que de la vie. Parcours de vie et parcours de golf se répondent.

DÉCISION

« Si c'est flou, c'est qu'il y a un loup », disait la grand-mère d'une femme politique française. Je crois que sa grand-mère, avec tout son bon sens, avait parfaitement raison. Faites appel à un coach mental ou à un psy, ou à qui vous voulez, mais débusquez ce loup qui vous parasite si vous voulez vous clarifier et vous faciliter la vie.

Christophe Pottier, coach à ParisLongchamp et référent golf du groupe Barrière, a très bien exprimé la bonne manière de prendre une décision et de s'y tenir dans l'émission *Fréquence Golf* en commentant le Masters d'Augusta 2020 : « Une fois la décision prise [choix de la zone, trajectoire, club...], il faut la mettre en œuvre, sans surjouer, ni déjouer, en jouant le coup à 100 %, que l'on vise une zone safe ou que l'on cible le drapeau. » Décision ferme, engagement dans l'action quelle qu'elle soit. Pensez comme Christophe : jouez simple et franc jeu.

IMAGE DU CORPS

Le psychiatre Paul Schilder (1886-1940) est considéré comme le créateur du concept d'*image du corps* qui joue un rôle fondamental dans la relation de l'homme à lui-même, à ses semblables et au monde autour de lui.

En 2012, Marc Jeannerod, médecin spécialisé en neurophysiologie, dans son article *De l'image du corps à l'image de soi*, l'exprime ainsi : « L'image du corps fait partie de la représentation qu'un sujet a de lui-même : je sens mon corps comme le siège de sensations et d'expériences que je vis “en première personne”, et qui m'appartiennent en propre. Parmi ces expériences, les actions tiennent une place prépondérante, puisqu'elles ont à la fois le soi comme lieu d'origine et le corps comme lieu de leur manifestation. Le fait de se sentir l'auteur de ses actions et de se les attribuer renforce le sens de la possession du corps. »

Le golf peut vraiment aider à cela.

BIOMÉCANIQUE

La biomécanique est l'analyse des propriétés mécaniques d'un être vivant. Son objet d'étude est le système neuro-musculo-squelettique (interactions entre les neurones, les muscles et le squelette). Parmi les premiers biomécaniciens, on peut citer Léonard de Vinci avec son Homme de Vitruve, notamment.

Au golf, on chemine beaucoup, et c'est très bien, puisque la marche sollicite tout notre corps : contrôle proprioceptif conscient (sens kinesthésique) et inconscient (cervelet), contrôle extéroceptif (corpuscules de Pacini), contrôle visuel supérieur (vision), contrôle labyrinthique (oreille interne) et contrôle au niveau des nocicepteurs (phénomène réflexe).

Marcher est une action simplexe, une véritable optimisation de nos capacités. Les analyses énergétiques démontrent que la marche à une vitesse naturelle de 5 km/h est le compromis le plus efficace entre vitesse et consommation d'oxygène.

Marcher n'est pas simple. On le voit : les robots humanoïdes sont encore loin d'avoir notre agilité et notre fluidité de mouvement. Les composantes de la marche – posture, rythme locomoteur, regard et geste – sont également la base du swing de golf.

Le « lancer de balle avec club » correspond à un mouvement particulièrement complexe, qui engage tout le corps (avec quatorze clubs, soit quatorze bras de levier différents) que l'on doit adapter à différents lies et aux trajectoires désirées... Heureusement, notre cerveau sait changer de référentiel et adapter rapidement les réponses motrices aux informations sensorielles. Quel formidable terrain d'expérimentation pour les biomécaniciens et les roboticiens ! On comprend aussi pourquoi The Scientist DeChambeau, qui cherche à simplifier le golf, a opté pour des fers de longueur unique, un seul bras de levier, mais toujours d'infinies possibilités, puisque Ballesteros arrivait à sortir des bunkers avec son fer 3.

LEADERSHIP ET INTENTION

Managers, on vous aime ! Ne disparaissez pas totalement, nous avons encore besoin de vous ! Mais peut-être devriez-vous songer à manager autrement. Car il y a toujours d'autres possibles... « *Think different !* » disait Steve Jobs à ses troupes. Voici une autre histoire vraie qui, je l'espère, vous éclairera dans la nuit... C'est celle du Captain David Marquet qui a démontré que, dans un groupe, chacun pouvait se prendre en charge et exécuter un meilleur travail, à condition que l'environnement soit propice à la responsabilisation. Son terrain d'expérimentation : un sous-marin nucléaire de l'US Navy.

Mais revenons aux origines... Depuis la nuit des temps, le management repose sur l'organisation pyramidale : un chef dicte à ses subordonnés ce qu'ils doivent faire. Toutes les décisions, toutes les responsabilités reposent sur les épaules du chef, les équipiers n'ont qu'à suivre les ordres. Ave Cesar. Les inconvénients sont nombreux et créent des souffrances collatérales. Les employés se sentent humiliés, négligés, réduits à des rouages, comme le Charlot des *Temps modernes*, et les leaders se sentent isolés, incompris, mal aimés, et déplorent le manque de reconnaissance et d'implication de leurs employés.

Dans les entreprises qui font appel à mes services, j'ai souvent constaté que beaucoup recrutent après moult sélections drastiques de brillants experts diplômés pour leur faire exécuter des ordres, au lieu de leur demander de faire preuve d'initiative. Évidemment, trois mois plus tard, les deux parties sont déçues. Les managers s'étonnent d'avoir des problèmes « avec ces jeunes qui ne veulent plus travailler ». Je dois donc leur expliquer en quoi ce mode de management ne séduit plus du tout les générations Y ou Z. « Basique, vous n'avez pas les bases », dit le rappeur Orelsan.

Bien sûr, les entreprises les plus innovantes tentent quelques rééquilibrages en donnant plus de pouvoir aux employés, mais quoi qu'on en dise, le système central repose toujours sur la figure paternelle du chef. Ainsi, l'idée même de donner du pouvoir sous-entend qu'on peut le retirer. Le subordonné n'est pas idiot, il sait parfaitement qu'il n'est pas émancipé. Et les sempiternelles questions demeurent. Comment entendre la véri-

table parole en sous-sol, comment exploiter au mieux toutes les compétences de son équipage ?
Dans son livre *Turn The Ship Around*, David Marquet explique comment il a réussi à renverser la vapeur avec sa méthode née, comme toujours, un peu par hasard… Il commence par nous narrer son ascension des multiples échelons qui mènent au commandement d'un sous-marin nucléaire américain. Il raconte comment il a dû passer une année entière à étudier de A à Z le mode d'emploi de l'USS Olympia, sur lequel il devait être affecté. Mais juste avant sa prise de fonction, sa hiérarchie a décrété qu'il servirait finalement sur l'USS Santa Fe, le sous-marin le plus mal noté de la Navy !
Qu'à cela ne tienne, David s'exécute comme il convient dans l'Armée. À peine embarqué, il donne un ordre à son second qui le répercute tout au long de la chaîne de commandement, jusqu'au matelot qui doit exécuter l'ordre. Mais celui-ci panique, il ne peut rien faire. Il ne peut pas exécuter l'ordre, puisque la manœuvre demandée est tout bonnement irréalisable sur le Santa Fe, dont le mode d'emploi n'a rien à voir avec celui de l'Olympia. Le second de David le savait d'emblée, mais n'a rien osé dire ; il s'en explique ainsi à son supérieur : « À l'Armée, on ne discute pas un ordre. » Certes…
David comprend alors qu'il est un véritable danger pour son navire et ses hommes. Pour éviter toute catastrophe, il décide de passer d'un management leader/exécutants à un management leader/leader. Dès lors, c'est le principe du « j'ai l'intention de » (sur lequel j'insiste dans ce livre) qui sera mis en œuvre. Le Captain Marquet continue à donner le cap, mais désormais, au lieu d'attendre les ordres d'en haut, les marins énoncent leur intention, puis attendent l'approbation de leur supérieur.
Voici par exemple la manière habituelle d'exécuter un ordre :

- Capitaine : « Immerger le navire. »
- Lieutenant commandeur : « Immerger le navire. »
- Matelot : « Immersion du navire. »

À comparer avec l'organisation nouvelle :

- Lieutenant commandeur : « Capitaine, tous les officiers m'ont confirmé être prêts à immerger le navire, et nous sommes dans des eaux qui nous sont dédiées, j'ai donc l'intention de submerger le navire. »
- Capitaine : « Procédez. »

Ainsi, le capitaine transfert le contrôle, sauf celui d'appuyer le bouton d'envoi de missiles, qui relève de sa responsabilité morale, en partant du principe qu'il dispose à bord de cent-trente-cinq cerveaux actifs, créatifs, proactifs, génétiquement et culturellement programmés pour faire ce qu'il faut, quand il faut. Le capitaine transfert l'autorité là où est l'information : la décision doit être prise au plus près de l'exécution de la décision. Pour faire simple : le N + 1 décide, si N n'est pas en mesure de le faire lui-même. On gagne ainsi beaucoup en agilité et en temps.

En contrepartie de l'autonomie, chacun doit monter en compétence et donc investir fortement en formation, ce qui est bénéfique pour l'individu et le groupe. La communication ne se limite plus à une simple transmission d'ordres, mais à des échanges plus riches d'intentions et de feed-back.

Cette méthode dite *Intent Based Leadership* (leadership fondé sur l'intention) a permis à tous ses collaborateurs de révéler et de mettre en œuvre au mieux leurs compétences.

Un an plus tard, le Santa Fe a obtenu la meilleure note jamais donnée de toute l'histoire de l'inspection des sous-marins nucléaires !

Je vous souhaite d'être plus libre dans votre façon de voir, de penser, d'être et d'agir.

Chapitre 10

TROU 10
LA MARE AUX FOULQUES

Objectif | Trouver sa foi

État d'esprit | Être courageux

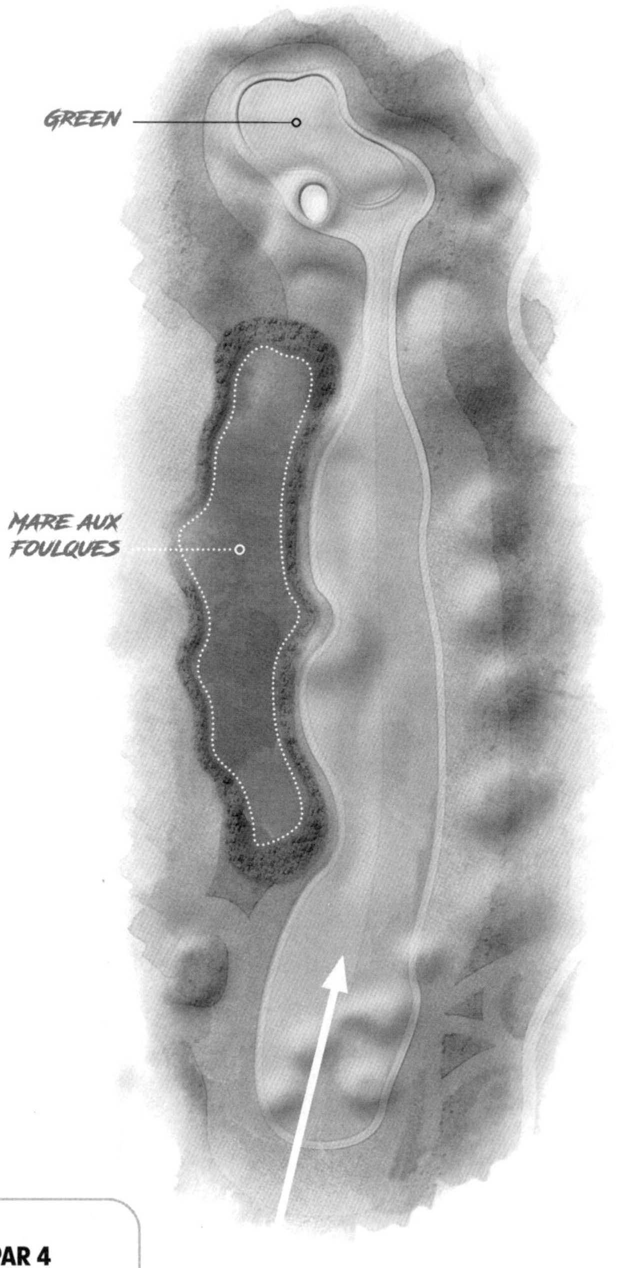

PAR 4

298 mètres

Hubert Chesneau

TROU 10 - LA MARE AUX FOULQUES

« Le nom vient d'une simple observation locale. Il y a toujours eu des colonies de foulques sur cette longue pièce d'eau. L'environnement doit leur convenir. Et comme la mare est très en jeu, les golfeurs en ont très peur ! Mais si on place bien son coup de départ, voilà un trou à birdie.
Avant la construction des parcours, il n'y avait pas d'histoire particulière sur ce site, qui est devenu le National, puisque, avant, le terrain était nu et sans relief. Je me contente donc la plupart du temps d'être descriptif. Cela me fait penser au célèbre "Brigitte Bardot" du Royal Golf de Marrakech. [Rires]
Quand on dessine un parcours de golf, l'idée est d'offrir un maximum de coups possibles, en tenant compte des vents dominants – vent de nord-ouest en région parisienne. L'enchaînement des trous 9 et 10 repose sur le sens du vent. Il fallait, à la fin du 9, pouvoir revenir au club-house avec un vrai par 5 difficile. C'est pourquoi il s'appelle Vent debout !
Au 10, le vent est alors souvent dans le dos, mais avec une pièce d'eau qui vous tend les bras et un rough compliqué. Le green est surélevé ; j'ai peu de trous qui montent vraiment, car la majorité du relief a été réservée à la création de tribunes naturelles. »

TEE TIME

Les foulques, les architectes de golf et les golfeurs aiment tirer avantage des reliefs de leur environnement. Ils ont certainement leurs préférences, mais au bout du compte, quand on leur demande de choisir, comme Michel Piccoli dans *Le Mépris*, ils finissent immanquablement par répondre : « Je sais pas, c'est pareil. »
Pour les amateurs, j'ai remarqué que les premiers trous du retour sont souvent compliqués : la fatigue physique et mentale commence à s'installer, à perturber la lucidité, les équilibres,

les préférences motrices. On s'est peut-être autorisé à faire un bilan au 9 qui peut venir nous parasiter (mieux vaut décomposer le parcours en trou par trou, et mieux encore en coup par coup). Quand, vent dans le dos, on se retrouve face à un trou moins impressionnant, on peut baisser sa garde, être tenté « d'agresser le parcours » pour récupérer son retard ou accroître son avance, et le double bogey est proche... En 2020, quand Antoine Rozner a gagné son premier tournoi sur le Tour à Dubaï, il a fait ce commentaire : « Je n'ai pas regardé le classement avant le green du 18 et je pense que ça a été la clé. »

LE VOYAGE DU HÉROS S'ENGAGER

Joseph Campbell - Le voyage du héros : « Une chose évidente : les dangers psychologiques qu'ont traversé les générations passées avec l'aide des symboles et des exercices spirituels hérités de leurs mythologies ou de leurs religions, il nous faut les affronter seuls aujourd'hui. [...] C'est notre problème d'hommes modernes "éclairés" qui, à force de rationalisation, avons chassé dieux et démons de notre existence. »

Mobilisation / Crise 1

Face aux doutes et mon désir de fuir, j'ai décidé de faire preuve d'héroïsme, avec la ferme intention d'affronter mes démons et d'avoir foi en moi. Haut les cœurs ! En chemin, j'espère retrouver amis, maîtres et compagnons pour apaiser mes peurs archaïques, éveiller le courage du Gladiator qui est en moi : « Ce que vous faites dans la vie résonne dans l'éternité ! »

TROU 10 – LA MARE AUX FOULQUES

Objectif : trouver sa foi
État d'esprit : être courageux

Stratégie / Coup 37 - Accepter sa faiblesse

Avec Thomas Levet

Le plus dur, c'est de ne pas jouer le week-end !
Contrairement à ce que l'on croit communément, les joueurs pros de golf éprouvent beaucoup plus de déception à rater un cut (donc à ne pas jouer le final du week-end) qu'à manquer de peu une victoire. Ainsi, pour Thomas Levet, le plus difficile à gérer n'a pas été de finir deuxième du British Open, mais de n'avoir pas joué certains moving days.

Heureusement, on le sait : c'est dans la difficulté que l'on progresse le plus…

Thomas Levet. « On apprend beaucoup quand on ne joue pas bien. Dans la victoire, tout est tellement simple. Dans l'échec, la première leçon : il te faut encore travailler ! Il y a encore trop de coups que tu ne maîtrises pas. L'apprentissage se fait souvent dans la douleur. Ça passe par le difficile. »

“ Le grand secret est dans l'apprentissage optimisé. Les grands champions semblent avoir une confiance en eux impressionnante. Cette aisance, cette apparente facilité, s'ils l'avaient déjà naturellement, ils l'ont consolidée en forgeant leur personnalité par la quantité et la qualité de leur entraînement, de leur préparation – ce travail en amont, invisible à la télévision.

TL. « Plus jeune, je n'arrivais à passer certains coups difficiles qu'à l'entraînement. Puis, à force d'exercice, ça a fini par passer aussi en tournoi. Le processus met parfois tellement longtemps que je comprends que ça puisse être décourageant. Mais la différence entre celui qui réussit et celui qui réussit moins bien repose sur la manière dont tu négocies ces passages difficiles. Comment tu arrives à les surmonter. Moi, quand je rate, je commence par me souvenir que ce n'est qu'un coup de golf. Ce n'est pas très grave s'il ne passe pas. Il ne faut pas se miner si tu rates, mais travailler plus. Travailler encore, et un jour ça passera. Ce qui fait la différence, c'est ce sérieux, ce travail, cette envie peut-être plus forte d'y arriver, et la chance aussi. »

“ En 2020, les confinements ont rappelé à Thomas cette difficile période de sa vie où il a été victime de terribles vertiges. Il s'est souvenu alors de ses doutes, de ses questionnements sur son avenir, de sa patience et des efforts qu'il a dû fournir, une fois encore, pour s'en relever.

TL. « C'était en 2006. J'étais en pleine forme, je commençais à bien m'adapter au circuit américain, et c'est tombé lors du tournoi de New York, sans aucun signe annonciateur. J'étais dans ma voiture, et je me suis mis à avoir des vertiges et transpirer d'un coup, pendant deux ou trois minutes. Puis ces vertiges ont recommencé, et ça a duré longtemps...

Le Dr Marie-José Fraysse [CHU de Toulouse] m'a heureusement sorti de là. Ça a pris sept mois ! Quand tu es sportif professionnel et que tu es blessé, tout ce que tu faisais avant n'existe plus. Tu te retrouves dans un univers hyperrestreint. Le temps devient très, très long. Tu te sens inutile. Tu entres alors dans une phase de réflexion : qu'est-ce que je vais pouvoir faire ?

Ce n'est pas facile, mais heureusement, je n'ai jamais perdu le cap.

Dans la guérison, comme au golf, tu progresses petit à petit... Tu relativises, tu réfléchis davantage à ta manière de te comporter et d'apprécier la vie parce qu'on est sur terre pour finalement bien peu de temps. Beaucoup stressent pour des choses inutiles. Dans les périodes difficiles, comme le confinement, il faut chercher à voir le côté positif : j'ai passé plus de temps avec ma famille, j'ai pu faire ce que je repoussais à plus tard, du bricolage ou du renforcement physique dont j'avais besoin.

Ces périodes de blessure ou de confinement nous donnent l'occasion de nous préparer au mieux à la reprise d'une vie normale. Le message est de ne jamais perdre espoir, de faire en sorte que ce soit mieux après, de mieux apprécier la vie, de penser au plaisir de marcher sur un golf, de jouer avec des amis, de participer à une compétition.

Il faut savoir être patient. C'est un mauvais moment à passer, on ne peut l'occulter. Mais il faut toujours distinguer l'essentiel de l'accessoire. Par exemple, lors d'un accident de voiture, l'essentiel n'est, bien sûr, pas la voiture, mais la personne qui est dedans. Si elle va bien, tout est O.K. La voiture, ça se remplace. La personne, non.

Concentrons-nous sur ce qui est important : la santé. Après, on fera tout pour s'en sortir au mieux, faire du mieux possible... et je ne suis pas trop mauvais à ça. Si j'ai réussi à revenir dans le golf, c'est que je n'ai jamais laissé tomber le truc.
On doit parfois faire quelques petits sacrifices, mais on en sera récompensé. Par exemple, tous les jours, je m'oblige à répéter deux-cents putts d'un mètre. Ce n'est pas drôle, mais ces sacrifices-là m'ont permis de remporter deux ou trois tournois. Quand je putte, ma pensée est hypersimple : je putte comme si je faisais une passe à mon partenaire, le trou. C'est important, la simplicité : ça permet de résister à la pression sous tension. Après, tu deviens tellement solide sur ces putts d'un mètre que, lorsque tu dois en mettre un pour gagner un tournoi, eh bien, tu le rentres ! Il faut toujours se dire que les sacrifices d'aujourd'hui seront les fruits demain. »

Questionnement en faisant des sacrifices positifs :
Pro : Êtes-vous sûr de vous entraîner assez physiquement, techniquement, mentalement ?
Perso : Êtes-vous sûr que c'est le plus important pour vous ?
Sujet de dissertation en cheminant :
Les faits ne cessent pas d'exister parce qu'on les ignore.
Aldous Huxley

Stratégie / Coup 38 - Accepter d'être responsable

Avec Patricia Meunier-Lebouc

Golf, yoga, lecture, running, méditation, spinning, hypnose, piscine, tai-chi, relaxation, boxe thaï : tout est possible à partir du moment où cela vous va bien. « Vous pouvez être conseillé, éclairé par d'autres, mais ne laissez jamais quelqu'un penser pour vous », disait Simonne Monet-Chartrand. Le plus gros du travail est introspectif et défoulant : sachez définir par vous-même ce qui vous convient !

Ce travail, Patricia Meunier-Lebouc l'a effectué tôt avec sa préparatrice mentale, Nicole Ortis, pour mieux prendre les rênes et partir au galop.

Patricia Meunier-Lebouc. « Même si je souhaitais être accompagnée, j'ai toujours été partisane d'assumer l'entière responsabilité de mes décisions. Je n'ai jamais aimé ce côté cadet qui prend la décision à la place du joueur. Pour tout vous dire, ça m'a même toujours fait peur, c'est tellement tentant [souriante, mimant une tentation diabolique] : "Viens, viens, laisse-toi guider..." Eh bien moi, j'ai toujours veillé à ne pas y céder !
Lors de ma préparation mentale, je devais toujours répondre à des questions dirigées vers moi : "Qu'est-ce que tu veux ?" En aucun cas, on ne me disait quoi faire, ni comment faire.
Se connaître est un travail de tous les instants. On avance par ce jeu de questions, d'introspection, d'observation de soi à certains moments clés. C'est ainsi que je suis partie à la découverte de moi. On reproduit souvent les mêmes erreurs : on reproduit ce que l'on sait faire, car on ne sait faire que ça. Régulièrement, il faut donc s'arrêter, analyser, prendre du recul. Cela demande beaucoup d'efforts pour transformer une stratégie négative en stratégie positive. »

“ Tout le monde est d'accord avec Nelson Mandela : « Je ne perds jamais : soit je gagne, soit j'apprends. » En août 2020, à l'issue du PGA Championship, Mike Lorenzo-Vera, après être passé de la 2e position le vendredi soir à la 43e le dimanche, explique parfaitement comment tirer des leçons du golf : « Apprendre du très bon – c'est agréable d'être en tête –, et du moins bon – corriger ce qui s'est passé ce week-end [où il a sans doute été perturbé par les graves menaces d'un parieur américain sur les réseaux sociaux]. » Mais pour apprendre, justement, pour ne pas répéter sans cesse la même erreur, on a besoin parfois d'une aide extérieure (MLV est accompagné par la psychologue Meriem Salmi), sans quoi « ça finit par attaquer le système », comme dit Patricia avec sa franchise habituelle.

PML. « Il est nécessaire d'avoir des personnes ressources pour décrypter l'information qui se cache derrière l'erreur. Quand on est douée, on progresse vite, mais des limites finissent toujours par s'imposer à nous. Elles peuvent être techniques, physiques ou mentales. Si on n'a pas les moyens de mettre du sens sur ces blocages, on peut être en souffrance. On va répéter alors des schémas négatifs et les répéter sans cesse, au risque de se blesser. On a donc besoin d'avoir un vrai retour sur l'erreur qui s'est produite, d'y mettre du sens, pour élaborer des stratégies différentes et évoluer : changer sa routine, son dialogue interne, son regard sur soi, sur ce que l'on croit savoir de soi, sur ce que l'on s'imagine capable de réaliser, sur les limites que l'on s'impose, inconsciemment également, face à la réussite.
Si j'ai gagné un Majeur, c'est que je me suis autorisée à le gagner, à me dire que je le valais bien. Sans l'aide de la Préparation mentale, vu ma personnalité, j'aurais pu avoir du mal à trouver normal d'avoir la coupe d'un Majeur entre les mains. C'est le fruit d'un travail long et progressif avec ma préparatrice mentale. Ensemble, pour que je vive bien les choses, on a très vite identifié qu'il fallait que je prenne le temps de m'épanouir en dehors même du golf. Mes proches n'ont jamais été là pour me pousser ou me tirer... Ils étaient à mes côtés pour m'accompagner dans mon parcours, à mon rythme, en respectant mes envies, mes besoins.
Mes parents, ma tante, mon mari, m'ont accompagnée avec beaucoup de bienveillance. »

« La première expérience de préparation mentale de Patricia a consisté à travailler sur son comportement en match play. C'était à la veille d'une compétition extrêmement importante : le championnat de France au golf de Chantilly, en mai 1992.

PML. « J'avais vingt ans. Je redoutais cette compétition, car je n'étais pas forte en match play. Depuis mes compétitions de tennis, je n'aimais pas les confrontations directes. Je n'étais pas à l'aise en face à face. Je n'osais pas paraître contre l'autre. En match play, je n'arrivais jamais à sortir mon côté 100 %. Mon père ne me trouvait pas assez agressive.
Avec Nicole, on a donc travaillé sur deux matchs précédents : l'un que j'avais gagné, l'autre perdu. Elle m'a demandé de dérouler les films de ces deux matchs. Je me suis alors rendu compte que j'étais capable d'aller chercher de l'information dans ma mémoire. Je suis parvenue à retrouver les sensations que j'avais ressenties lors de ces deux parties.
Dans ma mémoire, le match perdu était comme un vieux film en noir et blanc, tout hachuré. Tandis que le match gagné était en couleur, fluide, avec beaucoup de mouvements ! En transférant les souvenirs positifs de cette victoire sur mes intentions en match play, j'ai pu créer de nouvelles stratégies positives.
Pour ce qui était de mon manque d'agressivité en face à face, ma tante m'a fait remarquer que lorsque je lui parlais de "match play", j'avais au contraire les mâchoires totalement serrées. Alors, je me suis dit : "Ah oui ! En fait, je pense que je ne suis pas assez agressive, mais ce n'est pas vrai, ce n'est pas ça, le problème !"
Après cette séance, j'avais une autre image de moi, je me sentais plus forte.
C'est ce qui m'a permis d'entrer autrement en relation avec mes adversaires, sans avoir peur de les affronter et d'agir comme j'aimais le faire. Et j'ai gagné ce championnat après avoir battu Cécilia Mourgue d'Algue [capitaine de l'équipe de France], sa fille Kristel [joueuse sur le circuit européen, championne universitaire américaine] et Delphine Bourson [n° 1 française à l'époque] en finale, au bout de trente-huit trous !
Je peux vous dire qu'à partir de ce moment-là, si j'avais besoin d'une preuve, je l'avais ! Il n'était plus question pour moi de douter de l'intérêt du travail mental ! J'avais trouvé la bonne

personne pour avancer sans me poser de question une fois lancée. »

“ Si Patricia n'a aucun doute sur les bienfaits de la préparation mentale, elle n'en a aucun non plus sur les bienfaits de la préparation physique.

PML. « À Dijon, mon père avait trouvé, une fois de plus, la ressource idéale à mettre en face de mes besoins en préparation physique. On avait la chance d'habiter à proximité de l'Université de Bourgogne où se trouvait le Centre d'expertise de la performance de Gilles Cometti [structure unique en France, alliant recherche scientifique et entraînement sportif avec du matériel de haute technicité]. C'est vraiment la meilleure prépa physique que j'aie eue. J'ai adoré. J'étais alors dans la meilleure condition physique que l'on puisse imaginer pour jouer au golf. Mon meilleur moyen de relâcher la pression, de remettre les compteurs à zéro mentalement a toujours été de transpirer, de faire un effort physique intense, sans penser au golf, sans réfléchir.
Malheureusement, comme j'ai eu des soucis de dos ces dernières années, je ne peux plus faire ce que je voudrais physiquement. Je me suis donc mise au vélo d'intérieur, au spinning. Je sais que c'est bon pour mon dos et que je ne vais pas me faire mal. Avec la musique, le contexte, je peux alors de nouveau accéder à l'action à 100 %. Même si c'est dur, je ne vais pas lâcher ! Une fois lancée, avec les bons paramètres, je sais que pour moi, l'action pure est un vrai kiff, c'est vraiment ce que j'aime – il n'y a plus rien qui peut m'arrêter –, comme lorsque j'étais en compétition. »

Questionnement en ne lâchant rien :
Pro : Que pourriez-vous faire mieux ou autrement ? Qui pourrait vous aider à prendre conscience de vos égarements ? Qui pourrait vous aider à corriger le tir ?

Perso : Avez-vous trouvé votre truc pour vous « remettre d'aplomb » ? Quelle est l'activité qui vous aide à évacuer le trop de pression ? La pratiquez-vous assez souvent ?
Sujet de dissertation en cheminant :
Tu ne sais pas où est l'univers et, par conséquent, tu ne sais pas où tu es.
Dan Millman

Stratégie / Coup 39 - Être insatisfait

Avec le Pr Gérard Saillant

Quand d'aucuns s'en défient et préfèrent les oublier, d'autres considèrent l'inquiétude et l'inassouvissement comme des vertus cardinales, car ce sont elles qui nous font avancer, nous dotent de super pouvoirs ! Et là où certains seraient trop satisfaits d'eux-mêmes, le chirurgien de Ronaldo ne craint rien plus que l'autosatisfaction ; car l'insatisfaction, c'est le moteur à propulsion de Gérard Saillant.

Pr Gérard Saillant. « Pour avancer, la curiosité est nécessaire, mais pas suffisante. L'organisation est également très importante, elle permet de faire plus de choses. Enfin, il y a l'insatisfaction ! Quand on réussit quelque chose, mais que l'on reste insatisfait, ça ne rend pas très heureux, certes, mais c'est un moteur. Un champion du monde a de quoi être très satisfait, mais s'il veut avoir un plan de carrière, il doit demeurer foncièrement "insatisfait", se dire : "C'est bien, mais il faut que je fasse mieux. Si je veux être encore champion du monde l'an prochain, ce sera encore plus difficile..." Je crois que de ne pas s'endormir sur ses lauriers est un élément important. »

“ Gérard a découvert le golf il y a une trentaine d'années, avec des confrères, lors d'un séminaire en Espagne. Aujourd'hui index 17, il juge évidemment son niveau de jeu insatisfaisant.

GS. « Avant, j'avais l'excuse de ne pas avoir le temps de jouer. Maintenant que je joue un peu plus, je cherche désespérément de nouvelles excuses... [Rires]
J'ai toujours aimé le sport. Je fais partie de ceux qui ont appris à lire dans *L'Équipe*. Jeune, le golf, je n'y connaissais strictement rien, mais je lisais déjà les articles sur le golf, parce qu'ils étaient très bien écrits par Denis Lalanne. C'est devenu un très bon copain, on jouait ensemble au golf de Biarritz.
Les pros ont un talent en plus. Mais au niveau amateur - entre 5 et 20 d'index - le bon golfeur n'est pas celui qui fait des coups de génie : c'est celui qui fait le moins de mauvais coups.
Au golf, comme en chirurgie, avant l'action, on doit prendre un temps d'analyse, de réflexion, d'anticipation face à une prise de risque : gagner ou perdre.
En chirurgie, ça peut être dramatique de perdre. Le chirurgien doit savoir prendre le risque, sans aller trop loin... Au golf, c'est pareil, si vous n'avez pas sept chances sur dix d'y arriver, ne tentez pas ce coup. C'est une comparaison de tous les jours : jusqu'où ne pas aller trop loin.
Au golf, ça se traduit par ne pas tenter d'atteindre forcément le green en régulation, si les dangers sont importants, s'arrêter volontairement avant le green, avec cette idée en tête : "Si je fais ensuite une très bonne approche, je ferai le par, au pire, bogey, et ce n'est pas grave ; j'évite surtout le triple en tentant un coup à la limite de mes possibilités."
Personnellement, je n'ai pas vraiment de technique au golf, mais je compense en réfléchissant à ne pas faire trop de mauvais coups. Si je suis dans un bon jour, je peux jouer 12, dans un mauvais, je peux jouer 20... Sur un très long par 3, je peux jouer un fer 7, puis une approche, puis au pire, trois putts... J'évite ainsi les résultats catastrophiques. Jamais de croix ! C'est ça, la gestion d'épicier : "Je fais moins de fautes." Mais le golf doit rester avant tout un jeu... »

Questionnement insatisfait :
Perso : Êtes-vous le bon, la brute ou l'épicier ? Jusqu'à quel point êtes-vous satisfait de vous-même ? En quoi cela peut-il être un problème ?
Pro : Jusqu'à quel point êtes-vous prêt à prendre des risques ? À quel point vous reposez-vous sur vos acquis ?
Sujet de dissertation en cheminant :
Dans une époque qui a perdu ses marques, le golf fascine, parce qu'il est une longue marche tranquille. Et le rêve permanent.
Denis Lalanne, malheureusement décédé en décembre 2019

Stratégie / Coup 40 - Faire preuve de courage

Avec Jean-Lou Charon

Parmi mes amies, j'en admire une plus encore que les autres, une qui m'inspire beaucoup, qui me donne beaucoup de courage. Elle a trente ans, elle s'appelle Gersende. Elle est handicapée depuis la naissance. Comme la majorité des personnes handicapées que j'ai eu le plaisir de rencontrer, dont plusieurs joueurs de golf sur des parcours, elle est indiscutablement plus forte et résiliente que beaucoup de « valides ». Mais attention, j'entends aussitôt sa voix douce et souriante me dire : « Jean-Christophe, tout lc monde a un handicap. » Elle a évidemment raison, ne jetons donc la pierre à personne, questionnons-nous plus souvent. « Ne juge pas un homme sans avoir marché dans ses chaussures », dit justement le proverbe indien, mais essayons peut-être de faire la différence entre nos handicaps et les excuses que l'on se donne.
En 2004, l'association Handigolf et la ffgolf se sont réunies pour créer la commission HandiFFGolf, afin d'intégrer le handicap dans la politique de développement du golf en France, en favorisant l'accès aux clubs des handigolfeurs et en les accompagnant au plus haut niveau sportif.

Jean-Lou Charon. « L'équipe de France Handigolf a été championne d'Europe. La coupe a longtemps été sur mon bureau ! On organise de nombreuses compétitions handigolf en France, notamment avec Jean-Jacques Durand [propriétaire du golf de Saint-Omer], qui s'implique en donnant beaucoup de son temps et de son argent.
En valeur d'exemple, je prendrai cette image du pro de golf Manuel De Los Santos [voir les miscellanées à la fin de ce chapitre], qui n'a qu'une jambe et qui, sans jamais se plaindre, relève les pitchs des autres joueurs sur les greens. »

> « Quand certains nous donnent l'exemple du courage dans toutes ses acceptions, sur les terrains de golf et en dehors, certains sont comme aux abonnés absents.

JLC. « Le premier courage quand on joue au golf est de respecter l'engagement pris. Par exemple, il y a trop de golfeurs météo-sensibles qui se désistent le dimanche matin d'une compétition dès que le temps se couvre. C'est un manque de respect vis-à-vis des organisateurs et des autres joueurs en compétition, qui vont se retrouver dans une partie de deux au lieu de trois et donc ne pas avoir le même rythme de jeu que les autres.
On doit aussi avoir le courage d'affronter dignement sa méforme certains jours. Quand le résultat est nettement moins bon qu'attendu, il faut avoir le courage de l'accepter, d'assumer jusqu'au bout vis-à-vis des autres, de ne pas gâcher leur partie. À chaque compétition, il y a toujours des derniers, et quand ça nous arrive, on doit affronter cette réalité.
L'on doit également avoir le courage de rappeler les règles du jeu quand ses co-compétiteurs les oublient. Dropper ["laisser tomber" la balle pour se replacer après s'être dégagé d'un obstacle, par exemple] ne veut pas dire "bien poser sa balle sur le fairway", comme je l'ai récemment rappelé à une dame en compétition qui ne savait pas que je présidais la fédération et qui venait juste de me raconter qu'elle était toujours sur le po-

dium. Vous m'étonnez qu'elle gagne souvent, si elle ne suit pas les règles ! Sans être obtus, il n'y a pas de raison que vous soyez récompensé si vous ne jouez pas au golf selon les règles. C'est rendre service aux gens que de leur montrer que l'on n'est pas dupe. Le golf est un beau sport, une belle école, si l'on en respecte les règles ! »

> “ La « triche » est contre l'esprit même du jeu de golf, où l'on est son premier arbitre. Tricher, c'est refuser de voir la vérité en face, se mentir à soi-même et finalement, comme Dark Vador, céder au Côté Obscur qui est en nous. En ce sens, le golf est une sorte de professeur d'éthique. Fort de cette morale minimale, on peut jouer au golf à tout âge ; certains en concluent que le golf n'est donc pas un sport. Pourtant, on peut avoir quatre-vingt-dix ans et avoir envie d'aller plus vite, plus haut, plus fort, respectant en cela la devise olympique *Citius, Altius, Fortius*...

JLC. « Au golf de Saint Cast, j'ai vu une dame de quatre-vingt-treize ans participer à un stage de trois jours : elle voulait encore améliorer son swing. Bien sûr, le pro s'est adapté à sa morphologie, à ses moyens physiques pour répondre à sa demande, faire en sorte qu'elle continue à se faire plaisir, qu'elle puisse progresser de quelques mètres. C'est un exemple fantastique de ce que peut faire le golf. Je suis toujours ravi quand je vois des personnes très âgées préférer marcher autant que possible avant de prendre une voiturette ou quand je les vois prendre encore des leçons plutôt que de se contenter de pousser la balle en promenade. On sent toujours chez eux cet intérêt pour le développement de l'être humain, la personnalité en nous, la volonté de gagner quelques années de plus en étant dans la meilleure forme possible, même si on sait que le rideau va tomber. Comme on le dit souvent : ça devrait être remboursé par la Sécurité sociale ! »

“ Âgé de soixante-dix ans, Jean-Lou Charon ne s'est pas représenté à la Présidence fin 2020 et pourra se consacrer plus au golf : 20 d'index aujourd'hui, il veut descendre à 15.

JLC. « Je pense qu'en huit ans, dans une forme de continuité avec mon prédécesseur, j'ai contribué au développement du golf, mais il faut savoir s'arrêter, céder sa place à de nouvelles idées. Maintenant que je ne suis plus président, je vais avoir le temps de m'entraîner plus régulièrement. J'envisage de travailler un compartiment du jeu qui exige justement beaucoup de temps, de maîtrise et d'équilibre : les approches. »

Questionnement sans fuir les réponses :
Pro : Et vous, quelle est votre excuse pour ne pas offrir plus à vos clients, vos collègues ? Vous travaillez pour ouvrir quel chemin ?
Perso : Pour aller mieux, comment pourriez-vous mieux aider les autres ? Faites-vous preuve de courage ? Est-ce un problème ?
Sujet de dissertation en cheminant :
Si cette épreuve m'a fait grandir et progresser, c'est surtout grâce aux rencontres qu'elle m'aura offertes.
Grand Corps Malade

LE VOYAGE DU HÉROS
S'ENGAGER

En chemin, j'ai réussi à traverser une première crise. Malgré les moqueries des foulques, j'ai résisté grâce à mes compagnons de voyage qui m'ont permis d'accéder à quatre stratégies :

- ☑ *Accepter d'être faible.* Thomas Levet
- ☑ *Accepter d'être responsable.* Patricia Meunier-Lebouc
- ☑ *Accepter d'être insatisfait.* Gérard Saillant

Faire preuve de courage. Jean-Lou Charon
Et j'ai remporté une troisième bataille : j'ai foi en moi.

MISCELLANÉES
ENTRE COURAGE ET BIENVEILLANCE

DON'T GIVE UP

« Le secret, c'est de ne jamais abandonner », disait Seve Ballesteros. En effet, ceux qui parviennent au sommet font partie de ceux qui ont surmonté courageusement les épreuves de l'apprentissage, qui ont accepté de chuter beaucoup et longtemps. On imagine mal le nombre de sacrifices que les vainqueurs ont dû faire avant de soulever la coupe. Par définition, tout être humain est, jusqu'à preuve du contraire, parfait. Mais on ne peut atteindre une perfection dans un art sans effort. Et cet effort doit relever de la volonté même de l'apprenti, surtout si c'est un enfant ! Celui qui apprend doit aimer intrinsèquement l'apprentissage lui-même, le process, comme c'était le cas de Thomas et Patricia.

Il n'est pas sain que l'apprenti ne soit mû que par des motivations extérieures, comme de faire plaisir à ses parents. Car si ces « éducations forcées » peuvent conduire à de belles réussites, elles génèrent aussi d'irrémédiables catastrophes, notamment parce que l'on peut fournir tous les efforts du monde, faire absolument tous les sacrifices et, malgré tout, ne pas parvenir à réaliser son rêve, d'où l'importance que le plaisir soit trouvé dans le cheminement. Autrement dit, pour que ce soit très clair, car c'est essentiel : le travail et les sacrifices ne garantissent pas le succès ; rappelons que c'est le « chemin » qui doit compter, pas la destination.

Thomas le précisait également en novembre 2019 à *Golf Planète* : « En Corée, dès leur plus jeune âge, les filles vont s'astreindre à un programme d'entraînement très intensif. C'est la loi du surentraînement. Les parents les poussent à bout pour réussir.

Alors elles parviennent à obtenir de très bons résultats, c'est vrai, mais dans le lot, il y a aussi des échecs monumentaux. »
Là encore, tout est question d'équilibre et de respect. C'est l'apprenti et non le maître qui doit donner le la et le tempo. Et souvenez-vous qu'il y a un sacrifice que vous ne devez jamais faire : celui de votre santé mentale et physique.

PRINCIPE DE RÉPÉTITION

« Nul doute que l'individu fait beaucoup inconsciemment pour se forger son propre destin », rappelle le psychanalyste León Grinberg dans son ouvrage *Culpabilité et dépression*, avant de poursuivre : « Parmi les facteurs qui sont à l'origine de la compulsion de répétition, on trouve les situations d'angoisse qui proviennent de nos toutes premières expériences. [...] Évidemment, on est tenté de l'attribuer à la “malchance” ou au destin, ou encore à l'enregistrer comme une expérience superstitieuse, sans pouvoir percevoir ni comprendre le degré de sa propre participation active – si inconsciente soit-elle – dans l'enchaînement des événements de la situation. » De fait, en psychanalyse, la cure peut ainsi avoir lieu, car le patient répète certes, mais dans un cadre différent, neutre et bienveillant. En ce sens, la répétition est l'un des fondements majeurs de la cure.
Il est à noter que la répétition est indispensable également à tout apprentissage pour créer ces fameux automatismes utiles à la maîtrise « compétent-inconscient », maîtrise qui permet de mieux s'adapter au quotidien et dans les moments clés, dans l'urgence ou quand on est sous pression.
Évitons donc de tomber dans la facilité de classer les choses de façon manichéenne : répéter n'est pas en soi ni bien ni mal. Non, les deux sont vrais. La répétition, c'est bien quand on ancre un automatisme positif, mais mal quand on répète sans cesse la même erreur. Ce qui doit interroger surtout, c'est le fait d'avoir mal, de souffrir. Quand on a mal, on est soit dans le faux, soit en progrès. À vous de savoir faire la distinction avec l'aide de quelqu'un, si besoin : coach de golf, préparateur mental, psychiatre ou psychanalyste, selon le problème et sa gravité...

ÉTERNEL RETOUR

« Et si un jour ou une nuit, nous interroge Nietzsche dans *Le Gai Savoir*, un démon se glissait furtivement dans ta plus solitaire solitude et te disait : “Cette vie, telle que tu la vis et l’as vécue, il te faudra la vivre encore une fois et encore d’innombrables fois ; et elle ne comportera rien de nouveau, au contraire, chaque douleur et chaque plaisir et chaque pensée et soupir et tout ce qu’il y a dans ta vie d’indiciblement petit et grand doit pour toi revenir, et tout suivant la même succession et le même enchaînement…” Que ferais-tu ? »

Selon le précepte nietzschéen de l’éternel retour : menons notre vie de sorte à souhaiter sans trembler qu’elle se répète éternellement. Et si nous nous désespérons souvent de ne pas comprendre pourquoi tels événements n’arrivent qu’à nous, c’est peut-être le moment de faire appel à un œil extérieur…

RENFORCEMENT POSITIF

Le Dr Édith Perreault-Pierre, qui a développé les Techniques d’Optimisation du Potentiel (TOP®), intègre le renforcement positif (RP) parmi les outils plus efficaces. Le RP consiste à revivre les sensations, les émotions, les pensées, les comportements en état de détente, étape par étape, une réussite antérieure, un événement positif et agréable, récent ou ancien. C’est une technique parfaite pour améliorer sa confiance en soi. Elle permet de réactiver les stratégies gagnantes passées, de développer la motivation grâce à l’augmentation du sentiment de compétence perçue et, ainsi, de mieux gérer le stress.

Ce renforcement positif permet de lutter contre notre tendance humaine à remarquer plutôt le détail négatif que la globalité positive. Ce redoutable biais cognitif attaque notre confiance en nous en nous empêchant de penser la réalité correctement et de renforcer nos ressources. Pour commencer, vous pourriez, chaque soir, en rentrant chez vous, passer par un sas de décompression et revivre avec cinq vos sens (VAKOG : visuel, auditif, kinesthésique, olfactif et/ou gustatif) tous les événements agréables de la journée.

J'en profite pour vous inciter à entraîner aussi ces cinq sens au quotidien. Cela présente plusieurs intérêts. D'abord, cela rendra vos actions quotidiennes plus intéressantes (faire une balade ou cuisiner avec ces cinq sens en alerte). Ensuite, en situation de stress, vos sens vous permettront de revenir en phase avec le présent, l'ici et maintenant (sentir la pente avec vos pieds). Enfin, lors des préparations mentales, votre bibliothèque de sensations viendra enrichir et ancrer vos visualisations.
Cette technique de renforcement positif gagne ensuite à être associée à une Préparation Mentale de la Réussite (PMR, voir « Capacités vs compétences », au chapitre 5). C'est avec ce type d'outils que l'on peut se préparer à être au top lorsque l'on est confronté à des épreuves qui nous effraient (comme notre prochaine compétition en match play). *Good game and enjoy !*

NÉGATION

Notre cerveau ne comprend pas la négation. Soyons plus précis : dans l'action (pensée Système 1) et non dans la réflexion (pensée Système 2, comme lors de la lecture d'un livre), tout est affirmation, y compris les négations ! Dans l'action, mieux vaut donc se parler à soi-même de façon positive, affirmative, sans quoi le Système 1, parasité, interprète mal la demande et alerte le Système 2 qui, de toute façon trop lent pour réaliser un swing de golf de façon naturelle et fluide, nous fait déjouer. Le Système 1 garde la cible « mare » et l'envoie dedans... En effet, nous l'avons tous vécu au golf, lorsque l'on se dit : « Il ne faut surtout pas que ma balle aille directement dans cette foutue mare aux foulques ». Plouf ! Comme par hasard, elle finit exactement là où on ne voulait vraiment pas qu'elle aille. Il en va de même dans l'immédiateté : « Ne pensez pas à un éléphant rose ! N'ayez pas le goût du citron dans votre bouche ! » CQFD. Avant de lancer votre swing, pensez avec des images positives, visualisez votre trajectoire optimale vers la zone d'atterrissage idéale, et cela ira beaucoup mieux pour vous.
D'une façon générale, pensez mieux, pensez différent. Un exemple trivial, à l'heure de l'apéritif, pensez plutôt « Je me

sens bien dans mon corps plus léger, j'adore mon nouveau pantalon », et non : « Je ne veux plus boire une bonne bière bien fraîche tous les soirs ni me gaver de chips salées et de cacahuètes. » (Phrase qui vous met le goût du sel dans la bouche et vous donne soif).

Autre chose à savoir, notre cerveau remarque essentiellement ce qui l'intéresse : ainsi, quand on veut acheter une voiture, une Mini verte, par exemple, tout à coup, on en voit partout ! Donc faites attention à ce que vous pensez, et à ce que vous avez envie que votre cerveau remarque. Cela ouvrira vos œillères et changera votre vision de la vie.

Enfin, pour résumer brièvement (avec l'aide de Watzlawick) une remarque du philosophe Karl Popper : « Ce sont les actes mêmes par lesquels Œdipe cherche à éviter l'accomplissement de l'effroyable prophétie qui aboutissent à la fatale vérification de l'oracle. » ... « Je te l'avais bien dit ! » peut alors s'exclamer le prophète. Écoutez les autres, mais pensez et décidez par vous-même, et dans la mesure du possible sous forme affirmative.

SOUCI

L'homme est un animal soucieux. En effet, condamnés à avoir conscience de notre mortalité et à ce que les nôtres meurent, nous ne pouvons naturellement qu'être soucieux. Bonne nouvelle, ce souci nous rend soucieux des autres, prudents et éminemment stratèges. L'inconvénient d'être nés prématurés et insatisfaits, et le souci de survie nous poussent à prendre, avec le soutien des autres, un certain nombre de risques pour vivre – sans aller trop loin, car il faut rester soucieux. Les choses sont simplexes, mais bien faites.

FAIBLESSE ET FORCE

« Un handicap ? Quel est handicap ? Tout le monde a des handicaps. » Quel est le vôtre ?

« Un super pouvoir ? Quel super pouvoir ? Tout le monde a des super pouvoirs. » Quel est le vôtre ?

HANDIGOLF

« Au gré des parcours, handigolfeurs, nous sommes fous de ce sport passion qui, à chaque geste, à chaque coup, nous fait vibrer. Notre handicap, nous l'avons oublié au départ pour nous investir pleinement dans le jeu. Comme tous les golfeurs, nous jouons avec nos forces et nos faiblesses, nos atouts et nos limites. » Depuis 1993, les principaux objectifs de l'association Handigolf sont de contribuer à l'insertion sociale des personnes handicapées à travers la pratique du golf. Cela commence par faire évoluer le regard des valides sur le handicap en favorisant la mixité dans tous les clubs de golf, en aidant les personnes handicapées à faire évoluer leur regard sur elles-mêmes, en soutenant le développement des écoles de golf pour enfants et adultes handicapés.

À préciser : les règles du golf sont les mêmes pour tous les joueurs, qu'ils soient valides ou handicapés. Respect.

MANUEL DE LOS SANTOS

« Quand j'ai perdu ma jambe après un accident de moto, j'ai beaucoup pleuré, je pensais que ma vie était finie. Sans le golf, je ne serais sans doute pas là aujourd'hui, c'est ça qui m'a sauvé », confie Manuel De Los Santos au magazine *Handirect*. C'est le film *La Légende de Bagger Vance* qui lui a fait découvrir le golf en 2004. Manuel est aujourd'hui pro au Paris Country Club : « Le sport, c'est pour moi le dépassement de soi-même, la concentration, l'humilité, le respect des autres. Le sport m'apporte un équilibre quotidien, et j'ai la chance de faire le sport que j'aime par-dessus tout. À partir de là, mon handicap et mes problèmes disparaissent. Je peux dire, sans humour mal placé, que le golf est ma deuxième jambe. Je vis comme un lion, je suis fier et j'ai toujours la tête haute, mon handicap ne me préoccupe absolument pas. »

En 2017, Manuel, amateur classé 4 d'index, a été le premier joueur handicapé à s'aligner au départ d'une épreuve du Challenge Tour, Le Hauts-de-France Golf Open, sur l'invitation de Jean-Jacques Durand. « Saint-Omer est l'un des golfs en France qui soutient le plus le handigolf », explique Manuel. Amateur parmi les professionnels, handicapé parmi les valides, Manuel n'a bénéficié d'aucun passe-droit, remontant en claudiquant sur ses béquilles, dans le vent, à chaque tour, les six kilomètres d'un parcours éprouvant. À l'issue de la compétition, Manuel a rappelé en répondant aux questions de Sébastien Cachard-Berger, journaliste de la ffgolf, que son but était avant tout de se faire plaisir : « Il ne faut pas oublier que je ne suis pas joueur professionnel. Je suis un handigolfeur qui profite de la vie et ne lâche pas l'affaire. Si je peux inspirer tous les jeunes, tous les gens qui ont le moral à zéro. S'ils peuvent se dire que si j'y arrive, ils peuvent le faire aussi et qu'il faut juste y croire, alors j'aurai réussi mon pari. Si j'ai reçu une wild card, c'est parce que les organisateurs pensent qu'un handigolfeur, peut-être pas aujourd'hui mais demain, pourra jouer à un haut niveau. Moi, je suis là pour ouvrir la voie, montrer le chemin... »

JOUER AVEC LE CHAMPION D'EUROPE HANDIGOLF

Lors d'une compétition au golf de Flers-Le-Houlme (Orne), hasard et bonheur des départs, j'ai eu l'honneur de partager ma partie avec Jean-Marie Requeut, champion d'Europe Handigolf (2016), et deux autres joueurs très rieurs, comme la plupart des membres de ce petit club très sympathique.

Comme le président Charon, je ne prendrai qu'un seul exemple : dans la mesure du possible, malgré l'encombrement de son imposant fauteuil roulant, Jean-Marie a tenu à ratisser les bunkers lui-même, et quand ça lui a été impossible d'aller dans le bunker du trou 12, trop profond et trop humide pour ses roues, il a tout simplement relevé sa balle, et j'ai dû mettre une croix sur sa carte. Ce jour-là, il n'a pas très bien joué, il semblait souffrir du dos, mais il est resté avec nous jusqu'au bout des dix-huit trous.

MOINS BIEN QUE DEMAIN

Là où le golf est malin, et même très malin (!), c'est qu'il parvient à nous faire croire – et à raison ! – pendant très très longtemps – des dizaines d'années ! – que l'on jouera mieux demain. Alors qu'avec le foot ou le tennis, à partir de trente ans, on sait bien que c'est « foutu ». Nous avons tous des limites, mais au golf on peut réellement toujours progresser, car nos limites ne sont jamais tant techniques ou physiques que mentales. Le rôle d'un coach est de vous aider à les dépasser en reboostant votre confiance en vous. Autre solution, n'hésitez pas : « Faites vous-même votre malheur », pour reprendre le titre d'un formidable ouvrage parodique du célèbre psychologue Paul Watzlawick.

Chapitre 11

TROU 11
LES GRENOUILLES

Objectif | Trouver sa réconciliation

État d'esprit | Être bienveillant

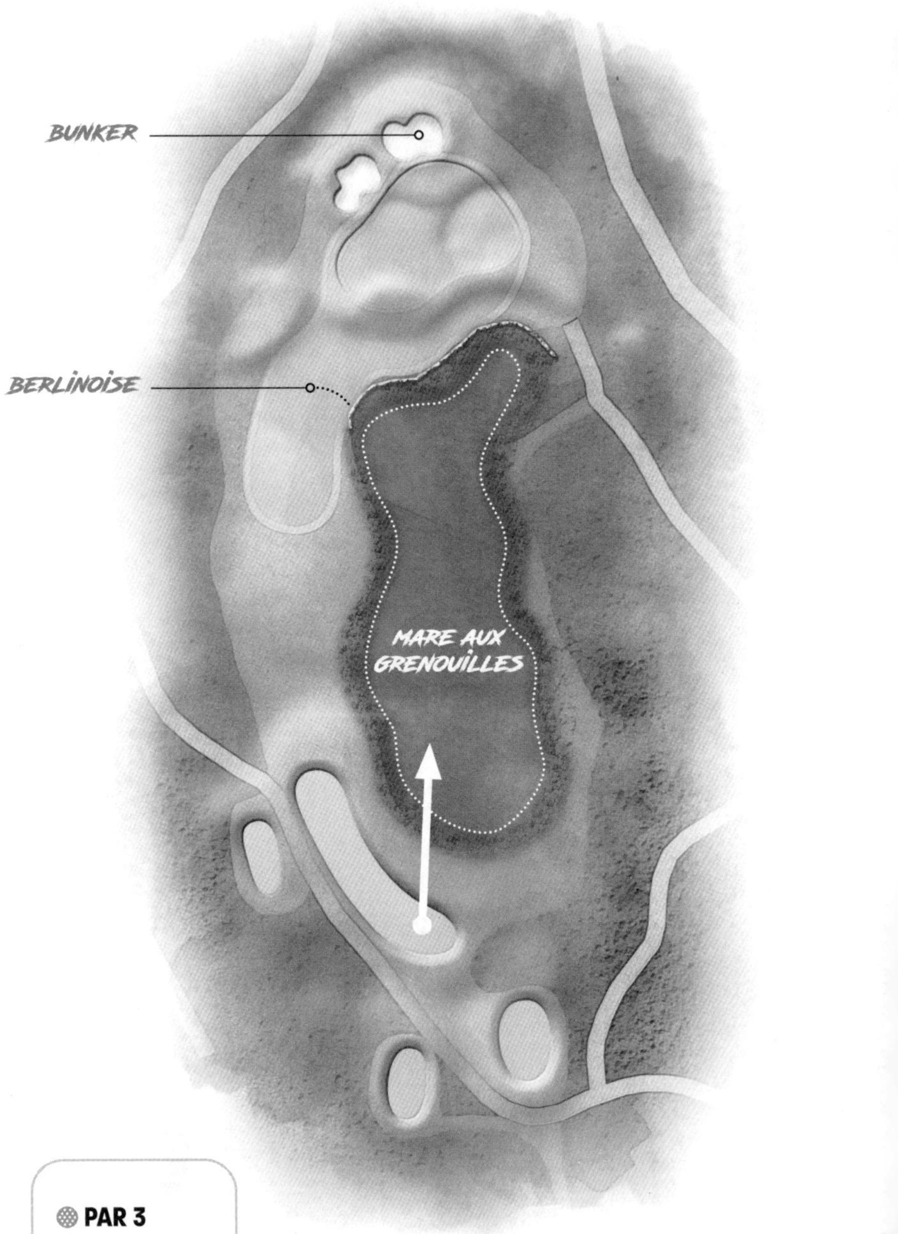

PAR 3

132 mètres

Hubert Chesneau

TROU 11 - LES GRENOUILLES

« Les grenouilles, oui, il faudrait peut-être que je change ce nom, car c'était une zone marécageuse où, à l'origine, on laissait très peu d'eau, pour qu'il y ait de la végétation. Avant, il y avait toujours une multitude de grenouilles qui coassaient beaucoup pendant la saison des amours. Aujourd'hui, les grenouilles sont moins présentes. Si j'étais logique, il faudrait peut-être le nommer autrement ? À réfléchir...

Quoi qu'il en soit, c'est un par 3 où il faut franchir la mare. Beaucoup estiment, depuis qu'il a été repensé en 2016 avec la nouvelle berlinoise et les nouveaux bunkers à l'arrière du green, que c'est devenu le trou signature. Ben... Non. [Rires] *Encore une idée de journalistes. Mais bon, j'écoute...*

Ce n'est pas un trou très difficile, mais le green n'est pas aussi simple qu'il y paraît. À la télévision, on voit aujourd'hui des greens avec des mouvements terribles. Certains me disent : "C'est bizarre, il n'y a pas beaucoup de pentes sur tes greens à l'Albatros." Or il y en a ! Même si elles sont douces. Je n'aime pas les greens tourmentés à l'excès, car d'une part, cela demande beaucoup plus de surface pour que ce soit raisonnable, et d'autre part, c'est plus amusant d'être sournois avec des pentes cachées qu'avec de grandes pentes spectaculaires, mais évidentes.

Les joueurs le savent bien... L'architecture de golf, c'est le jeu du chat et de la souris. Chacun voit le parcours à sa façon, autant l'architecte que le joueur de golf. »

TEE TIME

Avant sa victoire à l'Open de France en 2011, Thomas Levet confirmait les « sournoiseries » d'Hubert : « Le National, c'est un parcours que j'aime bien, mais dont je n'arrive pas à lire les greens ! » (*L'Équipe*) En effet, sur aucun green de l'Alba, les deux putts ne sont donnés.

Les grenouilles est le trou préféré de Jean-Lou Charon : « Pour moi qui suis un joueur lambda, comme la majorité des golfeurs en France, ce trou présente toutes les qualités du golf. Au-delà du premier visuel, ce magnifique par 3 vous oblige à avoir un œil aguerri. Car si vous n'y prêtez pas attention, les ennuis vont vraiment commencer. Dès que vous faites une erreur, vous sortez du par. Même si la distance est relativement faible, il demande une grande attention pour aller directement sur le green, car il y a de l'eau, du sable, une pente, et le vent peut vraiment changer la trajectoire. Je m'adapte à la situation, au contexte, à ma forme pour élaborer ma stratégie en fonction de mon objectif réel : le par ou le bogey. Je le joue donc plus ou moins en attaquant le drapeau, selon le vent, la position du drapeau et ma confiance du moment. Je peux même le jouer par l'extérieur pour ensuite tenter d'assurer le bogey avec un chip. »

Je ne sais pas si ce trou est devenu le trou signature ; ce que je sais, c'est qu'il est superbe, comme tous les trous de l'Albatros. Je pense qu'il est impossible de les départager, parce qu'ils sont, en fait, aussi difficiles les uns que les autres. Ici, on ne doit jamais relâcher son attention. Nulle présomption, respectons le parcours, tous les trous, tous les coups, et restons bienveillants avec nous-mêmes ; tout va bien se passer...

LE VOYAGE DU HÉROS S'ACCORDER

Joseph Campbell - Le voyage du héros : « "Les dieux se contentent de rire lorsque les hommes les prient de leur accorder la richesse", dit un proverbe japonais. L'ironie, évidemment, c'est que le héros qui a obtenu la faveur du dieu et qui, donc, pourrait lui demander que lui soit accordée la grâce de l'illumination parfaite, ne cherche, en général, à obtenir qu'une vie plus longue ou des armes pour tuer le voisin... »

Mobilisation / Crise 2
Face à mes émotions les plus enfouies, mon envie désespérée de fuir, j'ai décidé de vivre dans un climat de bienveillance, avec la ferme intention de résister au Cri de Munch qui brûle en moi, en accordant ma confiance aux autres et en me réconciliant avec moi-même. La vie est belle !

TROU 11 – LES GRENOUILLES

Objectif : trouver sa réconciliation
État d'esprit : être bienveillant

Stratégie / Coup 41 - Se faire confiance
Avec Jean-Lou Charon

« Je dois absolument rentrer ce putt pour sauver le par ! » Si c'est ce que vous pensez au moment de putter, vous partez sur de mauvaises bases. Jack Nicklaus explique n'avoir jamais raté un putt en le visualisant, et non en se répétant : « il faut à tout prix que je le rentre ! » Vous voyez la différence ? Voir qu'on réussit n'a rien à voir avec se dire qu'on doit réussir.

Jean-Lou Charon. « On se juge trop souvent de façon très critique, très négative, ou sur un mode d'obligation : "Tu dois faire ci, tu dois faire ça." Non, c'est à vous de décider ce qui vous convient le mieux. Quelle est votre clé ? Peut-être que vous avez besoin de brandir le poing pour fêter le birdie que vous venez de rentrer... ou pas. Les Coréennes sont très renfermées sur le parcours, mais quand je les vois au dîner à Évian, elles sont vraiment très agréables, très vivantes, pleines d'humour. La japonaise Shibuno est moins renfermée quand elle joue. Il n'y a pas de recettes miracles pour gérer ses émotions. On est plus ou moins sensible. C'est à vous, une fois encore, de trouver votre équilibre.
Mais souvent, on se met tout seul une telle une pression que, finalement, on va rater le drive facile ou le miniputt. En étant plus tolérant avec soi-même, ce qui demande de l'objectivité dans son analyse et de la confiance en soi, on déclenche une spirale plus positive. En commençant par obtenir un premier résultat positif, on diminue la situation de stress, on a ensuite moins d'éléments stressants à affronter. »

> « Entre un Ice-Borg ou une Wonder Williams, entre l'impeccable Amy Olson, le fantasque Bubba ou le Hulk DeChambeau, on a tous connu et aimé des champions extraordinaires, riches de personnalités très différentes. Il n'y a pas de vérité absolue sur le bon comportement à avoir pour surperformer. Attention, donc, aux stéréotypes et aux réponses simplistes. Mais il y a un point commun entre tous ces champions : tous sont des humains et, comme tels, éprouvent des émotions. Donc ne soyez pas trop dur avec vous-même. Soyez plus ouvert, plus souple, plus sympa avec vous, et votre attitude ne sera plus la même.

JLC. « On voit immédiatement à la posture des gens sur un parcours s'ils sont dans un bon jour ou pas. Pas besoin de leur demander leur score. Comment marche le leader : ses épaules sont dégagées, sa tête est haute, son pas est souple, assuré, il sourit. Lorsque l'on joue mal, on a les épaules rentrées, la tête basse, on est replié sur soi-même, et on n'a aucun égard pour soi : "Je joue comme un pied, je suis vraiment nul, je ferais mieux d'aller à la piscine !" »

“ Veillez donc à la qualité de votre dialogue interne.

JLC. « Le seul domaine où je n'ai pas besoin de prendre de cours c'est le putting. Le putting repose sur des sensations, et surtout, de la conviction : la certitude que vous allez réussir votre putt – et je ne putte pas trop mal. La conviction, l'intention, au putting, ça marche vraiment, croyez-moi : "Elle y va !" Le putting, j'aime beaucoup !

“ Décentrez-vous de vos résultats, investissez aussi dans les autres.

JLC. « Dans les clubs de golf, contrairement à l'idée que l'on pourrait s'en faire de l'extérieur, il règne toujours une très grande convivialité, un véritable plaisir à se retrouver autour du partage d'une passion commune. De toute façon, j'aime les gens en général. Quand j'ai vécu à Divonne-les-Bains, par exemple, je suis devenu vice-président du club et capitaine non joueur de l'équipe. Le fait d'apporter du bien-être à d'autres golfeurs m'a toujours animé. Et ce, dans tous les clubs dont j'ai été membre. D'emblée, j'ai confiance dans les gens. Ce qui m'a valu aussi de fortes déceptions, bien sûr. Parfois, c'est douloureux, mais ça cicatrise. On en tire des leçons. Et je continue à accorder ma confiance facilement, d'emblée. J'ai la chance de savoir vraiment écouter, ce qui permet d'établir une autre forme de relation avec les gens... C'est naturel, chez moi. Ça me sert. J'en tire la quintessence.

Questionnement en relâchant ses épaules :
Pro : Quelle est votre posture ? Que dit-elle de vous ? Acceptez-vous d'être imparfait ?
Perso : Quelle est votre plus forte conviction ? Que pourriez-vous vous pardonner ? Tirez-vous la quintessence de vos relations avec les autres ? Acceptez-vous enfin vos faiblesses, ou toujours pas ?
Sujet de dissertation en cheminant :
Le défi au golf, c'est d'accepter d'être imparfait. Jack Nicklaus

Stratégie / Coup 42 - Établir un climat de confiance

Avec Pascal Grizot

Tout comme un bon skieur ou un homme d'affaires expérimenté, un bon golfeur doit « négocier » avec le parcours, la piste, les cocktails d'affaires, aimer slalomer pour éviter les pièges. « Ne négocions jamais avec nos peurs, conseillait JFK, mais n'ayons jamais peur de négocier. » Le vrai golfeur doit savoir s'adapter à ses équipiers et ses adversaires ou co-compétiteurs. Quelles sont leurs propres attentes ? Dois-je les voir comme des ennemis ou des partenaires de jeu à même de me stimuler ?
Le business a toujours été une histoire d'observation, d'adaptation, d'échanges, de transactions, où chaque négociateur doit renoncer à certaines prétentions. Pascal Grizot en connaît tous les secrets, en partie grâce à son excellente pratique du golf, car comme il le dit lui-même : « Au golf, l'ego disparaît très vite, car vous ne pouvez pas mentir... »
Pascal aime parler vision, partage, gestion de projet. Il maîtrise parfaitement tous les rouages de la croissance entrepreneuriale, ce qui l'autorise aujourd'hui à avoir les plus hautes ambitions pour le golf français. Des qualités qu'il a développées grâce à un apprentissage des plus poussés dans une des meilleures écoles de commerce en France, celle de la grande distribution, son premier univers professionnel.

Pascal Grizot. « La négociation commerciale souffre d'une image péjorative. Pourtant, quand je dirigeais par le passé une vingtaine de magasins Champion, je recevais personnellement, tous les lundis, des fournisseurs, et j'aimais négocier avec eux, avec respect.
Que ce soit dans les affaires ou n'importe quel autre domaine, je n'ai jamais établi de rapports de force. Avec mes fournisseurs, j'essayais toujours de comprendre leur problématique, de manière qu'à la fin de la négociation, on puisse aboutir à un *win-win deal.*
C'est peut-être une des choses que je fais bien et qui permet de durer dans le temps : à chaque fois, je me mets à la place de l'autre, je souhaite toujours établir un rapport d'égalité avec les autres. »

« Homme d'affaires et président de la ffgolf, Pascal ne mise jamais sur sa force de frappe, mais plutôt sur sa capacité d'attention pour emporter la partie. C'est peut-être une nouvelle leçon qu'il a apprise du golf, où il peut y avoir des retours de bâton très rapides et extrêmement violents. Une négociation réussie, c'est 50 % de préparation en amont et 50 % de propositions créatives lors du « croisement de fers », comme sur un parcours. En observant et écoutant l'autrc avec empathie, en communiquant de façon constructive, c'est ainsi que l'on a le plus de chances de parvenir au succès.

PG. « Si vous construisez avec et non pas contre, il est bien évident que la relation sera meilleure. Dans la grande distribution, avec mes fournisseurs, nous avions plaisir à travailler ensemble dans une vraie relation de confiance, et chaque partie y trouvait un avantage. »

« Dans le cadre de son *Negotiation Project*, l'Université de Harvard aboutit exactement aux mêmes conclusions :

une négociation réussie est une négociation raisonnée, gagnant-gagnant, et pour y parvenir, les chercheurs américains insistent sur la qualité du dialogue entre les protagonistes. Cette façon d'aborder les affaires a permis à Pascal de décrocher l'organisation de la Ryder Cup en France, face à l'Allemagne, aux Pays-Bas, au Portugal, à la Suède et à l'Espagne ! Autant de succès en golf, dans le business ou dans l'organisation du 3e événement sportif mondial ne peuvent pas être le fruit du hasard. Quel est le lien secret ?

PG. « Le lien, c'est toujours la notion de projet, de choix, de sélection de projets, de projets suffisamment attractifs pour mobiliser autour des compétences fortes. Ce qui permet ce genre de chose, c'est d'être ensemble au service d'un projet qui vous dépasse, comme la Ryder Cup ! »

Questionnement dans un climat de confiance :
Pro : Quand vous négociez (car communiquer, c'est négocier), écoutez-vous réellement la demande de l'autre partie ? Cherchez-vous à profiter d'elle ou à la faire gagner avec vous ?
Perso : Comment sélectionnez-vous les projets dans lesquels vous souhaitez vous investir à 100 % ? Établissez-vous vos relations sur une base de confiance et de respect ?
Sujet de dissertation en cheminant :
Nous avons inventé autrui
Comme autrui nous a inventé
Nous avions besoin l'un de l'autre.
Paul Éluard

Stratégie / Coup 43 - Engranger du positif

Avec Patricia Meunier-Lebouc

Patricia Meunier-Lebouc a repris la compétition en 2019 sur le circuit Senior américain, après dix années d'interruption dues

à ses nombreuses opérations du dos. L'occasion d'une nouvelle aventure, de partager de nouvelles émotions avec Antoine, son mari et coach. Peut-on avoir gagné un Majeur et être encore stressé, avoir mal au dos et rater des coups faciles ? Oui. Patricia est une femme exceptionnelle, mais elle reste humaine, avec ses faiblesses. Ses bogeys sur le parcours, elle les accepte, pour mieux, à la fin, ne garder que la joie, le positif, les birdies.
L'histoire du retour de Patricia à la compétition est particulièrement édifiante pour nous, amateurs effrayés par l'enjeu d'une partie qui pourtant, somme toute, n'intéresse que nous...

Patricia Meunier-Lebouc. « J'ai repris la compétition en 2019, poussée par une amie, Jane Blalock, qui voulait que je sois sa partenaire lors d'un tournoi en double. Ça s'est bien passé. Dans la foulée, Antoine en a profité pour m'inciter à m'inscrire au LPGA Senior Women Championship, un Majeur senior ! C'était un vrai challenge pour moi, après dix ans d'arrêt ! J'avais certes coaché beaucoup de golfeurs pendant cette période, dont les équipes de France Dames, mais je n'avais plus vraiment joué au golf, hormis quelques parties avec des copains de temps en temps...
Antoine, lui, est un joueur, il est toujours prêt à partir vivre des expériences nouvelles. Moi, j'ai besoin de me sentir prête avant une compétition, de contrôler un minimum mon jeu... et je trouvais que je n'avais vraiment pas assez de temps pour me préparer. Il m'a convaincue d'essayer ; j'ai donc établi un nouveau plan d'action avec lui comme coach et cadet. Et ça a été extraordinaire ! Une superbe expérience – même si ce n'est pas en quinze jours qu'on refait le monde ! Ça nous a ramenés dans le passé, à une époque de notre vie qu'on aime tous les deux, il y a vingt ans...
Au départ, j'étais bien sûr un peu rouillée, surtout mentalement. Quand on donne de l'importance à un tournoi, c'est fou comme on peut être stressée ! Je me sentais plus stressée qu'au départ du 1 en Solheim Cup, ce qui n'est pas peu dire ! Au bout

de neuf trous, j'étais à +6 !!! [Elle souffle fort.] C'était très dur. Alors les questions fusent : "Qu'est-ce qui se passe ?" Je suis déçue. Je ne me sens pas bien...
Mais les stratégies que j'avais su mettre en place durant toutes mes années de compétition ont heureusement fini par revenir. Grâce au soutien d'Antoine et à quelques techniques de respiration, j'ai fini par réguler tout ça. Je me suis dirigé vers le Tee 10 avec cette conviction que la seule solution, là, maintenant, c'était de continuer à avancer en me concentrant uniquement sur ce que j'avais à faire pour mieux gérer mon émotion... Une bonne inspiration et puis : "Allez, un coup à la fois, on prend les fairways. Un coup à la fois, on prend les greens. Un coup à la fois, on putte." J'ai réussi à me stabiliser comme ça. La tranquillité est revenue. Et sur les trois derniers trous, j'ai eu ce que j'appellerai "la récompense" en faisant birdie aux 16, 17 et 18 ! [Elle lève les yeux au ciel.]
Ce jeu est juste fantastique ! S'il n'y avait pas eu les neuf premiers trous difficiles, finalement, les trois derniers n'auraient pas eu la même saveur. Les choses sont ce qu'elles sont.
Si je dois encaisser, j'encaisse, en espérant que ça tourne. Et si je continue à faire ce que je peux, à m'occuper de moi, de mon état d'esprit, à accepter de vivre ce que j'ai à vivre, il y a forcément un moment où les flux s'équilibreront.
J'ai fini par retrouver mes automatismes. Pof ! Jouer le coup. Pof ! Finir le trou. Aller au trou suivant. Ma façon de marcher, ma routine, tout est revenu pour recréer cet élan qui me permet d'entrer dans l'action sans parasites. C'est fantastique : on a tout ça à notre disposition et on ne s'en sert pas assez. »

“ La formule magique du « mieux être plus » : l'exigence mâtinée de bienveillance...

PML. « Comme je joue beaucoup moins au golf qu'il y a vingt ans, évidemment, mes attentes sont moins hautes. Avant, j'oubliais les mauvais coups, car je n'avais pas d'énergie à perdre.

Maintenant, comme je joue moins, quand je fais birdie, je le savoure, je le vis, et je le garde précieusement avec moi. J'arrive à ne garder que le meilleur et oublier le reste sans effort.
À la sortie du confinement, j'ai fait une partie avec mon mari et Adrien Pendaries [l'un des meilleurs espoirs français qui vit aux États-Unis, comme Pauline Roussin-Bouchard, que Patricia suit également en équipe de France]. Je lui disais combien, plus que la technique qu'ils ont tous, c'est l'état d'esprit, cet état d'être positif, qu'on arrive plus ou moins à développer, qui est la clé de la réussite.
Le travail, la détermination, tu dois l'avoir, mais c'est la façon dont tu gères la performance, tes réactions, la façon dont tu te perçois, ta confiance en toi, qui va faire la différence. Souvent, perfectionnistes, on est trop exigeant avec soi-même, surtout les sportifs de haut niveau : ce n'est jamais assez bien. C'est un risque !
Sans s'aveugler ni se mentir ou se chercher des excuses, il faut être bienveillant avec soi-même, parce que l'on sait les efforts qu'on a fournis et qu'on sait qu'on ne baissera pas les bras ni la tête face à l'adversité. On prend les choses, on les accepte. Il faut développer sa capacité à être hyperpositif, hyperbienveillant avec soi-même. Il faut engranger du positif, du positif, du positif. Dépasser les frustrations.
La clé au golf, c'est évidemment d'avoir un haut niveau d'exigence, mais d'accepter aussi, à chaque moment, ce qui nous arrive, d'accepter sans résister, sans perdre d'énergie, ce qui vient comme une information qui va nous permettre de progresser. »

Questionnement en dégageant un maximum de positif :
Perso : Rappelez-vous immédiatement trois choses positives que vous avez réalisées, et sur ces trois choses, répondez aux questions QQOQCCP (qui, quoi, où, quand, comment, combien, pourquoi). Comment pourriez-vous reproduire ces trois choses ?
Pro : Seriez-vous prêt à revivre les émotions professionnelles

de vos plus belles années ? Avez-vous le cœur suffisamment accroché pour un nouveau départ ?
Sujet de dissertation en cheminant :
C'est son caractère qui fait à chacun sa destinée.
Cornélius Nepos

LE VOYAGE DU HÉROS
S'ACCORDER

En chemin, j'ai réussi à traverser une seconde crise. Malgré les moqueries des grenouilles, j'ai résisté grâce à mes guides qui m'ont enseigné trois stratégies :

- ☑ *Se faire confiance.* Jean-Lou Charon
- ☑ *Établir un climat de confiance.* Pascal Grizot
- ☑ *Engranger du positif.* Patricia Meunier-Lebouc

Et j'ai remporté une quatrième bataille : je suis en paix avec mes émotions.

MISCELLANÉES
ENTRE RÉCONCILIATION ET AGILITÉ

SISYPHE

Un golfeur pousse absurdement sa balle sur dix-huit trous et semble y trouver un certain bonheur, à l'instar d'un Sisyphe condamné pour l'éternité par les dieux à pousser un rocher au sommet d'une montagne, rocher qui, au moment où il atteint son but, dévale inéluctablement la pente vers son point de départ, et tout est à recommencer, encore et encore, jour après jour...
Le philosophe japonais Kuki Shuzo, élève d'Heidegger, s'étonnait de la vision pessimiste que nous avons généralement du sort de Sisyphe : « Y a-t-il du malheur, y a-t-il de la punition

dans ce fait ? Je ne crois pas. Sisyphe devrait être heureux, étant capable de la répétition perpétuelle de l'insatisfaction. C'est un homme passionné par le sentiment moral. [...] Il n'est pas dans l'enfer, il est au ciel [, car] sa bonne volonté, la volonté ferme et sûre de se renouveler toujours, de toujours rouler le roc, trouve dans cette répétition même toute la morale, en conséquence tout son bonheur. »
Pour comprendre ce qui nous motive tellement, nous, golfeurs, relisons Camus : « La lutte elle-même vers les sommets suffit à remplir un cœur d'homme. Il faut imaginer Sisyphe heureux. »

POSTURE
Votre posture révèle ce qui se passe en vous, reflète votre état d'esprit. Que ce soit Sorenstam ou Ko Jin-young, Tiger ou Langer, quand ces champions éprouvent des émotions fortes, ils continuent d'afficher une posture fière et digne de super héros. Votre façon de vous tenir face à la vie traduit votre confiance en vous. La posture passe par une manière de respirer, d'oxygéner son corps, de permettre à son potentiel de s'exprimer librement. Il n'est pas toujours facile de se regarder avec tolérance, bienveillance. Mais si votre posture traduit votre confiance en vous et déclenche votre swing, comment voulez-vous réussir un swing correct si votre posture est négative ? Si vous ne vous aimez pas, comment pouvez-vous être dans des dispositions positives vis-à-vis de vous-même et des autres ? Si vous n'aimez pas les gens, comment pourraient-ils vous apprécier et être sympas avec vous ? Si vous n'aimez pas le putting et ne respectez pas les lois de la physique élémentaire, il y a peu de chances que le putting vous aime.
Le résultat de vos actions dépend souvent de votre attitude initiale, de la manière de vous présenter, de vous organiser mentalement et physiquement... Au golf, comment vous installez-vous devant la balle, comment placez-vous votre corps, la tête de club, le club lui-même ? Avoir la bonne posture autorise toutes les ambitions en termes de résultat. Votre ancrage au sol accroît votre aisance, votre assurance, votre

autorité, votre charisme. Ce qui fait vraiment la différence, c'est l'énergie tellurique ou solaire que vous dégagez, parce que vous l'avez en vous – si vous ne la bloquez pas.
Votre posture annonce votre attitude mentale, votre position intellectuelle face à la situation, votre point de vue, votre préparation à agir ; elle préfigure l'action à venir.
Sur ce thème crucial, je ne saurais trop vous conseiller de regarder l'excellente conférence TED (Technology, Entertainment and Design)[13] de la psychologue Amy Cuddy sur les répercussions que nos attitudes ont sur nos états internes et notre état d'esprit. Amy invite notamment les femmes à prendre plus souvent, sans que ça y paraisse, la posture de Wonder Woman, comme le fait d'ailleurs fréquemment Christine Lagarde (ex-ministre de l'Économie, directrice générale du Fonds monétaire international), et à faire semblant d'être ce que l'on veut être, jusqu'à l'intérioriser et le devenir – qui sait !
Au golf, au fil de vos réactions, vous mettez à nu par votre posture, votre comportement, les bons et les mauvais côtés de votre personnalité, comme si vous étiez face à un test de personnalité.
Attention ! Parce que, pour paraphraser certains auteurs romains, *votre personnalité, c'est votre destinée*. Prenez donc votre juste place, tout en vous décentrant de vos résultats.

ART DE LA PEUR

Dans son excellent livre *L'Art de la Peur*, la skieuse de l'extrême Kristen Ulmer, élue sportive la plus téméraire d'Amérique du Nord – c'est vous dire si elle a fréquenté la peur ! –, nous fait observer que « parfois, nous, humains, déraillons un peu. Nous avons juste besoin d'une petite mutation pour poursuivre notre voyage dans la bonne direction. L'une de ces mutations serait de mettre fin à cette guerre généralisée et ingagnable que l'humanité livre à la peur pour, au contraire, faire de celle-ci une alliée

---

13 https://www.ted.com/talks/amy_cuddy_your_body_language_may_shape_who_you_are?language=fr

et nous permettre ainsi, non seulement de résoudre nombre de problèmes épidémiques, mais aussi de nous offrir une chance incroyable d'exploiter tout le potentiel de notre esprit. »

Comment faire la paix avec la peur ? En commençant par écouter ce qu'elle a à nous dire, puis en dialoguant avec elle, avec respect et bienveillance, car elle est à notre service, sans quoi la peur finit par avoir peur d'elle-même, on devient phobique et prostré, ou bien on renie ou dénie les messages de la peur, au risque de perdre sa vie en faisant n'importe quoi, n'importe comment.

N'ayons pas peur de nos émotions, de notre spontanéité, d'exprimer notre nature. Parfois, dans certains rôles que nous avons à tenir, notre comportement est inadapté (notre swing est nul, par exemple), mais cela ne veut pas dire pour autant que nous sommes nuls : améliorons ce comportement, mais restons spontanés. C'est ainsi que nous gagnerons en confiance en nous.

INTÉRÊTS COMMUNS

Comme avec la peur, c'est en arrivant, dans un climat de confiance, à comprendre les motivations, les priorités de l'autre partie, que vous avez plus de chance de parvenir à un terrain d'entente à même de servir vos intérêts communs. Donc que ce soit avec nos émotions ou nos partenaires, soyons à l'écoute, gardons notre sang-froid, ménageons la sensibilité de l'autre, proposons de multiples options avantageuses de part et d'autre, et nous deviendrons des maîtres dans l'art martial de la négociation.

KI-AÏKIDO

À l'Université de Paris-Saclay, j'ai eu le plaisir d'avoir comme professeure Christine Le Scanff, docteur en psychologie du sport. Grâce à sa pratique experte du Ki-Aïkido, elle a pu directement vérifier par elle-même comment notre état d'esprit, la façon dont on pense, a un retentissement direct sur notre état physique : « Quand on pense différemment, quand on oriente autrement son attention, on modifie dans le même temps sa posture, son comportement, ses actions, sa force et son énergie. L'efficacité vient plutôt du relâchement face à l'adversité que de l'opposition frontale, car la résistance crée de la tension. »

En peu de mots, il s'agit avant tout d'élargir, d'assouplir son état d'esprit, de laisser faire le corps plutôt que de se crisper, d'aller plutôt avec que contre.

Christine a commencé l'Aïkido en 1992 et ne s'est depuis jamais arrêtée : « Cela correspond profondément à ce que je suis et à mes recherches universitaires sur les états modifiés de conscience, notamment l'importance du lien corps-esprit, de la complète présence dans l'instant et de l'empathie. Cela me permet de continuer à progresser sur moi-même et dans ma relation aux autres, de gérer les conflits plus facilement et de développer la bienveillance. C'est un chemin qui ne s'arrête jamais ! »

Je vous rappelle les grands principes de l'Aïkido : « En étendant ta pensée, Connais l'esprit de ton partenaire, Respecte le Ki de ton partenaire, Mets-toi à la place de ton partenaire, Pratique avec confiance. » Et les Principes du Ki (de la coordination du corps et de l'esprit) : « Pense à ton point unique, Sois léger, Sois complètement détendu, Étends ta pensée. »

Voilà qui est assurément applicable en golf comme en affaires.

HUIT FORCES

Pour paraphraser le sensei Morihei Ueshiba, fondateur de l'Aïkido, huit forces soutiennent le swing parfait : la stabilité et le mouvement, la solidité et la fluidité, la contraction et l'extension, l'unification et la division.

Ces huit forces, on les retrouve chez tous : golfeurs, managers, collègues, amis, parents, époux. Nous sommes par nature plus ou moins dynamiques, calmes, souples, solides, concentrés, ouverts, simples, complexes, mais nous avons tous en nous ces huit forces à notre disposition. Mieux nous les utilisons, meilleurs nous sommes dans l'exercice de notre art en tant que

golfeurs, managers, collègues, amis, parents, époux...
Petite tentative d'application au golf :

- Un golfeur est stable. Il se révèle dans l'équilibre de sa posture.
- Un golfeur est en mouvement. Il se révèle dans la vitesse de son élan.
- Un golfeur est souple. Il se révèle dans la largeur de son élan.
- Un golfeur est solide. Il se révèle dans la puissance de ses appuis.
- Un golfeur est concentré. Il se révèle dans la précision de son contact de balle.
- Un golfeur est en extension. Il se révèle dans l'élévation de son finish.
- Un golfeur est uni. Il se révèle dans son harmonie avec l'environnement.
- Un golfeur est divisé. Il se révèle à chaque coup.

KYŪDŌ

Le kyūdō (littéralement : « la voie de l'arc ») est un art martial japonais (budō), issu du tir à l'arc guerrier. Le principe consiste à percer une feuille de papier servant de cible, avec un minimum de tension musculaire et un maximum d'énergie spirituelle (Ki).

Pour ses adeptes, la gestuelle esthétique résulte d'une chorégraphie codifiée, atteindre la cible étant la conséquence de l'équilibre correct d'un corps et d'un esprit libres, disciplinés et harmonisés. Rien d'étonnant, donc, que le golf ait autant de succès en Asie ! Bien que venu d'Occident, le golf est aujourd'hui le sport le plus pratiqué au Japon, avec quelque vingt millions de joueurs.

Mais discipline et chorégraphie codifiée ne signifient pas que nous devons tous, golfeurs, répéter les mêmes élans de façon mécanique. Nous ne sommes pas des robots, nous l'avons vu. Nous ne pratiquons pas le golf en salle sur tapis. Nous devons nous adapter aux exigences du contexte et de nos capacités du moment. Nous ne pouvons être en harmonie avec notre Ki que

si nous sommes en phase avec le lieu (ici), le temps (maintenant), l'ailleurs (le futur, la cible), l'altérité (les autres, la météo, les obstacles), l'ensemble du parcours hors limites incluses (le monde et l'univers).
Vous sentez-vous toujours épuisé ? Contre qui ou contre quoi résistez-vous qui vous épuise ? Comment pourriez-vous mieux l'accepter, pour passer peut-être à autre chose ?
Enfin, je vous invite à essayer ce bel exercice de chercher à swinguer avec un minimum d'effort musculaire et un maximum d'énergie spirituelle. Quand on y parvient, on comprend.

WORK IN PROGRESS

Les mauvais coups présentent l'énorme avantage de nous faire mieux apprécier les bons coups. Si vous ne parvenez pas à accepter vos frustrations, renforcez vos ressources ou baissez vos prétentions.
« "Les meilleurs golfeurs s'efforcent de limiter le nombre d'erreurs qu'ils commettent, mais ils ne s'attendent pas à les éliminer. Ils comprennent qu'il est plus important de bien réagir aux erreurs qu'ils commettront inévitablement." [Bob Rotella] Pourquoi ces remarques me touchent ainsi, se demandait le psychiatre Christophe André (article de blog, 2011), alors que je ne suis pas golfeur ? Justement parce que je ne joue pas au golf ! Et que ça m'a plu d'entrevoir que cela s'applique aussi à la vie en général : s'efforcer de ne pas commettre trop d'erreurs, mais pas au point de se crisper, ce qui nous en ferait commettre encore plus. Les accepter lorsqu'elles arrivent, et plutôt s'attacher alors à ne pas les laisser nous parasiter pour la suite du parcours... J'ai envie de me mettre au golf, tiens... »
Il est à noter que la coach Pia Nilsson préconise la Vision 54 (jouer moins 18 ; pour plus de détails, se reporter au Trou 18, Coup 69), lorsque le « Doc » Rotella nous invite à jouer au golf sans viser la perfection. Ces deux thèses a priori opposées sont parfaitement compatibles, et c'est ce que je trouve le plus intéressant dans l'approche du golf et en toute chose.

Au lieu d'opposer les contraires, cherchons plutôt à les agréger : le corps n'est pas l'ennemi du cerveau, l'inconscient n'est pas l'ennemi du conscient. Faisons collaborer les a priori « opposés ».
« Pour résumer, quel est le secret du golf ? C'est, nous répond Arnold Haultain, qu'il n'y en a pas un seul, mais beaucoup. »
Mais le principal, je crois, est de trouver le bon état d'esprit, celui qui vous est agréable dans la performance : imaginez l'impossible et cherchez à le réaliser, nourrissez de grandes ambitions qui vous poussent à vous entraîner démesurément, mais écartez-les dès que vous êtes sur le parcours, cultivez l'équilibre comme un processus sans fin, *work in progress*, entrez dans la roue vertueuse de la qualité…

PDCA

Acceptez de ne pas être parfait, mais sur la voie du progrès continu, gérez au mieux la qualité de vos entraînements grâce à la *roue de Deming*, qui a fait le bonheur de l'industrie nippone et qui est plus connue sous l'acronyme de *PDCA : Plan-Do-Check-Act* (*Planifier, faire, contrôler, ajuster*, à ne pas confondre avec *Please Don't Change Anything.*)

- *Plan* : observez la situation, l'environnement, puis planifiez en répondant notamment aux questions aristocéliennes QQOQCCP (Qui ? Quoi ? Où ? Quand ? Comment ? Combien ? Pourquoi ?)
- *Do :* agissez en situation réelle après une première période de test (au début).
- *Check :* contrôlez, vérifiez, analysez en debriefant le négatif, sans oublier le positif ; acceptez et traitez l'information des feed-back.
- *Act :* ajustez, implémentez les améliorations nécessaires pour évoluer à chaque tour de roue.

Planifiez de nouveau, etc.
Bienvenue dans la boucle vertueuse de l'amélioration continue : « Hâtez-vous lentement, et sans perdre courage, vingt fois sur le métier remettez votre ouvrage », disait déjà Boileau.

Pour éviter tout retour en arrière de la roue de Deming, dans sa progression en côte (comme Sisyphe), on dessine souvent une cale sous ladite roue ; cette cale peut symboliser toute ressource à même vous soutenir, tel un journal de bord. Je ne vous conseillerai jamais assez de tenir un journal dans lequel vous gagnerez à capitaliser vos connaissances, vos expériences, vos réflexions, vos émotions, vos décisions, vos pratiques, vos renforcements positifs. Cette cale peut également représenter un ami, un cadet ou un coach, sur lequel on s'appuie quand rien ne va plus.

Écrire un journal, écrire tout court pour mettre en ordre ses pensées complexes, son histoire, ses projets, développer une argumentation construite et nuancée, exprimer noir sur blanc ses sentiments ambigus, conduit souvent à une restructuration cognitive et émotionnelle qui peut vous aider à être mieux vous-même, à mieux vous connaître, à mieux communiquer avec les autres, et au bout du compte, à aller tout simplement mieux. Un nouveau thème qui mériterait à lui seul un ouvrage…

Chapitre 12

TROU 12
LE GOULET

Objectif | Trouver son assertivité

État d'esprit | Être agile

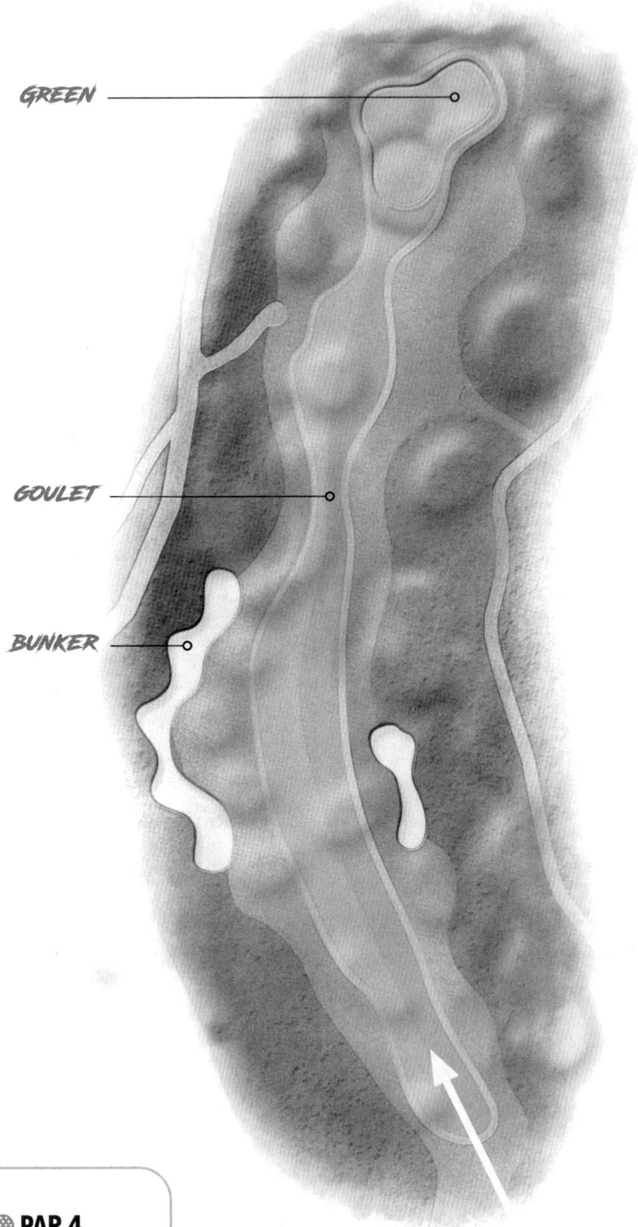

PAR 4
337 mètres

Hubert Chesneau

TROU 12 - LE GOULET

« C'était vraiment mon choix d'architecte de faire un goulet ici. Le dessin de ce trou en dog-leg à droite est parti de ma volonté de compliquer ici la mise en jeu. Le green n'est pas défendu, mais les drives sont, eux, compliqués par des bunkers. Plus on est long au drive, plus le fairway devient étroit... jusqu'à aboutir à une pente dans la partie réduite du goulet. Les meilleurs au départ, qui arrivent à prendre cette pente, gagnent un bonus de quinze mètres, ce qui leur offre un deuxième coup nettement plus facile. »

TEE TIME

Le trou 12 est le préféré d'Olivier Denis-Massé : « J'aime la perspective depuis les départs sur ce trou en montée. Ce type de trou me fait penser aux golfs britanniques. Il faut s'adapter aux passages étroits, en calculant bien les risques au départ, en étant très précis, et en cas de coup dur, depuis les bunkers ou le rough, il faudra savoir sagement se replacer pour faire un 3ᵉ coup qui permettra peut-être de ne faire qu'un putt et de sauver la mise. » Comme dit l'adage agile : il y a plusieurs façons de faire le par.

LE VOYAGE DU HÉROS COMMUNIQUER

Joseph Campbell - Le voyage du héros : « Les couples d'opposés (vie-mort, bien-mal, beau-laid et toutes les autres polarités qui lient les facultés à l'espoir et à la peur et enchaînent les organes de l'action aux seuls actes de défense et d'acquisition) sont des rochers à même d'écraser le voyageur, mais entre lesquels le héros réussit toujours à passer. »

Mobilisation / Quête 1
Face à ma rigidité cadavérique, j'ai décidé de gagner en agilité avec la souple intention de m'adapter aux opposés pour trouver mon assertivité. En chemin, j'espère rencontrer des amis, maîtres et compagnons de voyage, qui m'aideront à apaiser Kali, car je veux, avec elle, aller au-delà du temps et des phénomènes pour trouver l'éternel présent sur le radeau qui traverse l'océan de l'existence.

TROU 12 - LE GOULET

Objectif : trouver son assertivité
État d'esprit : être agile

Stratégie / Coup 44 - Agir, réagir, évoluer
Avec Christophe Muniesa

Si le vocabulaire sportif de la performance a envahi le vocabulaire de l'entreprise, ce n'est pas un hasard. Christophe Muniesa, ancien joueur pro de golf et aujourd'hui directeur général de la ffgolf, est le mieux placé pour observer de l'intérieur ce transfert et son utilité.

Christophe Muniesa. « Au-delà de la transposition dans le monde professionnel, il y a, dans la pratique sportive, une

école de vie. En tant que joueur de golf, les événements que vous traversez, positifs ou négatifs, vous incitent à analyser, comprendre les feed-back que vous recevez d'une année à l'autre, d'une semaine à l'autre, parfois instantanément, d'un coup à l'autre. Vous devez être à l'écoute des informations que vous tirez de votre pratique : ce qui marche, ce qui ne marche pas.
Dans un parcours académique classique, une période est consacrée à l'apprentissage, pendant laquelle, à coups d'entonnoirs, on vous livre un grand nombre de contenus que vous devez digérer, avant de les réinvestir quelques mois ou années plus tard dans votre vie professionnelle. La phase d'assimilation est dissociée dans le temps de la phase de mise en œuvre.
Quand on veut devenir sportif professionnel, ces allers-retours, vous devez les faire de façon quasi instantanée, comme c'est le cas en entreprise.
Au cœur de cette logique, on trouve la capacité à apprendre de ses erreurs, à ne pas les reproduire. Vous devez être capable de procéder autrement, afin de ne plus être confronté à une difficulté comparable. Dans un parcours académique, vous apprenez très longtemps ; ensuite, vous pouvez rencontrer une véritable difficulté à transformer vos connaissances en compétences opérationnelles. En tant que sportif, vous devez faire ces allers-retours, ce switch de façon permanente. »

« Aujourd'hui, les chefs d'entreprise disposent de tableaux de bord, d'indicateurs quasi immédiats de l'expérience vécue par leurs clients. À l'heure de la mondialisation économique, du World Wilde Web, des crises et des disruptions, les sociétés se doivent, plus que jamais, d'être agiles, proactives et réactives – des adjectifs qui renvoient directement aux qualités sportives.

CM. « Quand vous tapez un mauvais coup au golf, vous êtes à la fois le prescripteur, le producteur, le client, le sponsor interne

du projet : ça stimule cette capacité, extrêmement importante, de faire des allers-retours.
À la Fédération, le vocabulaire du golf fait tache d'huile sur nos échanges professionnels. On s'en sert souvent pour illustrer nos propos, nos intentions. Le fait que le golf soit un sport qualifié de très mental, un sport au sein duquel la dimension stratégique est extrêmement importante, permet de faire un grand nombre d'analogies.
Quand vous préparez un sportif, il est fondamental d'avoir une approche de type essai/erreur, de tester les solutions apportées, de vérifier qu'elles sont bien assimilées. Quand on met en œuvre un projet à la ffgolf, que ce soit sur des dimensions régaliennes – le sport, la formation, le développement – ou sur des projets un peu plus innovants, comme le digital, on se sert souvent de notre expérience acquise sur le terrain, par les équipes, dans la préparation de tel ou tel événement ou telle ou telle compétition.
Dans le domaine informatique, c'est pareil : pour qu'une nouvelle fonctionnalité donne sa pleine puissance et donc satisfaction, il est nécessaire de réaliser des tests utilisateurs, d'avoir des retours, pendant l'élaboration même du projet et dans toutes les phases d'implémentation, pas seulement à la fin. Si vous ne faites pas ça, vous n'êtes pas en capacité de mettre en œuvre le changement d'un processus technique ou d'un processus mental. »

« Faire des analogies avec des univers qui parlent à vos interlocuteurs est le meilleur moyen de leur faire comprendre votre stratégie.

CM. « En sport, il y a des préceptes universels : être ici et maintenant, concentré sur la seule tâche à effectuer, éviter toute projection, car cela génère de l'anxiété, du stress... Là aussi, à la ffgolf, on s'en sert régulièrement. On prend exemple sur ce qu'on a déjà réussi à mettre en œuvre avec pertinence et on le

transpose sur d'autres environnements. On se nourrit à la fois des choses qui marchent et des choses qui ne marchent pas, comme un sportif.
Dans le vocabulaire de l'entreprise, on parle de compétition, des *competitors*, en anglais, de performance, d'efficience pour produire un meilleur résultat à moindre coût ; c'est ce qu'on retrouve également dans la pratique sportive. Aujourd'hui, on utilise au quotidien, et encore plus dans une fédération sportive, ce vocabulaire entrepreneurial directement issu de la pratique sportive. »

> « À l'ère de la révolution économique 4.0, l'innovation est une valeur clé, et celle-ci procède par disruption. Les changements de paradigmes sont brutaux. Ce qui était vrai hier ne l'est plus le lendemain, on l'a vu naguère avec Woods, on le voit avec DeChambeau. Au golf, on progresse de façon non linéaire, en régressant bien souvent avant de franchir un palier. D'une façon ou d'une autre, la question finit par être posée : a-t-on le choix de ne pas s'adapter ?

CM. « On fait face aujourd'hui à une obligation de gérer la crise sanitaire, la transformation digitale, la transition écologique. Quand on est obligé de se réformer, de se transformer, voire d'engager une métamorphose, on gagne à avoir déjà été confronté, dans notre parcours personnel (de sportif, par exemple), à des phases durant lesquelles on a dû accepter de tout changer, de tout reprendre à zéro, pour nous améliorer. Si vous n'êtes pas personnellement habitué à vous remettre en question, en risque ou en danger, cela sera peut-être plus dur de le faire dans l'environnement professionnel.
Je vais prendre l'exemple d'un sportif dont le parcours a été couronné de succès. Je pense à Nick Faldo. Au milieu des années quatre-vingts, Faldo était n° 1 européen et déjà en capacité de gagner des épreuves du grand chelem. Malgré tout, alors qu'il était déjà presque tout en haut, il a fait le choix de rebâtir

intégralement son swing avec David Leadbetter pour changer du tout au tout. Il s'est absenté des circuits pendant deux ans ! Et il est revenu au top niveau pour s'imposer comme n° 1 mondial. Ce type de rupture que le très haut niveau exige d'un sportif, c'est précisément ce à quoi vous êtes confronté dans une entreprise du XXIe siècle, dans les fédérations du XXIe siècle.
Je crois que ce parcours de sportif, où rien n'est jamais acquis, est extrêmement formateur. Vous pouvez être confronté à la blessure, ne plus performer pendant six mois, un an ! Il faut alors avoir une détermination, une foi sans faille dans ses capacités pour repartir pour la saison suivante.
Cette forme de capacité à se réinventer est extrêmement utile dans le monde où nous vivons actuellement. Je pense que cette notion de défi permanent et de remise en question m'a aidé dans mon parcours professionnel et à la Fédération ; j'en suis convaincu. »

> “ Pour promouvoir leurs disciplines, les fédérations recrutent des professionnels. Les golfeurs professionnels s'entourent d'experts. Dans tous les domaines, c'est idem, on parle toujours de Steve Jobs, mais il n'était pas seul, le 1er avril 1976, à la création d'Apple. Jobs était un visionnaire, mais pas un ingénieur informatique : il faut bien s'entourer pour réussir.

CM. « Ce qui était déjà en germe à mon époque est aujourd'hui totalement avéré : les joueurs ne peuvent plus performer en misant uniquement sur leur talent brut. Bien sûr, un joueur avec un talent exceptionnel accédera peut-être au Top 100 mondial en s'appuyant uniquement sur l'inertie positive générée par son seul talent. Peut-être, admettons. Mais pour s'imposer au top niveau mondial, faire face aux revers de fortune qui ne manquent jamais, il faut avoir un entourage, un staff, extrêmement solide et compétent.
Pour prendre un exemple au plus haut sommet de la hiérarchie mondiale, prenons Tiger Woods : durant sa carrière, il a dû faire

face à toutes sortes d'adversités, et pas que sportives. S'il n'avait pas eu à ses côtés son agent, Mark Steinberg, un environnement médical de pointe, des coachs successifs dans les différents champs de la performance, il n'aurait pas pu se reconstruire. Sans tout ce staff, il n'aurait pas pu faire le come-back exceptionnel qu'il a réalisé en 2018-2019.
On a beau être le meilleur au monde, on voit combien cette capacité à se remettre en question, à manager une équipe stimulante, c'est fondamental dans l'environnement sportif comme dans celui de l'entreprise. »

Questionnement tout en action/réaction :
Pro : Comment pouvez-vous aiguiser votre capacité à transposer, à rebondir, à faire des liens, à innover ?
Perso : Quand vous réalisez quelque chose – bien ou mal –, avez-vous conscience d'être le prescripteur, le producteur, le réalisateur, l'acteur, le spectateur de cette réalisation ?
Sujet de dissertation en cheminant :
Agir en homme de pensée, penser en homme d'action.
Henri Bergson

Stratégie / Coup 45 - Savoir rester dans la réalité

Avec Pascal Grizot

Scientifiques, artistes et sportifs se rencontrent au moins sur ce point : le mouvement. L'univers est en mouvement, la terre est en mouvement, la pensée est mouvement. Aimer la vie, c'est aimer les contrastes et les mouvements, les sommets et les gouffres, les variations Goldberg, l'irrégularité d'un grain de peau, le yin et le yang, les va-et-vient d'une balançoire, les glissades sur la crête des vagues...
Dans ses muscles et ses neurones, le golfeur ressent la beauté des contrastes, la splendeur d'une balle haute qui fuse dans les airs pour finir un pied sous terre.

Dans sa pratique, il apprend à se détendre, à se relâcher entre deux coups, avant de se concentrer rapidement et sur commande. Il parvient ainsi à trouver un équilibre personnel au cœur du mouvement perpétuel de la nature. Une formidable école à laquelle Pascal Grizot s'est formé, avant de réussir brillamment dans la négociation commerciale et la direction d'entreprise.

Pascal Grizot. « J'ai commencé à travailler très tôt, à dix-neuf ans, en intégrant l'univers de mon père, celui de la grande distribution. Ça a été très formateur. C'est simple, j'y ai découvert l'esprit de conquête, l'importance de la communication et de la négociation *win-win*. J'ai très rapidement remarqué de nombreux points communs entre le jeu de golf et les affaires. Notamment, et c'est un point essentiel, que les réussites d'un jour ne sont jamais acquises, qu'elles peuvent ne pas se reproduire. En golf, on peut avoir des variations de niveau de jeu extrêmement brutales. Vous pouvez être très bon durant une journée, rendre une carte excellente, et être nettement moins bon le lendemain. On ne vous juge pas sur une seule compétition, mais sur une saison entière, voire une décade, une carrière. Il est donc évidemment très rare, sauf les très grands champions comme Tiger Woods, de parvenir à maintenir un niveau de jeu exceptionnel pendant plusieurs semaines, mois, années.
On retrouve ces variations dans la vie : ce n'est pas parce que vous avez un succès un jour, dans une affaire, que vous serez *successful* toute votre vie. Dans le monde des affaires, c'est la faculté à se remettre en question qui est vitale. Si vous ne le faites pas, vous n'évoluez pas, vous stagnez, et quand on stagne, on recule, car les autres continuent de progresser et vous passent devant.
Parfois, les éléments vous sourient, parfois non. Il faut savoir rester dans la réalité. Il est tellement rare d'aligner les excellents coups, que lorsque ça nous arrive, on risque fort de se mettre dans un état de transe. Il faut rester malgré tout vigilant,

car quand on devient trop confiant, c'est souvent là que l'on peut commettre la plus grosse erreur... On retrouve ça dans le golf, dans la vie, dans les affaires.
C'est peut-être l'une des raisons pour lesquelles j'avoue avoir du mal à éprouver beaucoup de plaisir dans la victoire, car je sais aussi qu'à tout moment, il peut se passer la pire chose que l'on n'attendait pas. C'est l'exemple douloureux de mon ami Jean Van de Velde à Carnoustie, en 1999. [Voir chapitre 4]. Des revirements comme celui-là, ça arrive tout le temps !
À cinquante-sept ans, les raisons de mes victoires en golf ne sont plus les mêmes qu'à trente ans. Les victoires sont souvent liées à la qualité de la préparation que l'on a pu mettre en place avant la compétition. Aujourd'hui, les déjeuners d'affaires m'occupent trop, je ne peux plus courir au practice à l'heure du repas. Alors, je m'entraîne sur des simulateurs, mais quoi qu'il advienne, je ne passe pas un jour sans toucher un putter.
Désormais, tous les matins au réveil, c'est mon corps qui m'informe de ce qui va bien et de ce qui va moins bien. Et je dois m'adapter, là encore. Être physiquement au top niveau pendant plusieurs jours de compétition devient quasi impossible, je dois donc trouver de nouvelles clés pour gagner... Et ce qui me fait gagner encore, c'est ma capacité d'adaptation. »

Questionnement en vous préparant mieux :
Perso : Que considérez-vous comme acquis ? Sur quels lauriers vous endormez-vous ?
Pro : Que pourriez-vous faire pour rester plus longtemps au top ? Comment pourriez-vous mieux vous préparer aux prochaines épreuves que vous allez affronter ?
Sujet de dissertation en cheminant :
Tout coule, tout change. On ne se baigne jamais deux fois dans le même fleuve.
Héraclite

Stratégie / Coup 46 - Rester au contact du terrain
Avec Jean-Lou Charon

Président de la ffgolf pendant huit années, Jean-Lou Charon a eu l'occasion, lors de sa longue carrière commerciale dans l'import-export, de motiver des équipes internationales et de signer de très gros contrats avec des distributeurs, des producteurs, des industriels européens, asiatiques ou encore sud-africains. Il a noté dans ses activités professionnelles de nombreux points communs avec la pratique du golf.

Jean-Lou Charon. « J'ai travaillé dans de nombreux pays, avec des cultures très variées, des manières très différentes d'aborder un même problème. Où que vous soyez dans le monde, c'est toujours à vous de vous adapter, d'apprendre les règles de fonctionnement locales, d'employer le vocabulaire le plus adapté pour motiver vos partenaires à passer à l'action.
En golf, c'est pareil. J'ai présidé des associations sportives, j'ai été capitaine de différentes équipes de compétition dans les golfs dont j'ai été membre. Pour motiver ses troupes, on n'a pas le même discours selon que l'on dirige une équipe de golf à Compiègne ou à Divonne-les-Bains.
De même qu'on ne négocie pas de la même façon avec des Chinois ou des Sud-Africains. Je l'ai parfois appris à mes dépens, en voulant aller plus vite que la musique avec des clients potentiels. Comprendre et respecter la manière de raisonner des clients, c'est ça qui compte. À partir de là, votre façon de faire du commerce devient très différente.
Toutes ces compétitions, toutes ces négociations sont de bons souvenirs, même si elles ont été parfois émaillées d'erreurs. Quand vous managez une équipe de golf ou une équipe de vente, vous apprenez beaucoup, y compris des échecs, comme on le dit souvent et à raison. Ces échecs, il faut savoir les dépasser. On le sait, sur un parcours de golf, si vous restez bloqué sur le mauvais coup, vous restez bloqué dans le passé et n'avancez

plus. Ce travail sur vous-même, vous devez l'effectuer. Vous devez également faire preuve de curiosité, d'ouverture d'esprit, être avant tout à l'écoute des autres.
Dans les échanges internationaux, vous n'êtes qu'un maillon d'une chaîne qui permettra à l'ensemble d'évoluer comme vous le souhaitez. Vous nourrissez votre relation avec les autres avec des mots choisis, des attitudes positives, qui permettront d'aboutir à un objectif commun.
En golf, c'est exactement la même chose : vous devez vous adapter en permanence, être ouvert. Quand vous jouez en individuel, vous devez définir votre stratégie avant de jouer : comment est le trou ? La pente ? Le vent ? Les obstacles ? D'après les éléments dont vous disposez, vos notes, votre condition physique du moment, vos sensations, vous allez essayer d'être le meilleur possible dans l'exécution du mouvement pour être le plus performant possible, c'est-à-dire faire entrer la balle dans le trou avec le moins de coups, de coût possible. Ça peut paraître simpliste, comme explication, mais tous les golfeurs le vivent, quel que soit leur niveau. C'est une excellente école. »

> “ Il est impossible de diriger une équipe de commerciaux ou de golfeurs, sans connaître et comprendre les motivations personnelles des membres de votre équipe : leur caractère, leur manière de raisonner, de fonctionner... C'est indispensable si l'on veut limiter les frustrations, accroître les motivations, composer un collectif solide.

JLC. « Quand votre équipe comporte huit joueurs et que seulement quatre vont être sélectionnés pour jouer le week-end, cela ne veut pas dire que les quatre autres ne joueront plus. Toute l'équipe doit rester mobilisée... Quel leader allez-vous choisir pour la première partie ? C'est important, car c'est lui qui tiendra le rôle crucial de moteur, de baromètre sur le moral et l'attitude globale de l'équipe. Sachant qu'il y a au golf, comme dans la vie, des jours avec et des jours sans. Et quand ça

dysfonctionne, sur quels autres leviers de performance vais-je pouvoir m'appuyer ?
C'est la même chose dans la vie professionnelle, quand vous envoyez vos équipes prospecter sur le terrain, trouver de nouveaux clients... En fonction de la culture locale, qu'allez-vous mettre en avant ? Quelle stratégie, quelles réponses à quels besoins, quelles gammes de produits ? Comment allez-vous créer et faire prospérer de nouvelles relations ? C'est pourquoi en Afrique du Sud, par exemple, où nombre de mes clients jouaient au golf, je voyais mes prospects tôt le matin, vers 7 h 00, pour travailler pendant 2 h 30, avant de leur proposer une partie de golf. La relation privilégiée, plus personnelle que l'on nouait alors sur le parcours se transformait en avantages majeurs pour passer une commande, chercher un développement pour un nouveau produit, trouver un moyen supplémentaire de vérifier une ligne de produits, et surtout établir des relations durables... Au début, mon président néerlandais ne voulait pas me rembourser mes green fees, jusqu'au jour où il a pu constater que ces parties de golf me permettaient d'établir des relations privilégiées avec nos clients sud-africains et que l'entreprise en bénéficiait. On avait toujours un train d'avance sur nos concurrents. Cet investissement en green fees de quelques dizaines de rands rapportait des centaines de milliers de florins en commande ! Il faut toujours savoir analyser le retour sur investissement. [Rires] Mon PDG a vite compris l'intérêt de rembourser mes green fees. »

“ Jean-Lou Charon a longtemps travaillé pour une entreprise néerlandaise d'agroalimentaire où il a pu expérimenter et apprécier la hiérarchie dite « flat ».

JLC. « Aux Pays Bas, il n'y a pas cette hiérarchie verticale que l'on trouve encore trop souvent en France, même si ça a tendance à évoluer. Quand j'étais avec le président de cette société et que j'avais à le présenter à des clients, je disais : “Je vous présente mon collègue, Monsieur X, qui est aussi président de la maison." Vous voyez, dans cette phrase, vous êtes d'abord collègue, et il se trouve que ce collègue est le président. C'est fondamental : ça veut dire avant tout que le point important est qu'on travaille ensemble. Le tutoiement est également de rigueur dans les deux ou trois minutes qui suivent une rencontre, comme en sport. On est tous joueurs de golf avant d'être Préfet ou autre. La culture néerlandaise est vraiment différente de la nôtre, c'est un très beau pays, où l'intérêt général prime vraiment sur le corporatisme. »

> “ Le premier devoir d'un consultant marketing est de rappeler à un PDG qu'il a lui-même un patron, et que ce patron, c'est le client. « Le client est roi, mais n'a pas tous les droits ; en France, on coupe la tête aux rois. » O.K. Mais sans client, pas de président.

JLC. « Dans l'industrie, domaine dans lequel j'ai fait l'ensemble de ma carrière professionnelle, on ne produisait pas des produits dont les couleurs et les goûts ne correspondaient pas aux goûts des clients. On enquêtait, on allait à la rencontre de nos clients, afin de connaître leurs besoins et leurs appétences. En golf, c'est pareil.
J'ai toujours voulu rester en contact avec le terrain. En tant que président de la ffgolf, j'ai fait en sorte d'être présent aux grands événements des golfs, comme les cinquante ou les soixante-dix ans du club, pour échanger avec les présidents locaux. Car à partir de cette base, vous êtes alimenté par ce qu'ils aiment et ce qu'ils aiment moins. Et ces informations, nous, Fédération, nous en avons besoin. C'est un besoin vital pour éviter d'être enfermés dans une tour d'ivoire trop éloignée de la réalité du terrain. Une Fédération à Levallois-Perret doit rester vigilante à ne pas être trop parisienne. Les golfeurs des clubs de province sont nos clients. Et cette relation client permet de mettre en place les outils dont nos licenciés ont besoin.

En France, l'index moyen, c'est 33. L'âge : cinquante-trois ans. Donc des parcours de compétition réservés aux seuls joueurs de première catégorie, il en faut, mais ça ne peut pas être la majorité ! C'est à nous de proposer une politique de développement en harmonie avec nos licenciés, d'offrir un éventail de choix selon les pratiques, avec plus ou moins de convivialité, des philosophies d'enseignement différentes. J'ai cherché à élargir, à ouvrir, mais sans diluer de façon irréversible l'esprit du golf, en veillant toujours à l'étiquette, au respect du règlement, d'autrui, du parcours qui fait société.
Aux USA, le *yield management* est beaucoup plus développé que chez nous. Ils veulent que le parcours soit occupé au maximum, avec voiturette souvent obligatoire. Si vous n'allez pas assez vite, vous devez sauter un trou ! C'est une autre forme de gestion. En se plaçant dans un cadre économique, c'est logique. Les structures gérées en majorité par des propriétaires privés ont besoin d'argent pour fonctionner, investir, rémunérer et former le personnel... C'est normal. Et croyez-moi, les golfs qui dégagent des résultats faramineux, je n'en connais pas.
Le prix moyen de la cotisation annuelle en France est de 1 200 €/an, ce qui me paraît raisonnable : 100 €/mois pour jouer, si on le souhaite, tous les jours, du matin au soir. »

“ Aujourd'hui, nous aimons vivre libres de toute attache. Les responsables marketing de Mc Do l'ont bien compris : « Venez comme vous êtes. » On ne se prend plus la tête. On consomme quand et comme on veut, et si c'est vite, pas cher et sans engagement, c'est encore mieux. Mais qui prend aujourd'hui le temps de contribuer à défendre des valeurs, à promouvoir sa discipline, jusqu'à bâtir de ses propres mains un terrain de sport, comme Hubert racontait l'avoir fait au Sénégal, comme Jean-Lou m'a confié l'avoir fait, et comme je l'ai fait avec mon père, quand j'avais quatorze ans, en construisant un court de tennis en terre battue avec d'autres membres de notre club ?

JLC. « Ce n'est plus dans l'air du temps, malheureusement, de pratiquer un sport avec une licence, en étant membre d'un club. Ce n'est pas le prix... Notre licence coûte 55 €, assurance et avantages compris. Les gens préfèrent jouer entre copains, quand et comme ils veulent, avec une forme d'indépendance assumée. Nous sommes 420 000 licenciés, et le monde de l'industrie du golf estime le nombre de joueurs à quelque 400 000 pratiquants non licenciés, soit environ 800 000 golfeurs en France, ce qui est beaucoup. J'espérais pouvoir convaincre 25 % des non-licenciés de nous rejoindre avec cet objectif de 500 000 pour étoffer le poids de notre Fédération auprès des instances. Nous n'y sommes pas parvenus. Malgré les moyens mis en œuvre, ce lien d'appartenance auquel je croyais fort ne marche plus. Je suis d'une génération où l'on aimait passer déjeuner dans son club. Ça se fait moins. »

“ Pour répondre aux nouvelles attentes des clients et aux souhaits des plus jeunes et de la clientèle active, notamment féminine, de nouveaux parcours de six trous, des Pitch & Putt et des practices de ville ont fleuri partout dans l'Hexagone.

JLC. « Le programme des cent structures de proximité, soutenu par la ffgolf, ouvre notre sport au plus grand nombre en luttant contre les principaux freins identifiés : le coût, le temps. Plus proches de centres-villes, ces golfs permettent d'aller jouer entre midi et deux sur un parcours réduit, pour un prix modique. Tout le monde y gagne. Ces nouveaux accès permettent de créer de futurs clients pour les plus grandes structures.
Ainsi, les clubs s'adaptent à une autre façon de consommer le golf. On peut alors consommer du golf comme d'autres consomment de la danse en boîte de nuit. Sans plus d'investissements dans la vie de l'établissement. “Qu'est-ce que j'apporte à la collectivité ?”, ça, c'est une autre histoire.

Aujourd'hui, il reste encore les seniors qui prennent le temps de participer à la vie associative du club, organisent les compétitions. Les plus jeunes, encore en activité, ont un rapport au temps accéléré, timé. Ils sont comme enchaînés à leur téléphone. Cette course sans fin crée une surcharge mentale qui peut conduire au burn out. À tel point que l'on voit désormais en bas des e-mails du Comité Olympique des rappels comme : "Il n'y a pas d'obligation à répondre à la messagerie professionnelle en dehors des heures de travail, les soirs, les week-ends et les congés."
Heureusement, on finit toujours par revenir à des positions plus centrales. C'est l'éternelle histoire du balancier : on va vers un autre extrême pour revenir à l'équilibre... Comme le swing. J'aime beaucoup le juste équilibre, le compromis, c'est dans ma nature. Ne pas imposer les choses. C'est pourquoi le président doit être présent sur le terrain, échanger avec toutes les parties, le privé comme l'associatif, les professionnels comme les bénévoles, les champions comme les joueurs amateurs. Et, quoi qu'il en soit, nous devons faire tout ce qui est en notre pouvoir pour soutenir cette famille unie du golf. »

“ En pleine pandémie de la Covid, la nouvelle campagne nationale de communication « Le golf, c'est pour la vie » a pour intention de rappeler que golf est sans doute le sport qui répond le mieux aux nouvelles aspirations post-confinements et aux gestes barrières.

JLC. « Les Français veulent se reconnecter à la nature. Ce besoin largement exprimé à la sortie des confinements, nous ne le croyons pas passager. La prise de conscience des enjeux environnementaux coïncidait déjà, avant la crise sanitaire, à la montée de cette très forte aspiration.
À la ffgolf, nous croyons plus que jamais que le golf, sport de nature par excellence, engagé notamment dans un formidable travail pour préserver la très riche biodiversité de ses parcours,

a de solides arguments pour séduire de plus en plus de pratiquants. »

Questionnement en n'imposant rien :
Perso : Avez-vous conscience que l'autre veut avant tout s'exprimer, être entendu ? Que cherchez-vous à apporter à la collectivité ?
Pro : Avant d'imposer votre façon de voir les choses, commencez-vous par vous intéresser aux idées peut-être novatrices, originales de votre interlocuteur ? Comment pourriez-vous diversifier votre offre pour répondre à de nouvelles façons de consommer ?
Sujet de dissertation en cheminant :
Faire partie du Cercle, c'est participer, agir, se sentir remué par la vie.
Nancy H. Kleinbaum, *Le Cercle des poètes disparus*

Stratégie / Coup 47 - Être O.K. et sympa

Avec Michel Teichet

Certains prennent Michel (Master Pro de golf, Président PGA Paca, consultant Canal+, réalisateur de la *Série Birdie* et *Fréquence Golf*, auteur du livre *Mental de fer*...) pour un dieu.

Michel Teichet. « Parce qu'ils m'aiment beaucoup ! [Éclats de rire] Peut-être parce que j'amène dans leur vie, je pense, de la joie, du positivisme, un état d'esprit optimiste, et que l'on partage ensemble quelques qualités ! »

“ Mais il ne fait pas l'unanimité, et certains ne l'aiment pas...

MT. « Généralement, c'est parce qu'ils ne me connaissent pas. Après, on ne peut pas être aimé de tout le monde. Même dieu ne l'est pas. Donc ce n'est pas nous, simples mortels ! » [Rires]

“ Michel a une belle expérience de vie, plusieurs casquettes et de multiples cordes à son arc, comme toutes les personnalités interviewées dans ce livre. Difficile, pour eux, de se présenter simplement et brièvement. Impossible de les réduire à une simple étiquette, comme celle de coach. Aussi, face à l'exercice de la présentation de soi, Michel préfère souvent s'abstenir...

MT. « Je n'aime pas me présenter. S'il arrive que je sois en un lieu où l'on ne me connaît pas, je préfère parler aux gens directement, sans me présenter, sans dire qui je suis. Je vais leur dire, cash, ce que j'ai envie de leur dire. Après, ils m'apprécient ou pas. Globalement, ils m'apprécient. Mais j'ai pu faire aussi des erreurs de communication.
Je donne une image de moi archidifférente de ma réalité. Souvent, je fais l'erreur de montrer une image de rigueur, de sérieux, de vouloir en faire beaucoup... Heureusement quand les gens me connaissent, ça va beaucoup mieux : “Finalement, il est sympa.” Maintenant, je fais plus attention.
J'ai appris que la chose la plus difficile à faire, c'est de bien communiquer.
Surtout quand on s'adresse à une large audience, à un large public. Mais c'est pareil avec des amis, sa famille ou des collaborateurs. Le plus difficile, c'est de maîtriser l'art de créer des passerelles, de faire passer des messages, de vivre en harmonie avec les autres, c'est très compliqué.
Et plus on est publiquement exposé, plus on se doit de faire attention. On ne se rend pas compte à quel point les gens observent et interprètent notre comportement. Leur dire une simple phrase peut les rendre super contents ou bien les peiner. On n'est pas toujours dans le crâne des gens, il faut faire attention à ce qu'on dit ou ne dit pas. La communication, c'est vraiment compliqué.
Globalement, il faut être heureux et gentil avec tout le monde.
Enfin, ce que j'ai appris du monde des médias, c'est que 10 %

des gens te prennent pour un dieu, 10 % te détestent. L'essentiel est que les 80 % du milieu disent : “Avec Michel, c'est O.K.” »

Questionnement en étant assertif :
Pro : Êtes-vous O.K. ?
Perso : Êtes-vous agressif, manipulateur, fuyant ou sympa, ferme et souple ?
Sujet de dissertation en cheminant :
La qualité de notre communication est déterminée non par la manière dont nous disons les choses, mais par la manière dont elles sont comprises.
Andrew Grove

LE VOYAGE DU HÉROS
COMMUNIQUER

En chemin, j'ai gagné en agilité. Emporté par le goulet, j'ai appris de mes compagnons de voyage et pu définir quatre stratégies :

- *Agir, réagir, évoluer.* Christophe Muniesa
- *Savoir rester dans la réalité et s'adapter.* Pascal Grizot
- *Rester au contact du terrain et s'acculturer.* Jean-Lou Charon
- *Être O.K. et sympa. Mieux communiquer.* Michel Teichet

Et j'ai ainsi trouvé un premier trésor...

TRÉSOR 1 : ASSERTIVITÉ

Félicitations ! Vous venez de trouver le premier trésor de votre quête entamée depuis douze trous (les deux premiers tiers du parcours), et il s'appelle *assertivité.*
Être assertif, c'est être ferme sur le fond – ce que je suis, ce que je pense –, et souple dans la forme – la manière de dire ce que ce que je pense, ce que je suis. Vous connaissiez déjà ce concept ? Parfait. Mais profitez-vous au mieux de ce trésor ?
Le mot assertivité vient de l'anglais *assertiveness,* affirmation de soi.

Ce premier trésor permet d'être dans le bon état d'esprit pour s'intégrer au mieux socialement. Concept introduit dans les années 1950 par le psychologue new-yorkais Andrew Salter, le comportement assertif se définit comme une posture d'affirmation de soi et de respect de l'autre, dans le but d'avoir une meilleure communication, d'être mieux avec soi et les autres.
Cela passe par l'écoute attentive, la reformulation pour s'assurer d'avoir bien compris, l'acceptation ou le refus de ce qui est affirmé, l'expression de votre émotion et de votre empathie, la proposition de solutions positives et respectueuses, *win-win*, pour toutes les parties. Vous affirmez votre position, sans pour autant vaincre, et encore moins humilier, votre interlocuteur.
Ainsi, vous évitez toute ambiguïté : vous ne laissez pas entendre, vous ne faites pas comprendre, vous ne faites pas sentir, vous ne sous-entendez pas. Vous vous exprimez clairement, directement et simplement. Les compliments se font en public, les critiques en privé. Vous exprimez posément votre pensée, vos besoins, votre différence, tout veillant au respect d'autrui qui, n'ayez crainte, n'est certainement pas plus sévère ou intolérant que vous-même…
Vous vous refusez toute attitude de fuite, de manipulation et d'agressivité.
Un manager assertif saura s'affirmer comme un leader sain, en faisant face aux comportements passifs, agressifs ou manipulateurs de ses fournisseurs, de ses employés, de ses clients, grâce à une communication respectueuse, ferme et souple. La notion de respect est fondamentale. Respect de soi et des autres pour faire face à ses engagements, ses responsabilités. « C'est une belle harmonie quand le faire et le dire vont ensemble », écrivait Montaigne. C'est ainsi que nous découvrirons nos propres trésors.
L'assertivité est considérée comme une pierre angulaire de la Communication non violente (CNV), élaborée dans les années soixante-dix par Marshall B. Rosenberg, qui la définit comme « la combinaison d'un langage, d'une façon de penser, d'un

savoir-faire en communication et de moyens d'influence qui servent mon désir de faire trois choses : me libérer du conditionnement culturel qui est en discordance avec la manière dont je veux vivre ma vie [autrement dit : se méfier des jugements hâtifs, des préjugés] ; acquérir le pouvoir de me mettre en lien avec moi-même et autrui, d'une façon qui me permette de donner naturellement à partir de mon cœur [prendre conscience de ses émotions, de ses sentiments, de ses besoins] ; acquérir le pouvoir de créer des structures qui soutiennent cette façon de donner [être en mesure de créer des conditions non violentes de communication, en étant dans la bienveillance et dans l'empathie et en inspirant aux autres le désir d'en faire autant]. »

Pour bien pratiquer la CNV, commencez, face à votre interlocuteur, par vous poser cette excellente question : « Quel est son besoin ? » Une fois défini, prenez en compte ce besoin, mais avant de vous précipiter pour y répondre, permettez à l'autre de l'exprimer.

Donc soyons sincères et clairs dans l'expression de nos propres demandes (c'est pourquoi nous devons être sincères et clairs avec nous-mêmes) et faisons preuve d'empathie par rapport aux besoins des autres, en nous méfiant des préjugés.

Pour penser CNV, voici un exemple golfique, présenté selon la méthode DESC.

- Description du fait : « Je vais dans les bunkers. »
- Expression émotionnelle : « Ça m'énerve. »
- Solutions au problème : « Me calmer, m'entraîner à la sortie de bunker. »
- Conséquences positives : « Je n'ai plus de problème pour sortir des bunkers et, comme par hasard, je vais moins dans les bunkers. »

Dans le cadre de l'analyse transactionnelle, la position de vie de l'assertif correspond à la relation idéale : « Je suis O.K., vous êtes O.K. » C'est simple et assertif.

Soyez O.K., et les autres le seront plus souvent.

MISCELLANÉES
ENTRE ASSERTIVITÉ ET AMOUR

AGILE

Le Robert définit cet adjectif comme suit :
agile [aʒil] adjectif (*latin agilis, de agere, agir*)

1. Qui a de la facilité et de la rapidité dans l'exécution de ses mouvements. → leste, vif.
2. *fig.* Prompt dans les opérations intellectuelles. Un esprit agile. → vif.

GOLF AGILE

J'ai cherché à définir le jeu de golf à l'aune de la méthode Agile utilisée dans le monde de l'entreprise (ingénierie logicielle), ce qui pourrait donner...
Le jeu de golf s'élabore dans un cadre méthodologique léger, centré sur l'humain et encourage des réponses flexibles au changement.
Il nécessite :

- une planification stratégique adaptative,
- un développement évolutif (commencer par le petit jeu avant de vouloir driver à deux-cent-cinquante mètres),
- un apprentissage en situation sur le parcours,
- et une amélioration continue en tenant compte des feed-back.

Le jeu de golf fait appel à toutes les casquettes du joueur (prescripteur, producteur et spectateur/client, du coup), ce qui permet une grande réactivité dans la chaîne de prescription, de production de consommation, un meilleur ajustement au fur et à mesure de l'évolution du contexte et de la demande. Le golf repose donc sur un cycle itératif, incrémental et adaptatif.

AGILITÉ ET GOLF : 4 VALEURS

Continuons ce petit parallèle, car le golf colle incroyablement aux valeurs et principes du Manifeste Agile.

En premier lieu, nous découvrons de meilleures approches du jeu de golf en le pratiquant et en aidant les autres à le pratiquer. Ainsi, cette pratique du golf amène à accorder de l'importance à quatre valeurs :

- *la communication* : partager une expérience humaine avec des partenaires et des co-compétiteurs, plutôt que se focaliser sur son nombril, sa technique et son matériel ;
- *la simplicité* : privilégier l'approche pratique, la solution la plus simple pour atteindre son objectif, avec juste ce qu'il faut de process, d'outils et de théorie ;
- *le respect* : collaborer, s'engager individuellement et collectivement sur le respect de l'étiquette et des règles, avoir le courage de se dire les choses avec transparence et assertivité ;
- *le feed-back* : accepter les changements plutôt que s'en tenir à la stratégie initiale, s'adapter en continu aux retours que la trajectoire de la balle nous transmet, aux variations, telles que le niveau du jour, les partenaires, les conditions météo ou le lie.

Ce qui signifie que, même s'il y a nécessité de créer de la valeur à la fin – notre score, le résultat de la compétition –, notre priorité doit se porter sur les éléments qui se trouvent en première partie : la communication avec les autres et la simplicité de mise en action.

AGILITÉ ET GOLF : 12 PRINCIPES

Enfin, je me suis amusé à calquer les priorités de pratique du jeu de golf sur les douze grands principes de l'agilité.

1. Satisfaire le joueur en livrant rapidement et régulièrement, grâce aux variations du terrain et du swing, de nouvelles fonctionnalités à grande valeur ajoutée. Impossible de faire deux fois le même parcours.
2. Accueillir positivement les changements à n'importe quel moment de la partie : le vent tourne et semble se mettre contre soi à chaque trou, c'est ainsi.
3. Effectuer le plus tôt et le plus souvent possible des coups

de golf : pas de secret, il faut pratiquer pour progresser, et le plus tôt est le mieux.

4. Assurer le meilleur contact possible balle/club pendant soixante-douze ou cent-dix coups, mais surtout veiller à établir le meilleur contact humain avec ses partenaires.
5. Construire son swing autour d'une intention, d'une motivation, d'un engagement. S'offrir l'environnement et le soutien dont on a besoin pour atteindre nos objectifs. Prendre un bon coach, s'abonner dans un club sympa avec un beau parcours, on le vaut bien.
6. Jouer le plus souvent sur le parcours et privilégier le dialogue en face à face avec ses partenaires, plutôt que de se laisser aller au colportage sur les absents.
7. Mesurer l'avancement de ses progrès en termes de scoring, mais surtout de réponses fonctionnelles aux difficultés du parcours : pourcentage de drives réussis en fade au-delà de deux-cents mètres, pourcentage de sorties réussies de bunker, pourcentage de putts rentrés à un mètre ou de coups effectués à 100 %.
8. Balancer le poids du club à un rythme aussi rapide que le permettent sa souplesse et son équilibre.
9. Porter une attention continue à l'excellence technique, à la qualité de son matériel et à l'exécution physique. Le plaisir passe aussi par le beau geste précis, avec un joli club efficace.
10. Favoriser la simplicité, c'est-à-dire l'art de minimiser la quantité d'effort : c'est essentiel. Ne pas passer tout son temps à s'entraîner, faire d'autres choses que du golf. Finir 2e de l'Open britannique à cinquante-neuf ans, comme l'a réussi Tom Watson en 2009, demande de savoir gérer au mieux son énergie...
11. Se responsabiliser, ne pas tomber dans la paranoïa en pensant être la victime du parcours, du greenkeeper, de ses partenaires ; se responsabiliser soi et responsabiliser ses équipes.

12. Adapter, modifier, ajuster régulièrement son comportement, son processus, son fonctionnement, pour être plus efficace sur tous les plans précédents.

CQFD : jouer au golf, c'est apprendre à respecter les douze principes du Manifeste Agile.

RIGHT NOW

Aujourd'hui, dans l'univers du numérique, on opte facilement pour la diffusion des services au plus tôt pour ensuite, en fonction des retours utilisateurs, améliorer les choses au fil de l'eau. On progresse ainsi en mode action/réaction, au plus près de la réalité du terrain.

En business comme en golf, on ne doit pas attendre de jouer zéro pour aller sur un parcours. Aller sur le parcours fait partie de l'apprentissage pour jouer zéro.

Ce qui compte avant tout, c'est de vivre des expériences, de prendre des décisions et d'avancer, car le plus important n'est pas l'originalité de son idée, mais de s'y tenir et de la mettre à exécution. Pour ne citer qu'un exemple, avant de devenir leader mondial de la réservation et de la location touristique de logements entre particuliers, Airbnb n'a pas cessé d'évoluer, comme le révèle son nom *Airbed and breakfast*, « matelas gonflable et petit-déjeuner » : c'est tout dire de ses premières ambitions....

Toute l'histoire des start-ups ne parle que d'agilité et de revirements pour s'adapter aux feed-back utilisateurs.

CARPE DIEM

Le psychologue Jean Piaget définissait l'intelligence comme étant la « capacité d'adaptation de l'homme à son environnement. » L'adaptation à son environnement est le résultat d'un processus de transformation tendant vers l'équilibre, sachant que l'état de stabilité permanente est impossible, puisque l'environnement et l'individu ne sont pas statiques. On doit donc s'adapter à ses compétences du jour et à tous les terrains, sur les greens comme sur les épaisses moquettes des immeubles d'affaires.

À coup sûr, mieux se préparer permet de mieux s'adapter aux imprévus, de mieux improviser. Mais au golf, on peut perdre ses moyens d'un trou à l'autre, voire d'un coup à l'autre. Car que l'on soit riche ou pauvre, puissant ou misérable, ce jeu nous murmure sans cesse à l'oreille : *Respice post te ! Hominem te esse memento !* Regarde autour de toi, et souviens-toi que tu n'es qu'un homme ! Cette phrase était répétée ad libitum par un esclave au général qui rentrait triomphant dans les rues de Rome. Le succès du jour ne fait pas forcément celui du lendemain. Nous sommes tous mortels : *memento mori.* Ce « souviens-toi que tu vas mourir » renvoie au thème du carpe diem, « cueille le jour », comme il est écrit dans les *Odes* d'Horace, qui insiste : « C'est maintenant qu'il faut boire, maintenant qu'il faut frapper la terre d'un pied léger. »

SYNDROME D'ICARE

Grisé par la réussite, tu n'as plus perçu le danger et tu t'es brûlé les ailes ! Ou bien tu as soudain eu le vertige ? Quoi qu'il en soit, tu es tombé, alors que tu étais à deux doigts de toucher le soleil et de tutoyer les anges. Tu as raté ton miniputt au moment de remporter la victoire, et tu pleures, car tu te crois le seul au monde touché par le syndrome d'Icare. Regarde sur YouTube les vidéos intitulées *Greatest Golf Collapses and Chokes* : tu verras combien le succès humain est fragile et combien il faut apprécier les bons moments quand ils se présentent, car ils seront suivis de moins bons ; ainsi va le cycle de la vie. C'est pourquoi on ne juge pas un champion sur un tournoi, mais sur sa capacité à évoluer dans le temps, à durer, à être fort, tout en restant humble, sur sa manière de « remercier la vie » pour ce qu'elle lui donne, comme dirait le sage Edouard Baer.

Un champion ne considère rien comme acquis, à raison, car rien ne l'est jamais définitivement. Le judoka Teddy Riner est resté dix ans invaincu, en se remettant en question, en travaillant plus dur après chaque victoire pour progresser. Mais le 9 février 2020, après 154 victoires consécutives (!), il a perdu

son combat contre le Japonais Kokoro Kageura. Teddy Riner n'est plus invincible.
Ainsi va la vie, tôt ou tard, mouvante et changeante, sur un tatami, un parcours de golf, et partout ailleurs...

CONTRASTES

Notre perception est particulièrement attirée par les *contrastes forts* : le noir des mots sur la feuille blanche, la balle blanche sur un fond vert. Comparé à un putter à 500 €, celui à 200 € n'est pas cher (c'est tout le succès du positionnement marketing de la marque Odyssey). Comparée à une série à 1 000 €, une boîte de balles à 30 € paraît donnée. Soyons bien conscients que l'on pense et prend nos décisions en effectuant des comparaisons, et bien souvent par rapport aux informations que l'on recueille directement dans notre environnement. Ces raccourcis cognitifs peuvent nous être très utiles, mais attention, une fois encore, nous pourrions également en être victimes.

YIELD MANAGEMENT

Pour faire court, le *yield*, très connu dans l'univers du tourisme, est un processus managérial qui a pour but d'augmenter les recettes d'une entreprise grâce à la mise en œuvre de tarifications stratégiques, évoluant en fonction des contrôles d'inventaire.
Avantage côté consommateur, le *yield* permet à la dernière minute de trouver des green fees moins chers sur des sites de golf spécialisés en promotion de dernières minutes.
Avantage côté entreprise, le *yield* permet d'optimiser ses revenus. En effet, si, comme un golf, votre appareil de production est fixe et si vous ne pouvez pas stocker, le *yield management* peut vous aider à maximiser votre chiffre d'affaires.
Attention, néanmoins, on va au golf pour vivre une belle expérience, comme on va au musée pour vivre une belle expérience. Pour ma part, les files d'attente devant les tableaux ont fini par tuer mon goût du Louvre, bien que j'en sois un ancien étudiant. À force de *yield*, les golfs risquent d'être surbookés. On se plaint alors que les parcours sont surchargés de joueurs, on se plaint

du jeu lent, on crée des clients mécontents, et les tensions arrivent sur les parcours, ce qui va à l'encontre des valeurs du golf. Donc attention aux effets pervers, comme le disait Jean-Lou Charon : « C'est l'éternelle histoire du balancier : on va vers un autre extrême pour revenir à l'équilibre. »

ACCULTURATION

L'anthropologue Meyers Herskovits proposa cette définition en 1938 : « L'acculturation comprend les phénomènes qui résultent du contact continu et direct des groupes d'individus ayant différentes cultures, ainsi que les changements dans les cultures originales des deux groupes ou de l'un d'entre eux. »
Le Robert est moins précis, mais plus simple : « Processus par lequel une personne ou un groupe assimile une culture étrangère à la sienne. »
Aujourd'hui, à l'ère des nouvelles tribus marketing sociologiques qui peuplent et fragmentent nos sociétés sur des oppositions plus ou moins dramatiques, nous devrions chercher d'autant plus à nous comprendre et nous respecter, à sortir peut-être de nos stéréotypes pour assimiler la culture de l'autre, beaucoup plus souvent qu'on ne le fait.

AXIOME DE PALO ALTO

Homo sapiens a réussi à fonder des civilisations et, finalement, dominer le monde grâce à sa maîtrise supérieure de la communication, qui lui permet de coopérer à distance, c'est-à-dire de partager aisément des informations à travers le temps et l'espace, avec un nombre extrêmement important d'individus.
Que nous le voulions ou non, nous sommes des animaux communicants. Aussi, j'aimerais vous rappeler les bases les plus vitales de la communication avec cet axiome de l'École de Palo Alto (Californie), spécialisée dans les sciences de l'information et cofondée par le célèbre psychologue Paul Watzlawick. Cet axiome, que j'ai réduit à sa plus simple expression, apprenez-le par cœur – je ne plaisante pas – ; cela ne pourra que vous être bénéfique :

On ne peut pas ne pas communiquer. Ne pas communiquer, c'est communiquer. Tout est communication.
C'est facile à retenir, et c'est 100 % exact. Faites donc bien attention à la manière dont vous communiquez, car, que vous le vouliez ou non, vous communiquez en permanence avec votre environnement !

ELEVATOR PITCH

Les personnalités interviewées dans ce livre ont rarement besoin de cartes de visite pour se présenter, mais il est toujours bon de préparer ce que les scénaristes américains appellent un *elevator pitch*. Au cas où... C'est-à-dire prévoir une petite présentation punchy et sexy de vous ou de votre projet, au cas où vous croiseriez Steven Spielberg dans l'ascenseur, votre patron ou qui vous voulez. Vous avez alors trente secondes pour le convaincre de lire « votre scénario », votre projet : comment vous comportez-vous ? Que lui dites-vous ? Êtes-vous en mesure d'improviser ?
Quoi qu'il en soit, souvenez d'une chose cruciale : l'objectif de cette présentation express n'est pas de tout révéler, mais d'éveiller la curiosité de votre interlocuteur, de sorte qu'il ait envie de poursuivre la conversation après le trajet en ascenseur.

« LE GOLF, C'EST POUR LA VIE »

J'approuve à 100% le nouveau slogan de la ffgolf : « Le golf, c'est pour la vie. » Je ne cesse de le répéter dans ce livre, parce que c'est vrai ! Faites passer le message : offrez des stages ou séjours de golf comme cadeaux, à toutes les occasions ! Car être agile, c'est l'être avec son corps, son mental et son cœur.

Chapitre 13

TROU 13
L'ÎLE AUX CHÊNES

Objectif | Trouver l'amour

État d'esprit | Être zen

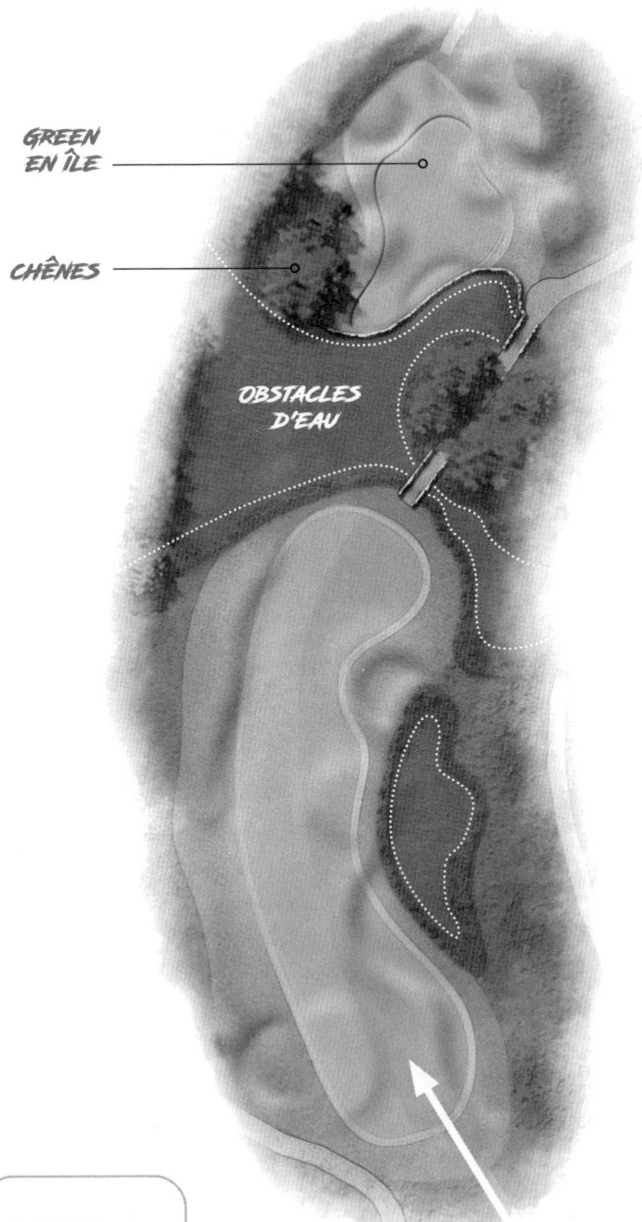

PAR 4
339 mètres

Hubert Chesneau

TROU 13 - L'ÎLE AUX CHÊNES

« Pour nommer ce trou, j'ai collé tout simplement au terrain : l'île dans la ligne des chênes. Ce n'est pas un trou facile, mais je l'aime bien. Il faut savoir bien placer son drive pour faciliter son deuxième coup, car le plan d'eau collecte, lui aussi, son lot de balles ! Lors de la Ryder Cup, Rory McIlroy y a réussi un coup vraiment exceptionnel, lors du foursome. Son partenaire, Poulter, avait envoyé son drive à droite dans la pente, au bord de l'eau. McIlroy avait un coup absolument injouable, et il a réussi à le coller à 1,50 m du drapeau en passant par-dessus les arbres ! C'était extraordinaire.
J'aime beaucoup l'île aux chênes pour le plaisir esthétique de ce 2e coup entre les arbres, au-dessus de l'eau. »

TEE TIME

Ce très joli trou arboré, aimé par Hubert, l'est aussi de beaucoup de joueurs, dont Anne Le Coniat et Charles Pironneau. Anne l'aime parce qu'elle a toujours bien joué ce trou : « Je suis naturellement une joueuse de fade, donc le premier coup me va bien. Puis j'adore les petits coups de fer 8 ou 9 punchés. Ce trou colle bien à mon jeu. Et peut-être aussi parce que je suis bretonne : le chêne ! J'aime beaucoup cet arbre. »
Charles adore aussi le 13, malgré l'omniprésence de l'eau : « J'aime le jouer agressif avec le driver par-dessus les obstacles, ce qui laisse ensuite un petit coup de wedge beaucoup plus simple en deuxième coup. Donc prise de risque au départ pour avoir ensuite un coup facile. »
Ce trou a été rallongé en 2004 et décalé pour être en léger dogleg avec l'eau sur la droite. Si la mise en jeu n'est pas parfaite, l'approche devient très délicate avec l'obstacle d'eau devant le green. (Petite précision : depuis 2019, on parle de « zones à pénalité » plutôt que d'obstacles d'eau.) Ce trou nous propose donc une nouvelle leçon : oser à 100 %, contrôler à 100 %, comme

la paire Poulter/McIlroy nous l'a en effet montré en 2018, lors de la Ryder Cup. Le coup de génie de Rory sur ce trou, qui a tant impressionné Hubert et le reste du monde, a permis de faire basculer la partie en faveur de son équipe et de décrocher la victoire au 16 contre la redoutable paire américaine Watson/Simpson. Que d'émotions et de beaux souvenirs offerts sur l'Albatros – vivement les futurs Open de France, Championnats du Monde et Jeux Olympiques !

LE VOYAGE DU HÉROS AIMER

Joseph Campbell - Le voyage du héros : « Le héros se dirige vers l'intérieur pour naître à nouveau. [...] L'ego annihilé, il peut franchir les horizons du monde et en revenir, entrer et sortir du dragon avec l'aisance d'un roi qui circule par toutes les salles de sa demeure. »

Mobilisation / Quête 2
Face au chaos universel, j'ai décidé de mettre mon intelligence, mon corps, mon esprit et mes émotions en harmonie avec mon environnement, avec la souple intention de vibrer au diapason du monde par la voie de la raison, de la paix et de la tolérance, dans le but de trouver l'amour dans toutes ses acceptions : Eros, Philia, Agapè, Storgê. All we need is love.

TROU 13 - L'ÎLE AUX CHÊNES

Objectif : trouver l'amour
État d'esprit : être zen

Stratégie / Coup 48 – Différer son plaisir
Avec le Pr Raphaël Gaillard, psychiatre

Mauvaise nouvelle : à en croire Sigmund Freud, le cerveau serait comme une sculpture. Si c'était vrai, ce serait en effet une mauvaise nouvelle, car la sculpture est un art difficile, où le droit à l'erreur est des plus restreints. Cela voudrait dire que notre cerveau se construit non pas par cumuls successifs de matière, comme en peinture, mais par retraits successifs de matière, comme en sculpture. Quel cauchemar ! « Heureusement, me répondrez-vous, c'est de la psychanalyse, donc une simple métaphore. » Mais non : l'imagerie cérébrale tend à confirmer l'intuition freudienne ! Donc arrêtons de faire n'importe quoi avec notre cerveau...

Pr Raphaël Gaillard. « La manière dont se développe notre cerveau est un enjeu majeur, parce qu'évidemment, si ça rate, on coupe une branche qui ne repoussera pas. Ça ne se rattrape pas. Ça ne se répare pas. Cet enjeu est vraiment clé : il dit que notre cerveau ne procède pas uniquement par accumulation de nouvelles compétences, mais aussi par suppression de matière. Donc il ne faut pas se tromper. Les éléments clés de ces modifications du cerveau se produisent entre quinze ans et vingt-cinq ans.
En médecine, un vieux dogme dit que l'enfance finit à quinze ans et trois mois. C'est la définition de la pédiatrie. Mais en fait, pour la psychiatrie, ce n'est pas vrai du tout, parce que notre cerveau change de façon massive entre quinze ans et vingt-cinq ans. Ces étapes-là, entre quinze ans et vingt-cinq ans, ce sont des étapes qu'on ne doit pas rater. »

« Problème : la majorité des 15-25 ans passent l'essentiel de leur temps de loisir devant leurs smartphones.

RG. « On ne peut évidemment pas garder nos jeunes en dehors du monde en vivant, comme des mormons. Ce n'est, bien sûr, pas à l'ordre du jour. Mais je pense qu'il va falloir penser activement à cultiver autre chose. On ne peut pas dire non à la technologie, évidemment, mais il faut être capable de la contrebalancer. Il y a un vrai potentiel de transformation du fonctionnement des individus au gré de ces objets connectés, qui changent le rapport au temps, qui sont intensément addictifs, sources de toxicomanie. La réalité, c'est qu'ils rendent malheureux.
Les pratiques comme le golf ont du potentiel pour cristalliser autre chose, parce qu'elles peuvent générer ce besoin d'aller dans la verdure, de se déconnecter, avec un ressort interne qui

est du registre du plaisir, et non de la contrainte. Compte tenu des enjeux de construction du cerveau, il est d'autant plus intéressant pour les plus jeunes d'être mis en lien tôt avec une activité comme le golf. »

“ Les attraits du golf pour les adolescents ne sont pas flagrants, surtout au début. Bien que les entraînements et les compétitions de clubs se fassent par équipe et chaque week-end, à l'instar des sports collectifs, comme le souhaite Pascal Grizot, il est souvent perçu comme une activité solitaire. Il passe pour un « sport de vieux », et quand on s'y essaie, on s'aperçoit que c'est déjà très difficile de toucher correctement la balle avec le club, ce qui peut vite agacer, car on ne parvient pas à se « défouler ». Il est tellement facile de réaliser des eagles sur Play Station qu'il peut être extrêmement frustrant de faire des quintuples bogeys dans la vraie vie.

RG. « Il est important de suivre cette école de frustration, parce que la réalité de la vie est ainsi faite, quel que soit l'exercice que nous avons. Dans la vie, il y a plein de sources de frustration, mais il faut faire avec pour obtenir justement, avec encore plus de force, le plaisir des choses qui réussissent. »

“ Le golf offre aussi de belles surprises, des révélations qui permettent, soudain, d'entrevoir une certaine idée de la perfection. La réalité devient alors supérieure à la fiction, à la virtualité.

RG. « Heureusement, dans le golf, tout n'est pas du registre de l'effort, de la contrainte, de la nécessaire attente. C'est une des forces du “dispositif golf” : il y a, dans la pratique, quelque chose, vraiment, qui accroche très vite. Et ce quelque chose m'a vraiment passionné, même à mon échelle de golfeur de piètre qualité : c'est le fait que, de temps en temps, y compris débu-

tant, on fait un coup magnifique ! Je crois que ça participe énormément de l'intérêt de la démarche : on voit bien que c'est possible, en fait, et que ce parfait équilibre du coup est accessible, même quand on n'est pas expérimenté.
Alors si, en débutant, on est capable de produire un tel coup, assez logiquement, on se dit qu'en y travaillant, on réussira à le reproduire. Ça peut devenir addictif, mais ce sera toujours une addiction qui prend la mesure du temps, ce qui est quand même très différent du shoot immédiat d'adrénaline, de sucre, de gras ou de cocaïne.
Il y aura toujours quelque chose qui fera défaut, ou presque, on ne jouera jamais parfaitement, mais on aura régulièrement un aperçu du beau geste, de ce plaisir qui n'est pas celui du narcissisme, mais d'un plaisir presque esthétique, quelque chose de l'ordre de la beauté...
Je trouve que c'est donc une très belle école de l'effort, de l'apprentissage, qui exige un travail.
Ce coup réussi nous donne régulièrement cet aperçu de ce qu'on éprouverait si on jouait vraiment très bien. C'est quelque chose d'intensément motivant.
Mais on voit bien qu'il faut s'inscrire dans une temporalité de plusieurs heures, de plusieurs mois, voire années pour progresser, en ayant toujours la possibilité, un jour, d'être vraiment bon, puisqu'on est déjà capable de faire de très belles choses. Il ne s'agit pas de répondre immédiatement à une demande, comme on le fait au quotidien, ou même à chaque minute, avec nos smartphones, avec cette espèce de dépendance constante à la récompense immédiate qui, en fait, éclate complètement notre attention. »

“ Dans notre société enfiévrée, hyperactive, comme en furie, sous ecstasy, jouer au golf impose de développer des compétences inverses, dont le calme, la patience, la pondération...

RG. « C'est vraiment l'une des dimensions majeures de cette activité. Sur ce point, je me dis qu'il serait intéressant de cultiver cette approche pour les jeunes, parce qu'il y a un vrai enjeu, aujourd'hui, de rapport au temps chez les jeunes adultes, chez les adolescents.

Je vous citerai les paroles d'une chanson de Stromae ; elles disent assez bien les effets pervers des médias sociaux : "L'amour est comme l'oiseau de Tweeter, on est bleu de lui seulement pour 48 heures. D'abord, on s'affilie, ensuite on se *follow*, on en devient fêlé et on finit solo."

Par ailleurs, j'ai aussi des patients que la réalité de leurs difficultés éloigne du monde. Grâce aux médias sociaux, ils parviennent à rester en lien avec les autres. En cela, ces médias peuvent être très précieux. Encore une fois, il ne s'agit pas de dire du jour au lendemain, devenons mormons et jetons la technologie et le bébé avec l'eau du bain. Ça ne serait pas sensé. Mais n'oublions pas que la réalité du fonctionnement des êtres humains a été sélectionnée par des millions d'années d'évolution. Là aussi, les hominidés qui nous ont précédés se sont construits comme vivants dans des groupes sociaux, avec des interactions très concrètes, et même des interactions physiques d'un individu avec l'autre. Notre cerveau a été sélectionné au travers de millions d'années pour bien fonctionner dans ce registre de l'interaction physique. Il n'a pas été sélectionné pour réagir à un hashtag et un like sur un média social.

Notre rapport aux autres est un rapport de proximité, de contact direct, de temps passé les uns avec les autres, très physiquement et pas uniquement au travers d'un média social. Le rapport aux autres prend du temps, parce qu'échanger avec des êtres humains, comme on est en train de le faire lors de cet entretien, ça prend du temps. Ça ne se fait pas dans l'immédiateté d'une seule réponse sur un média social. »

“ Il est délicat, nous l'avons déjà évoqué, d'inciter les moins de vingt ans à la pratique du golf, qui souffre d'une image poussiéreuse. Un.e jeune champion.ne français.e charismatique pourrait peut-être montrer l'exemple ?

RG. « L'adolescence est un moment compliqué, où l'on doit à la fois prendre son indépendance, son autonomie, construire ses propres repères, et en même temps, utiliser sa culture, son éducation, ses acquis. Dans ce moment clé de l'adolescence, l'identification à une figure est souvent majeure. Donc oui, des figures du golf, jeunes, pourraient être source d'identification. On peut aussi imaginer que ça passe par des voies complètement différentes. On a vu des marques ou des produits remis au goût du jour par des populations inattendues. Parfois, on voit un objet être réapproprié par un phénomène culturel que l'on n'attendait pas, comme le rap. Ce serait peut-être amusant de voir ce type de mouvement naître autour du golf, dans une sorte de réappropriation qui change la donne. Mais on ne peut pas le programmer. Ça ne se téléguide pas, ça ne fonctionne vraiment que quand c'est sincère. »

“ « Dis-moi comment tu joues au golf, je te dirai qui tu es... » Est-ce vrai ?

RG. « C'est un grand classique : peut-on mieux comprendre une personne au gré d'une pratique du type golf ? Je me demande si l'essentiel n'est pas le temps passé avec la personne. En fait, si vous vous donnez la possibilité d'interagir avec une personne dans un objectif commun, en l'occurrence partager une partie de golf pendant plusieurs heures, vous saurez infiniment plus sur cette personne que si vous lui aviez fait passer un questionnaire dans le cadre d'un entretien d'embauche, par exemple. C'est la modalité de l'exercice qui permet d'observer beaucoup de l'autre face à toute cette gamme de rapports au monde qui passe par la réussite, la frustration, par les temps morts, par les temps forts, tous ces moments qui permettent une déclinaison très large du fonctionnement d'un être humain. »

Questionnement en déconnexion :
Pro : Et si vous éteigniez enfin votre portable ?
Perso : Et si vous alliez jouer au golf ?
Sujet de dissertation en cheminant :
L'offre et la demande pour unique et seule loi, Prends garde à toi, Et j'en connais déjà les dangers moi.
Stromae

Stratégie / Coup 49 – Se rendre disponible

Avec Patricia Meunier-Lebouc et Jean-Lou Charon

Mauvaise nouvelle : pour lâcher prise, c'est-à-dire accepter ses limites, cesser de vouloir tout contrôler, laisser venir les choses, il est nécessaire d'avoir travaillé beaucoup en amont. Sans quoi on ne lâche pas vraiment prise ou on fait n'importe quoi. Si vous ne savez pas conduire et si vous lâchez prise, ce ne sont pas les glissières de sécurité qui vous permettront d'arriver à bon port. Tous les champions ont tapé des millions de coups pour mieux contacter la balle, contrôler leurs trajectoires, atteindre leurs objectifs. Avant de parler un tant soit peu de lâcher prise, ils se sont entraînés en quantité et surtout en qualité, car comme le dit le coach de golf Rémy Bedu, « s'entraîner c'est bien ; s'entraîner bien, c'est mieux. »

Patricia Meunier-Lebouc. « J'étais persuadée que le travail m'assurerait un résultat. Et c'est une vérité, même si on peut se poser la question de la quantité par rapport à la qualité. En vieillissant, la quantité s'est transformée en qualité.
Quand on est jeune, on est obligé de passer par la quantité, de faire beaucoup de préparation physique, d'entraînement technique. Ça tombe bien : on dispose de beaucoup d'énergie. C'est là qu'on acquiert les bons automatismes, les bonnes routines. C'est le moment, aussi, où on a besoin d'être bien accompagné

pour savoir où on va et éviter de reproduire sans fin des choses inefficaces.
À partir de cette base, je pense qu'on se trace un avenir beaucoup plus joyeux. Après, si on a fait ce travail en amont, ce ne sera que plus de bonheur ensuite. On pourra dérouler ce qu'on a à faire avec naturel, sans trop de trous dans le système.
Il faut être bien préparé, car le golf en professionnel, c'est compliqué : il y a beaucoup de choses à gérer. Un trou, un parcours, un tournoi, une saison, une carrière, c'est long et fatigant. Donc mieux on connaît ses capacités, plus on maîtrise les bases techniques, physiques, mentales, mieux on saura remédier à l'adversité, mieux on saura gérer son énergie, tout simplement. »

> “ Pour lâcher prise, il faut être disponible à 100 %. Pour être disponible, il ne faut pas trop stresser, ne pas douter, donc avoir confiance en ses capacités, se penser à la hauteur de la situation. On doit s'entraîner suffisamment techniquement, physiquement et mentalement pour ne plus avoir à se soucier dans l'action de technique et de physique. Jean-Lou Charon, pendant sa présidence, a eu le plaisir de côtoyer de nombreux joueurs professionnels. Il en garde le meilleur souvenir. Il espère que les jeunes joueurs pros emmenés par Victor Perez et Céline Boutier pourront bientôt hisser le golf français au niveau supérieur...

Jean-Lou Charon. « Victor Perez [voir « Les bases de la préparation mentale », dans les miscellanées à la fin de ce chapitre] se forge une personnalité, je pense qu'il sera très fort. À l'Open de France, lors des dîners, quand d'autres joueurs s'amusent entre copains, la table de Perez est celle où ses différents coachs et lui font le bilan de la journée, et ça, tous les soirs, puis à un moment donné : au lit. C'est tout.
Céline [ibid.] n'hésite pas non plus à aller se coucher à 20 h 30. Elle a une hygiène de vie incroyable. Elle a, depuis toujours, une conception de la vie sportive très définie, dans le but d'être

n° 1. Elle s'en donne vraiment les moyens. Exilé thaïlandais, son père, Christophe Boutier, s'est d'abord installé comme garagiste à Montrouge, avant de passer son monitorat de golf à quarante-cinq ans ! Il a transmis la fibre à sa fille, Céline, qui s'est imposée d'elle-même un rythme d'entraînement incroyable. Ce sont de bons exemples, des locomotives.
J'aime vraiment discuter avec tous ces champions, comme Glwadys Nocera [ibid.], coach aujourd'hui de l'équipe de France Girls. Elle a également beaucoup travaillé son golf. Je respecte la rigueur que ces sportifs de haut niveau s'imposent, avec l'ambition d'atteindre leur but. J'admire comment ils mettent en œuvre l'ensemble. On sent très tôt ceux qui ont cette fibre en eux. Les quelques moments de gloire qu'ils vivent pèsent peu de choses par rapport aux sacrifices qu'ils ont fournis dans l'espoir d'aller plus loin. Quand on a la chance de s'entretenir avec ces champions, il n'y a pas de blablas, ils nous livrent de véritables exemples, des expériences de vie très riches, qui mériteraient d'être partagées et écoutées avec attention. »

« Partager avec vous des témoignages sincères, édifiants, exemplaires, inspirants, c'est justement l'objet de ce livre ! Puissent-ils vous aider à explorer et exploiter toutes vos ressources, à mieux être vous-même...

Questionnement en se rendant disponible :
Perso : De combien d'heures de sommeil avez-vous besoin pour être en forme dans la journée ?
Pro : Êtes-vous prêt à travailler davantage votre technique professionnelle et votre force mentale pour être finalement plus libre, plus en paix dans l'exercice de votre métier ?
Sujet de dissertation en cheminant :
Que la force me soit donnée de supporter ce qui ne peut être changé et le courage de changer ce qui peut l'être, mais aussi la sagesse de distinguer l'un de l'autre.
Marc Aurèle

Stratégie / Coup 50 – Ne pas chercher à dominer

Avec Dominique Fournet

Mauvaise nouvelle : si vous prenez le golf comme une activité à dominer, vous risquez de tomber de haut. Prenez-le plutôt comme un art de vivre ou une esthétique de l'humilité.

Dominique Fournet. « Je vois certains chefs d'entreprise partir avec cette idée que le golf ne leur résistera pas, car rien ni personne dans leur entreprise ne leur a jamais résisté ! Ils déchantent assez rapidement, car le golf résistera, surtout si vous mettez votre ego dans ce jeu.
Mon approche du coaching est imprégnée de déontologie autour de valeurs que l'on retrouve dans le golf. Je partage les valeurs *Human by Action Types* de Bertrand Théraulaz. Nous sommes respectueux de l'Humain. Et je rejoins à 200 % Stéphane Bachoz et Bill Owens : plus on fera de golf, moins il y aura de conflits.
Quand tu remets les choses dans l'ordre – 1) l'avatar [tes préférences, ta véritable nature], 2) la personne, 3) la technique –, ça va tout de suite mieux. On ne travaille pas tous les jours avec des médaillés olympiques, mais c'est toujours génial. Quand tu aides un enfant qui vit dans un quartier défavorisé, qui a les yeux grands ouverts devant ce qu'il découvre, qui est content comme tout, c'est génial ! C'est bien de gagner sa vie, d'avoir des médailles avec des athlètes, mais c'est agréable aussi de voir le bien que l'on peut produire autour de soi.
Mieux on sait comment on fonctionne, moins l'autre nous gêne. On devient instantanément plus tolérant, car on sait déjà qu'au niveau de son avatar, l'autre n'y est pour rien.
En entreprise, c'est la même chose : plus de 80 % des conflits sont des conflits d'avatars. Une fois que j'ai compris que la personne face à moi ne fonctionne pas comme moi, mais que moi, je peux fonctionner comme elle, ça va mieux, les tensions s'apaisent. »

“ On peut voir le golf de plusieurs manières : comme tiers-lieu de convivialité, de réseautage ou d'introspection. Comme dans une auberge espagnole, tout dépend de ce que vous amenez... Mais quoi que vous cherchiez, pour découvrir les trésors du golf, il vous faudra être prêt.

DF. « Le golf peut vraiment aider à mieux saisir ses préférences motrices et cérébrales, à mieux comprendre son fonctionnement, ses besoins, ses ressources. On dispose alors d'un mode d'emploi de soi que l'on peut suivre ou pas, mettre en œuvre ou pas sur le practice et sur un parcours. Le golf est un révélateur fantastique de ça. Au golf, tous les tempéraments peuvent s'exprimer, on peut se contenter d'atteindre le green ou bien vouloir à tout prix attaquer les drapeaux.
On reproche souvent aux joueurs français de ne pas être dans les tout meilleurs mondiaux. Mais quand tu es 50e européen ou 100e mondial, je comprends que ça puisse aussi te suffire.
“Est-ce que je vais faire plus d'efforts pour atteindre la première place mondiale ?”
“Est-ce que je veux m'entraîner tous les jours, qu'il pleuve, qu'il vente, jusqu'à soixante-trois ans, comme Bernhard Langer ?”
Il n'y a pas de jugement dans ce que je dis, il n'y a pas un modèle supérieur à un autre. Lendl était sans doute très heureux, et Noah aussi.
Le golf mérite d'être essayé à tout âge. Après, si on est piqué, ça peut devenir une passion dévorante. Quand il est pris comme il devrait, c'est-à-dire un plaisir de bouger dans un cadre agréable avec des gens sympathiques, c'est une super activité.
Pour les enfants, le practice a ses limites. Au football, les gamins vont directement sur le terrain faire un match. Faire du practice, ce n'est pas faire du golf. C'est faire du swing. C'est là qu'il faut peut-être revoir notre culture. [Une idée défendue également par Pascal Grizot, qui veut que les enfants aillent beaucoup plus tôt sur les parcours, fassent plus de compétitions, jouent davantage, tout simplement.]

Il y a des champions du monde du practice, comme dans les salles de boxe, on rencontre des champions du monde du sac. Le practice ne devrait servir qu'à nous entraîner et nous échauffer avant d'aller sur le terrain, car c'est sur le parcours qu'on voit la vraie valeur, la vraie dimension du golf. »

Questionnement en lâchant prise :
Pro : Quand vous ne travaillez pas pour gagner de l'argent, que faites-vous ? Que pourriez-vous faire d'utile ou d'agréable en cherchant d'autres gratifications que l'argent ou la renommée ?
Perso : Faites-vous partie de ces champions du monde du tapis de practice ou du sac de boxe ? Et si vous osiez enfin mettre à l'épreuve de la vraie vie ce que vous savez faire et que vous n'exploitez pas ?
Sujet de dissertation en cheminant :
Il y a des gens qui préfèrent au succès la satisfaction qu'ils trouvent en eux-mêmes.
Cardinal de Retz

Stratégie / Coup 51 – Send love
Avec Stéphane Bachoz

Bonne nouvelle : vous avez le droit de vous nourrir, de prendre soin de vous, de vous estimer, de vous encourager, de vous féliciter, de vous récompenser et de vous aimer malgré toutes vos imperfections réelles ou imaginaires sans être un salaud égocentrique !
Vous méritez qu'on vous respecte et qu'on vous aime. Vous méritez un environnement favorable pour vous développer. Vous méritez d'apprendre dans un environnement bienveillant pour dépasser vos peurs et évoluer dans les meilleures conditions.

Stéphane Bachoz. « Lors d'un stage que je donnais aux USA avec la coach Erika Larkin, un joueur vraiment très costaud,

noir, quarante ans, 20 d'index, ne parvenait pas à envoyer une seule balle ! Il ne parvenait absolument pas à se détendre, à balancer le poids du club. Il s'énervait beaucoup.
Nous étions onze avec lui. J'ai demandé à tout le monde, coachs et élèves, de se mettre autour de lui et de lui envoyer beaucoup d'amour, des paquets d'amour :
"Je ne te connais pas, mais on t'aime. Tu es un être humain parfait, comme nous tous. Il est clair que tu es en conflit avec tout ce que tu as entendu depuis toujours : 'Fais pas ci, fais pas ça.' Tu te retrouves là, avec un sac sur le dos qui pèse dix tonnes ; moi, ce que je te propose, c'est d'ouvrir le sac, de tout vider, pour cesser le conflit entre 'toi, être parfait' et 'ce que tu crois avoir compris qu'il faut faire.' Si tu acceptes de sortir tous les cailloux du sac et de te dire 'Je ne sais plus rien', tu te retrouveras face à ton être parfait. À partir de ce moment-là, on pourra reconstruire ensemble quelque chose, pour arriver au stade compétent inconscient. Mais pour commencer, nous, ce qu'on va faire, avec tous les autres, c'est de t'envoyer des salves d'amour. Vous êtes d'accord, vous tous ?
— Oui, oui, on t'envoie plein d'amour !!!"
Ému, le gars a repris son club et raté encore quatre balles.
Je lui ai dit : "O.K., on ne t'a pas assez envoyé d'amour. On recommence !"
C'était vraiment très détendu, très amical, et c'est devenu presque palpable que la prochaine balle serait la bonne. Et en effet, bing ! Belle balle ! Suivante : bing ! Parfaite !
On est passé ainsi de "rien" à "magique" sans un mot technique, rien que de l'amour.
Erika, qui fait partie des meilleurs professeurs de golf américains, m'a dit qu'elle n'avait jamais vu ça de sa vie. *All we need is love.* Après, c'est l'ouverture au champ des possibles.
On ne peut jamais prévoir ce qui va se passer dans un cours. Si je fais ça à chaque fois, les gens vont me prendre pour un zinzin ! Là, je l'ai senti, et ça a marché, parce qu'il y avait vraiment de l'amour, de la mise en sécurité autour de lui. »

“ Cheminer, c'est commencer à s'encourager, plutôt que de se décourager.

SB. « Moi, je dis aux managers qui se traitent de tous les noms “Mais faites-vous des bisous, aimez-vous !” Les gens ne parviennent pas à s'aimer. Avec un club en main, dès qu'ils font une erreur, ils ont envie de se mettre des tartes ! Alors que lorsque tu expérimentes *Swing the weight of the club* (la grande idée sans laquelle tout s'arrête), que tu t'amuses à orienter volontairement très à gauche la face du club et que tu t'amuses à lire la trajectoire de balle – “Ah, super, la balle va à gauche !” –, là, tu deviens créatif, tu commences à comprendre et à avoir envie de te faire des bisous. Alors que deux minutes plus tôt, le même gars, avec la tête de club pareillement alignée à gauche mais l'ignorant, envoyait les balles à gauche et avait envie de se mettre des tartes ! »

Questionnement en diffusant des ondes positives :
Pro : Êtes-vous joueur ? Vous amusez-vous à tenter de petites expériences : « Et si je faisais ça, il se passerait quoi... », sans autre intention que d'observer et de vous enrichir de ce qui se produit ?
Perso : Vous aimez-vous assez ?
Sujet de dissertation en cheminant :
Ne dites jamais aux gens comment il faut faire les choses. Dites-leur ce qu'ils ont à faire, et ils vont vous surprendre par leur ingéniosité.
Général George S. Patton

LE VOYAGE DU HÉROS
AIMER

En chemin, j'ai trouvé le recueillement parfait. Au cœur de l'île aux chênes, j'ai appris de mes compagnons du voyage et pu définir quatre stratégies :

- ☑ *Différer son plaisir.* Raphaël Gaillard
- ☑ *Se rendre disponible.* Patricia Meunier-Lebouc et Jean-Lou Charon
- ☑ *Ne pas chercher à dominer.* Dominique Fournet
- ☑ *Send Love.* Stéphane Bachoz

Et j'ai ainsi trouvé un deuxième trésor.

TRÉSOR 2 : AMOUR

Nous rêvons tous, adultes, de réussir nos projets professionnels, de gagner suffisamment d'argent pour subvenir à nos besoins d'hommes civilisés, mais n'oublions pas avec Édith Piaf : « Dans la vie y a qu'une morale, Qu'on soit riches ou sans un sou, Sans amour, on n'est rien du tout (On n'est rien du tout). »
La nécessité de l'autre, de l'amour de la mère et du père pour leur enfant prématuré (nous sommes tous des prématurés) et de l'amour de son prochain pour faire société permet d'équilibrer l'indispensable « moi-je-égocentrique » qui alimente notre instinct de survie. Si l'amour n'a jamais connu de loi, je partage la sagesse de Martin Gray : « L'homme peut être seul au milieu des autres. Mais celui qui est ouvert au monde, celui qui sait demeurer fraternel, celui qui est solidaire des autres, celui-là, même solitaire, n'est jamais seul. »
L'imagerie cérébrale nous a permis de vérifier que nos actes les plus rationnels mobilisent les centres émotionnels du cerveau. Le génie mathématique d'Einstein est alimenté par son amour pour la physique. Qu'on le veuille ou non, nous sommes faits de raison et de passion. Vivre, c'est ressentir des émotions et les partager en se souvenant que le meilleur antidote à nos anxiétés est l'amour.

Entre l'Homo sapiens, demens, faber, ou economicus, celui que je préfère peut-être est l'Homo ludens, l'Humain joueur qui aime se consumer gratuitement en jouant de mille façons. Soyons « un peu trop bons pour l'être assez », soyons sages et ingénieux, mais restons un peu fous comme de sempiternels amoureux des jeux de l'amour et du hasard.
« Je ne connais qu'un devoir, c'est celui d'aimer », estimait Albert Camus. Allons golfer en amoureux sur les plus beaux links de la Côte Atlantique, en Terre Blanche ou au Golf de Vesoul – à votre goût, comme toujours. L'amour est le moteur de tout. « J'essaie de parler de l'immense besoin d'amour des gens », dansait Pina Bausch.

MISCELLANÉES
ENTRE LE ZEN ET LA CHANCE

MUTANTS

Nous sommes tous des mutants. En 2007, le célèbre designer français Philippe Stark a profité d'une sorte de méditation libre sur son art pour nous inciter à poursuivre notre mutation. Je vais vous en livrer un bref aperçu, mais je vous encourage à la visionner pour en saisir toutes les nuances, toute la pertinence sur le site de l'organisme de conférences TED[14].
« On a une manière de regarder la terre comme ça : "Je suis un homme. L'homme final." Alors qu'on n'a pas cessé de muter depuis quatre milliards d'années ! Mais maintenant, parce que c'est moi, on arrête. Fin. Et pour l'éternité : l'homme aura un blouson rouge ! ironise Philippe Stark avant de poursuivre. Il y a tellement de choses à faire. Personne n'est obligé d'être un génie, mais tout le monde est obligé de participer. Et pour participer, en tant que mutant, il y a un minimum d'exercice,

14 https://www.ted.com/talks/philippe_starck_design_and_destiny?language=fr

un minimum de sport. [...] C'est pourquoi chaque matin, désormais, parce que vous êtes un bon mutant, vous élèverez votre angle de vision au-dessus de la ligne d'horizon, parce que vous êtes intelligent. [...] C'est pourquoi je suis là, à essayer de faire de mon mieux. [...] On peut dire à nos enfants, O.K., c'était notre histoire. C'est du passé. Maintenant, vous avez un devoir : inventer une nouvelle histoire. Inventer une nouvelle poésie. L'unique règle, c'est que nous n'avons pas à avoir d'idée préconçue de la prochaine histoire. On vous donne des pages blanches. Inventez. On vous donne les meilleurs outils. Maintenant au travail ! »

C'est pourquoi, mes chers lecteurs, aiguisons nos nouveaux outils pour inventer un nouveau monde, « designons » au mieux notre cerveau et ceux des plus jeunes, car, comme nous l'indiquait le Pr Gaillard, les neurosciences montrent et confirment que notre cerveau élague, au sens horticole du terme : il coupe des branches, il supprime et il optimise d'autres branches. Veillons bien à ce que ce soient les bonnes.

DESIGN THINKING

Le *Design Thinking*, méthode de gestion de l'innovation élaborée à l'université Stanford dans les années quatre-vingts, pourrait, à l'instar de l'Agilité, nous aider à « changer de logiciel », en faisant la synthèse entre pensée analytique et pensée intuitive. Cette démarche, qui s'appuie sur la co-créativité, intègre cinq étapes.

1. La première est de comprendre par empathie le problème du client, de l'interroger, de façon à pouvoir synthétiser le problème sur le mode : « le porteur d'intérêt » a besoin de « quelque chose » en raison d'« autre chose ».
   Soit : le golfeur a besoin d'enseignement en raison de son insatisfaction.
2. La deuxième est de définir le problème en mettant en place un « bon point de vue », qui permet d'inspirer des premières réponses.
   Soit : pourrait-on aider les golfeurs à être plus satisfaits

en changeant leur point de vue sur leur pratique du golf ?

3. La troisième est de trouver la solution. C'est la phase de production d'idées, au moyen de techniques comme le brainstorming.
   Soit : j'interviewe des personnalités et je brasse leurs témoignages avec mes propres idées et des modèles théoriques dans une grande machine que j'appelle Albatros.
4. La quatrième est de prototyper sa solution. C'est la phase d'exploration des options, de présentation aux premiers utilisateurs pour affiner le « bon point de vue », mobiliser d'autres personnes.
   Soit : je partage et teste mon propos avec mon éditeur Amphora, des relecteurs professionnels (merci Renaud et Servane) et différents segments de golfeurs (débutants, coachs, pros, managers, etc.) et non-golfeurs (merci les amis).
5. La cinquième est de lancer sa solution. Cette phase permet d'avoir un retour grandeur nature des utilisateurs et de vérifier le « bon point de vue », c'est la V1 d'une application.
   Soit : c'est la première édition de ce livre, et en fonction de votre retour, j'améliorerai et actualiserai la deuxième édition, la V2...

SCULPTURE ET BOXE

Quand la psychanalyse, les neurosciences, la littérature, l'art et le sport se rejoignent pour le meilleur, voilà à quoi on peut parvenir : « Lorsqu'un gamin décide de devenir boxeur et quand, quelque part, il se pointe dans une salle, sac à la main, il est comme un bloc de marbre tout droit sorti d'une carrière, un bloc de la taille d'un homme. Un tailleur de pierres peut voir beaucoup de choses dans le marbre brut, mais le sculpteur n'en voit qu'une. Pour lui, il n'y a pas deux blocs identiques, et ce qu'il voit, c'est ce que le bloc est destiné à devenir, et c'est ainsi qu'est née la Victoire de Samothrace.
Avec Doc aussi, ça s'est toujours passé comme ça. Dans le monde de la boxe, comme dans tous les domaines, il y a des

centaines de tailleurs de pierres et trois ou quatre sculpteurs, et Doc était le meilleur. Je l'ai observé des années avec une douzaine de boxeurs, travaillant, attentif, avec raison et inspiration, sculptant doucement avant de prendre un peu de recul pour contempler son œuvre, dissimulant son excitation et ses craintes derrière un voile cynique.
Même le plus grand sculpteur au monde ne peut rien rajouter au marbre qu'il façonne. Si ce n'est pas là, ce n'est pas là. Personne n'y peut rien, personne ne crée, on se contente de gratter la matière pour en révéler la création. C'est comme ça que l'homme essaie de créer, et c'est ça qui fait peur aux plus grands. Ils sont les seuls à voir vraiment, et ça les effraie que dans leur travail de soustraction, ils ne soient pas capables de tout révéler, et que ce qui demeure caché le soit pour l'éternité. Mais ce qu'ils redoutent plus encore, c'est le coup de trop, celui qui détruirait tout à jamais. C'est comme ça qu'on fabrique les choses, c'est comme ça qu'on fabrique un boxeur. » W.C. Heinz, *Ce que cela coûte*, Monsieur Toussaint Louverture.

TEMPS LONG ET FEED-BACK

Le golf nous oblige à apprécier les notions de plaisir différé et de temps long (un parcours, c'est dix-huit trous, une épreuve dure quatre jours, les championnats s'étalent sur une saison) et pour nous aider à tenir dans la durée, à chaque production, à chaque coup – qu'il soit bon ou mauvais – nous obtenons un feed-back instantané. Ce retour immédiat sur le geste que l'on vient à peine de réaliser nous confirme ou pas si l'on est ou non dans la bonne direction et nous motive. On trouve, dans ses retours directs et positifs d'information, les prémisses du flow sur lequel nous reviendrons plus en détail dans le chapitre 16.

LES BASES DE LA PRÉPARATION MENTALE

Être en mesure d'agir sans contraintes, sans parasites, en toute liberté, sans perte inutile d'énergie, être en mesure de répondre au mieux à la situation, de créer, d'improviser, d'exceller dans son domaine, exige d'avoir des fondations solides, lesquelles s'acquièrent par un travail spécifique dirigé vers un objectif précis. J'aurais préféré vous dire qu'il suffit de méditer, d'une séance d'hypnose, d'acheter un gri-gri ou de lire ce livre, mais ce serait vous mentir.

On ne naît pas champion, on le devient.

1. Céline Boutier, *L'Équipe*, avril 2019 : « Enfant, je n'étais pas naturellement forte pour le golf, et même plutôt mauvaise. Donc je savais que si je voulais avoir une chance de m'améliorer, il fallait que je m'entraîne. »
2. Glwadys Nocera, *DocduSport*, juillet 2019 : « Toute ma carrière, j'ai évolué avec une préparatrice mentale. Mais attention, il faut que ça serve à s'améliorer sur un sujet précis. La maturité est aussi importante dans ce sport, tout comme la détermination. Connaissez-vous, sachez ce que vous voulez, en suivant ces directives, on peut se donner les moyens de réussir. »
3. Victor Perez, *L'Équipe*, août 2020 : « Je suis revenu aux bases. Le but est de rebâtir l'édifice depuis les fondations : bien taper la balle, contrôler mon jeu. Ensuite, je pourrai me reconcentrer sur les subtilités du parcours. » Victor consigne dans un journal ses états mentaux, physiques, golfiques au fil des compétitions et des entraînements. Journal de bord que je conseille à tous mes clients. Grâce à ses notes, il affirme avoir une meilleure idée de qui il est. Il cherche ainsi à maximiser les choses sur lesquelles il a le contrôle, comme son hydratation. Il considère à raison qu'il n'y a pas de recette miracle, que c'est à chacun de trouver ce qui marche pour lui. Le rôle d'un coach est de vous aider à trouver ce meilleur pour vous et non de vous imposer une technique. Comme il le dit au *Journal du Golf* au cours de ce même été 2020 : « C'est encore plus difficile maintenant de trouver sa propre voie : on peut trouver cinquante façons différentes de taper un fade ! Mais quelle est celle qui me convient ? »

CQFD.

Je conclurai avec Mishima : « Le Samouraï expérimenté ne pense ni à la victoire ni à la défaite ; il se contente de se battre comme un fou jusqu'à la mort. C'est la durée de la préparation qui permet la rapidité de décision. [...] Vivre, n'est-ce pas alors se préparer à ce moment de décision ? [...] Il est d'une importance capitale de se discipliner soi-même, de façon à savoir agir quand sonne l'heure du destin. »

TALENT ESSENTIEL

Pouvez-vous répondre à cette question : « Selon vous, quel est votre talent essentiel pour atteindre votre but ? » (Interrogation première du coach Paul G. Schempp)

Exemple de réponse pour Dechambeau : le driving de trois-cent-trente mètres.

Une fois le talent identifié, on doit passer par trois phases pour optimiser sa maîtrise :

1. le comprendre intellectuellement : quel angle d'attaque, quelles forces, etc. ;
2. le pratiquer avec l'intention de progresser, en se concentrant sur la technique, la mécanique ;
3. l'exécution en situation, en se concentrant sur le but même du talent maîtrisé : envoyer le drive sur le fairway au-delà des bunkers, non plus sur la technique, comme lorsqu'on marche ou qu'on conduit.

Ainsi, une fois que l'on maîtrise la technique, il suffit de donner une intention claire au corps. À cet égard, dans deux styles différents, sur un tee de départ, Dustin Johnson ou Bubba Watson sont les rois du monde.

Quand tu apprends à marcher, tu regardes comment les autres s'y prennent, tu cherches. À comprendre, tu écoutes les explications, puis tu pratiques et tu t'aperçois qu'en faisant cela, il se passe ceci, qu'en t'appuyant sur le mur, tu gardes l'équilibre, peut-être alors que quelqu'un, ta maman t'encourage et te coache, et tu lèves les bras au ciel, et tu commences à marcher ! Aujourd'hui, vous marchez et n'y réfléchissez même plus.

Vous pensez au « pourquoi vous marchez » – pour aller chercher votre balle, par exemple –, et non plus au « comment ». Et pourtant, nous l'avons vu, la marche est loin d'être une activité simple.
En compétition, il convient donc de penser au but du talent – la balle sur le fairway pour le drive –, et non plus au talent – la technique du drive –, en faisant confiance à votre corps qui sait faire – parce qu'entraîné –, comme il sait marcher sans tomber. Je rappelle ce que dit Thomas Levet : quand il putte, il pense tout simplement « à faire une passe au trou. » Plus tu pratiques, plus ça devient facile, et plus c'est facile, plus tu es libre d'improviser en suivant ta première intuition. « L'improvisation ne s'improvise pas », pour reprendre le joli titre du livre d'exercices d'Alain Knapp.

IMPROVISER

La vie est faite d'empêchements, de blocages, d'imprévus. Face à cela, deux options : être bloqué ou poursuivre en improvisant. Anne Le Coniat m'a raconté une petite anecdote qui, une fois encore, illustre le tout : « Claude Fauquet, ex-directeur technique national de l'équipe de France de natation, disait : "Il faut être entraîné à tout ce qui est prévisible pour être disponible pour l'imprévisible." Si tout le reste est blindé, votre cerveau, en dehors de la routine, ne se pose aucune question technique et peut alors jouer au golf. Je vais vous raconter une anecdote. En 2000, quand on a gagné le Championnat du Monde, le départ a été soudain reporté d'une heure, alors que nous étions prêtes à jouer contre les Coréennes. Il fallait attendre. Eh bien, Glwadys Nocera, qui était capitaine de l'équipe, a eu l'excellente idée de sortir un petit ballon de rugby de son sac, et on a passé quarante minutes ainsi ensemble à se passer le ballon. On est restées groupées, très calmes et symboliquement en relation. » Merveille de coaching d'équipe improvisé.

PUTTING

Pour Laurent Jockschies, coach de golf, expert en putting, la première chose à aiguiser dans ce domaine délicat et essentiel (50 % du jeu) reste la perception pour améliorer le dosage. Il l'a très bien expliqué dans le magazine en ligne *Jeudegolf*, dont voici un extrait : « Le putting n'est pas une question de feeling, mais de perceptions à développer. [...] Nous avons tous une « horloge interne » qui assure la grande précision de nos gestes, des plus simples aux plus complexes, sans que nous nous en rendions compte. Il faut percevoir son corps, c'est lui qui sait doser sous condition. C'est ce que nous enseignons avec la méthode Putting Zone. [...] Avant une compétition, Brandt Snedeker [n° 1 des statistiques au putting] focalise son attention sur l'étalonnage de la vitesse des greens. Sur le putting green, il teste la roule, il ne vise rien. Le corps sait ensuite réagir par rapport à la distance, donner la bonne intensité pour gérer le dosage. »

Comme Pia Nillson et Lynn Marriot, Laurent pense que « les habiletés sont toujours en nous, et que nous n'avons besoin d'aucun artifice pour pouvoir les maîtriser », surtout en ce qui concerne le développement des habiletés du putting : « Notre corps sait lire, viser, diriger, doser. Permettre à l'intelligence du corps de répondre à chaque putt de façon naturelle grâce aux bonnes images est la clé de la performance optimale. »

***A WAY OF BEING* / POUSSES**

« Je me rappelle que, dans mon enfance, le seau dans lequel nous gardions les pommes de terre pour l'hiver se trouvait au sous-sol, un mètre ou deux en dessous d'une petite fenêtre. Les conditions n'étaient pas favorables, mais les pommes de terre commençaient à faire des pousses – des pousses pâles et blanches, très différentes des pousses saines et vertes qu'elles envoyaient quand on les plantait dans la terre au printemps. Mais ces pousses tristes et "faiblichonnes" arrivaient à près d'un mètre de hauteur à la recherche de la lumière lointaine de la fenêtre. Les pommes de terre étaient, dans leur croissance, bizarres et futiles, une sorte d'expression désespérée de la tendance directionnelle [... qui nous permet de déterminer si un organisme est vivant ou non]. Elles n'arriveront jamais à maturation, jamais elles n'atteindront leur potentiel réel. Mais dans les circonstances de vie les plus difficiles, elles s'efforceront de devenir. La vie se refuse à s'arrêter de lutter, même si elle ne peut pas s'épanouir. » Carl Rogers, psychologue, 1980.

Lorsque l'on commence à jouer au golf à l'âge mûr, nos swings, dans leurs tentatives bizarres et futiles, forment peut-être une sorte d'expression désespérée de la jeunesse en nous, qui se refuse à s'arrêter de lutter. Cette tendance constructive et puissante est l'une des fondations qui sous-tend, je crois, le goût qu'ont pour le golf les seniors (plus de cinquante ans, officiellement), dont je suis, qui s'efforcent toujours de devenir tant que la vie souffle en eux.

Aussi pour recouvrer notre enfance, montrons-nous plus insouciants, imaginatifs et rieurs. Souvenons-nous du temps où nous découvrions le monde, où nous nous amusions avec nos amis à faire des blagues, des bêtises, des expériences et à chuter parfois. Rigolons de nos mauvais coups, enthousiasmons-nous pour les bons ! Le secret de la jeunesse éternelle est là. Donc du travail, de la technique, oui, bien sûr, pour éprouver plus de plaisir à jouer, mais au bout du compte, ce qui doit primer, c'est d'être ensemble heureux à jouer comme des enfants.

DU TAO À L'ART D'AIMER

On le voit encore après ce 13e trou difficile qui nous a conduits dans l'île mystérieuse.

1. Il serait bon de nous déconnecter régulièrement de tous ces parasites qui nous polluent la tête, qui nous empêchent de penser, de rêver, de nous reposer, d'imaginer, de créer. Comment ? En commençant par faire, par exemple, une bonne partie de golf.
2. Une fois que l'on a trouvé sa voie, il est indispensable de travailler beaucoup pour s'affranchir de tous les aspects techniques qui pourraient ensuite nous parasiter dans

l'exercice de ce que l'on veut faire, comme de rentrer ce petit putt d'un mètre pour faire birdie.

3. Malgré tous nos efforts, nous croire plus fort que la nature est une maladie de l'ego. Trouvons plutôt des motivations plus intrinsèques, plus éthiques que la volonté de domination. Par exemple, en faisant découvrir le golf à d'autres personnes.
4. Quel que soit notre niveau, n'ayons pas peur de faire de notre mieux en nous amusant et en nous aimant. Soyons créatifs. Prenons pour modèle Ballesteros et Shibuno, et après avoir survolé le plan d'eau et les chênes séculaires, ouvrons-nous humblement à la « Grande Bonté » de Lao Tseu qui « ressemble à l'eau, s'écoule partout, remplit tout et revitalise de par sa nature même. Faisons de notre cœur un lac à la surface calme et tranquille avec de grandes profondeurs de bonté. Prenons soin de notre vraie nature. Contournons les obstacles, ne les affrontons pas. Ne nous efforçons pas de réussir à tout prix. Attendons le bon moment. Nul besoin de dispute, nul besoin de reproches. Que l'amour soit notre don à autrui. »

HUMANITÉS

Article (extrait) de l'*Encyclopédie Diderot* écrit par Edme-François Mallet en 1765 : « Les Humanités signifient les lettres humaines, c'est-à-dire l'étude de la Grammaire, du Grec et du Latin, de la Poésie, de la Rhétorique et des anciens Poètes, Orateurs, Historiens. [...] On croit qu'on a nommé les Belles Lettres Humanités, parce que leur but est de répandre des grâces dans l'esprit, et de la douceur dans les mœurs, et par-là, d'humaniser ceux qui les cultivent. » Puisse le golf faire partie des Humanités du XXIe siècle.

Chapitre 14

TROU 14
LES COLLINES DE COLIN

Objectif | Trouver sa chance
État d'esprit | Être en rythme

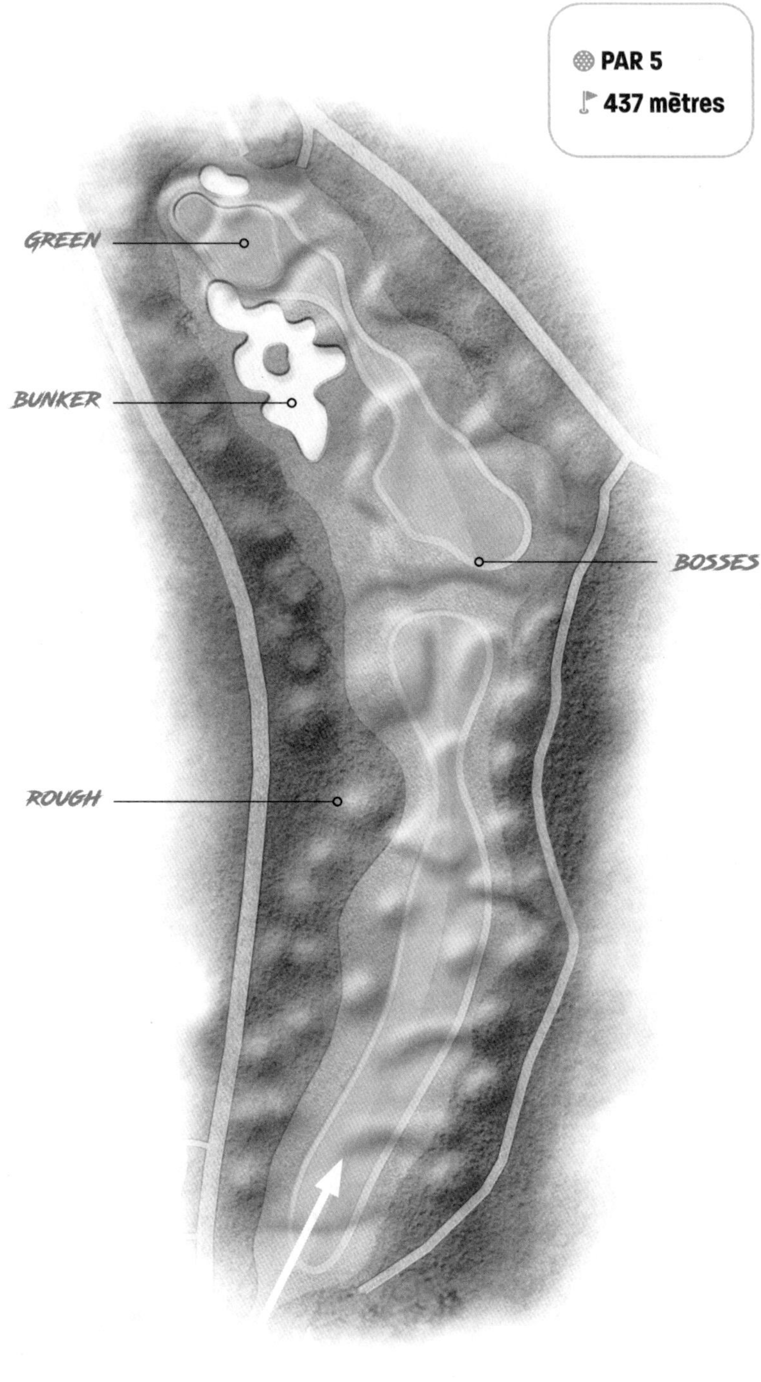
PAR 5
437 mètres
GREEN
BUNKER
BOSSES
ROUGH

Hubert Chesneau

TROU 14 - LES COLLINES DE COLIN

« C'est un long par 5 avec des bosses, d'où le nom de collines, et de Colin parce que Colin Montgomerie, l'année où il a gagné l'Open de France, en 2000, a réalisé un superbe eagle sur ce trou. J'ai voulu ainsi rendre hommage à ce formidable joueur. Il a compris et beaucoup apprécié le jeu de mots. Ce trou se distingue par un green en deux plateaux, dont le plus éloigné est le plus bas. Colin trouvait ça "pas facile, mais très original et amusant". À la création, les premières années, j'en ai pris plein la figure, surtout de la part des joueurs du dimanche. Aujourd'hui, beaucoup partagent l'avis de Colin.

Il n'y a pas deux parcours au monde identiques, ce green est une particularité de l'Albatros, et c'est très bien comme ça. »

TEE TIME

Colin Montgomerie, golfeur écossais né en 1963, est un joueur d'exception. Il a été classé sept années consécutives premier au classement de l'Ordre du mérite européen, entre 1993 et 1999, mais n'a jamais gagné un tournoi du Grand Chelem. Redoutable compétiteur, il est resté invaincu, en simple, en huit participations à la Ryder Cup ! En 2010, en tant que capitaine, il a également mené l'équipe européenne à la victoire. Il y en a que le jeu en équipe transcende, comme, aujourd'hui, l'original et volontaire Ian Poulter, incroyablement solide et déterminé quand il joue sous le drapeau européen : à cœur vaillant, rien d'impossible !

LE VOYAGE DU HÉROS SWINGUER

Joseph Campbell - Le voyage du héros : « Si vous restez dans l'enceinte du village, le village prendra soin de vous. Mais si vous partez à l'aventure, il est prudent d'y aller au bon moment. »

Mobilisation / Quête 3
Face à la frénésie universelle, j'ai la souple intention de ralentir pour danser au rythme de notre seule vraie richesse : le temps. J'ai envie d'agir maintenant pour être mieux demain, je fais confiance à mes atouts à cœur, conscient de ma chance d'être là, en vie, encore, à l'instant. All-in !

TROU 14 - LES COLLINES DE COLIN

Objectif : trouver sa chance
État d'esprit : être en rythme

Stratégie / Coup 52 - Savourer ses désirs

Avec le Pr Raphaël Gaillard, psychiatre, président de la Fondation Pierre Deniker

---

Nous sommes entrés très récemment – un battement de cils à l'échelle du temps – dans l'ère de l'hyperconnexion, de l'hypersollicitation, de l'hyperactivité. S'ennuyer tranquille, attendre patiemment, ne rien faire, admirer le sourire de la Joconde sans la photographier, waouh, c'est devenu un truc de dingue ! Pourtant, notre cerveau et notre corps ont besoin l'un et l'autre de repos pour bien fonctionner, pour être dans ce bon timing qu'on appelle la chance. Nous le savons bien, mais...

Pr Raphaël Gaillard. « Vous connaissez l'expression d'un grand dirigeant d'une chaîne de télévision qui parlait de temps

de cerveau disponible, de façon très cynique, mais ce n'était rien à l'époque : c'était la télévision au milieu du salon pour le JT de 20 heures. Ce n'était rien du tout, en fait.
Aujourd'hui, le "temps de cerveau disponible" est totalement mobilisé par des sollicitations de tous les instants, et ça crée une vraie problématique du rapport au temps. Et si notre société n'est pas capable de dégager d'autres temporalités – pour certains, c'est la spiritualité, et pourquoi pas, pour d'autres, il s'agit de pratiques sportives, comme celle du golf –, je crois qu'on va au-devant de grandes difficultés, notamment et surtout pour les plus jeunes, c'est-à-dire ceux qui ont un cerveau en plein changement et le plus susceptible d'être dépendant de la récompense.
C'est une forme d'addiction de chaque instant. On le sait, les likes sur un média social – je ne vais pas en citer spécifiquement – activent le système de récompense du cerveau, comme le gras, le sucré, la morphine ou la cocaïne. C'est le même circuit qui est activé par la récompense immédiate d'un réseau social, donc on en devient très demandeur, et il est important de construire quelque chose qui marque la durée.
Chez le tout petit être humain, l'enfant, il y a un test fameux, que nous aimons bien, c'est le test du Marshmallow. Celui-ci, en gros, consiste à dire à des enfants que soit ils peuvent en prendre un tout de suite, soit s'ils attendent quinze minutes, vingt minutes, une heure – il y a plein de variantes –, et ils en auront deux ou trois à l'issue de l'attente. En fait, cette capacité à différer la récompense pour en avoir plus, c'est prédicteur de plein de choses : la réussite scolaire, l'épanouissement... C'est quelque chose, en bref, qui mesure notre capacité à différer la récompense, et quand on ne l'a plus, on n'est plus en mesure de la différer, on n'est pas heureux. Si on peut développer ça pour des jeunes, ce rapport à une autre temporalité que la récompense immédiate, ça ne peut être que bénéfique dans tous les registres du fonctionnement : le registre des apprentissages pour le golf, mais aussi celui de la réussite scolaire et l'accès au

monde du travail, ou encore du registre du fonctionnement personnel, du rapport aux autres. Là non plus, ça ne passe pas par l'immédiateté, mais par quelque chose qui prend du temps. »

“ Aujourd'hui, le cerveau est sollicité en permanence, hacké, piraté par des flux continus d'informations qui viennent le distraire à tout instant dans une nouvelle forme de servitude volontaire. Pourtant, comme le savent les littéraires avec Corneille : « Et le désir s'accroît quand l'effet se recule. »

RG. « On peut prendre plaisir à l'attente. Et dans tous ces temps dits “morts”, entre deux coups de golf, il se passe plein de choses, dont beaucoup de plaisir. À l'annonce d'une récompense à venir, le cerveau frétille déjà et libère de la dopamine pendant le plaisir de l'attente.
Depuis le début des années 2000, on assiste à une explosion du temps passé devant les écrans. Le temps de lecture s'écroule littéralement. Entre 1976 et 2016, le pourcentage de ceux qui ne lisent aucun livre par an a quadruplé. On assiste à une sorte de pollution mentale par le numérique. Il ne s'agit pas de renoncer au numérique, mais de réfléchir à quel espace créer pour digérer, métaboliser cette surstimulation. »

“ Les émotions n'étant pas toujours bonnes conseillères, les vraies décisions exigent un temps de maturation. Si on passe notre vie à prendre de petites décisions inutiles, notre cerveau n'est plus disponible pour réfléchir à la grande décision. Pour prendre une décision importante, complexe, nous gagnons à dresser une liste des points essentiels, puis à laisser mûrir, c'est-à-dire laisser travailler son cerveau à son rythme et sans parasites.

RG. « Il y a un fort enjeu à cultiver une temporalité qui ne soit pas celle de l'immédiateté. Sans renoncer à la modernité, il est important, dans notre vie, de dégager des moments qui sortent de la frénésie. Et je ne vois pas beaucoup d'autres sports – il faudrait y réfléchir – qui l'imposent autant que la pratique du golf. C'est vraiment une des dimensions majeures de cette activité. Pour moi, les grandes dimensions qui m'intéressent, dans les grandes perspectives de ce que la science peut dire de l'intérêt du golf, ce sont les enjeux de la pratique sociale, de la sociabilité, du rapport aux autres ; ce sont les enjeux de la *greeness*, du rapport à la nature, et enfin ceux d'un rapport au temps, qu'on cultive explicitement comme différent de l'immédiateté. »

Questionnement en tâche de fond :
Perso : Êtes-vous de ceux qui préfèrent attendre d'avoir « deux bonbons » dans un quart d'heure plutôt qu'un tout de suite ? Prenez-vous plaisir à différer le plaisir ? Quand vous vous êtes ennuyé pour la dernière fois ? Vous est-il arrivé de vous ennuyer sur un terrain de golf ? Cela vous dirait-il de programmer pour demain à 10 h : "Ne rien faire pendant 30 minutes" ? Et, soyons fous, si vous programmiez : "Demain, ne rien faire ?" Comment occuperiez-vous votre journée ?
Pro : Vous laissez-vous le temps de penser en tâche de fond à des choses plus importantes que de rire aux dernières blagues sur Tweeter, gagner à Candy Crush ou visionner les derniers tutos de golf sur YouTube ? Quel temps réel laissez-vous à votre cerveau de trouver des réponses pertinentes aux problèmes complexes qui vous turlupinent 24 h /24 ? Quelles bonnes décisions avez-vous prises jusqu'à présent ? Comment les avez-vous prises ? Que cela dit-il de vous ?
Sujet de dissertation en cheminant :
Nos perceptions, sensations, émotions et idées se présentent sous un double aspect : l'un net, précis mais impersonnel ; l'autre confus, infiniment mobile et inexprimable, parce que le langage ne saurait le saisir sans en fixer la mobilité, ni l'adapter à sa forme banale sans le faire tomber dans le domaine commun.
Henri Bergson

Stratégie / Coup 53 - Maîtriser les horloges

Avec le Pr Gérard Saillant, chirurgien et président de l'Institut du Cerveau et de la Moelle épinière

Même quand on veut faire beaucoup de choses dans une journée, on ne dispose que de vingt-quatre heures. Donc la seule solution est d'organiser son temps.

Professeur Gérard Saillant. « Être ordonné, organisé vous fait gagner beaucoup de temps. Tout en s'octroyant des plages de liberté, il faut donc être un peu programmé.
Au golf, comme dans la vie, il y a des gens lents et rapides. Souvent, les joueurs lents sont surtout mal organisés. Le golf, comme la chirurgie, c'est une bonne façon de révéler la nature des gens. Nature modérée par le fait que l'on domine ou non sa technique. Quand on ne domine pas la technique, on s'expose à plus de révélations de son caractère. »

> « Le sommeil, c'est la santé, mais en ce domaine également, nos préférences et nos besoins diffèrent.

GS. « Je suis toujours effaré de me dire qu'un tiers de la vie est consacré à dormir. Il y a tellement à faire ! Mais je pense que cela peut se travailler. J'ai commencé mes études de médecine au début des montres digitales, on pouvait dès lors facilement contrôler les minutes, et j'ai décidé de diminuer d'une minute par semaine mon temps de sommeil. À la fin de l'année, ça fait presque une heure de sommeil en moins par jour ! J'ai fait ça pendant deux ou trois ans. Au bout du compte, j'ai dormi quatre à cinq heures toute ma vie, sans aucun souci. Je ne suis pas devenu insomniaque pour autant. Maintenant que j'ai un peu plus de temps, quand je veux dormir huit heures, je dors huit heures... Une fois encore, je pense qu'avec de l'entraînement tout se domine. »

« Le golf, pour nous simples mortels, ne se laisse dominer qu'à de rares occasions, que le Pr Saillant, scientifique dans l'âme, explique en parlant de magie et de hasard...

GS. « Quand on réussit un très bon coup, on ressent une grande satisfaction... On n'a qu'une seule envie : le reproduire. Le manque de chance, c'est qu'on ne le reproduit pas. Car tout événement est multifactoriel. Le hasard fait que, statistiquement, ça arrive de temps en temps que tout s'aligne et que le coup soit parfait.

Ça ne veut pas dire que le golf est un jeu de hasard. Le coup banal d'un Romain Langasque est, pour nous, exceptionnel. Les champions sont à l'étage au-dessus. Mais pour nous, amateurs, il y a parfois un moment de grâce où toutes les étoiles sont alignées. Alors votre frappe balle/terre est parfaitement centrée, avec le bon rythme, le bon transfert et le bon équilibre, la sensation est extraordinaire ! Mais ça ne se reproduira pas le coup d'après, même si vous vous remettez exactement dans les mêmes conditions. Voire, si vous éprouvez une certaine euphorie, le coup d'après peut être catastrophique.

Il y a juste parfois cet instant magique où tout est parfait.

Tout ce que l'on peut faire, c'est se mettre dans les meilleures conditions pour que ça se reproduise, mais le golf exige une telle précision qu'il n'y a qu'une toute petite chance que nous, amateurs, réalisions un coup digne d'un joueur pro. Quand ça nous arrive, bien sûr, c'est magique ! »

Questionnement en tentant sa chance :

Pro : Entre votre temps de sommeil, votre temps de travail et votre temps de loisirs, comment pourriez-vous optimiser votre agenda sans perte d'énergie, de revenus, de plaisirs ? Quelle a été la part de chance dans votre réussite professionnelle ? Comment pourriez-vous l'augmenter ?

Perso : Avez-vous suffisamment envie de réussir pour avoir de la chance ?

Sujet de dissertation en cheminant :
On ne peut oublier le temps qu'en s'en servant.
Charles Baudelaire

Stratégie / Coup 54 - Offrir la quintessence
Avec Pascal Grizot

Les meilleurs ont de la chance. Toujours. Vous ne les entendrez jamais dire le contraire. Cela risquerait de leur porter malheur. Arrêtez donc de vous chercher des excuses, de répéter à qui veut bien encore vous écouter que vous n'avez pas eu de chance. Ça n'intéresse personne. Retenez juste ces moments divins où la balle rebondit miraculeusement sur le mat du drapeau pour finir dans le trou. Si ce sont souvent les mêmes qui font des trous en un, ce n'est pas un hasard : c'est qu'ils pensent à chaque fois pouvoir la rentrer directement. La chance, comme tout, se prépare et se risque. Comment ? En « achetant le ticket » et en se lançant vers des objectifs qui, a priori, « vous dépassent. »

Pascal Grizot. « Quand vous n'avez pas fait d'études et que vous ouvrez un premier supermarché, on vous prend pour un fou. Puis vous en ouvrez un deuxième, puis trois, puis quatre... J'en ai eu jusqu'à vingt !
Aujourd'hui, quand j'investis dans des affaires, comme la promotion immobilière, dans lesquelles je n'avais jusqu'alors aucune compétence, c'est toujours la même démarche, comme quand je me lance dans la candidature pour accueillir la Ryder Cup et que je la gagne ! Quand je dis "je", c'est très prétentieux, car là encore "*on* la gagne !" C'était un projet vraiment porté par la ffgolf, mais il fallait qu'il y ait quelqu'un à la tête de ce projet, et c'était moi.
C'est comme lorsque le Racing me demande de prendre la direction des équipes pour remporter la Gounouilhou. C'est comme lorsque Thomas de Kristoffy fait appel à moi pour deve-

nir la meilleure ligue. À chaque fois, est-ce une part de chance, une part de compétence, une part de détermination, je n'en sais rien, mais en tout cas, ces objectifs fixés, on les a atteints.
Quand j'ai été capitaine de l'équipe de France, les objectifs étaient de gagner les championnats d'Europe et du Monde. Certains se moquaient de nos ambitions, car jamais la France n'avait gagné. Mais on a réussi, ce qui était extraordinaire ! Il faut dire que j'avais alors des joueurs incroyables, qui nous ont offert la quintessence de ce qu'ils étaient capables de donner. Donc oui, il y avait des objectifs élevés, et avec beaucoup d'efforts collectifs et une part de chance, on a réussi à faire ce qui n'avait jamais été fait avant nous.
Lors de la Ryder Cup, il y avait un certain nombre de choses que je ne pouvais pas maîtriser [Sourire], comme la météo – et il se trouve que ça a été une semaine incroyable de beau temps – ou encore la victoire de l'équipe européenne : c'est une question de chance, là encore.
Ce n'est pas au moment de la victoire de l'Europe que j'ai pris le plus de plaisir, mais sur le chemin, qui a duré dix ans, pour la Ryder Cup ! J'ai la chance d'avoir une épouse et une famille merveilleuses. Quand tu fais quelque chose uniquement par passion et de manière bénévole, si tu n'as pas ce soutien, ce n'est pas possible d'aller au bout. Ce qui est sûr, c'est que pendant cette magnifique histoire, durant ces dix années, à chaque étape, tout s'est mieux déroulé que je l'avais rêvé. »

Questionnement en faisant ce qu'il faut :
Pro : Êtes-vous suffisamment préparé pour décourager toute opposition ? Pour saisir toute sérendipité ?
Perso : Auriez-vous envie de partir en voyage au bout du monde avec quelqu'un qui n'a pas de chance et n'est pas optimiste ?
Sujet de dissertation en cheminant :
Celui qui excelle à résoudre les difficultés les résout avant qu'elles ne surgissent.
Sun Tzu, *L'art de la Guerre*

Stratégie / Coup 55 - Être à 100 % dans la routine

Avec Patricia Meunier-Lebouc

Entre Vil Coyote, le coyote qui fonce dans le ravin à la suite de Bip Bip, et Chidi Anagonye, le professeur d'éthique qui se meurt entre tous les possibles, il faut trouver un juste milieu ou compartimenter... Quand tu es dans la phase de prise de décision : réfléchis, laisse mûrir dans la relaxation. Quand tu passes à l'action : fais-le avec toute la force de Yoda : *Do or do not. There is no try.*

Patricia Meunier-Lebouc. « Quand j'arrive à la balle, j'observe la situation : la manière dont la balle repose sur le sol, la pente, le vent, la cible... Je réfléchis au coup à jouer. Je le fais systématiquement, mais ce n'est pas à proprement parler ma routine. C'est ce qui me permet de créer un élan, cet élan qui me permettra de frapper sans avoir de doute.
Ma routine commence au moment où je choisis mon club et le prends dans mon sac.
C'est à moi de jouer.
Je me place dans la ligne de jeu en arrière de la balle pour viser, visualiser, m'aligner, prendre un point de repère devant la balle. Puis j'entre dans un "sas de décompression", qui me sert de transition entre la "zone de suractivité" [la marche, les discussions], la "zone de réflexion" [la prise d'information et le choix du coup à jouer] et la "zone d'action" [l'adresse, le swing, le finish]. Après une grande respiration, je me dirige vers ma balle, épaules détendues, en arrière, je marche lentement, sur un certain rythme, j'avance plutôt avec le bas du corps, de façon déliée ; chaque pas est vraiment posé, je me pose en fait au sol, c'est ce qui m'aide à me détendre, à évacuer la réflexion, à être relâchée autant qu'on puisse l'être pour jouer un coup de golf.
À partir de là, je suis vraiment dans la zone d'action : mon point de repère, mon alignement, ma cible, mon intention et *schloff* !
Il y a peu de temps entre le moment où je me mets à l'adresse

et le moment où je frappe. À partir du moment où je me dirige vers ma balle, c'est fait. Le but entre le moment où je démarre ma marche vers la balle et la frappe est qu'il y ait le moins de pensées parasites possibles. Il arrive bien sûr qu'il y en ait qui me "sautent à la figure", je suis comme tout le monde ! [Rires] Je peux en avoir aussi, alors j'essaie de les laisser passer, ou bien je me dis "Non, non, non !!!", et je parviens à m'arrêter et à reprendre ma routine.
Autant il y a des coups où je vois, je respire, je m'aligne, je tape, et rien ne vient perturber le flow, autant, parfois, ça ne va pas, il y a un truc qui me dérange et que je ne parviens pas à éliminer, et je sais qu'il va falloir faire avec. C'est très important d'en être conscient. Si j'en suis consciente, si je l'accepte, je peux alors arriver à mettre en place la bonne réponse, un comportement adapté, je vais peut-être alors prendre un peu plus de marge d'erreur pour alléger ma tension, et le résultat ne sera pas forcément mauvais : il pourra même être parfois très très bon. »

« Pour être à 100 % dans le présent, conscient et actif sans être parasité, vous devez avoir appris du passé, avoir essayé et adopté des stratégies de régulation et de performance. Une expérience que Patricia partage aujourd'hui volontiers avec les meilleures joueuses françaises.

PML. « En tant qu'entraîneure de l'équipe de France, j'essaie de respecter au maximum le travail qu'elles font par ailleurs tout au long de l'année avec leurs coachs individuels habituels. Il ne s'agit pas de perturber leurs programmes, car les sportifs de haut niveau sont des mécaniques de haute précision. On ne peut pas rentrer comme ça dans un système sans risquer de le dérégler. Je travaille donc en collaboration avec leurs entraîneurs, comme Alain Alberti, avec lesquels j'ai vraiment développé une excellente communication. C'est comme ça que l'on obtient les meilleurs résultats.
Ce que j'aime, c'est nous rassembler, comme je l'ai fait chez

moi pour Thanksgiving, en organisant un stage, avec toutes les joueuses, les entraîneurs et le staff de la Fédé. C'est ainsi que l'on crée cette force du collectif et que l'on renforce les individualités. Les filles étaient super contentes ! Même si c'est la génération Smartphone [elle prend son iPhone et fait mine de textoter], la "génération pouce", comme je l'appelle, elles aiment beaucoup discuter entre elles. Elles ont toujours envie de parler, elles s'expriment facilement.
Lors du Spirit avec garçons et filles [épreuve remportée par l'équipe de Patricia en 2019], tout le monde papotait. Et le soir, on faisait des jeux ensemble. C'était "vachement" sympa. Il y avait beaucoup de discussions, de belles discussions.
Pendant le confinement, avec les filles, on se faisait tous les dimanches des réunions Zoom. On commençait par une petite séance physique pour transpirer un peu, puis on parlait du vécu de chacune. Maintenant que le confinement est terminé [interview réalisée le 26 mai 2020], je les laisse tranquilles. C'est toujours un jeu d'équilibre à chercher. »

> « Aujourd'hui, le grand projet de Patricia est de faire grandir ce programme du golf féminin français avec les championnats du Monde et les Jeux Olympiques à venir, tout en se concentrant toujours sur l'ici et le maintenant.

PML. « Pendant le confinement, il y avait tellement d'incertitudes que j'ai conseillé aux filles d'éviter de se mettre plus de doutes, de négatif en tête en se projetant trop dans le futur. Je leur conseillais de se concentrer uniquement sur ce qu'elles pouvaient faire ici et maintenant.
Je leur disais de choisir un exercice en lien avec leur grand objectif qu'elle pouvait gérer dans le présent. Elles avaient un programme physique bien établi ; on faisait en sorte qu'elles restent en action. Je les ai notamment incitées à profiter de ce temps libre pour apprendre à faire d'autres choses, comme de jongler avec trois balles. Antoine, en tant que coach, m'avait appris à

le faire, et ça m'avait apporté beaucoup pour le petit jeu, parce que pour arriver à jongler [elle le mime, elle le vit, comme elle le fait pour souligner chaque parole], il faut être hyperrelâchée des épaules. Du coup, j'ai mieux appris à utiliser ma respiration, à saisir le relâchement nécessaire, à détendre mon haut du corps. J'étais pourtant déjà au plus haut niveau, mais je n'avais pas encore saisi cette sensation de détente avant d'apprendre à jongler... Ensuite, j'ai transféré ces sensations à mon petit jeu, qui a vraiment progressé grâce à cet apprentissage. C'était pour moi très intéressant de partager ça avec elles pendant la période creuse du confinement ; certaines ont accroché, d'autres moins... La clé du collectif, c'est le respect des personnes, de toutes les personnes et du travail qu'elles réalisent. »

Questionnement en apprenant à jongler :
Pro : Comment pourriez-vous mettre en place de nouvelles phases de réflexion et de travail avec vos collaborateurs, partenaires et clients, entrecoupées de routines sympathiques ?
Perso : Même si l'avenir est incertain, s'il n'y a pas d'échéances de prévues, si le sommet est à peine visible dans la brume, qu'allez-vous mettre en place aujourd'hui pour avancer ?
Sujet de dissertation en cheminant :
Il est sage de ne mettre ni crainte, ni espérance dans l'avenir incertain.
Anatole France

Stratégie / Coup 56 – Jouer à apprendre
Avec Stéphane Bachoz

Maître sage et sachant, plus Stéphane Bachoz gagne en expérience, moins il est directif dans son enseignement.

Stéphane Bachoz. « Je cherche juste à coller en tête à mes élèves la grande idée : *swing the weight of the club.* "Balancer le

poids du club", c'est comme respirer pour vivre, c'est naturel. Après, on peut mal respirer et vivre, comme on peut mal balancer le poids du club et toucher la balle, mais ce n'est pas du golf. "Balance le poids du club", c'est tellement simple que tu vas t'empresser de l'oublier pour passer à quelque chose de plus compliqué, "de plus à ta hauteur".
Si tu fermes les yeux et essaies de toucher la balle sans balancer le poids du club, tu n'y arriveras pas, ce sera un enfer. Si tu balances le poids du club, *no problem*. L'évidence est à la portée de tout le monde et n'a pas de prix : c'est juste là devant nous, et on refuse de la voir. Un homme qui ne balance pas le poids du club est un homme coincé dans ses certitudes. On ne saisit généralement pas toute la portée de cette simple phrase, qui ouvre pourtant tout le champ des possibles. »

> “ Quand on se contente de balancer le poids du club avec légèreté, on parvient à dessiner autour de soi une sorte de cercle relativement fluide, qui peut servir de base à notre swing personnel.

SB. « Une fois qu'on a réussi à créer un rond en balançant le club, on peut bien sûr polisher ce rond, le faire briller. Alors, dans l'affinage, on va parler de rythme. Tu balances le poids du club sur le rythme d'un seul et même balancier, lié à l'inertie du club, et non pas à ton action. Le rythme est une des composantes majeures du swing de golf. Le rythme doit fluctuer en fonction de ta nature, du rythme de ta marche, lente ou rapide. C'est lié à ton horloge interne : "balance le poids du club au rythme de 1, qui est celui de la marche." Pour mieux le faire sentir, je propose des exercices associés, notamment la frappe en marchant.
Ensuite, on ajoutera des polishs associés : les feed-back. Ces clés pédagogiques indispensables pour apprendre. Car sans nourritures post-actions pour le cerveau, comment s'évaluer, comprendre ce que tu viens de faire ? Il ne s'agit pas de juger,

mais de créer des contrastes, pas du bien ou du mal, mais des équilibres et des déséquilibres, des balles basses ou hautes, à gauche ou à droite, qui vont nourrir ton apprentissage...
Sans évaluation, autoévaluation, pas d'apprentissage. Je comprends surtout en observant qu'en faisant ça, il se passe ça. À partir du moment où je saisis des différences, je peux faire des choix. Choisir, c'est renoncer, comme vous le savez, mais ça fait avancer !
Souvent, les gens refusent de se contenter de balancer le club et surtout de s'observer. Ou s'ils le font, c'est en essayant toujours de coller aux dogmes de l'industrie du golf : "bras gauche bien tendu, etc.", mais de fait, il y a de la complication, de la tension, donc moins de balancier du club. Or moins de balancier, c'est moins d'efficacité, moins de joie. Notre rôle avec Olga, Erika et tous les coachs qui partagent notre approche est d'aider les joueurs à comprendre que dans le lâcher-prise, la perte d'un contrôle direct avec les yeux, les mains ou les bras, on peut créer un contrôle différent à partir d'une autre partie du corps : c'est une révolution pour le golfeur.
A priori, c'est facile à gérer. Tu es en autoapprentissage, autodécouverte, automanagement, autoévaluation, c'est sur ce dernier point, comme je le disais, que les gens ont le plus de mal. Les gens ont énormément de difficulté à s'observer : est-ce que je suis en équilibre à la fin de mon plein swing ? Quel est mon feed-back ? Quid de ma compétence "équilibre" ? Validée ou non ? Ce n'est pas compliqué à faire, mais combien le font ? Pourtant, quand tu es en mesure de constater ton déséquilibre, cela te donne la possibilité, le coup suivant, de faire différemment. Au petit jeu, même sur des petits swings, les gens ne parviennent pas à s'observer dans la position finish, position qui donne pourtant beaucoup d'informations sur le coup réalisé.
"Comment tu as fini, avec quel équilibre ?
— J'en sais rien...
— Alors comment tu vas faire autrement la prochaine ?
— Ben, je sais pas."

L'autoévaluation est vraiment la partie la plus difficile.
Les gens ont besoin d'un coach, mais ils voudraient que le coach règle tout. Quand tu es présent, tout va bien, ils font ce que tu leur dis de faire. Quand tu ne l'es plus là, ils ne le font plus. Après, ils te disent : "Quand vous n'êtes pas là, ça marche pas !" Évidemment. Au bout du compte, notre job, c'est de rendre les gens autonomes. »

« Pour rendre un élève autonome, celui-ci doit être en mesure d'accepter de se voir tel qu'il est dans le miroir, avec lucidité, sans rejet ni narcissisme, pour devenir son premier instructeur.

SB. « Au bout du compte, l'élève doit jouer à apprendre, et non pas apprendre à jouer. Il doit s'amuser : "Qu'est-ce qui se passe quand je fais ça ?" Apprécier l'échec. Rater, c'est aller vers la réussite. Tous ces éléments permettent d'être plus heureux avec son jeu. L'implémentation de l'idée simple "Balance le poids du club", c'est ce qui mettra les résultats en route. Quand on ne met pas la grande idée en place, c'est là qu'on se renferme sur son ego, ce qui provoque de la frustration : le cortisol (hormone du stress) monte, la DHEA (hormone du plaisir) descend.
Augmenter la DHEA, ça se travaille par la gestion de la respiration, notamment, et en tissant un environnement positif autour de soi, en voyant l'échec autrement, en s'acceptant tel qu'on est, en s'aimant davantage. »

« Pour Stéphane, toujours dans la lignée de l'enseignement de Bill Owens, si le backswing correspond au passé, l'impact au présent, le finish préfigure notre futur.

SB. « Au travers d'un swing, on peut voir quand tu es coincé dans le passé, trop compliqué dans le présent, et quand tu ne diriges pas avec confiance vers l'avenir. Notre job, c'est d'amener nos élèves vers un avenir différent, avec un nouvel équilibre, une nouvelle façon d'être, de se présenter au futur. La posture du finish est très expressive. C'est la plus belle position du swing, elle doit être parfaitement équilibrée. En tant que coachs, nous devons donner à nos élèves la possibilité d'être fiers de leur avenir. Et si ça ne concerne que le golf, on aura déjà réussi ça. *No finish, no future !* »

Questionnement en se balançant à son rythme :
Pro : Où vous situez-vous dans votre vie professionnelle : dans un passé glorieux, dans un présent compliqué ou dans un futur hypothétique ?
Perso : Êtes-vous lucide sur la qualité de ce que vous offrez aux autres ? Êtes-vous libre de votre passé ? Agissez-vous avec confiance ? Vous dirigez-vous avec assurance vers votre avenir ?
Sujet de dissertation en cheminant :
Ceux qui sont inconscients d'avancer dans les ténèbres ne chercheront jamais la lumière.
Bruce Lee

LE VOYAGE DU HÉROS
SWINGUER

En chemin, j'ai trouvé le bon tempo. Au sommet des collines de Colin, j'ai appris de mes compagnons du voyage et pu établir cinq stratégies :

- ☑ *Savourer ses désirs.* Raphaël Gaillard
- ☑ *Maîtriser les horloges.* Gérard Saillant
- ☑ *Offrir la quintessence.* Pascal Grizot
- ☑ *Être à 100 % dans la routine.* Patricia Meunier-Lebouc
- ☑ *Jouer à apprendre.* Stéphane Bachoz

Et j'ai ainsi trouvé un troisième trésor.

TRÉSOR 3 : CHANCE

Je sais que tout ce qui m'arrive est chance : il ne peut en être

autrement, puisque je suis en vie. Un instant plus tard, un instant plus tôt, je pourrais n'avoir jamais existé, être déjà mort mille et une fois.
Le facteur chance, on le retrouve sans cesse au golf. Un merveilleux drive peut toujours trouver un mauvais lie. Une socket peut toujours finir au fond du trou. Tout est possible, et rien n'est grave tant que l'on est en vie. Et si vous êtes en vie et si vous jouez au golf, par définition statistique, vous êtes un sacré veinard !
Même si, comme dit l'adage golfique des millions de fois répété, car des millions de fois vérifié, « plus je m'entraîne, plus j'ai de la chance », impossible de gagner une compétition sans une part supérieure de bonne fortune.
Les champions sont toujours réputés et admirés pour leur maestria, qui inclut immanquablement une part de réussite : être au bon endroit au bon moment. Plus ils sont célèbres, plus ils sont connus pour avoir de la chance, et plus ils sont réputés avoir de la chance, plus ils sont vénérés.
Je me souviens du gardien de but ouest-allemand de ma jeunesse, Sepp Maier. Il était considéré comme « très chanceux », car effectivement, très souvent « sauvé par ses poteaux ». C'était juste le meilleur gardien au monde, donc les attaquants devaient prendre plus de risques. CQFD. Comme par hasard, c'est le même Sepp Maier qui a formé le « chanceux » Oliver Kahn. Aujourd'hui, Sepp (comme Platini et tant d'autres footballeurs) passe plus de temps sur les fairways que sur les terrains de foot.
En cas de coup du sort, pour évacuer votre frustration, vous pouvez râler un bon coup, bien sûr, avec toute la mauvaise foi d'un grand champion, tel l'immense Jean Carrayade : « Rho, ça n'arrive qu'à moi !!! » – ce qui rappelle, cela dit en passant, combien vous êtes un être exceptionnel. Puis passez à autre chose, revenez au présent. La chance ne sourit qu'aux esprits bien préparés, et vous êtes bien préparé, puisque vous avez ce livre en main !

MISCELLANÉES
ENTRE RYTHME ET SIMPLEXITÉ

BRELAN D'AS

André Gide nous invitait à « prendre les choses non pour ce qu'elles donnent, mais pour ce qu'elles sont, jouer avec les cartes qu'on a. S'exiger tel qu'on est. » Le golf nous interroge sur notre rapport aux autres (as de cœur), à la nature (as de trèfle), au temps (as de carreau) sur lesquels nous pouvons intervenir. Avoir en plus un as de pique à la river (la dernière carte retournée qui peut faire gagner ou perdre la main) relèverait vraiment de la chance. Bénissons-la. Avec un brelan d'as, n'hésitons pas à faire tapis : *All in !* Les joueurs pros de poker sont formels : « Penser long, c'est penser faux. »

GRAAL

On peut tout contrôler, y compris l'organisation de son temps, mais notre agenda pourrait d'une minute à l'autre être totalement bouleversé par un imprévu stupéfiant, heureux ou malheureux.

Rien n'est simple et évident. Tout événement est multi-factoriel. Le parfait timing relève de notre préparation systémique en amont, de notre organisation 360°, de notre programmation *deep learning*, de dizaines de milliers d'heures de travail pour dominer sa technique, d'une parfaite connaissance de sa nature, d'un grand respect de ses besoins (alimentation, sommeil, hygiène de vie). Mais pour nous, simples mortels, le coup parfait au golf repose sur une multitude de facteurs dont le principal est... la chance. Dès lors, tels des aventuriers du swing perdu, continuons notre quête holistique du Graal en nous mettant dans les meilleures conditions physiques et mentales pour avoir le plus de chances possibles de réussir un coup millimétré de temps en temps.

HYGIÈNE DE VIE

Il faut boire un litre et demi d'eau, manger cinq fruits et légumes par jour, marcher dix mille pas, dormir sept à huit heures par nuit. O.K. On valide toutes ces recommandations classiques.
Mais laissons vivre chacun à son rythme et selon ses besoins. Pas de vérité absolue. Le tout est d'être dans les meilleures dispositions pour que la magie advienne dans notre vie sans effet secondaire négatif. Si la magie n'advient pas, revoyons notre routine de vie, nos habitudes et nos écarts. Reconsidérons notre gestion du temps et notre hygiène de vie, avec l'aide éventuelle d'un coach. Par exemple, en Techniques d'Optimisation du Potentiel (TOP®), on est très adeptes du TPO (Temps de pause optimisé) : un exercice de relaxation et de reprise dynamisante, qui vous permet, quand vous êtes en dette de sommeil, de récupérer, en vingt minutes, suffisamment d'énergie pour continuer sa journée au mieux, jusqu'à la prochaine nuit de récupération.

ALIGNEMENT DES PLANÈTES

À toutes les étapes de la Ryder Cup, Pascal Grizot reconnaît avoir eu beaucoup de chances. Cette « chance » vient souvent du fait que l'on a, en amont, tellement prévu tous les imprévus, anticipé les pires catastrophes, que finalement, tout semble se passer au mieux.
En TOP®, on utilise pour prévoir mentalement l'imprévisible la technique dite de Préparation Mentale à la Réussite (PMR, voir « Capacités vs compétences », au chapitre 5). Comme l'écrit Sun Tzu dans l'*Art de la guerre* : « Celui qui n'a pas d'objectifs ne risque pas de les atteindre. La meilleure stratégie est celle qui permet d'atteindre ses objectifs sans avoir à se battre. »
Cela me fait penser également au flow, cet état de grâce, qui arrive quand tout a été si parfaitement préparé, si bien anticipé que toutes les planètes semblent s'aligner et que les difficultés s'estompent d'elles-mêmes, comme par miracle. Nous reviendrons très bientôt en détail sur ce thème, car on approche de cette épiphanie...

SÉRENDIPITÉ

Plutôt que de chance, les chefs entreprises préfèrent souvent parler d'heureuses coïncidences ou de sérendipité, que l'Académie Française présente ainsi en 2014 :

« Depuis une dizaine d'années, le nom sérendipité est entré dans l'usage en français. Il s'agit d'un emprunt de l'anglais *serendipity*, "don de faire par hasard des découvertes fructueuses". [...] Serendip étant cette terre bénie des dieux, où la fortune semble être offerte à chacun.

Aujourd'hui, le nom sérendipité s'emploie fréquemment dans le monde scientifique pour désigner une forme de disponibilité intellectuelle, qui permet de tirer de riches enseignements d'une trouvaille inopinée ou d'une erreur. On parlera ainsi de sérendipité à propos d'un brillant mais négligent chercheur anglais qui avait la réputation d'oublier régulièrement ses boîtes à culture, et qui, rentrant de vacances, eut la surprise de découvrir dans l'une d'elles qu'une forme de moisissure avait empêché le développement des bactéries. Alexander Fleming venait de découvrir la pénicilline.

Rappelons enfin que l'on peut aussi employer le nom fortuité, tiré du latin *fors* : chance, hasard. »

La sérendipité est également très utilisée aujourd'hui dans le vocabulaire des entreprises innovantes, à la recherche de disruptions. Elle peut signifier alors le fait de trouver une information, un feed-back ou un partenaire qu'on ne cherchait pas spécialement et qui va bouleverser le projet initial. Une fois encore, pour saisir les sérendipités, il faut ne rien forcer mais s'y préparer, y être ouvert. Dès lors, tout dépendra de votre capacité à œuvrer avec l'inattendu, à le transformer en synchronicité, pour reprendre cette fois le vocabulaire jungien, c'est-à-dire le synthétiser en une coïncidence significative...

On trouve aussi dans le monde austère de l'industrie des fortuités heureuses, telle la naissance des Post-it, dont l'histoire mérite d'être brièvement contée. En 1968, dans le cadre d'un programme de recherche, Spencer Silver, chimiste de 3M, invente par hasard un adhésif poisseux qu'il propose à ses supérieurs de commercialiser sous la forme de spray (comme il l'est aujourd'hui pour les arts graphiques) ou sous la forme de tableau de conférencier autocollant (comme il l'est également désormais), mais sans aucun succès. Six ans plus tard, Arthur Fry, employé de 3M et chef de chœur, a l'idée d'empêcher de glisser les signets de son livre de chants en les enduisant avec la colle antidérapante de son collègue Silver... Les Post-it Notes étaient nés ! Confiez ensuite l'invention à un marketeur de génie (Bill Schonenberg), et le succès sera planétaire.

RÉFLEXION, ACTION, RÉCUPÉRATION

Il y a un temps pour tout : un temps pour la réflexion – la préparation, l'anticipation, la répétition –, un temps pour l'action (le temps fort) et un temps indispensable pour la récupération. Pour mieux penser, il peut être bon de marcher ou de se dépenser physiquement ; l'oxygénation aide même souvent à y voir plus clair. Mais on ne pourra jamais penser à trente-six choses à la fois ! La « mémoire vive » du cerveau sature très vite. Pour mieux agir (surtout si la tâche exige précision, coordination et grande vitesse d'exécution), il est préférable de mettre sur pause les « pourquoi » du Système 2 (voir le chapitre 9).

Pour mieux vous reposer, débrancher la pensée intellectuelle consciente, installez-vous confortablement et relaxez-vous, en commençant par prendre le temps de fixer votre attention sur votre respiration. Pour être au top au moment clé, il faut savoir compartimenter les temps de relaxation, les temps de réflexion et les temps d'action dans sa vie et dans son jeu. Pour circuler sans heurts entre ces différentes phases – récupération, mobilisation, activation –, il est bon de passer par des routines qui vous aident à contrôler vos émotions, à être mieux dans l'instant présent. Mettez en place de façon nette et précise des zones dévolues à la relaxation, au repos, à la réflexion, au travail, à l'action et des sas – respiration, méditation, visualisation, suggestion... – pour passer sans encombre entre chaque zone.

Vous ne voyez pas de quoi je parle ? Oubliez la routine de la

cigarette au lever pour la remplacer par une salutation au soleil, ou la routine du verre d'alcool en sortant du travail : vous pourriez peut-être le remplacer par une routine plus saine, comme de fermer toutes les fenêtres professionnelles ouvertes dans votre tête (comme lorsque vous éteignez votre ordinateur) en listant les choses à faire pour le lendemain sur une *to-do list*, puis en terminant par cinq minutes de renforcement positif (RP, voir chapitre 10), avant de visualiser agréablement votre soirée à venir. Faites-vous plaisir, au lieu de vous anesthésier.
Ancrer de « nouvelles routines bien-être » ne se fera pas du jour au lendemain, mais grâce de nombreuses tentatives, de plus en plus régulières, votre vie évoluera, car nous ne sommes que la somme de nos habitudes. « L'excellence est un art que l'on n'atteint que par l'exercice constant, disait Aristote. Nous sommes ce que nous faisons de manière répétée. L'excellence n'est donc pas une action, mais une habitude. »

RELAX MAX

En compétition amateur, on remarque d'emblée les joueurs moins expérimentés, mais passionnés à leur comportement sur le parcours. Rêvant de baisser leur index comme si leur vie en dépendait, ils gambergent les trois quarts du temps et stressent durant le dernier quart, au moment de frapper la balle. Cela fait peine à voir : les débutants finissent la compétition complètement épuisés, à l'instar des apprentis conducteurs qui sortent d'une heure de leçon de conduite. D'où le fait que beaucoup abandonnent, frustrés, écœurés...
En termes de satisfaction client (NPS, *Net Promoter Score*, pour utiliser un terme marketing, voir chapitre 3), ce n'est pas bon du tout pour la promotion du golf.
« Recommanderiez-vous la pratique du golf à un ami ?
— Oh que non ! »
Et pourtant...
Les meilleurs joueurs savent mieux utiliser ce temps pendant lequel ils ne jouent pas, celui où l'on chemine pour rejoindre sa balle, pour se relaxer et ainsi être dans les meilleures dispo-

sitions physiques, techniques et mentales à l'instant T, où ils joueront de nouveau et devront se concentrer et agir avec détermination. Il est vrai aussi que l'on est plus détendu et, donc, que l'on use moins ses réserves nerveuses quand notre coup de départ est plein fairway qu'égaré dans le gros rough, d'où l'importance, encore, de jouer intelligemment...

INSTALLEZ-VOUS CONFORTABLEMENT

Je vous propose de vous installer confortablement pour mieux vous organiser, vous programmer, vous épanouir dans l'action.
Organisation : je vous invite à vous installer confortablement dans votre corps en commençant par un temps de relaxation. Cette détente se partage aisément lors d'une balade dominicale et une discussion amicale, comme sur un parcours de golf.
Programmation : je vous invite à vous installer confortablement dans votre esprit pour prendre le temps de la réflexion. La décision se prend aisément quand on est pleinement conscient de l'objectif, de l'environnement et de ses compétences.
Optimisation : je vous invite à vous installer confortablement dans la zone d'action, celle où vous devez être à 100 % assertif. L'action se fait en toute confiance : ce putt d'un mètre, je sais ce que j'ai à faire et je le fais.
Ces trois phases peuvent s'expérimenter en dehors du golf, bien sûr. Mais le golf vous oblige à ressentir la nécessité de ces différentes phases.

N + 1, LA PERSONNE-RESSOURCE

Quand on est embarqué dans la même galère (on l'a vu avec David Marquet au chapitre 9), que l'on soit capitaine ou mécano dans la salle des machines, tout le monde doit œuvrer de concert, chacun à son poste, pour faire avancer le vaisseau dans la bonne direction, pour le bien de la collectivité.
Le rôle d'un N + 1, d'une personne-ressource, devrait être de vous donner les moyens de parvenir à vos fins quand vous en avez besoin, en étant disponible, en écoutant avec bienveillance votre intention, en comprenant vos motivations, vos objectifs,

en vous fournissant le meilleur matériel, le meilleur environnement, les meilleures ressources pour bien faire votre travail, progresser.
Vous me direz : « O.K., la personne-ressource est importante, mais lorsque l'on n'est pas en entreprise, où trouver ce super N + 1, ce mentor, ce soutien ? » En commençant peut-être tout simplement par ouvrir les yeux sur les personnes qui vous entourent (comme Patricia Meunier-Lebouc : ses parents, sa tante, son mari). En fonction de vos besoins, de votre ressenti, de vos affinités, y en aurait-il une en qui vous ayez pleinement confiance et que vous pourriez « élever à ce rôle » ? Si non, vous pouvez faire appel à un professionnel, un qui correspond à votre vrai besoin : superviseur technique, médecin, coach, psy, décorateur d'intérieur, agent immobilier, déménageur ? Vous ne voyez pas de quoi je veux parler ? Commencez peut-être par aller chez un opticien...

CENT POUR CENT

Pour être toujours à 100 %, nous devons commencer par accepter l'idée qu'on ne peut pas toujours être dans l'absolu à 100 %. Être à 100 %, c'est accepter d'être à 100 % de ses capacités du moment, qui ne sont pas les mêmes que celles d'hier ou de demain. Mais il faut être capable, malgré tout, de mobiliser ces 100 % du moment.
L'idéal de perfection perpétuelle n'est pas du registre de l'humain. Personne n'est parfait tout le temps, ou tout le monde est parfait tout le temps. Mais la capacité de se donner à 100 % au moment clé, cette compétence cruciale dans la vie quotidienne, personnelle et professionnelle, on peut la développer en jouant au golf, et cela, sans aucune corrélation avec son niveau de jeu, son index. En commençant par prendre conscience de notre météo intérieure... C'est en prenant conscience de notre état physique, technique, mental du moment que nous pouvons utiliser nos meilleures habiletés du moment, grâce à nos incroyables capacités d'adaptation, et nous en féliciter. Cela passe une fois encore par la connaissance de soi : com-

ment suis-je quand je suis bien ? Quelle avait été ma préparation ? Comment la reproduire ?
La quête de soi est le voyage de toute une vie, et la vie, c'est ce qui se passe pendant ce voyage.

MÉTÉO INTÉRIEURE

Cette Technique d'Optimisation du Potentiel est un outil essentiel en préparation mentale. Sans entrer dans des détails, qui nous emmèneraient trop loin, je citerai sa créatrice, le Dr Édith Perreault-Pierre : « La Météo Top consiste à prendre conscience en quelques secondes de l'état psychologique et/ou physique dans lequel vous êtes. [...] Cette prise de conscience de votre état intérieur sera le point de départ pour utiliser ensuite telle ou telle autre technique TOP et vous mettre dans les conditions optimales pour réaliser votre travail et atteindre votre objectif. »

BONHEUR RÉGULÉ

La notion de « bonheur » ou de satisfaction dépend de notre biochimie (sérotonine, dopamine...) plus ou moins optimiste et de nos émotions versatiles et éphémères. Pour vous faire comprendre le processus, pensez votre fonctionnement interne comme un « climatiseur » en quête d'une température constante. Aussi est-il important de veiller à notre météo interne, car parfois, notre régulateur est détraqué ou met trop de temps à revenir à la norme.
Disons, par exemple, que pour Paul, son « homéostasie biochimique » oscille entre 3 et 7, et Rose entre 5 et 9. Le régulateur de Paul aura tendance à le ramener à la moyenne de 5 ; celui de Rose à 7. Paul et Rose varient entre ces extrêmes selon les événements, le contexte. Mais dans le premier cas, même si Paul gagne le Masters en jouant 54, il reviendra vite à son 5 habituel, notre cerveau n'étant pas fait pour l'exaltation.
L'entraînement mental permet de mieux réguler sa « clim perso ». Elle peut surtout nous éviter de rester trop longtemps dans les températures extrêmes qui font souffrir. Comment ?

En acceptant l'imperfection de ce monde et de nous-mêmes, en nous accomplissant dans les domaines et avec les personnes qui font sens pour nous, en appréciant les plaisirs de ce monde et nos qualités, en prenant conscience de nos sauts d'hormones, des injonctions de notre ADN, en écoutant ce que nos émotions ont à nous dire. Ces émotions nous veulent du bien, comme des amies chères, mais comme elles sont parfois aussi mauvaises conseillères (comme des amis peuvent l'être), gardons toujours le contrôle de nos décisions.
D'aucuns sages parmi les plus sages vous inviteraient à cesser de poursuivre les objectifs extérieurs et les sentiments intérieurs pour atteindre la paix de l'âme. Mais attention aux excès. Sans émotions, à quoi bon faire du sport ? Sans sentiments intérieurs, à quoi bon vivre ?
Nous ne sommes pas nos hormones, nos pensées, nos comportements, nos émotions, nos muscles, nos os, notre cœur : nous sommes un agglomérat de tout cela, prenons-en bien soin.

FITTING
« Balance le poids du club », c'est bien, « mais pas de n'importe quel club ! » comme le dit avec sa passion et force de conviction habituelle Hubert, +2 d'index, fitter Golf Plus au sein du Paris Country Club : « Attention aux discours marketing ! Tous les clubs, toutes les marques ne se valent pas. On ne met pas n'importe quel shaft sur n'importe quelle tête. Tous les clubs ne vont pas à tout le monde ! » Donc balancez le poids du bon club pour vous, en commençant par faire appel à un pro du sur-mesure comme Hubert, Edvar (golf de ParisLongchamp) ou Basile (Golf Passion de Caen), avec lesquels j'ai personnellement déterminé quels clubs convenaient à ma technique, mon physique et mes ambitions. Il y en a, bien sûr, beaucoup d'autres...
Commencez par demander conseil à votre prof de golf. Dans certains magasins Décathlon, vous pourrez essayer des fers dans des simulateurs équipés de Trackman, avec des vendeurs souvent disponibles et sympathiques, à défaut d'être des clubs makers confirmés. Hors grandes surfaces spécialisées, vous

pouvez également faire appel dans votre région à des « artisans » renommés, comme François Magne (Normandie) ou John Lawson (Île de France). Enfin, pour vous informer sur les dernières nouveautés, il y a, bien sûr, toute la presse magazine et le site dédié matériel comme avisgolf. Cela vous aidera beaucoup, car comme le disait ma grand-mère : « Même si à mauvais ouvrier, il n'y a pas de bons outils, le mauvais ouvrier a toujours de mauvais outils. » Sachant que l'on peut aisément trouver de très bons clubs sans dépenser une fortune, notamment d'occasion si vous êtes droitier et de « taille standard ».

MAÎTRE IGNORANT

Notre état d'esprit influence notre perception de la réalité, donc nos actions et leurs résultats. C'est pourquoi le coach américain Michael Hebron nous conseille de ne pas nous focaliser sur nos défauts à corriger, mais plutôt sur une idée simple et positive, comme nous l'avons vu avec cette simple injonction : « Je veux juste balancer le poids du club », sans réfléchir à la manière de le faire ni se préoccuper du résultat.

Michaël nous invite également à rester avant tout des joueurs, afin de rester ainsi des apprenants parfaits. « Car, explique-t-il, dans le jeu, on joue à apprendre, on n'essaie pas de mémoriser, mais on a une incroyable mémoire à long terme, grâce à nos émotions ; on tente ce qui est nouveau et différent ; on ose prendre des risques, mais sans trop d'anxiété, car ce n'est qu'un jeu. »

Le jeu serait ainsi le parfait Maître ignorant (pour reprendre l'expression du philosophe Jacques Rancière) qui nous transforme en élève parfait. Sachant que lorsque nous disons « je ne sais pas comment j'ai réussi ça », notre inconscient, notre mémoire, notre corps le savent.

Comment pourriez-vous ainsi devenir votre premier instructeur à partir d'une idée simple, professionnelle ou philosophique, à laquelle vous croyez fondamentalement ?

Par exemple, si vous cherchez à penser positif, au lieu de dire systématiquement « non » à tout ce qui vous est proposé,

engagez-vous à répondre « oui » le plus souvent possible. Autrement formulé, à l'image de Jim Carrey dans la comédie *Yes Man*, à chaque fois qu'une opportunité se présentera à vous, partez du principe de dire « oui » (dans la mesure du raisonnable, évidemment). Essayez... puis observez-vous, évaluez ce qui se passe au fil de la journée. Que ressentez-vous à l'instant ? Dans quel état émotionnel êtes-vous ? Quel est votre dialogue interne ? Quel est votre niveau de stress ? De fatigue ? Que vous dites-vous ? Que dites-vous aux autres ? Quel est votre comportement ? Est-ce conforme à ce que vous désirez ? Quels ajustements pouvez-vous mettre en place pour affiner ce principe ?
Devenez votre propre maître ignorant, ce qui ne doit pas vous empêcher de continuer à faire appel également à des personnes-ressources, des coachs (au sens large) qui, de l'extérieur, pourront vous aider à trouver de nouvelles idées simples, sur lesquelles vous pourrez vous essayer, vous tester, progresser sans vous mettre en danger.
Autre exercice : pour mieux mesurer votre état d'esprit au fil d'une journée, mettez dix petites pièces dans votre poche gauche en début de matinée, et à chaque pensée négative, passez une pièce dans la poche droite. Combien de temps vous faut-il pour vider la poche gauche ? Je vous souhaite que ce soit des années... Bonne chance !

Chapitre 15

TROU 15
LE JUGE

Objectif | Trouver sa voix

État d'esprit | Être simplexe

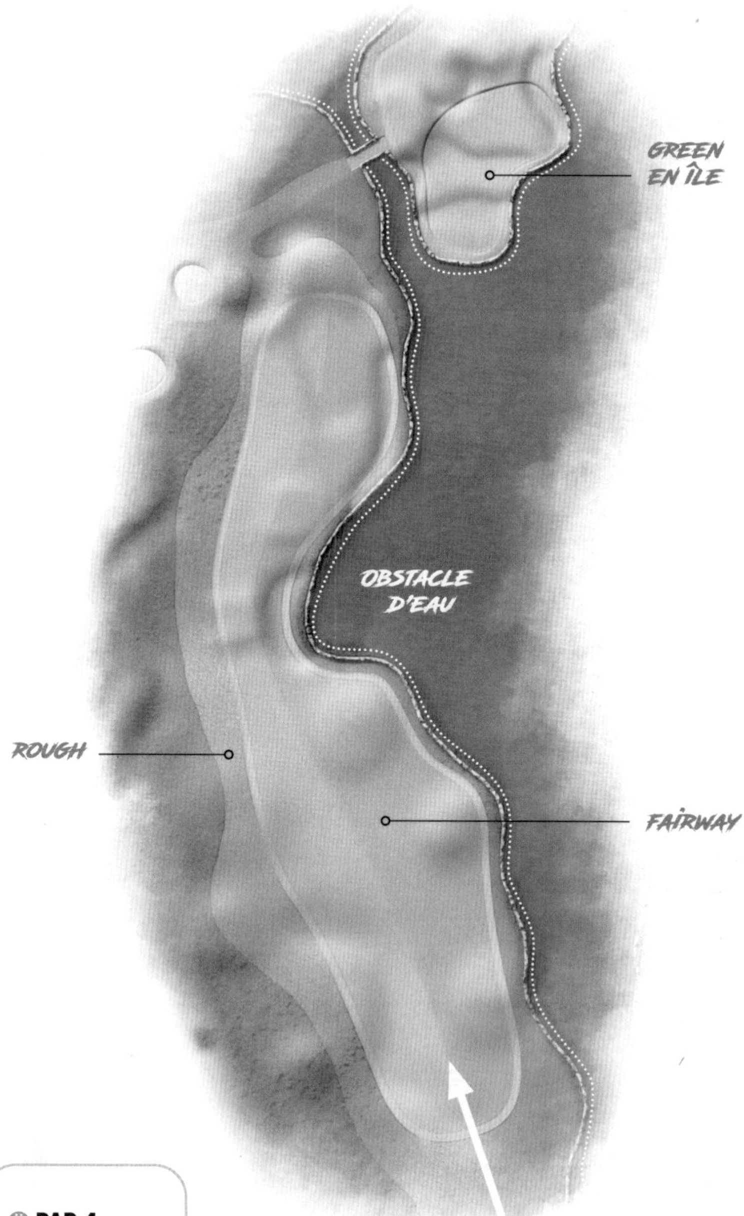

PAR 4

345 mètres

Hubert Chesneau

TROU 15 - LE JUGE

« 15/16/17/18 : *on arrive face au juge, le trou de la justice, l'entrée du tribunal. J'avais en tête que les quatre derniers trous seraient sélectifs, stressants, et je voulais pouvoir mettre un maximum de spectateurs autour. Car à la fin des tournois, c'est sur ces derniers trous qu'il y a plus de monde, qu'il se passe le plus de choses.*
La fin du parcours, c'est le jugement des meilleurs - d'où le nom de Tribunal pour ces 4 derniers trous. Dans ce tribunal, en forme de cirque final, au départ du 15, tout peut encore arriver.
Avec le juge, ce par 4 difficile, il ne faut pas se louper dans l'eau – et on en a vu, des ratés, dans les parties finales sur ce trou en île ! Un parcours de golf, c'est comme un théâtre. Tant qu'une représentation n'a pas eu lieu – avec des spectateurs –, on ne sait pas si la salle sera bonne, si les acteurs seront satisfaits de l'acoustique par exemple. À l'ouverture du National, j'étais bien sûr impatient d'avoir le retour des pros. Quand Nick Faldo, au top de sa carrière, est venu le jouer, c'était lors de l'Open 91 ; il faisait un temps pourri, Nick avait joué avec sa tenue de pluie pendant tout le parcours. Je voulais vraiment avoir son opinion, mais je n'osais pas, vu le score relativement moyen qu'il venait de réaliser. J'ai demandé à l'arbitre en chef, John Paramore, de lui poser la question. Faldo lui a répondu en grommelant, comme il le faisait quand il n'était pas content : "Tough but fair" (*dur mais juste*). *"Je pense que c'est gagné", m'a dit Cartier, qui était à mes côtés. "C'est dur, mais c'est honnête." De la part de Faldo ! J'ai toujours gardé ça en tête, un tel commentaire d'un type comme lui après qu'il n'ait pas bien joué. Voilà...* »

TEE TIME

Nous voici donc à l'entrée du tribunal imaginé par l'architecte du National. À ce propos, Hubert aimerait que les commentateurs et les joueurs eux-mêmes s'en souviennent,

quand ils ne cessent de parler ici d'Amen Corner. On n'est pas à Augusta, que diable ! Mais bel et bien au trou 15 de l'Albatros, devant le Juge, là où se gagne ou se perd un tournoi...
Hubert Chesneau a dessiné les derniers trous de son parcours de championnat pour que le très difficile se complique encore ! Et ici, il s'en délecte... Le but est clairement assumé : que le suspense soit à son comble en fin de compétition, lorsque l'on arrive dans l'arène. Il a créé de toutes pièces l'un des plus beaux théâtres depuis l'Antiquité. Les spectateurs en haut des tribunes vont pouvoir assister au combat des chefs, tout reste possible pour les chasseurs comme pour le meneur, coups d'éclat comme éclats dans l'eau !
Ce trou 15 est en effet celui qui fait le plus peur aux golfeurs, amateurs comme professionnels. Handicap 1, il est officiellement considéré comme le plus dur du parcours, non sans raison, car à la moindre erreur, la sanction claquera comme un coup de maillet : la damnation !
Ce trou est aussi le préféré de la plupart des personnalités interviewées dans ce livre, dont Thomas Levet. J'aime beaucoup son appréciation sur ce trou si effrayant. Selon lui, « ça se passe surtout dans la tête du joueur », car objectivement, « il y a de la place, il n'est pas très long ni très étroit, et pourtant, il y a beaucoup de catastrophes sur ce trou. » Car le Juge, à ce moment clé du parcours, place le joueur dans une situation mentale difficile. On se laisse en effet impressionner par les bosses et les obstacles d'eau, alors que le fairway est relativement large, et le green assez grand. Mais avec ce plan d'eau qui vous tend les bras à droite, tout devient beaucoup plus petit.

Thomas Levet : « Je le joue fer 2, fer 6 si le vent est favorable ou bois 3, fer 5 si le vent est contre. Le deuxième coup est généralement entre fer 6 ou fer 8. Pour le golf moderne, la solution ne sera pas d'agrandir sans fin les parcours, mais de faire appel à plus de précision. On pourrait également augmenter le degré d'exigence des matériels pros, avec des balles qui prennent plus d'effets, par exemple. Avec ce trou 15 du National, il faut avoir de la précision et de la force mentale pour le passer sans encombre. Tu entends le Juge te dire : "Est-ce que tu es bon ? On va vérifier ça... 4 ou 10 ?"[Rires] »

ACTE III

LE RETOUR DU HÉROS S'AFFIRMER

Joseph Campbell - Le voyage du héros : « Le héros est secrètement aidé par des conseils, des amulettes et des émissaires clandestins. [...] Partout, une puissance bienveillante soutient le héros dans son voyage surhumain. »
Le héros, riche des récompenses, des enseignements et des trésors qui symbolisent son triomphe sur les forces antagonistes, est conduit à terminer l'aventure en retournant dans son monde ordinaire. Ce chemin du retour est tout aussi dangereux que les premiers pas du voyage.

Mobilisation / Retour
Face à l'irrésolution compulsive, je suis déterminé à suivre la lumière, à rester fidèle à mes valeurs, à simplexifier les choses de la vie avec l'aide de mes amis, maîtres et compagnons de voyage, tous égaux face au Jugement dernier ; innocent et confiant, j'ai l'intention d'affirmer ma foi, ma légitimité d'être. Je le jure !

TROU 15 - LE JUGE

Objectif : trouver sa voie
État d'esprit : être simplexe

Stratégie / Coup 57 - Croire en soi

Avec Pascal Grizot

Au départ du 15, vous devez vous livrer à 100 %, dire « toute la vérité, rien que la vérité », sincèrement, le cœur grand ouvert, et le jugement sera peut-être clément, si dieu ou le vent est avec vous. C'est un trou, que dis-je, c'est un gouffre, un cap, une

péninsule, qui demande une totale confiance en soi, d'avoir la foi, comme les pionniers du Mayflower, c'est-à-dire d'avoir l'espoir face au désespoir, pas question de le jouer à bras raccourcis... ou vous finirez au fond du lac. Vous devez – car face au juge, c'est un devoir – faire preuve de rectitude morale, d'un total engagement mental et physique, en choisissant le plein swing face aux abysses qui s'ouvrent devant vous, seule chance d'atteindre le fairway et, surtout, de vous offrir un 2e coup jouable.
Si vous échouez dans le rough épais de la butte à gauche ou si vous coulez à droite dans l'eau, alors, malheur à vous, maudit impie : vous passerez un méchant quart d'heure face au juge le plus impitoyable... Alors, pour parvenir à la clémence attendue, si vous voulez lever triomphalement ce drapeau qui orne le magnifique green en île, pas de demi-mesure possible, vous allez devoir oser, et oser fort !
Il n'y a pas de petites et grandes victoires. Chacune est importante, car elle est constructrice de la personnalité, de la confiance en soi. Encore faut-il que quelqu'un les valorise : parents, grands-parents, profs, entraîneurs, copains, et surtout soi-même. Ces petites victoires d'aujourd'hui sont celles qui nous permettront d'attaquer demain de plus grands défis avec l'attitude positive qu'il convient d'avoir pour obtenir ce que l'on souhaite.

Pascal Grizot. « J'ai commencé le golf à l'âge de dix ans, au golf du Prieuré (Yvelines) avec ma grand-mère, qui m'accompagnait jusqu'à allumer les phares de sa voiture la nuit pour que je puisse m'entraîner plus longtemps au putting. Je n'étais pas un très bon élève en classe. Mais j'ai appris à donner le meilleur de moi-même grâce au golf. J'y ai appris la discipline. Quand mes copains de classe faisaient des soirées le week-end, moi, j'étais focus sur ma prestation du lendemain en compétition.
Ce sont mes premières victoires en compétition qui m'ont donné confiance en moi. Ce qui est extraordinaire avec le golf, c'est que les résultats que tu obtiens sur un parcours, tu ne les dois qu'à toi-même. »

“ Pour l'emporter, on doit le vouloir, estimer qu'on mérite la victoire autant que quiconque, et y parvenir en dépit de ses faiblesses et autres petites contrariétés qui émaillent forcément notre parcours. Les premiers à échouer sont évidemment ceux qui ont abandonné ou baissé les bras en chemin. Aussi, quand on demande à Pascal comment il se comporte sur un parcours de golf, sans surprise, il répond qu'il ne lâche rien, jamais, comme dans la vie professionnelle...

PG. « Je pense compenser au mieux mon mauvais jeu. Je n'ai pas une longueur exceptionnelle, mais je vais m'attacher à donner le moins de points possible au parcours. C'est ce qui me caractérise. J'ai une capacité à me concentrer et une vraie volonté de gagner. Quelle que soit la compétition, il n'y a qu'un seul joueur qui gagne. Que ce soit au British Open ou dans un Grand Prix, il faut avoir cette capacité de gagner. Comment être le meilleur parmi tout le champ des concurrents ? J'ai eu cette capacité à remporter beaucoup de compétitions, et cela a été très structurant pour moi. »

Questionnement en allant chercher la victoire :
Pro : Glorifiez-vous assez les petites batailles que vous remportez chaque jour ? Faites-vous bien, chaque soir, le bilan des petites victoires de votre journée pour vous en féliciter, pour renforcer vos ressources ? Ce que vous voulez, le voulez-vous un peu, beaucoup, passionnément ou pas du tout ?
Perso : Toutes ces expériences qui vous ont permis de révéler vos points forts, d'être fier de vous, de vous sentir plus vivant, à quelles occasions était-ce ? Que cela dit-il de vous ?
Sujet de dissertation en cheminant :
Certaines personnes veulent que ça arrive, d'autres aimeraient que cela puisse arriver, et quelques-unes font que ça arrive.
Michael Jordan

Stratégie / Coup 58 – Être mieux soi-même
Avec Patricia Meunier-Lebouc

Outre un formidable accomplissement sportif, le golf est un extraordinaire outil de développement personnel, une manière passionnante de se découvrir et de devenir une meilleure personne pour de nombreux pratiquants, inconnus et célèbres, dont Sean Connery, qui considérait « le golf comme une métaphore de la vie, car au golf, on est essentiellement seul, en compétition avec soi-même et on essaie toujours de faire mieux ». Le golf nous aide à réajuster nos visées quand la société fait fausse route.

Patricia Meunier-Lebouc. « Le golf est un miroir, parfois difficile. Mais si on fait l'effort de s'engager dans le travail, comme j'ai pu le faire, le retour est d'une richesse incroyable.
Le golf professionnel, comme tout sport de haut niveau, cultive beaucoup de qualités qui peuvent être utiles dans la vie de tous les jours et dans la vie professionnelle : l'aptitude à aller de l'avant, à ne pas avoir peur de l'adversité, de la difficulté, du travail répétitif. Et en étant pro de golf, on ne risque pas d'avoir peur de bouger ! [Rires]
De fait, c'est devenu très compliqué pour moi de rester sur place, comme ça a été le cas pendant le confinement. J'ai besoin de pouvoir être qui je suis, de faire ce que j'aime faire : vivre avec ma famille et enseigner en Floride, mais aussi aller sur des tournois en tant que joueuse, en tant que capitaine de l'équipe de France ou encore ambassadrice Lacoste.
Le mouvement fait désormais et pour toujours partie de mon équilibre personnel. Ensuite, j'aime transmettre, partager avec les autres en utilisant mon parcours particulier. Partager, c'est une autre réussite pour moi. Ça a du sens, c'est cohérent. Et j'essaie, là encore, de le faire du mieux que je peux… en restant fidèle à moi-même : j'ai appris le métier d'enseignant avec les meilleurs, comme Martin Hall, ici, à Ibis (Floride), puis en

le faisant désormais à ma manière, comme je le sens, avec ma propre personnalité, ma propre expertise, qui n'est pas celle du voisin. Je me fais de plus en plus confiance en tant que coach. Je n'en suis que plus naturelle et plus juste. J'ai confiance en la justesse de mon message. C'est une continuité, et en même temps, un autre parcours, un autre challenge. »

Questionnement face au miroir :
Pro : Quelles compétences transverses avez-vous développées grâce à vos différentes expériences ? Continuez-vous à combler vos besoins ?
Perso : Avez-vous foi en vous ou doutez-vous de vous-même ? Êtes-vous fidèle à vous-même ?
Sujet de dissertation en cheminant :
On n'enseigne pas ce que l'on veut : je dirai même que l'on n'enseigne pas ce que l'on sait ou ce que l'on croit savoir ; on n'enseigne et on ne peut enseigner que ce que l'on est.
Jean Jaurès

Stratégie / Coup 59 – Croire en les autres

Avec Michel Teichet

On ne naît pas golfeur, on le devient... et cela prend plus d'une heure.
L'accompagnement, le coaching, c'est le contraire du one-shot improvisé : « Bonjour, j'ai un problème, c'est quoi le remède ?
— Une pilule bleue.
— O.K., je prends, ciao. »
Un coach n'est pas médecin ni magicien. Ce n'est pas un prescripteur de techniques TOP® et d'astuces miracles, même s'il en connaît un rayon. Le coaching est une pédagogie sur mesure, pas une thérapie. Cela demande du temps d'établir une entente sur des objectifs et de s'assurer d'une volonté mutuelle d'y parvenir en usant d'outils idoines. Un coach, c'est avant tout un

compagnon de route vers l'autonomie, mais sans exclure les autres, bien au contraire.

Michel Teichet. « En coaching, on établit un lien avec la personne coachée, on partage dans le temps des joies et des peines pour atteindre son objectif. On va suivre la personne, l'aider, lui montrer et apprendre d'elle aussi. J'ai fait de la boxe, du ski, de la course à pied. J'ai toujours expliqué aux autres comment ils pourraient s'améliorer. J'ai toujours partagé, et ça m'a permis de m'améliorer également. Cette démarche de coaching, de vouloir participer à la progression de mes élèves, ne date pas d'hier.
Un bon coaching, au-delà de la qualité de la prestation, c'est d'abord une complicité. Pour moi, un des meilleurs coachs de golf dans le monde, c'est Butch Harmon. Il avait établi une complicité incroyable avec Tiger. En match play, quand Tiger était en difficulté, souvent, juste un petit regard à son coach parmi les spectateurs suffisait : "Je suis avec toi." Le bon coach est avec la personne.
Quand je donne un cours de golf, je vérifie toujours que je suis bien avec la personne.
Plus que de l'empathie, je comprends ce que tu ressens, nos neurones miroirs, dont l'expert mondial est Rizzolatti, fonctionnent à plein. Je ne ressens plus mon corps, mais celui de la personne coachée. Je deviens jeune, âgé, souple, raide... Je vais alors faire le geste avec son corps à lui, et là, je peux l'aider. Sans cela, on ne peut pas faire une bonne prestation.
Si la personne coachée sent que je ressens ses émotions, la réussite est sans fin. Le coaching, ce n'est pas seulement dispenser de bons conseils de golf. C'est aussi de vivre les choses avec la personne coachée. Ce n'est pas que de la technique. C'est encore une fois beaucoup d'humain et évidemment un minimum de compétences golfiques. On ne peut pas amener quelqu'un à un certain niveau si on ne sait pas quels sont les paramètres de ce fameux niveau. Il faut avoir en tête tous les paramètres et

faire en sorte que la personne coachée atteigne tous ces paramètres avec un programme organisé, beaucoup de rigueur, de motivation.
Ce n'est pas qu'une affaire d'argent. Un coach n'est pas qu'un prestataire de services, c'est la personne avec qui s'opère cette fusion. C'est votre personne-ressource. Un bon coaching, c'est une relation unique : pendant un certain temps, on va regarder les choses ensemble dans la même direction. »

« Qu'il coache un élève, anime une émission ou dirige un golf, comme il l'a déjà fait à Marivaux, je serais tenté de dire que « Michel fait du Michel », et à raison, car il le fait très bien.

MT. « Je ne pense pas que l'on puisse apprendre à être un bon manager. Manager réclame des prédispositions naturelles. À l'école de management, on apprend des techniques, mais on n'apprend pas à manager. Un vrai manager, ça se voit direct, en lui disant bonjour, on voit que c'est lui le patron.
Le manager doit avoir une vision globale quand ses employés n'ont pas tous les éléments du projet. Son rôle est donc de faire en sorte que chacun connaisse sa mission pour contribuer à ce que la prestation, comme une compétition de golf du week-end, soit parfaite. Le manager doit avoir la vision de la prestation globale réussie : savoir comment ça fonctionne, savoir motiver ses troupes, savoir comment mettre ses soldats en ordre de marche pour arriver au résultat voulu. L'un doit tondre les greens pendant qu'un autre doit encaisser les départs, un troisième servir un café, un quatrième préparer les lots, etc. Le manager doit avoir l'ensemble de la prestation en tête, tel un chef d'orchestre, et diriger en sachant s'adapter aux différents corps de métier et aux clients.
Je pense que les techniques de management sont surtout utiles pour aider les dons naturels. Ce qui peut s'apprendre, ce sont les techniques de communication.

Je pense que trop de techniques managériales, comme ils le font dans les grandes entreprises, ça peut gêner l'impulsion générale. Moi, par exemple, je suis un manager développeur. Pour moi l'essentiel, c'est l'humain. C'est pour ça que j'ai réussi dans ce que j'ai entrepris, parce que je n'étais pas bourré de techniques (réunions, comptes rendus de réunions, notations). J'aurais perdu trop de temps ; on n'avance pas. Après, certes, on ne manage pas une PME comme un grand groupe. Mais à mon niveau, pour moi, le management, c'est 90 % humain et 10 % technique. Si je faisais l'inverse, ce serait une catastrophe.
L'humain, par exemple, c'est ce que nous sommes en train de faire à l'instant. On discute tous les deux, on a une bonne compatibilité. Tu es très à l'écoute, tu mets les gens dans un bon climat, tu as mis en place un cadre calme, confortable, tu poses des questions intelligentes. Tu ne m'as pas reproché mon retard, puis directement enchaîné en disant “Tiens ton micro à 45°, ne bouge pas, attention, question n° 1” : où serait l'humain ? L'humain, c'est ça, concrètement. Du savoir être. Le reste, 10 %, c'est de la technique qui peut, en effet, s'apprendre à l'école. Le problème, aujourd'hui, c'est qu'on met trop souvent un CV, un diplôme, à la tête d'un golf, et pas une personne. Les recruteurs devraient faire plus attention aux humains qui dynamisent qu'aux CV qui paralysent. »

> “ Un joueur vient au golf pour vivre un moment plaisant dans un bel écrin, pas pour jouer au pas de course un parcours renommé et repartir directement, sans passer par le 19ᵉ trou.

MT. « Quand on va dans un restaurant, on y va pour l'accueil du maître d'hôtel, pas uniquement parce que le chef a ouvert déjà dix restaurants dans le monde. Si le mec n'en a ouvert que deux, mais qu'il est au top quand on arrive, on aura envie de retourner dans son restaurant. On va dans un golf évidemment pour le parcours – “Le Roi, c'est le parcours” –, mais après, c'est la qualité de l'accueil qui est déterminante.

À un moment donné, dans un golf, on vient et on revient surtout pour rencontrer des gens, pas pour voir des techniciens. Le plus important, ce sont les clients. Et ils ne viennent pas chez toi parce que tu as fait un bon *business plan*. Ils viennent parce qu'ils se disent : "aujourd'hui, je vais au golf et je sais que je vais passer une bonne journée. Je sais qu'ils vont faire gaffe à bien me recevoir, à être polis, souriants, que le parcours sera parfait ; je sais qu'au restaurant, ce sera bon, le directeur viendra discuter avec nous, nous offrira peut-être un petit café à la fin..." Le gars enfermé dans son bureau, devant son tableur, qu'on ne voit jamais au club-house, ne peut pas bien diriger un golf.
L'idéal dans le management du golf, ce serait un capitaine de navire qui gère en donnant une impulsion, et des hommes de dossiers en back-office pour faire la partie administrative, les analyses comptables et marketing. Deux interfaces complémentaires pour assurer le CA. »

“ Le bon management, celui qui optimise tous les potentiels, repose sur la qualité des relations humaines établies avec ses collaborateurs, ses partenaires, ses clients et sur la préparation mise en œuvre qui permet de partager sa vision. Comme le bon coaching.

MT. « Le potentiel est lié à la motivation. Tout le monde peut atteindre un niveau correct. Mais le golf ne s'achète pas, ne s'improvise pas. Pour devenir golfeur, il faut du temps.
On ressent des choses, on a des perceptions, on se sert de nos capacités naturelles, bien sûr, mais on ne joue pas au golf par instinct : l'instinct, c'est pour les saumons. On ne joue pas au golf par instinct, mais par programmation.
Pour exprimer tout son potentiel, il faut tout paramétrer : le physique, l'hygiène de vie, le mental, la technique, l'entraînement avec les bons entraîneurs... Le potentiel, c'est très global. Et une fois encore, il y a beaucoup de potentiels en France qui ne sont pas révélés.

Heureusement, il y a des gens clés dans une vie et de belles rencontres. Il peut y avoir aussi de mauvaises rencontres. On peut anéantir quelqu'un ou le révéler, selon notre façon de nous adresser à lui.
On peut arriver à modifier la perception qu'une personne a d'elle-même. J'ai souvent des élèves qui ont, à tort, une mauvaise image d'eux-mêmes. J'essaie de les convaincre au fur et à mesure : "Tu es meilleur que tu le penses." À force de leur répéter, ils finissent par l'entendre, le croire. Ce n'est pas un coup de baguette magique. Révéler un potentiel, c'est donner beaucoup d'amour aux gens. Il faut être sympa avec ses élèves pour les faire progresser.
Révéler un potentiel, c'est parvenir à créer de nouveaux circuits neuronaux, de nouvelles compétences. On utilise 100 % de notre cerveau tous les jours, mais certaines connexions synaptiques sont en sommeil. Quand on crée des compétences, on établit de nouvelles connexions, on crée des circuits, des boucles, des systèmes qui permettent, après, d'exploiter au mieux nos potentiels. »

> “ Pour révéler et optimiser un potentiel, on a besoin d'enseignants, de coachs, mais aussi – comme dans les comics – de boosters, d'accélérateurs de particules qui vous transforment en super-héros, et ces boosters, une fois encore, ce sont des personnes bien réelles.

MT. « Si, dans une carrière, il n'y a pas une personne au-dessus qui te dit "Je vais te faire monter trois étages", c'est très compliqué de grimper. Aujourd'hui, grimper tout seul, ce n'est plus possible, il faut être aidé. Ce n'est pas de piston dont je parle, mais de relations humaines, une fois encore. Quand un gars au-dessus te dit "Tiens, je te confie les clés, vas-y !", c'est énorme. Tu rentres chez toi, tu es Superman ! Les personnes qui m'ont aidé dans ma vie ne sont pas nombreuses, mais je ferai tout pour elles, à vie. Loyauté, reconnaissance. C'est tellement important. C'est grâce à leur aide, parce qu'elles ont appuyé sur le bouton de l'ascenseur, qu'aujourd'hui, dans mon quotidien, je fais ce que j'aime. »

Questionnement en étant puissamment soi-même :
Pro : Quelles personnes ont déjà appuyé pour vous sur le bouton de l'ascenseur social ? Que s'est-il passé ? Comment les avez-vous remerciées ? Quelles personnes pourraient appuyer de nouveau pour vous sur ce bouton ?
Perso : Comment êtes-vous quand vous devenez Superman ou Wonder Woman ? Quelle est votre kryptonite ? Faites-vous en sorte de l'être plus souvent ou moins souvent ?
Sujet de dissertation en cheminant :
La raison d'être d'une organisation est de permettre à des gens ordinaires de faire des choses extraordinaires.
Peter Drucker

Stratégie / Coup 60 – Être simplexe

Avec Dominique Fournet

Le golf est le sport d'une vie. Aussi permet-il de mesurer son évolution à l'aune du parcours, comme maître étalon de ses progrès ou de son développement personnel. Ce parcours, comment le jouais-tu à quinze ans, à trente-cinq, à cinquante-cinq, à soixante-quinze ans ? Ce qui compte, au final, ce n'est comment, ce n'est pas combien, mais ce que tu as appris sur toi. Quelles émotions as-tu ressenties ? Quels souvenirs as-tu gardés de ces parties familiales, amicales ou compétitives ?
Le golf est une « cosa mentale », donc pour mieux y jouer et vivre pleinement, inspirons-nous de l'auteur de l'Homme de Vitruve, qui aurait adoré notre jeu de lancer.

Dominique Fournet. « J'ai découvert le golf relativement tard, vers vingt-trois ans. J'étais déjà professeur d'EPS. Ça m'a tout de suite plu, ce rapprochement immédiat qu'on peut faire, en effet, avec le développement personnel. Et je n'ai fait plus que ça ! Je suis devenu rapidement le champion de mon club. Mais si, techniquement, on peut progresser très vite, je manquais de l'expérience des Gounouilhou et autres compétitions formatrices, que l'on fait plus jeune, pour espérer devenir un champion.

J'ai aimé le golf, car cette notion de recherche, de progrès permanents, que l'on trouve dans le golf, correspond à mes préférences cérébrales : j'aime rebondir, chercher sans cesse à m'améliorer. Avec le golf, on est servi : la quête est infinie ! Même quand tu fais un super score, tu peux encore faire mieux. Avec cette spécificité également qu'au golf, tu es vraiment seul face à toi-même.

J'ai le goût de la compétition, mais pour avoir fréquenté des sportifs de très haut niveau, ils s'en fichent un peu, du coup parfait ; l'important, pour eux, c'est le résultat, faire le meilleur score possible, même si la balle n'est pas très bien touchée. [« Ce n'est pas comment, mais combien. »] L'essentiel est d'être à 50 cm du drapeau et de sauver le par. Une mentalité de champion que je n'ai pas forcément.

Sans me perdre dans la quête du swing parfait, j'aime le plaisir de la bonne sensation, je vise une certaine émotion qui ne se traduit pas forcément positivement sur le plan du score. D'autres sont à la recherche de l'efficacité maximale, celle qui se traduit dans le score final, sans se poser plus de questions, et à raison : il n'y a pas de notes de style au golf. Mais personnellement, l'efficacité ne me suffit pas. »

« Dominique a besoin de ressentir le plaisir de maîtriser non pas le golf, car on ne le maîtrise jamais, mais une certaine trajectoire de vie, une trajectoire au but simplexe d'atteindre la cible en ressentant une émotion esthétique.

DF. « Le golf est un générateur d'émotions positives et négatives, c'est un formidable créateur de souvenirs. Ce qui est intéressant aussi avec le golf, quand on le pratique depuis des dizaines d'années comme moi, c'est qu'on apprend des choses sur soi, qu'on se développe avec le golf... Comme le golf reste stable, avec toujours le même but de mettre la balle dans un trou avec le moins de coups possibles, je m'aperçois que je l'ai abordé de plein de façons différentes.
Notre approche du parcours suit aussi notre évolution personnelle. Tout golfeur le sait : quand tu tapes un coup fantastique, tu éprouves une sensation physique dont tu te souviens toute ta vie. Voir se réaliser sous tes yeux la trajectoire que tu avais projetée, c'est extraordinaire. Tu mémorises toutes les sensations : c'était avec telle personne, à tel trou, tel moment ! Vivre intensément le moment présent grâce à de telles émotions, c'est ce qui me passionne toujours. »

Questionnement en développant sa créativité :
Perso : Comment pourriez-vous changer de point de vue ?
Pro : Et si, dans votre pratique professionnelle, vous cherchiez à réactiver votre expérience et votre intuition pour trouver de nouvelles solutions plus rapides, plus élégantes, plus efficaces ?
Sujet de dissertation en cheminant :
Dans l'art et dans la science, aussi bien que dans l'action et la pratique, l'essentiel est de saisir nettement les objets, et de les traiter conformément à leur nature.
Johann Wolfgang von Goethe

LE RETOUR DU HÉROS
S'AFFIRMER

Sur le chemin du retour, j'ai trouvé ma voie. Face au juge, je me suis imposé avec le soutien de mes compagnons de voyage en mettant en œuvre quatre stratégies simplexes :

- ☑ *Croire en soi.* Pascal Grizot
- ☑ *Être mieux soi-même.* Patricia Meunier-Lebouc
- ☑ *Croire en les autres, faire confiance à l'humain.* Michel Teichet
- ☑ *Être simplexe.* Dominique Fournet.

L'heure du repos n'est pas encore arrivée, mais je suis confiant. J'ai trouvé ma foi.

Je commence à partager avec ma communauté mes enseignements et mes trésors.

PARTAGE 1 : LA SIMPLEXITÉ

En ce XXIe siècle, tout le monde s'accorde à considérer nos activités et notre environnement comme de plus en plus complexes. Aucun domaine n'y échappe.

Face aux défis de la complexité, on voit proliférer des méthodes pour simplifier (dont de froids process logico-mathématiques), pour éviter que nos cerveaux sensibles d'Homo sapiens, surchargés d'informations, ne basculent dans la démence. Mais cette ambition se réduit souvent à desdits « chocs de simplification » incantatoires, dont nous ne sommes pas dupes, conscients de l'ineptie des modèles artificiels face à la complexité du vécu.

Simplifier sans dénaturer la complexité du réel n'est jamais simple, d'où la nécessité de simplexifier. Comme le souligne le biologiste Lyall Watson : « Si notre cerveau était si simple que nous puissions le comprendre, nous serions nous-mêmes si simples que nous ne pourrions pas le comprendre. »

La simplexité, selon Alain Berthoz, auteur de l'ouvrage de

référence sur ce concept[15], « est l'ensemble des solutions trouvées par les organismes vivants pour que, malgré la complexité des processus naturels, le cerveau puisse préparer l'acte et en projeter les conséquences. Ces solutions sont des principes simplificateurs qui permettent de traiter des informations ou des situations, en tenant compte de l'expérience passée et en anticipant l'avenir. Ce ne sont ni des caricatures, ni des raccourcis ou des résumés. Ce sont de nouvelles façons de poser les problèmes, parfois au prix de quelques détours, pour arriver à des actions plus rapides, plus élégantes, plus efficaces. »

Nous, golfeurs, parvenons naturellement à simplexifier, à mieux traiter les informations ou les situations, quand nous arrivons (en tenant compte de nos expériences, de nos acquis et en anticipant la trajectoire) à trouver des solutions plus rapides, plus élégantes, plus efficaces pour envoyer la balle au bon endroit. Le golf est, je le crois, une voie d'accès à cette propriété fondamentale, cette invention du vivant avec laquelle nous devons renouer pour trouver de nouvelles solutions simplexes dans ce monde de plus en plus complexe.

Cette simplexification est apparue au cours de l'évolution pour assurer notre survie dans un univers hostile et confus. Ce process de la simplexité a donc largement été expérimenté et a fait ses preuves pendant des millénaires : peut-être pourrions-nous encore lui faire confiance ? Voici quelques points de passage entre la complexité et la simplexité :

1. N'agissons pas dans la précipitation, élargissons l'espace-temps dont nous disposons : on dispose toujours de plus de temps qu'on ne le croit. Cessons cette course à l'échalote dans laquelle nous perdons notre humanité. Respirons.
2. Notre cerveau « compare l'état du monde avec ses hypothèses. » Comparons donc notre situation actuelle au

15 Pour aller plus loin : *La Simplexité*, Alain Berthoz, Editions Odile Jacob, 2009.

golf (ou un autre domaine), avec les hypothèses que nous avions mises en mémoire lors de nos formations, nos réflexions préalables, nos entraînements. Notre cerveau est une machine à anticiper, donc pour nous aider à trouver rapidement des indices propices en compétition (dans le dur, la difficulté), nous avons tout intérêt à nous entraîner, à faire des répétitions (au présent pour préparer le futur) en situation de stress, sur le parcours même où se déroulera la compétition (comme les acteurs le font au théâtre) pour trouver de nouvelles anticipations plus pertinentes, de nouvelles improvisations lumineuses...

3. Nos perceptions étant pilotées par les objets qui nous entourent et nos intentions, focalisons plus longtemps notre attention sur quelques détails clés, quelques éléments pertinents pour avoir accès au « grand tout » d'un mouvement complexe, comme le swing de golf, dans un environnement gigantesque. « Notre cerveau bâtit un monde virtuel, une sorte de rêve vécu par son double, qui permet la simulation permanente de l'acte et le choix des meilleures solutions ou l'inhibition des actes inutiles, écrit Alain Berthoz avant de conclure : le cerveau humain est créateur de mondes. »
4. Additionnons les synergies des orteils à la nuque jusqu'au bout du club, dans l'esprit du *one-inch punch*, ce coup de poing sans recul qui a rendu Bruce Lee célèbre.

MISCELLANÉES
DE RETOUR AU VILLAGE FACE AU JUGE

VICTOIRES PERSONNELLES

On apprend de ses victoires en les mémorisant et en appréciant les qualités qui nous ont permis de l'emporter sur l'adversité. Ce sont ces petites et grandes batailles gagnées qui nous font grandir. Ces victoires renforcent notre confiance en nous. Cette confiance, c'est cette colonne vertébrale qui nous permet d'adopter le bon comportement au bon moment. Se faire confiance, c'est croire en ses capacités humaines de maîtrise, d'adaptation, d'improvisation.

Pour être au top de sa confiance en toute lucidité, il est utile de s'entraîner pour :

1. maîtriser les bases techniques de la situation (exemple : les coups de fer au practice) ;
2. expérimenter différents contextes (exemple : s'adapter sur le parcours aux différents lies possibles) ;
3. être capable d'improviser face à l'imprévu : que faire, en effet, quand on n'a jamais vécu cela et que l'on est au pied du juge ?

Le premier ingrédient pour y parvenir, c'est de s'aimer soi-même. N'ayez pas peur de vous aimer, de vous apprécier, d'être fier de vous. Je pose même l'hypothèse que la nature veut que nous nous aimions, que nous sommes programmés pour ça, mais que notre culture européenne, fondée sur la culpabilité, nous éloigne de cette évidence et nous interdit l'accès à ce sentiment de plénitude. Trouvez l'amour en vous. « Je crois que "je t'aime" veut toujours dire "aime-moi" », considérait Roland Barthes. Aimez-vous, cela vous évitera de vous regarder le nombril en permanence, et mieux, cela ne vous empêchera pas, bien au contraire, d'aimer autrui.

Soyez sympa, honnête et bienveillant avec vous-même (sans fausse modestie, narcissisme, ni mégalomanie) ; le monde entier en bénéficiera.

SUPER POUVOIR DE VOLONTÉ

Tout le monde n'a pas la chance d'avoir une grand-mère aussi bienveillante que Pascal Grizot, qui l'accompagnait jusqu'à tard la nuit sur les greens pour qu'il puisse progresser au golf, mais nous avons tous des qualités et des personnes de qualité autour de nous. Les avez-vous remarquées ? Non ? Savez-vous repérer les qualités présentes chez vous et chez les autres ?

Cherchez-les, aimez-les et vous n'en serez que plus lumineux vous-même, plus émerveillé des beautés et des richesses de ce monde. Vous n'en serez que plus apte à aimer les autres, vous aimer et être aimé. Vous n'en serez que plus à même d'inspirer confiance aux autres, ce qui aura pour effet de renforcer votre confiance en vous, tout s'autoalimentant dans un cercle vertueux. Enfin, détendez-vous : vous trouverez toujours plus fort que vous, plus beau que vous, plus intelligent que vous, plus souple que vous, plus rapide que vous, plus drôle que vous. C'est ainsi, vous ne pouvez rien contre cela. Mais si vous tenez à faire mieux, dites-vous que vous avez plus de volonté ! La volonté, vous pouvez agir dessus, c'est votre meilleure assurance, votre force. Si le jeu en vaut la chandelle, saisissez votre super pouvoir de volonté, mettez-y tout votre cœur, tout votre orgueil, pensez à de jolies choses, et je vous garantis que vous soulèverez des montagnes ! Si vous n'avez pas de volonté, c'est que vous n'avez pas trouvé votre jeu.

BELLE PERSONNE

Avez-vous remarqué que l'insulte la plus blessante aujourd'hui, n'est plus « Sale connard » ou « Pauvre type », mais « Tu n'es pas une belle personne » ?

Nous cherchons avant tout à être « quelqu'un de bien, juste quelqu'un de bien », comme dit la jolie chanson d'Enzo. En fait, on aimerait agir comme il convient. Ce désir d'être une belle personne, j'ai pu le constater lors de mes coachings. Beaucoup ont peur de ne pas l'être ; certaines personnes craignent même d'être un monstre et se détestent ! Or la peur la plus commune, la plus partagée est celle de l'inconnu. Ces personnes ont donc peur d'elles-mêmes, parce qu'elles ne se connaissent pas. Elles n'ont pas conscience de leur valeur, elles n'ont pas assez confiance dans les capacités que la nature leur a données au fil de l'évolution.

Certes, nous n'avons pas tous gagné des Majeurs, mais nous avons tous été capables de réaliser des petites choses, à notre échelle, qui ont incontestablement participé à de grandes et

belles choses, comme le mécanicien de Cap Kennedy qui, de fait, a participé à l'alunissage en 1969. Et rares sont ceux (j'espère) qui font volontairement du mal à des personnes innocentes et n'en ont aucun remords...
Au lieu d'attendre que les réponses viennent de l'extérieur, l'approbation, les autorisations, les félicitations, apprenez à vous connecter à vous-même, à savoir ce qui fait partie de votre équilibre personnel et à vous le procurer. C'est là qu'il faut faire très attention à ce que l'on pense de soi. Car, je ne sais pas si vous l'avez remarqué, mais *On* a très souvent raison. *On* pense « Je suis maudit » et, en effet, on rate tout ! Heureusement, cela marche aussi dans l'autre sens : « Je suis super » et, en effet, on réussit ce que l'on entreprend ! Comme dans l'histoire de la poule et de l'œuf, quel est le début, quelle est la conséquence ? Donc commencez par avoir la bonne attitude avec Henry David Thoreau : « J'ai appris que si l'on avance avec confiance en direction de ses rêves et si l'on s'efforce de vivre la vie qu'on a imaginée, on rencontre un succès inattendu. »
Commencez par avoir le désir, le désir d'être déjà, tout simplement, magnifique dans votre unicité : « Vous êtes unique et magnifique. »

MANAGER ET COACHER

Le coaching repose sur des compétences naturelles et acquises. Son objet est d'accompagner la personne coachée dans la réalisation de ses objectifs, en rendant ses problèmes et son environnement moins stressants, en favorisant l'expression de ses habiletés, de ses compétences dans toutes les situations y compris les plus imprévisibles.
« Pour diriger, conseillait l'industriel Auguste Detœuf, il faut connaître les hommes. Pour connaître les hommes, il faut les écouter. »
Le management assertif repose sur les mêmes intentions. Le manager-coach fait confiance à ses partenaires et à leurs capacités d'initiative : il sait que ses collaborateurs peuvent apprendre

et progresser s'ils se sentent soutenus et s'ils savent qu'ils ne seront pas sanctionnés à la moindre erreur. Le manager-coach sait identifier et saisir les opportunités, tels de formidables bras de levier. Il se réjouit que, sans les autres, rien ne soit possible et leur fait prendre conscience de leur importance.
Je citerai une nouvelle fois l'ingénieur, neurophysiologiste Alain Berthoz : « Selon moi, pendant tout le XXe siècle a dominé un paradigme dans lequel ont prévalu la toute-puissance de la logique, l'abstraction, des modèles formels, qui ont eu un succès remarquable. [...] Un paradigme a donc dominé dans lequel on a oublié l'Homme. [....] Dans les conférences que je donne dans de grandes entreprises sur mon livre *La décision*, je découvre à quel point la direction, le management de ces grandes entreprises industrielles ont été orientés par des seuls critères financiers. Ces modèles de management, très formalistes, sont tous en crise. Ils ont oublié, par exemple, la fierté du travail, la qualité du travail [...] au profit d'une conception de l'entreprise comme une simple machine en Bourse, etc. Dans tous les domaines, il y a eu effectivement une espèce de dérive, dont on revient aujourd'hui, tout simplement parce que ça ne marche pas. »

FRÉQUENCE GOLF
Lors du premier confinement 2020, le coach Michel Teichet animait chaque soir sur sa chaîne Facebook une excellente émission, où il mettait à l'honneur de nombreux acteurs du golf français. J'ai apprécié la leçon que Michel a tirée de cette expérience pour le moins exceptionnelle : « J'ai beaucoup appris de tous ces échanges, dit-il en s'adressant à ses spectateurs. La leçon qu'il faut retenir, c'est qu'avec des moyens limités, de la créativité et de l'engagement, on peut arriver à faire de belles choses. Vous avez été le carburant de tout ça. Sans vous, ça aurait été juste impossible. » Vous pouvez retrouver Michel et ses invités en cherchant *Fréquence Golf* dans votre moteur de recherche préféré.

COSA MENTALE

Cette tension évoquée par Dominique Fournet entre l'efficacité nécessaire (la quantité) et la beauté du geste (la qualité) me fait penser aux sept leçons du Maître Leonard de Vinci, ce génie qui définissait le dessin comme une « cosa mentale », un moyen d'appréhender le monde et de le retranscrire dans sa complexité et sa plénitude. Le golf, qui « se joue surtout avec ce que l'on a entre les oreilles », est assurément une autre cosa mentale. Dans son ouvrage *Pensez comme Léonard de Vinci*, Michael J. Gelb, spécialiste de l'innovation et du leadership en entreprise, a exposé les grands principes nécessaires au développement de notre créativité et de notre imagination stratégique.

Les connexions avec le golf, que je me suis amusé à établir une fois encore, sont assez inspirantes.

Les sept principes de Leonard de Vinci :

1. *Curiosità* : curiosité de connaître, pour apprendre et se développer. Suis-je assez ouvert ? Est-ce que je (me) pose les bonnes questions ? Sur un parcours de golf, vous intéressez-vous à votre partenaire de jeu ? Vous intéressez-vous vraiment à ce qu'il vous raconte ? « Que dites-vous après avoir dit bonjour ? » Prolongez-vous sa réponse par une nouvelle question au lieu de dire « Ah, ben, moi je... » ? Bien sûr, le conseil est valable en dehors des parcours de golf : c'est en le suivant que vous apprendrez le plus. Osez être curieux, écoutez d'autres sons de cloche, soyez ouvert à l'inconnu, à l'expérimentation et devenez ainsi plus tolérant avec vous-même et les autres.
2. *Dimostrazione* : démonstration formelle, expérimenter par soi-même. Comment puis-je apprendre de mes erreurs ? Développer mon indépendance d'esprit ? S'il est une chose que le golf nous apprend, c'est bien celle-ci : rien d'irréparable dans les nombreuses erreurs que l'on commet, ce sont en fait des sources d'information pour progresser. Malgré tous nos efforts, au golf, tout est possible : d'un coup à l'autre, rien n'est acquis. Le golf nous apprend

à accepter l'incertitude, à nous adapter à l'imprévu : il renforce notre indépendance et notre souplesse d'esprit.

3. *Sensazione* : amplification de la perception par les sens. Comment puis-je aiguiser mes sens pour mieux percevoir ? Le golf exige d'avoir les sens en alerte, de les exercer : écouter d'où vient le vent, visualiser la cible, lire le lie, sentir la direction des brins d'herbe recouverts de rosée, caresser le green, ressentir la pente avec les pieds, saisir le grip doucement, balancer légèrement le club, goûter la jouissance d'un bon coup, l'amertume d'une gratte...
4. *Sfumato* : fumée, flou, nuances, tolérance à l'ambiguïté et à la finitude. Comment puis-je accepter l'obscurité, les paradoxes, la complexité, l'absence de certitudes ? Tout peut toujours partir en fumée d'un instant à l'autre... Si le golf ne vous a pas appris ça, c'est que vous ne jouez pas au golf. Rien n'est fini tant que le dernier putt n'est pas dans le trou. La jeune championne allemande Sophia Popov, sous pression, a gagné le British Open 2020 (F) en faisant sa dernière approche, sur le 18, au putter, histoire d'assurer un bogey, alors qu'elle tremblait et avait les larmes de joie qui montaient : quelle intelligence ! Auparavant, pour être en pole position, elle avait osé réaliser un eagle sur un par 5 en faisant driver, driver, putter. Dans cette recherche d'équilibre entre la prise de risque (eagle) et la sécurité (bogey), entre tout, donc, et son contraire, se découvre le flow, la zone, l'espace d'un instant, ce que je définirais alors comme une tension apaisée. Cette tension qui nous maintient sur le fil, en vie, sans quoi on basculerait dans l'ennui...
5. *Arte/Scienza* : sollicitation de tous les neurones de son cerveau. Comment équilibrer justement l'esprit artistique (imagination) et l'esprit scientifique (logique) ? Le yin et le yang, l'un ne va pas sans l'autre. Au golf, l'approche scientifique d'un Bryson DeChambeau n'empêche pas l'approche artistique d'un Booba Watson. Par ailleurs,

réduire DeChambeau à un seul scientifique serait nier la qualité sensible de son petit jeu, comme réduire Booba à un seul artiste serait faire fi de ses dons incroyables en calcul de trajectoire courbe d'un projectile. Une fois encore, la solution est dans le mouvement de balancier entre les a priori opposés. Enfin, au bout du compte, quoi qu'on en dise, le combien reste bel et bien une conséquence du comment. La grâce n'est jamais loin quand le geste est pur.

6. *Corporalità* : corporalité, un esprit sain dans un corps sain. Rien de bien original, mais tellement vrai ! Comment puis-je vivre en harmonie avec mon corps, être en bonne santé physique pour avoir un esprit sain ? Le golf est un sport complet et non traumatisant pour le corps, quand il est pratiqué comme il convient, c'est-à-dire dans le respect de nos préférences motrices, avec notre swing naturel, notre swing « signature ». Les vertus pour la santé de la pratique du golf ont été largement démontrées. Jouer au golf augmente l'espérance de vie. Bien jouer au golf demande d'avoir une routine, une habitude que l'on peut étendre à sa vie quotidienne, en mettant en place des routines matinales : boire un grand verre d'eau, faire trois salutations au soleil, cinq minutes de cohérence cardiaque, etc. En étant mieux aligné dans notre corps, nous le sommes plus sûrement dans notre tête.
7. *Connessione* : liens, harmonisation d'un tout cohérent par la pensée 360°, systémique. Comment faire le lien, établir les connexions entre tous ces principes, comment organiser tous ces éléments épars ? Comment prendre conscience que l'on fait partie d'un grand tout ? Quelle est notre place dans l'espace et dans la temporalité ? Le golf pose vraiment ces grandes questions sur notre place au sein de l'univers : où suis-je, où vais-je, en combien de coups, combien de temps ? Et l'espace ou le temps d'un parcours, le jeu de golf nous apporte une réponse éphémère, mais concrète au sens de la vie.

Chapitre 16

TROU 16
L'APPEL

Objectif | Trouver sa zone

État d'esprit | Être en fusion

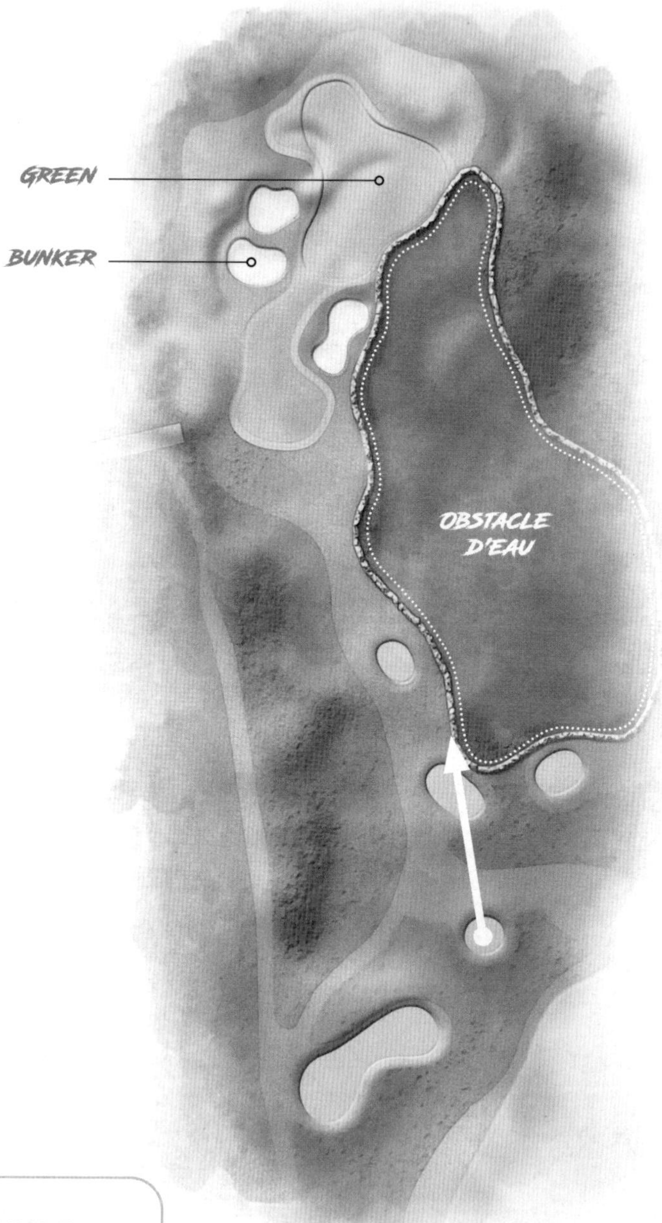

PAR 3

137 mètres

Hubert Chesneau

TROU 16 - L'APPEL

« Ce par 3, deuxième trou du Tribunal : c'est l'appel où l'on peut tenter de se rattraper, après le jugement, bien qu'il ne soit pas facile non plus. À l'occasion de la Ryder Cup, on a refait le green, car il était trop pentu quand le drapeau était en bas à droite. Mais il reste l'obstacle d'eau, des bunkers, et le green demeure difficile à négocier. »

TEE TIME

Avant la modification du green, quand le drapeau était placé en bas à droite, la pente gauche/droite dominante était telle que les putts trop attaqués pouvaient... finir dans l'obstacle d'eau. C'est dire combien l'appel était délicat... La zone d'atterrissage reste difficile à négocier, mais plus clémente, avant le verdict ! C'est le moment ou jamais de trouver le flow et non les flots.

LE RETOUR DU HÉROS SE CONNECTER

Joseph Campbell - Le voyage du héros : « Il vaut mieux ne pas défier le gardien des frontières établies, et pourtant, ce n'est qu'en progressant au-delà de ces limites que l'individu pénètre, mort ou vif, dans une zone nouvelle d'expérience. »

Mobilisation / Nouvelle vie 1
Face aux distractions infinies, je suis prêt à marcher sur la crête des vagues, à me connecter aux éléments pour accéder à la révélation, parvenir, concentré et détendu, à faire ce que je veux faire comme je le sens, comme je le sais, en fusion dans les flots.

TROU 16 - L'APPEL

Objectif : trouver sa zone
État d'esprit : être en fusion

Stratégie / Coup 61 – Surfer sur le fil

Avec Anne Le Coniat et Dominique Fournet

Grâce aux progrès récents de l'imagerie cérébrale, on sait qu'une fraction de seconde avant l'insight (l'illumination, la révélation...), le cortex visuel se coupe de toutes distractions inutiles pour se focaliser sur de subtiles associations internes. Lors de cette épiphanie, une fois le cerveau centré sur le problème, le cortex se relâche et réussit ainsi à associer des juxtapositions improbables, provenant de régions très différentes du cerveau, pour trouver ainsi, comme par miracle, la solution simplexe à une situation complexe.
Pour parvenir à cette révélation dans l'action, le joueur doit arrêter de mettre son intention en mots (la pensée langagière étant trop lente), arrêter de calculer, de planifier, pour se

concentrer sur un seul point qui va le relier à son environnement.
Mais avant de vivre cette osmose, le joueur doit s'entraîner en quantité et en qualité, car l'état de flow n'assure qu'une petite partie du résultat... le reste n'étant que du métier.

Anne Le Coniat. « Être dans flow, ça ne se commande pas, mais il faut s'en approcher. Ça arrive aux joueurs de l'être deux ou trois semaines dans l'année... sur quarante semaines de tournoi ! L'objectif de toute planification, c'est d'arriver à toucher cette zone au moment choisi.
Les meilleurs préparateurs savent que leurs joueurs, après x semaines d'entraînement et x compétitions, ont une chance d'accéder à cette zone. Quand un joueur veut gagner un Majeur, il oriente et planifie sa saison de manière à avoir le maximum de chances de se retrouver dans les meilleures conditions à ce moment-là. On n'en sera jamais certain, mais on fera tout pour être prêt au jour J à l'heure H aux Jeux Olympiques, par exemple. C'est la magie de la planification de l'entraînement.
On dispose aujourd'hui d'instruments de mesure, de moyens très efficaces pour aider à cette préparation, comme le HRV [*Heart Rate Variability*, variabilité de la fréquence cardiaque, mesurable par des biofeedback et « ajustable » avec des techniques de respiration, de relaxation et de méditation, notamment], qui permet de connaître, à tout moment, notre état de forme physique, notre niveau de stress. »

> « Grâce aux avancées scientifiques, les préparateurs physiques et mentaux savent mieux amener les sportifs à leur sommet, au moment clé, tout en les préservant du burn out.

ALC. « C'est très important de maîtriser finement la préparation, car être au plus haut niveau exige obligatoirement d'être sur la crête. De nouvelles pistes nous permettent de mieux planifier, avec plus d'intelligence. Beaucoup de recherches sont

faites également sur les techniques de récupération, un domaine où il reste d'importantes marges de progression.
Pour s'y préparer, on doit être bien entouré. Vous ne voyez plus personne à un haut niveau qui n'est pas accompagné par un préparateur mental. Même Teddy Riner ! Après, est-ce que tout le monde peut supporter un staff énorme autour de soi ? Personnellement, ça me ferait peur d'avoir dix personnes à mes côtés en permanence. Ce n'est pas anodin. Vous devenez patron d'une PME. C'est du boulot, il faut gérer les humeurs entre les gens... Et il ne suffit pas de mettre dix experts autour d'un sportif de haut niveau pour qu'il gagne. C'est plus compliqué que ça. C'est très différent d'un individu à l'autre. Il faut savoir compartimenter. Quand vous avez vingt ans, comme Victor Dubuisson, et que vous arrivez sur le Tour, c'est très dur à gérer. Cela exige de la part des champions de bien s'organiser, de bien définir les rôles, de savoir quelle énergie ça va leur prendre. Comment ils veulent organiser leur vie ? Avec qui ? Je les incite à réfléchir là-dessus.
Mon travail est justement de les aider à définir le plus important pour eux, de leur permettre d'avoir accès à des personnes-ressources. L'essentiel, quand vous avez une question, sur n'importe quel sujet, est de savoir à qui faire appel, partout dans le monde, pour obtenir une réponse pertinente. Ça, c'est important. »

« Pour entrer dans un état particulier, quand vous avez besoin d'être concentré, centré sur vous-même, avec vous-même, vous avez besoin d'un rituel pour passer d'un état de veille normal à un état de vigilance, qui exige d'être parfaitement présent.

ALC. « Au golf, on ne peut ni ne doit être à 100 % pendant quatre heures. Mais on doit être capable d'être focus à 200 % pendant quelques minutes, puis totalement relâché. La routine sert à ça, au golf, comme dans la vie quotidienne, et à le faire

sur commande. Pour être opérationnelle, la routine doit être habitée. Tous les gestes doivent être habités par l'ici et le maintenant, jusqu'au moment où je remets le club dans le sac ; ensuite : "Vacances !" Je coupe. Je reviens à ma vigilance normale. C'est cette gymnastique qu'il est important de travailler en compétition, mais au practice aussi. Toujours dans l'idée de bien se connaître dans nos différences : "Comment tu es quand tu es concentré ? Quand tu joues bien ?" Nous n'avons pas tous la même réponse : on peut être concentré en étant focalisé ou défocalisé.
Dans ma vie quotidienne, j'ai également des routines. Par exemple, je me lève à 7 h tous les matins, je commence par faire un tour dans mon jardin, puis je fais 10 à 15 min de méditation, j'y prends beaucoup de plaisir. Cette routine aide à se centrer sur soi, voire à saisir le flow. C'est apprendre à se dire bonjour. Ensuite, je suis prête à me mettre au travail. »

“ Si le flow dépend de notre préparation, cet état miraculeux où soudain tout semble s'agréger avec fluidité dépend également de notre osmose avec nos préférences versatiles, comme nous allons le voir en redonnant la parole à Dominique...

Dominique Fournet. « Personnellement, ma préférence naturelle est de jouer "sur l'avant", mais quand je m'aperçois que je suis "sur l'arrière", ça reste O.K. : je joue avec la réponse naturelle que mon corps a donnée. Quand tu es 80 % du temps en avant, tu dois donc t'entraîner également sur ta façon de fonctionner en arrière – les autres 20 % du temps.
La nature nous a donné une priorité, donc si c'est "jouer en avant", pour garder cet exemple, "jouer en arrière" ne sera jamais naturel. Ma priorité sera toujours ma priorité. L'autre système ne sera jamais naturel. Mais sur le temps d'un parcours, on bascule régulièrement d'un système à l'autre pour de multiples raisons : la fatigue, le stress...

Dire une fois pour toutes à la personne "Tu es aérien et tu feras comme ci comme ça", c'est lui mentir, car tu ne lui donnes qu'une partie du truc. Quand on court longtemps - un marathon, par exemple -, on alterne forcément entre cycle avant et cycle arrière, car ce ne sont pas les mêmes muscles qui fonctionnent. Notre corps est intelligent, il a besoin de se reposer aussi, et on n'arrête pas d'avoir cette bascule-là.
Autre exemple, quand tu es commercial, ce n'est pas ce que tu dis qui compte le plus : c'est de savoir de quoi l'autre a besoin. Donc la bonne question est de savoir si mon système va dans le sens du besoin de l'autre ? On doit régulièrement explorer son deuxième système pour comprendre comment il fonctionne et mieux comprendre ainsi les besoins des autres. Dans la vente, je peux arriver avec deux fonctionnements différents pour faire une négociation, comme sur un parcours de golf, je peux swinguer de deux manières différentes. Quand tu t'entraînes dans les deux systèmes, tu prends confiance en toi.
Les problèmes de stress, on peut bien sûr les travailler avec des préparateurs mentaux, mais c'est intéressant aussi d'analyser comment notre corps se comporte sous la pression : quand on le met dans telle situation, en avant ou en arrière. Dès qu'on se met en arrière, toute une cohérence arrière va changer, de nouvelles chaînes musculaires vont avoir envie de s'exprimer. Si, par la force de ma volonté, je veux aller contre cette cohérence arrière, si je veux me forcer de me remettre sur l'avant, je vais réussir à aller sur l'avant, mais je ne serai plus coordonné !
Quand soudain un champion comme Rory, avec son swing parfait, lâche un hook de 90 m hors limites, que s'est-il passé ? Quand Venus Williams perd soudain son tennis, je ne peux pas croire que ce soit parce qu'elle n'a pas de mental, pas de technique, pas de physique. Ne serait-ce pas plutôt, dans ce contexte-là, parce que son corps a réagi autrement ? Est-ce qu'elle n'aurait pas plutôt changé de système avant/arrière et continuerait à s'obstiner de faire ce qu'elle fait 80 % du temps ?
Au practice, c'est idem pour nous. Pendant dix balles, tout est

parfait, puis soudain, ça ne part plus. Alors, qu'est-ce que tu fais ? Tu essaies de refaire bien ce que tu faisais avant, et ça ne marche toujours pas... Quand je vois ça, je dis à la personne "Mets-toi dans le deuxième profil", et bizarrement, cette fois, les balles partent ; ça va tout de suite mieux. »

« Après de multiples expérimentations, mieux je connais mon fonctionnement, plus je laisse mon corps et mon cerveau gérer les situations, plus je peux laisser s'exprimer mon talent, ma technique et peut-être atteindre cet état de grâce qu'on appelle le flow.

DF. « L'important est de prendre conscience de notre préférence du moment, où j'en suis ici et maintenant, en avant ou en arrière, et de ne pas contrarier sa préférence du moment. Il faut être moins influencé par le prof qui dit : "Fais ci, Fais ça." Se dire plus : "Je vais faire ça à ma manière." »

Questionnement en état de bascule permanente :
Perso : Avez-vous le vertige quand vous êtes sur la crête ? Savez-vous où se trouve votre crête ? À qui pourriez-vous demander quoi ?
Pro : Lors d'un entretien professionnel, sans volonté de manipulation, comment vous adaptez-vous au mode de fonctionnement de votre interlocuteur ?
Sujet de dissertation en cheminant :
Paradoxalement, c'est lorsque l'individu agit librement pour le plaisir de l'action elle-même et non pour un autre motif qu'il apprend à devenir plus qu'il n'était auparavant.
Mihály Csíkszentmihályi, théoricien du flow

Stratégie / Coup 62 - S'acclimater pour mieux fusionner
Avec Michel Teichet

On pourrait s'amuser à établir un texte de loi de la réussite : *Compte tenu des bases connues de la performance optimale (organisation, temps de travail, temps de repos, temps libre, habiletés techniques, physiques, mentales, stratégiques, relationnelles), compte tenu des clés mentales connues de l'excellence, des compétences nécessaires (état d'esprit, estime de soi, motivation, confiance, activation, engagement, détermination, décontraction, combativité, concentration, focalisation, décentration, patience, gestion des émotions, de l'énergie, etc.) et des outils indispensables à maîtriser (respiration, relaxation, imagerie, suggestion, dialogue interne, routines, ciblage, décision, autonomie, contrôle, mobilisation, analyse, adaptation, ajustement, improvisation, etc.), on considérera qu'un joueur/étudiant/PDG (barrer la mention inutile) ayant travaillé dix mille heures les qualités susnommées sera en mesure de les activer aux moments adéquats pour emporter la victoire...*
Je pense qu'un tel programme vous aidera à réaliser la meilleure performance possible lors d'une compétition, mais ne garantira jamais la victoire, qui ne dépend jamais totalement de vous. En effet, vous pouvez être excellent au tennis, vous perdrez toujours sur terre battue tant que vous aurez Nadal comme adversaire.
Pour en savoir plus sur la manière dont on fonctionne, Michel Teichet a, lui, décidé d'aller voir ce qui se passe à l'intérieur...

Michel Teichet. « En tant que préparateur mental, au bout d'un moment, je commençais à tourner un peu en rond, j'ai donc décidé de suivre une formation en neurosciences à l'Université de Lyon. Là, je me suis aperçu que, dans le golf, on disait beaucoup de "conneries" sur le cerveau. En gros, que 80 % des messages que l'on voit passer sur le Web sont erronés, voire faux. Genre : "Pense à rien et joue."

Ces études m'ont apporté la capacité de voir ce qui se passe dedans. Maintenant, j'ai le scanner intégré, l'IRM en tête pour lire mes élèves. Je sais exactement ce qu'ils pensent, comment ils sont programmés, le geste de golf étant un mouvement programmé, construit par apprentissage grâce à la plasticité du système nerveux, sa capacité d'adaptabilité, de généralisation. On est capable d'adapter le même programme à plein de situations. L'adapter veut dire qu'il n'est pas figé. Le swing de golf, tu peux le modeler selon les situations. Donc la mécanisation du swing, au millimètre près, c'est bien parce qu'il faut structurer, mettre des invariants, mais détends-toi, parce que ça peut bouger. Je sais donc à quoi une personne pense quand elle joue son coup. Je le vois à sa préparation, son geste, je vois quels composants du swing elle a privilégiés ou pas.
En fait, il y a le système organisant – le cerveau, le pilote – et le système organisé – le corps. Entre les deux, il y a des va-et-vient, des flux, notamment grâce aux rétroactions : une fois le geste exécuté, une rétroaction arrive dans le cerveau, elle nous informe si ça s'est bien passé ou pas. C'est pour cette raison qu'un joueur pro, dès la sortie de la balle de son club, sait exactement où elle va aller. C'est parce que juste avant de déclencher le geste du swing, une sorte de "photocopie" de la commande motrice est envoyée au cervelet. Elle est mise en attente, le swing est exécuté. Immédiatement après, une "photo du ressenti" remonte au cervelet, qui dispose alors des deux photos : celle qui était prévue et celle qui a été exécutée. Si l'exécution est la même chose que la prévision, bravo ! Le joueur peut se dire : "C'est bien, je dois continuer à faire ça." Si c'est à peu près ce qui était prévu : "Bon, ça va, mais il faudra ajuster tel ou tel petit composant dans mon geste." Et si ce n'est pas du tout ce qui était prévu – ce qui arrive souvent, sinon je n'aurais pas de métier [Rires] –, on va à la reprogrammation. C'est pour ça qu'avec des "Pense à rien, joue", on tue une personne... »

« Le grand frisson pour nous, golfeurs, c'est d'arriver à faire ce qu'on avait prévu, imaginé, visualisé. Là, on commence à ressentir les premiers effets du flow.

MT. « Parfois, des élèves viennent à peine de recevoir leur carte verte et tremblent d'émotion. Ils sont super contents, ils ont réussi une performance. L'émotion n'est pas réservée au gars qui joue sur le circuit. Un gars qui est 20 et joue 15 sur l'Albatros fait une performance ! C'est un champion à son niveau dans son domaine à ce moment-là. Le champion n'est pas uniquement celui que l'on voit à la TV le dimanche soir.
Quand un nageur se noie, il n'est pas content, bien sûr. Quand un nageur est "au-dessus de l'eau", il est content. Il parvient à rester en surface plus longtemps, il ressent un plaisir dans l'action. Il est en harmonie totale entre la demande du bassin et son corps. Ou la demande du parcours et ses aptitudes. Dans cette harmonie parfaite, on est dans ce que j'appelle une *fusion* et non pas dans du recul. En boxe, course à pied, golf, tir à l'arc, pétanque, dès qu'on voit un gars en train de faire une performance, on parle désormais de lâcher-prise, alors que pour moi, la réussite, c'est l'inverse : c'est la fusion. Donc il faut arrêter avec le lâcher-prise : pensez plutôt fusion, comme tous ceux qui sont dans l'excellence. Ils fusionnent avec la pratique. La seule chose au monde qui compte, c'est ce qu'ils sont en train de faire.
Cette fusion peut être mise en route ou être toujours présente. Un comédien dans sa loge, avant de jouer au théâtre, il est comme toi et moi, il discute simplement de choses et d'autres. Mais cinq minutes plus tard, quand il entre sur scène, il est Jean Valjean, par exemple. Il a fusionné sur commande avec son personnage.
Par ailleurs, j'ai eu la chance de discuter avec Jack Nicklaus, à Miami, hors d'un parcours de golf. Je peux te dire qu'il n'a pas besoin de mise en route pour être en fusion. Quand il boit un verre d'eau, il ne voit pas les bouteilles du bar, il ne voit que le

verre d'eau. Moi, quand je bois un verre d'eau, je vois le bar, les bouteilles, les gens dans la salle, j'écoute la musique, je fais tout en même temps. Les personnes comme Nicklaus ne font pas tout en même temps. Ils font ce qu'ils font, à chaque moment, à 100 %. Rien d'autre n'a d'importance en dehors ce qu'ils sont en train de faire.

Quand je pilote un avion, je suis à 100 % dans le pilotage.

Quand je joue au golf, je suis obligé de me souvenir d'être à 100 %, car au golf, on n'est pas sans arrêt dans l'action. Et une fois sorti de l'action, il peut être difficile de revenir. Au golf, on est souvent diverti par des discussions, des émotions, des parasites, et on ne joue pas sa vie.

Mais les grands chefs d'entreprise, les sportifs de haut niveau ne se laissent pas polluer dans l'action. Ils ont des structures mentales qui leur permettent de compartimenter à merveille, c'est étanche. Je ne sais pas comment ils font. Je pense que c'est leur mécanisme, que ça ne s'apprend pas. »

“ Le coach Bill Harmon se souvient avoir assisté de près à la victoire de Nicklaus au Masters de 1986, et « à l'œil nu », selon son expression, Jack était si concentré sur ce qu'il voulait faire qu'il ne pouvait y avoir chez lui la moindre place pour de la nervosité.

MT. « Quand on voit Nicklaus, c'est évident que c'est naturel. J'aime aussi beaucoup Romain Langasque. Quand je parle de golf avec lui, il est pareil : organisé, stratège, dans la visualisation, dans son monde, dans son golf.

Il y a des gens comme ça, qui sont à 100 %. J'ai eu la chance de jouer avec beaucoup de chefs d'entreprise : sur le parcours, eux aussi sont à 100 % dans le jeu ; il n'y a rien d'autre qui rentre. Certains naissent avec un mental déjà au top. Ils ont cette capacité d'être à fond sur chaque coup jusqu'au 18, du premier drive au dernier putt, ils n'ont pas à l'apprendre.

Si ce n'est pas naturel, on doit dire à ceux qui veulent atteindre ce niveau-là : “Tu devras avoir, sur le terrain, l'attitude qu'il convient : tu ne changes pas de swing pendant le parcours, tu dois conserver également la même attitude mentale après chaque coup pour garder une stabilité émotionnelle.” »

“ Cette « gestion » des émotions est particulière, car si on doit les « gérer », cela passe par une négociation avec elles, comme en management. Il ne s'agit pas de les annihiler. Sans émotion, pas de motion. Donc faisons avec, mais ne les laissons pas tenir le driver ou le putter.

MT. « Les émotions viennent parfois bruiter la motricité hyperfine nécessaire dans le golf. Après, l'objet n'est pas d'en avoir ou qu'elles soient positives ou négatives : la question est surtout le degré d'émotion. Comme une casserole d'eau sur un feu. Si l'émotion bout, elle devient envahissante et peut inhiber toutes les fonctions nécessaires au swing, donc entraîner des ratages. Quand on voit le golf sud-coréen, un peu robotique, sans âme, sans expression sur le visage, on tente de fabriquer des machines physiques et mentales. Des gladiateurs modernes. C'est terrible. Au moment crucial du coup de la victoire, il est toujours possible qu'une petite bulle remonte et fasse surface, parce qu'on n'est pas constitué de rationalité informatique. On est humains, donc faits d'émotions. C'est l'émotion qui guide tout.

Qu'est-ce qui permet au moment clé du tournoi que la bulle reste tranquille ? C'est l'habituation à l'environnement émotionnel. Plus on s'habitue à une situation, mieux on peut contrôler cette petite bulle parasitaire, faire en sorte qu'elle ne vienne pas nous perturber en bruitant le geste. La gestion émotionnelle a pour but d'éviter que cette bulle apparaisse au mauvais moment dans le swing. Ça se gère avant tout par l'habituation, l'accoutumance.

Les vainqueurs ont souvent un crescendo dans les victoires. Ils ont appris à gagner. Les gens qui gagnent ont déjà gagné dans d'autres sphères, d'autres circonstances. La première fois que tu es exposé à un play-off, c'est difficile de l'emporter. Mais si tu rates aujourd'hui, la prochaine fois, tu sauras comment se passe un play-off. Tu auras plus de chances de gagner. »

> « À niveau égal, celui qui a déjà vécu la situation a plus de chances de l'emporter. Il se laissera moins parasiter par l'ambiance, ses émotions, etc., parce qu'il aura déjà été exposé au phénomène. Il restera plus concentré sur l'essentiel : le présent, l'action à réaliser.

MT. « La gestion émotionnelle est vraiment une question d'accoutumance. Même si le parallèle n'est pas extraordinaire, c'est un peu comme pour la consommation d'alcool. Le corps s'habitue. Plus on s'habitue à des émotions fortes, aux phénomènes de pression, aux charges mentales fortes, plus notre niveau de tolérance augmente, mieux on peut justement se maîtriser. »

> « On parle beaucoup de visualisation, de préparation, de « pré-vivre les choses », mais rien ne remplace le vécu, l'exposition réelle, progressive, à la situation. Les meilleurs coachs font toujours en sorte de mettre leurs sportifs dans des conditions les plus proches possibles de la compétition. Car il n'y a qu'en vivant l'émotion forte que l'on peut s'y acclimater. En préparation mentale, n'évitons pas la peur, au contraire : éprouvons-la de bon cœur (dans un cadre bienveillant et sécurisé), car ainsi, elle nous sera plus familière, par exemple, en sautant en parachute ou, comme Patricia, en se fixant tout simplement des challenges quand on s'entraîne (voir le coup 65).

MT. « Pourvu que j'aie peur ! Oui, il faut se préparer à ça. Quand un boxeur se prépare, il a des *sparing partners*, mais ce ne sera jamais comme le jour J, devant dix mille personnes qui hurlent dans la salle avec la musique et l'adversaire en face. Cette confi-

guration restera toujours émotionnellement supérieure.
À mon petit niveau de pro, si je voulais rejouer des tournois, il me faudrait au moins six parcours avant de redevenir "Michel Pro normal". Je ne pourrais pas être directement à mon meilleur niveau, ça fait trop longtemps que je n'ai pas été exposé au phénomène de la compétition.
À force de faire des parcours, je finirais par redevenir moi-même et jouer zéro, mais il faudrait pendre le temps de m'acclimater. Comme un plongeur qui fait des paliers, sinon, on fait une narcose. Tous les cinq mètres, en plongée, ça compte. Si on plonge tous les jours, on s'habitue. Si là, tout de suite, on descend à quarante mètres, on meurt de panique.
La compétition de golf, c'est une question d'habituation, on n'en parle pas assez. »

> “ Il faut se challenger soi-même pour s'acclimater au challenge, mais un bon coach doit veiller à ce que le niveau de vos ambitions soit à la hauteur de vos compétences optimales.

MT. « Pour certains, la compétition sert de mesure, pour d'autres, de challenge agréable. Il ne faut pas que ce soit une menace. On peut aussi jouer au golf juste pour le plaisir de jouer avec des amis, sans galérer, en disant : "Si je sors deux ou trois bons coups de golf, ça fera ma journée." Beaucoup de gens disent ça, mais en fait, ils râlent sur le parcours quand ils jouent mal. "J'ai raté, catastrophe !"
En fait, ils ne veulent plus se prendre de bouillon. Mais dans ce cas-là, il faut se préparer comme un "amateur pro". Il faut que les attentes soient au niveau. La frustration au golf, ce sont les attentes moins la réalisation. Si ça ne va pas, il faut baisser le niveau des attentes pour ne pas être trop frustré. Ou bien augmenter son niveau de jeu. Il faut mettre de bons objectifs à la bonne hauteur, juste au-dessus du niveau, comme le préconise Csíkszentmihályi, juste un peu difficile, ça permet une

meilleure focalisation. Si les objectifs fixés ne sont pas adaptés, trop élevés ou trop bas, la personne se sentira décalée et donc frustrée. »

> « Il existe de nombreuses techniques pour s'apaiser quand on est en hyperstress, dont celles de respirations contrôlées et de focalisation.

MT. « On a observé un couplage entre l'activité cérébrale, mentale et le rythme cardiaque : plus une personne regarde une cible petite, focalise son attention, plus le système nerveux se régule. Il y a une baisse du rythme cardiaque, qui fait qu'on s'apaise, qu'on peut ainsi plus aisément déclencher le coup. Quand on joue aux fléchettes, tout naturellement, on vise d'emblée le centre de la cible, le point rouge. On vise petit, et non pas la totalité de la cible. Car si on vise la cible, on la rate. On se concentre mieux et on baisse son rythme cardiaque en se focalisant sur un petit détail. Ça apaise le corps, on peut déclencher un geste moins parasité par des bruits mentaux.
Quand on est perturbé sur un parcours, les bruits peuvent arriver de l'extérieur et de l'intérieur. Ces derniers sont les plus difficiles à maîtriser, à aiguiller. Quand le bruit arrive, comment je le gère ?
L'émotion peut bruiter intérieurement, ça peut se gérer par la respiration, la focalisation, mais quand on ne sait pas techniquement exécuter le coup, on peut respirer tout ce qu'on veut, on ne réussira pas. Une fois qu'on sait le faire, qu'on a le niveau, si on respire, c'est mieux. Et si on focalise, en plus, là c'est très très bien.
Ce n'est pas d'avoir peur qui fait rater ou réussir un coup de golf. Ce n'est pas parce qu'on ressent une émotion forte qu'on va forcément rater. On peut très bien trembler et réussir son coup. Alors tremblons ! Au moins, on sent qu'on vit ! »

Questionnement en tremblant :
Perso : Entretenez-vous de bonnes relations avec vos émotions ?
Pro : Comment vous acclimatez-vous avant un événement important ?
Sujet de dissertation en cheminant :
En réalité, il n'est pas facile de faire régner l'ordre dans la conscience, parce que son état normal est le chaos. Sans entraînement ou sans objet externe qui soutienne l'attention, nous sommes incapables de nous concentrer sur une pensée plus de quelques minutes.
Mihály Csíkszentmihályi

Stratégie / Coup 63 - Penser comme un champion

Avec Thomas Levet et le Pr Gérard Saillant

Comment ne pas tirer des plans sur la comète quand les enjeux sont énormes ? Quand vous savez que vous êtes en train de jouer votre vie et celle de vos proches ? Comment rester dans le bon rythme, la bonne concentration, le bon *mood* ? Si vous vous posez cette question au moment clé, le train est peut-être déjà passé... « Vous êtes sorti de route », dirait Sébastien Loeb. Comment rester dans le flow ?
Cette question n'a justement pas sa place dans votre esprit quand vous êtes dans le flow. Vous devez être présent, focus, pour vous adapter immédiatement à la stimulation, et vous y parvenez car vous vous y êtes préparé. Vous connaissez la réponse. Vous agissez en confiance, authentiquement, totalement. Vous êtes programmé à ça, sinon, vous ne seriez pas là. Si vous êtes Rory Mc Ilroy ou Dustin Johnson, rentrer un putt d'un mètre, vous savez le faire, que ce soit dans votre salon ou pour gagner quinze millions de dollars. Ça ne change rien, c'est facile : vous regardez votre balle, le trou, la pente, vous visualisez la ligne, prenez votre décision, faites votre routine, puttez. Quelle que soit la situation, vous savez comment survivre : faites-le, comme Thomas...

Thomas Levet. « Les enjeux de ma victoire en Écosse en 2004, juste avant le British où j'ai fini cinquième, étaient énormes. J'ai vécu alors deux semaines exceptionnelles, qui m'ont amené jusqu'à la Ryder Cup. Mais en sport de haut niveau, quand je jouais en Écosse, je ne pensais pas du tout à ça. Ces enjeux, on ne les mesure qu'après la victoire : "Maintenant, je suis qualifié pour le British et je vais jouer la Ryder Cup !" Mais quand tu joues, tu ne penses pas à ça, tu ne calcules pas, tu n'as aucune idée de tout ça. Tu te concentres uniquement sur ce que tu as à faire. Drive du 1 : je vais viser cet endroit-là pour me laisser un deuxième coup avec cet angle d'attaque-là... Et ainsi de suite. Tu traces ta route. Comme au volant d'une voiture de rallye. Et à la fin de la course, tu as gagné ou pas.
Prenez Sébastien Loeb. Quand il est au volant de sa voiture, il ne pense pas au chrono qu'il doit réaliser. Il pense que le premier virage se prend de telle façon, que sa ligne de conduite est sur le rocher à gauche, qu'il doit aller à telle vitesse. Il ne pense pas au résultat final, au temps global de la course, il enchaîne plein de virages, comme il faut, et à la fin, si les enchaînements sont bons, le résultat est bon. C'est à ça que pense un sportif de haut niveau.
L'avantage du golf, c'est que même en faisant un drive hors limites, on a la chance de ne pas sortir réellement, physiquement, de la route. Ça ne reste qu'un coup de golf. De plus, au niveau pro, après un mauvais coup, on a réellement plus de chances statistiques de faire un bon coup qu'un mauvais. Il n'y a donc pas à s'inquiéter. De toute façon, on ne peut pas revenir en arrière, effacer le mauvais coup, donc on continue. En revanche, si on se met à se lamenter sur ce mauvais coup, ce sera l'enfer tout le reste du parcours, on n'aura pas envie de revenir le lendemain. »

“ Thomas Levet perçoit mieux que nous son environnement golfique, ce qu'il a à faire pour sortir d'un bunker profond, comme Sébastien Loeb perçoit plus vite et mieux les virages.

Pour devenir champion de ski, dit Alain Berthoz dans *Le sens du mouvement* : « il ne suffit pas de traiter en permanence des informations des sens et corriger la trajectoire, il faut dérouler la course dans son esprit, en prédire les étapes et l'état des capteurs sensoriels, entrevoir les solutions possibles de chaque erreur, faire des paris et prendre des décisions avant que le geste soit fait. » Ce qui est, bien sûr, parfaitement applicable pour nous, golfeurs. Le Professeur Saillant, président de l'Institut du Cerveau et de la Moelle épinière, nous parle des recherches de l'ICM qui confirment les avancées de la science ces dernières années...

Pr Gérard Saillant. « On commence à découvrir le cerveau : on en était à la préhistoire, on en est au Moyen Âge grâce aux IRM, on n'est qu'au tout début...
Des travaux ont été déjà entamés sur le golf comme ceux de Mathias Pessiglione, chef d'équipe à l'Institut du Cerveau et de la Moelle épinière (ICM), avec le champion Christian Cévaër. Ces recherches permettront de mieux comprendre pourquoi il y a brutalement des ruptures de régularité... Prenez tel grand golfeur, il joue très bien et, brutalement, il envoie sa balle dans l'eau. À partir de là, alors qu'il était premier, c'est fini... Pourquoi cette rupture, ce break, alors qu'il a les mêmes capacités physiques, techniques, le même cerveau ? Il y a eu l'avant, le coup dans l'eau, puis il y a eu l'après, ce mauvais coup. Est-ce mesurable ? Oui. Est-ce explicable ? Oui. Est-ce améliorable ? Peut-être... Je crois que de gros progrès vont avoir lieu dans ce domaine-là.
Une première chose importante à mesurer, c'est la prise d'informations. Ce que voient un golfeur lambda et un champion, est-ce la même chose ? Est-ce qu'on a les mêmes informations qu'un Romain Langasque quand on est au même endroit, dans les mêmes conditions ?
En 2018, à Davos, avec la FIA et l'ICM, grâce à l'association de la réalité virtuelle et d'un système neuro-informatique, les partici-

pants avaient la possibilité de tester un simulateur de conduite de Formule 1, tandis que leur activité cérébrale était enregistrée et affichée en temps réel. Le but était d'illustrer comment les distractions et une perception altérée peuvent être des facteurs de risque pour les automobilistes. Quelques grands dirigeants de ce monde sont passés, puis le pilote Rosberg a pris le volant. Je peux vous dire que vous n'aviez pas besoin de regarder les compteurs. Vous regardiez les électroencéphalogrammes et vous saviez immédiatement qui était l'homme politique et qui était le champion, le pilote professionnel. Il y a des schémas neuronaux spécifiques, innés ou acquis, au pilotage de course. Le réseau neuronal de Rosberg était visiblement très différent des autres. Il percevait plus de choses qu'il utilisait différemment. »

Questionnement à 200 km/heure :
Perso : Qu'avez-vous en tête quand vous conduisez ? Quand vous marchez ? Quand vous parlez avec un ami ? Quand vous drivez ? Quand vous faites une approche ? Quand vous puttez ?
Pro : Qu'avez-vous en tête au moment décisif ?
Sujet de dissertation en cheminant :
Lorsque je suis à la limite, l'espace et le temps s'ouvrent, et je peux faire ce que je veux.
Sébastien Loeb

LE RETOUR DU HÉROS
SE CONNECTER

Arrivé au village, je me suis senti chez moi. En réponse à l'appel, je me suis libéré en partageant avec ma communauté ces trois stratégies de flots, de feu et vitesse :

- ☑ *Surfer sur le fil.* Anne Le Coniat et Dominique Fournet
- ☑ *S'acclimater pour mieux fusionner.* Michel Teichet
- ☑ *Penser comme un champion.* Thomas Levet et Gérard Saillant

L'heure du repos n'est pas encore arrivée, mais j'ai fusionné avec les éléments.

PARTAGE 2 : LE FLOW

On peut l'éprouver dans le sport, dans l'art, mais aussi dans la vie quotidienne ou au travail. Vous l'avez peut-être déjà vécu. Vous savez, cet état spécial, très agréable, où l'on se sent en mesure d'utiliser au mieux toutes ses compétences pour s'accorder (au sens musical du terme, voir les miscellanées ci-dessous) à la situation simplexe à laquelle on est confronté.
Le flow, c'est cet instant magique où on utilise l'ensemble de ses capacités, sans heurts, sans oppositions, sans entraves, en bénéficiant des avantages des contraires, en laissant son corps aller de lui-même vers son propre équilibre, car c'est un corps intelligent, connecté à des millions d'années d'évolution, qui a appris à survivre, à nager dans le flot de la mer et marcher sur la terre. Le flow, c'est ce moment de grâce où l'on se fait entièrement confiance, où l'on se satisfait pleinement de la réponse que notre corps entraîné et notre esprit préparé, en fusion, nous proposent.
La notion de flow a été conceptualisée par le psychologue hongrois Mihályi Csíkszentmihályi dans son ouvrage *Flow : The Psychology of Optimal Experience* (1990), consacré à l'expérience optimale et ses applications.
En psychologie positive, le flow est défini comme un état mental atteint par une personne lorsqu'elle est donc complètement absorbée, plongée dans une activité, et qu'elle se trouve dans un état maximal de concentration, de plein engagement et de satisfaction dans son accomplissement. Mais attention à bien faire la différence soulignée par Bobby Jones : « Certaines personnes pensent qu'elles se concentrent, alors qu'elles ne font que s'inquiéter. »
Csíkszentmihályi a identifié sept conditions nécessaires pour vivre une expérience de flow :

1. Être totalement investi dans ce que l'on fait, focus, concentré.

2. Ressentir une sorte d'extase pour accéder à une autre réalité parallèle. On ressent que l'on fait partie d'un tout plus grand que soi.
3. Accéder à une grande clarté intérieure. Tout devient plus clair, on sait ce que l'on a à faire et comment le faire.
4. Savoir que la tâche est faisable, à notre portée. Nos talents sont à la hauteur de la mission à accomplir et qui nous importe.
5. Être moins inquiet de soi, plus serein, on éprouve la sensation de grandir au-delà des limites de l'ego.
6. Perdre la notion du temps, car on est profondément absorbé par le présent. Les heures semblent alors passer comme des minutes.
7. Être motivé intrinsèquement par la réalisation de l'action elle-même, autotélique. Quoi que nous produisions, le flux devient notre propre récompense.

Ces différents aspects peuvent être présents indépendamment les uns des autres, mais seule la combinaison de plusieurs d'entre eux permet de constituer une véritable expérience de flow.

Dans cet état, l'ego est comme absorbé par la tâche à accomplir, la notion de temporalité change, le temps s'accélère et se dilate. Pour rester dans cette « réalité augmentée », la personne doit recevoir régulièrement des feed-back à des micro-tâches suffisamment difficiles pour la challenger sans la décourager. Ces micro-tâches doivent être connectées à une mission plus grande, qui passionne pour elle-même.

Ce qui fait notre bonheur, c'est l'idée de progrès, de développement, de conatus (« effort par lequel toute chose tend à persévérer dans son être », Spinoza), quel que soit son niveau.

Pour résumer : quoi que vous ayez l'intention d'entreprendre, l'idée est d'essayer de vous maintenir en équilibre sur le fil du rasoir entre la difficulté de la mission à accomplir (un défi, un challenge) et vos compétences (le challenge est accessible).

En dehors du sport, on peut bien sûr ressentir ce flow. Il sera alors peut-être décrit autrement. L'écrivain dublinois James Joyce le nomme *épiphanie*. Pour lui, celle-ci correspond à l'irruption, dans le champ de la conscience, d'une expérience spirituelle chargée d'une intense émotion. Tous les écrivains s'appliquent au quotidien dans l'espoir que l'inspiration viendra transcender leur œuvre. « On a parfois l'impression de frotter une allumette humide, encore et encore, écrit Joyce Carole Oates, en souhaitant qu'une petite flamme jaillisse avant que l'allumette se brise. » DH Lawrence attendait, lui, que « le sable s'ordonne selon des lignes inconnues », car alors, les mots et les caractères se modèlent selon d'autres rythmes qu'un plan purement intellectuel. Lorsqu'un système complexe de connexions a réussi à intégrer des observations disparates pour lui donner une direction, l'épiphanie peut alors advenir.

Dans le monde de l'entreprise, une règle est communément admise que les émotions (« trop personnelles »), l'imaginaire (« on n'est pas là pour rêvasser ») et le physique (« accident, maladie ») sont là que parce qu'on ne peut pas faire autrement. Il faudrait donc les refouler autant que possible. Or, défendons-nous avec Charlie Chaplin : « Nous ne sommes pas des machines. »

Nous sommes dotés de capteurs bien supérieurs à ceux des ordinateurs, c'est une erreur fatale, je crois, de l'oublier. Dans un monde complexe, nous priver du support de notre cœur, de notre corps, de nos sens, revient à nous amputer d'une partie de nous-mêmes. Ce serait comme mettre un capuchon sur les longues-vues des capitaines de frégate ou jeter un voile pudique sur les radars anti-icebergs des paquebots.

Voilà pourquoi je ne saurais trop recommander de (re)mettre de l'émotion, de l'imaginaire (virtuel) et du corporel (réalité) dans nos open spaces. Google, Pixar et d'autres entreprises innovantes l'ont compris : elles laissent un temps à leurs employés pour se détendre, jouer, faire du sport, imaginer, faire autre chose, explorer d'autres pistes que le train-train quoti-

dien de la culture mainstream de la maison... Ces sociétés tournées vers l'avenir laissent la porte grande ouverte aux « Et si ? » dont je vous invite à abuser...
Pour favoriser cette évasion, il peut être utile de partir d'un point anecdotique, d'un détail (un brin d'herbe), puis d'essayer de le relier à l'ensemble, de chercher de subtiles connexions et ainsi de trouver peut-être une solution nouvelle, plus créative, *out of the box*.
Vous pouvez essayer également de vous mettre dans l'état de flow en « faisant comme si » vous y étiez déjà. En effet, dans le flow, comme Gene Kelly, on « chante sous la pluie », alors pour mettre votre cerveau dans le bon *mood*, allez-y, souriez, sifflotez, commencez à danser ou fredonner votre air préféré. Moi, c'est celui-ci : « *I'm singing in the rain, just singin' in the rain. What a glorious feeling, I'm happy again...* » ; alors, la Supercalifragilisticexpialidocious peut agir...
Ainsi, pour revenir au golf, après une dizaine de milliers d'heures de formation, il faudrait focaliser son attention sur le lie et fixer son intention sur la cible pour dégager la direction, la trajectoire et laisser le corps trouver dans sa mémoire quel swing correspond au lie, à la cible et à la trajectoire. C'est en tissant des liens entre ces différents éléments que nous parviendrons à un résultat optimal, quel que soit le domaine. En paraphrasant Bagger Vance, cela pourrait donner : le Voyant (le golfeur) sonde le Champ (le parcours) avec ses sens, il cherche parmi tous ses swings lequel demande à être joué par lui. Quel est ce coup parfait qui demande à s'incarner à travers vous ? Abandonnez alors toute volonté de contrôle et entrez dans la métaphysique : « Ce n'est que lorsque le Champ et le Voyant ne font plus qu'un qu'ils jouent leur swing, celui qui existe déjà, qui existait avant leur naissance, qui existera de toute éternité. [...] Alors, les mouettes elles-mêmes se mettent à jouer. Et ce jeu revêt soudain une importance cosmique. »
D'aucuns parleraient plus simplement de fulgurances ou d'intuition, et pourquoi pas ?

Pour résumer la pensée du Prix Nobel d'économie Herbert Simon, je dirais que l'intuition n'est rien d'autre que la reconnaissance de motifs sous-jacents, d'indices dans l'environnement que nous allons piocher, parce que nous savons lesquels chercher, et qui va déclencher le « *fiat lux !* » L'essentiel est que la force soit avec vous.

MISCELLANÉES
DE RETOUR AU VILLAGE APRÈS L'APPEL

GRAND ORCHESTRE

« La musique est un cri qui vient de l'intérieur », chante Bernard Lavilliers. Cette image pourrait nous aider à mieux saisir l'idée de musique qui se joue en nous et que nous diffusons. Si l'on prend en compte notre cerveau, notre corps et notre biochimie, notre fonctionnement est extrêmement complexe. Plus les scientifiques progressent dans l'étude du cerveau, plus on s'aperçoit que ce que l'on croyait jusqu'à présent est faux ou réducteur. Par exemple, il n'y a pas un seul centre de l'intelligence ; les neurones sont importants, mais les astrocytes (cellules gliales du système nerveux central, qui jouent un rôle dans la communication synaptique), le sont tout autant. On parle désormais de deuxième cerveau (l'estomac), voire de troisième cerveau (l'altérité, via les neurones miroirs).

Un cerveau intelligent, nous explique le psychologue Richard Haier, est un cerveau qui résout un problème en faisant un minimum d'effort, c'est-à-dire en « allumant » le moins de zones cérébrales possibles (mais les bonnes) et en assurant un excellent transfert d'information entre elles.

On pourrait alors appréhender le fonctionnement de notre organisme, qui agit de façon globale, en le voyant comme une sorte de grand orchestre qui produirait une certaine musique en fonction de nos perceptions, de nos intentions, du contexte et de notre environnement. Cette « musique » serait donc là pour résoudre des situations problématiques avec le moins de parasites, d'interférences, de couacs possibles (plus d'efficacité, moins de dépense d'énergie) grâce à une transmission ou communication de meilleure qualité entre les différentes zones concernées par la tâche à accomplir. Pour qu'il y ait symphonie, et non cacophonie, tous les instruments ne doivent, bien sûr, pas jouer en même temps, mais en respectant une certaine pulsion, direction, intention... La musique « du cerveau » est alors plus agréable, simple, efficace. En quelque sorte, nous fonctionnons donc comme un orchestre, avec différentes sections, qui produit une musique plus ou moins harmonieuse. Mais reste à savoir qui est le chef d'orchestre... et qui est le compositeur ?

KIND OF BLUE

Au commencement était le rythme. Un son, un silence. Créant ainsi la musique et les bases de la communication : « signe – rien – signe ». Autour de ce battement de cœur va s'établir l'ensemble de notre fonctionnement avec nos différents organes qui sécrètent une biochimie, des besoins, des envies, des pulsions, des plaisirs et des douleurs, des émotions et des pensées. Cette « musique » se joue en nous, qu'on le veuille ou non. Pas le choix.

Grâce à notre éducation, on met en place une sorte de solfège, dans le but d'organiser notre production musicale, d'inhiber certains instruments, d'en valoriser d'autres, afin que notre partition s'accorde à la musique sociale ambiante. La musique savante occidentale privilégie la composition, mais la plupart des musiques dans le monde n'ont pas de théorie écrite ; elles s'intéressent plus aux interactions entre musiciens. Le flow, c'est quand les musiciens jouent ensemble en utilisant peut-être moins d'accords, mais en exploitant leurs possibilités jusqu'au bout, à l'instar de Miles Davis et de ses musiciens improvisant à partir de « quelques paramètres » le somptueux *Kind of Blue*, véritable rivière de flow...

PENSER OU NE PAS PENSER

« Je pense donc je suis », considérait Descartes, donc ce n'est pas moi qui vous déconseillerai de penser, d'être ou de ne pas être... Au contraire : quand, pour la dernière fois, avez-vous consacré une heure à penser ? Mais qu'appelle-t-on penser, me direz-vous, avec Heidegger ? Ou qu'appelle-t-on panser, selon Stiegler ? Qui pense en moi ? Comment je pense ? « Le silence éternel de ces espaces infinis m'effraie », avouait Blaise Pascal.
Quoi qu'il en soit, pour éprouver du plaisir, il faut que l'action corresponde à la pensée, que le geste se joigne à la parole, colle à ce qui est imaginé, prévu, *pré-vu*. C'est la joie du strike au bowling. On part donc d'une perception, d'une *pré-vision*, d'une visualisation pour penser, programmer son coup, envoyer la bonne intention au cerveau. Cette pensée, cette « copie », cette programmation peut ou non se passer de mots conscients.
Quand il conduit en rallye, Sébastien Loeb colle exactement à ce qu'il avait prévu, à ce qui est prévu, ce qu'il voit. Son copilote (cadet en golf) l'aide à coller ses acquis, ses programmations sur la réalité. Sébastien compare ses hypothèses avec la situation et fait les ajustements nécessaires en s'adaptant si nécessaire à l'imprévu, car son corps et son cerveau sont suffisamment plastiques pour modifier les détails, comme nous le verrons ci-après.
On revient toujours aux bases de la préparation mentale : programmation, visualisation, sensation, envoi de la bonne intention au cerveau, action, comparaison, ajustement... À quoi faut-il faire attention et dans quel ordre ?
Ce qui est faux au sens strict, c'est l'injonction : « Ne pense à rien. » Car nous ne pensons jamais à rien. Il faut tout simplement penser à envoyer ce drive comme nous savons le faire. Et pour réussir à envoyer la balle où on le souhaite, notre cerveau doit effectuer d'incroyables calculs en termes de poids, d'angle, de poussée, de résistance... Ces calculs que des ingénieurs ont résolus pour répondre à cette belliqueuse question : comment envoyer un boulet de canon sur des ennemis ?

Face à ce problème balistique, le manager scientifique dira « Attendez, je calcule ; attendez, je vérifie », jusqu'à ce que l'hypothèse de tir soit parfaite, mais l'ennemi aura disparu. Le manager viril ordonnera « Tire ! Tire ! Tire ! » jusqu'à avoir tout détruit. Le manager coach préconisera « Visez, tirez ! Comparez, ajustez ! Tirez ! »
Sur le parcours, à l'entraînement, remplissez votre bibliothèque de swings et de sensations. En compétition, bannissez toute réflexion trop élaborée. Restez calme, posé, équilibré, en mouvement ; ne soyez plus que prises de mesures simples, sensations et actions :

1. Je ressens pleinement avec tous mes sens.
2. Je décide promptement avec mes compétences cognitives, techniques et physiques.
3. Je frappe franchement, le geste de golf étant un lancer du bras fort vers la cible.

« Le but est de "lancer le club", et non de frapper la balle, rappelle le coach Julien Xanthopoulos, pour acquérir la fluidité et le relâchement qui seront sources de répétitivité. En intégrant cette notion de lancer, vous mettrez en place tous les éléments dignes d'un grand swing de golf. »
Considérez ce lancer comme une large ouverture, une belle récompense, une incroyable libération et, pendant le swing, évitez de penser en termes de phrases, juste « *Back-Hit* » (expression tennistique du coach Tim Gallway, pour réduire sa pensée dans l'action à ces deux injonctions : « arme, lance. »), au plus.

CONTRÔLE EXÉCUTIF

Que se passe-t-il dans le cerveau d'un joueur de golf quand celui-ci est concentré, qu'il gère sa fatigue, qu'il perd sa confiance en lui face aux différents challenges auxquels il est confronté ?
Le chercheur Mathias Pessiglione, neuropsychologue à l'ICM, s'intéresse tout particulièrement au rôle du Système de contrôle exécutif (SCE), qui nous permet de contrôler notre comportement pour atteindre un but à long terme. Pour ses

recherches sur le golf, il travaille avec un modèle de joueur : Christian Cévaër.
Au golf, on cherche à rester dans un état neutre de self-control, à être en confiance pour garder un bel ordonnancement du swing, à être dynamique mais sans excès, à gérer sa fatigue nerveuse, sa concentration. On doit se contrôler pendant longtemps : dix-huit trous, quatre jours de suite. Or le SCE a cette particularité qu'il s'use quand on s'en sert. Au bout d'un moment, « on ne parvient plus à maintenir sa concentration. »
En effet, si je me contrôle intensément pendant longtemps, je réduis ma capacité de contrôle, et cela entraîne une baisse de mes performances. Pour rester au top, il est donc crucial de m'autogérer au mieux sur le parcours, par le biais de la respiration contrôlée, du dialogue interne, de la visualisation et de choix : à quel moment mobiliser ma concentration, à quel moment me détendre, savoir reconnaître les situations stratégiques, dangereuses, être lucide grâce à la météo intérieure dont je vous ai déjà parlé, notamment dans les miscellanées du chapitre 14.
Le champion Jean-François Remesy, double vainqueur de l'Open de France, explique à propos de la performance de Dustin Johnson à Augusta 2020 combien il est important d'être bon techniquement dans tous les domaines pour rester disponible plus longtemps mentalement sur les quatre tours d'un Majeur. C'est vrai, et j'ajouterai que lorsque vous éparpillez vos drives dans les roughs, vous finissez par vous « griller mentalement », comme ce fut le cas de DeChambeau lors de cette même compétition, d'où peut-être aussi les malaises, le « manque d'oxygène » qu'il déclare avoir alors ressentis.

EURÊKA

La vision optimisée du pilote de F1, Rosberg, me fait penser à la vision exercée des joueurs professionnels d'échecs qui, lors d'une partie simultanée avec des amateurs, en un regard sur un échiquier, saisissent la situation, voient immédiatement le coup d'après.

À force d'expérience sur le terrain, les pompiers prédisent ou non que le plancher va s'effondrer. L'amygdale, structure neuronale complexe, sait détecter l'essentiel et lui attribuer une valeur pour nous permettre en un éclair, explique Alain Berthoz, « d'identifier dans l'immensité des formes qui nous entourent celles qui risquent de mettre en péril notre existence et de déclencher l'acte approprié. » En médecine, les meilleurs diagnosticiens ont mémorisé une immense collection de modèles types qui leur permettent de décider plus rapidement, en s'appuyant sur moins d'indices. L'insight apparaît soudain. On a tous en mémoire les associations lumineuses d'Hugh Laurie dans la peau de Docteur House. « Eurêka ! », s'exclamait Archimède. Aucune de ces pensées créatrices n'est identique, ni sur le fond ni dans la forme, mais toutes relèvent, selon moi, d'un même cocktail où tous nos sens, toutes nos connaissances, toutes nos expériences, toutes nos intelligences inscientes, conscientes et inconscientes, communiquent pour s'accorder ensemble et parvenir à une solution évidente.

A contrario, un élément perturbateur peut enrayer toute la machine « solutionnante », jusqu'à la redoutée dystonie de fonction (yips). Cela me fait songer au « mauvais coup envoyé soudain dans l'obstacle d'eau » dont parle Gérard Saillant et, plus précisément, à ce dramatique moment où Seve Ballesteros, en 1986, à Augusta, a soudain envoyé son coup de fer 4 dans l'étang du 15, devant un public médusé par cette surprenante erreur qui lui fit perdre le tournoi. Malgré les encouragements de ses nombreux fans, Seve ne s'en remettra jamais, car il voulait plus que jamais l'emporter cette année-là, en mémoire de son père mort d'un cancer le mois précédent. En 2011, Seve est mort lui-même des suites d'une tumeur au cerveau à 54 ans.

Nous ne sommes qu'au Moyen Âge de la recherche en neurosciences, estime le Professeur Saillant. Vivement qu'on passe à la Renaissance.

ÉTAT D'ESPRIT OPTIMAL

Pour être en mesure de prendre les meilleures décisions, il faut avoir la meilleure perception possible d'une situation, afin de répondre aux seuls stimuli pertinents par rapport aux objectifs du moment, sans être parasité. Pour lire au mieux une situation, il faut être dans les meilleures conditions mentales, physiques et s'appuyer sur des apprentissages.

Hinako Shibuno, surnommée Smiling Cinderella, a gagné le British Open 2019 à vingt ans, face aux impassibles Coréennes. Elle a ainsi démontré sur le terrain qu'elle est capable de réguler son système exécutif en vivant et partageant ses émotions : « Je le fais consciemment [rire et interagir avec la foule] à certains moments, pour ne pas me sentir trop nerveuse, mais à d'autres moments, j'aime simplement me détendre en parlant avec mon cadet, qui est aussi mon entraîneur. » Tout en sachant qu'au-delà de l'impression de facilité qu'Hinako donnait – et qui n'était pas feinte ! –, elle luttait dans le même temps contre des nausées dues à la pression ! Même encore après sa victoire : « Je continue à me sentir comme si j'allais vomir », a-t-elle avoué. Chose évidente, qu'elle soit intérieurement souriante ou tendue, quand Shibuno s'apprête à jouer, elle est toujours visiblement très concentrée avant de lâcher ses swings déliés avec autant de plaisir que d'engagement.

Donc restez cool. Acceptez toutes vos émotions ou bien restez neutre, à votre convenance. Car au-delà des découvertes scientifiques (nous ne sommes qu'au Moyen Âge...), il n'y a aucune vérité absolue. L'essentiel est vraiment de trouver ce qui marche pour vous, votre vérité du moment, et de vous mettre à nager sans chercher à attraper l'eau, en vous laissant porter par elle, tout naturellement, comme tous les bébés savent le faire...

PILOTAGE AUTOMATIQUE

Le rallye est une discipline sportive qui demande deux qualités que l'on retrouve dans le golf : anticipation et adaptation. Des qualités que Sébastien Loeb maîtrise évidemment avec excellence. Pour bien comprendre, je vous invite à visionner des

vidéos de Sébastien en course. Cherchez celle-ci, par exemple, sur YouTube : vidéo embarquée, Sébastien Loeb, Rallye du Var 2019 (FFSATV). Vous verrez, c'est aussi parlant qu'impressionnant : pas la moindre place pour des questions parasites, pas le moment de s'interroger sur la sécurité des spectateurs dans les virages.
Regardez Loeb conduire, et vous comprendrez immédiatement, si vous ne l'avez pas encore vécu, ce que signifie « être dans le flow », être focus, ne pas se laisser distraire. Vous verrez également ce que l'on entend par s'adapter aux situations imprévues en regardant aussi cette autre vidéo : Loeb rallye du Var 2019 (Titi205rallye). Les virages sont les mêmes, mais les conditions météorologiques ne sont plus du tout semblables (comme il arrive régulièrement sur quatre jours de compétitions de golf), et dans la tempête, il faut savoir ralentir pour ne pas prendre l'eau.
L'anticipation peut se travailler par une préparation mentale de la réussite (PMR, voir « Capacités vs Compétences », au chapitre 5) : vous parvenez alors à vous projeter dans l'action, la course, l'entretien, à visualiser ce qui vous attend, à vous voir agir avec aisance, à anticiper, à « prévoir l'imprévu », comme le dit Édith Perreaut-Pierre, pour mieux vous adapter le moment venu, car vous êtes alors dans une sorte de déjà-vu.
Pendant la compétition ou l'entretien professionnel, le cerveau peut alors comparer ce ressenti emmagasiné au cours de l'entraînement mental avec les sensations immédiates. À ce moment-là, tous les capteurs sont en alerte. Comme le décrit Marc Germain, préparateur physique et mental du champion du monde, au *Figaro* en 2015 : « Lorsque Sébastien prépare une étape en visionnant le tracé d'une spéciale à l'aide de la vidéo, il la ressent avec l'ensemble des capteurs dans tout son corps. Notre cerveau est doté de comparateurs, et sans forcément le savoir, lorsqu'il est au volant, il arrive à comparer ce ressenti emmagasiné avec les sensations immédiates en s'appuyant sur son cerveau conscient. » Sébastien Loeb est un génie, un superman du volant. Mais il reste un homme. Un Homo sapiens

comme nous, qui utilise peut-être juste mieux que nous ses capacités naturelles.
Donc sur le parcours de golf, faites comme Sébastien. Il ne s'ordonne pas d'être focus, il est focus.
Je rappelle qu'être concentré, ce n'est pas s'inquiéter ou agiter le club en singeant le comportement du voisin ou du champion. Être concentré, c'est être centré, être focus avec le geste que l'on fait, parce qu'il est signifiant pour nous, parce qu'il sert une intention précise. Ce virage, Loeb le prend comme il s'est vu le faire, car il sait le faire. Corps et esprit sont en fusion avec la route et épousent les variations environnementales. La réponse, vous la donnez, car vous la connaissez. Faites-vous confiance, vous n'êtes pas là par hasard. Agissez en fonction de la stratégie préétablie, incrémentée des nécessaires adaptations. *Stay tuned*, mais ne réfléchissez pas plus que cela. Soyez focus, comme dit Butch Harmon, sur « *what you want to do.* »

Chapitre 17

TROU 17
LE VERDICT

Objectif | Ttrouver son plaisir

État d'esprit | Être enthousiaste

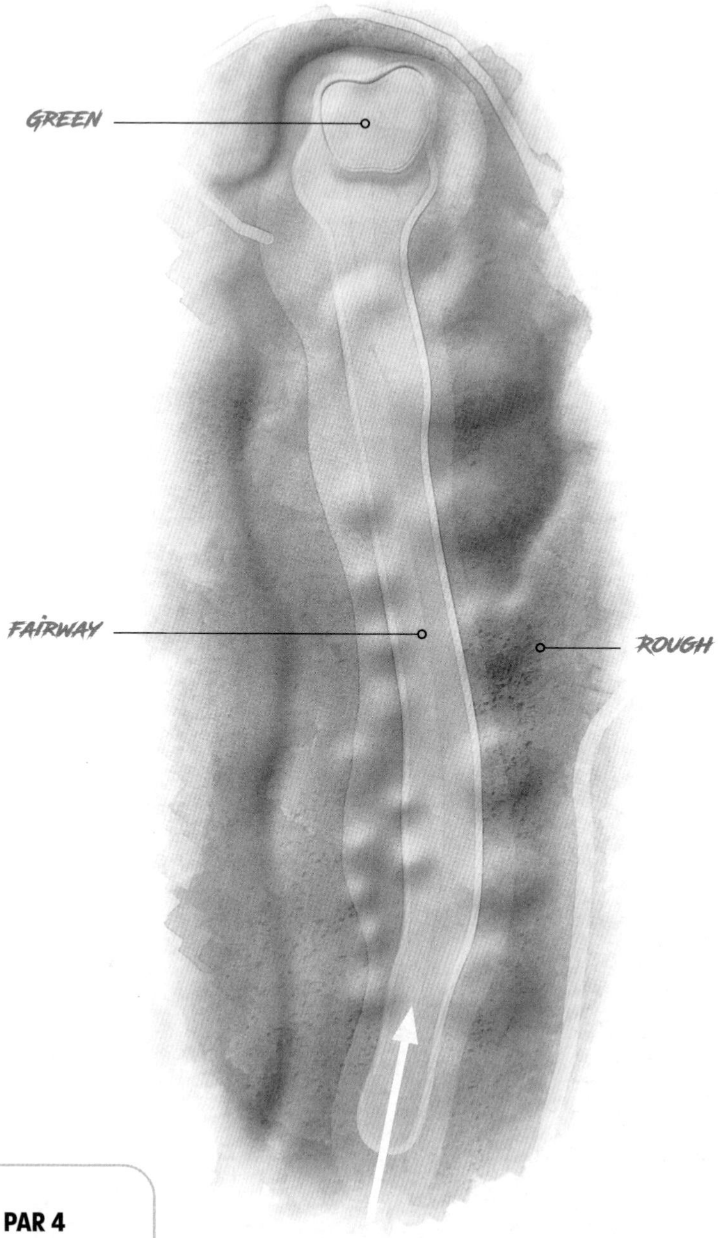

PAR 4
405 mètres

Hubert Chesneau

TROU 17 - LE VERDICT

« Le verdict est un trou difficile, long, sans bunker, mais avec un drive difficile à placer. Pour le deuxième coup, si on ne se pose pas sur le green, le chip ne sera pas simple. On a vu des tas de crèmes renversées sur ce 17.
Quand on a fait l'inauguration en octobre 1990, avec le Ford classic, il y avait un vent fort de face au 17. Greg Norman avait fait drive et fer 3 en restant court du green. Au 18, il avait fait un très bon drive et fer 9, car le vent était plein derrière.
Lors du dîner, Greg m'a dit en reparlant du 17 : "Moi, il n'y a pas un par 4 au monde que je ne touche pas en 2." Je lui ai répondu : "Pour les amateurs, le 17 et le 18, c'est un total de 9 ; et pour vous, les pros, la normale, c'est un total de 8 (4 et 4, ou 3 et 5 = 8)."
Il râlait et restait sur son opinion d'un 17 trop long, car il n'admettait pas de ne pas l'avoir attrapé en deux. Coup de chance, le lendemain, retournement complet du vent. Et là, avec le vent dans le dos au 17, il tape drive, fer 6 et attrape le green sans problème, et au 18, au deuxième coup, il n'a même pas tenté le green, car cette fois, le vent était plein pot contre le nez, il a dû le jouer en par 5.
À la sortie du parcours, il m'a regardé en souriant avec le pouce en l'air. C'était O.K. »

TEE TIME

Le « requin » Greg Norman a révélé trois astuces de dialogue interne qu'il utilisait sur le parcours pour se débarrasser des pensées négatives quand elles pointaient le bout de leur nez. Je ne résiste pas au plaisir de vous les partager, car elles sont aussi pertinentes que savoureuses :

- La première consistait, sur les greens, à s'accroupir, baisser son chapeau sur ses yeux, fixer le sol et à projeter pendant quelques secondes, par le pouvoir de l'imagination, ses pensées négatives sur l'herbe rase.

- La deuxième, sur le fairway, était de se connecter avec ses sens à l'environnement, avec ses pieds au terrain, en notant qu'il venait de marcher sur un caillou, par exemple, et de se raconter l'histoire de ce lieu, ou bien il s'enfonçait un peu le pouce dans le bras ou la poitrine pour détourner ses pensées, les rediriger vers autre chose.
- Enfin, la dernière astuce est encore plus personnelle : « Sur le parcours, j'avais toujours eu un petit bonhomme auquel je m'adressais "Hé ! petit bonhomme, tu es prêt à partir ? Tu es en train de t'endormir ? Tu es prêt à jouer ?" Il est important d'avoir ce genre de conversations pendant votre partie... »

Si cela peut vous inspirer en compétition ou dans toute autre situation, *it's my pleasure.*

LE RETOUR DU HÉROS S'ENFLAMMER

Joseph Campbell - Le voyage du héros : « Chaque nuit, dans nos rêves, nous retrouvons ces dangers, ces monstres, ces épreuves, ces compagnons secrets et des personnages révélateurs immémoriaux. Ces formes reflètent non seulement le tableau complet de notre situation présente, mais elles nous indiquent aussi la voie qu'il nous faut suivre pour être sauvé. »

Mobilisation / Nouvelle vie 2
Face à la tristesse incommensurable, j'ai décidé d'aller vers la puissance, le feu et la passion, en m'ouvrant aux autres, en m'amusant à tomber, en souriant face aux vents contraires pour découvrir de nouveaux frissons, être dans la joie intense d'aller d'une moindre à une plus grande perfection. Yalla !

TROU 17 - LE VERDICT

Objectif : trouver son plaisir
État d'esprit : être enthousiaste

Stratégie / Coup 64 – Redonner confiance
Avec Olga Leonovitch

Enseigner, c'est transmettre des connaissances, ce qui oblige à ne jamais cesser d'apprendre.
Apprendre, c'est chercher à se rendre capable.
Meilleure est la communication entre le professeur et l'étudiant, meilleure sont la transmission, la compréhension et l'assimilation des connaissances. Quel que soit notre âge, nous sommes tous régulièrement dans la position d'enseigner et d'apprendre. Nous devrions donc avoir du plaisir à transmettre

et à recevoir, et d'autant mieux comprendre les difficultés et les besoins des autres.

Olga Leonovtich. « Avant de vouloir à tout prix transmettre un conseil technique, je cherche toujours à faire parler mes élèves, parce que je dois comprendre où se trouvent leurs points faibles psychologiques. Je sais, par expérience, que très souvent ; le problème principal n'est pas le swing. La plupart du temps, les blocages viennent d'un manque de confiance en soi.
J'avais, par exemple, une élève qui venait de sortir d'un burn out. Elle m'a raconté qu'elle avait commencé le golf avec un pro qui, au bout de quelques leçons, lui avait carrément conseillé d'arrêter ! J'ai donc commencé par lui redonner confiance en lui montrant que sa motricité était parfaite. Je lui disais simplement : "Fais une balle courte", puis "Fais une balle haute", et elle savait très bien le faire, sans se poser de question. Je lui ai dit : "Tu vois, tu sais faire ! Donc accepte que tu sais faire." Quand tu te répètes sans cesse "J'arrive pas, j'arrive pas, j'arrive pas", effectivement, sans surprise, tu n'y arrives pas, parce que tu es toujours dans le négatif.
Il faut faire l'inverse : à chaque fois que tu réussis un coup, tu te dis : "Ah ! bravo, je sais faire ça. C'est moi qui l'ai fait !" Il faut te valoriser, te féliciter en permanence parce que si tu ne t'aimes pas, comment peux-tu donner de l'amour aux autres ?
L'objectif doit être large, ouvert : il ne faut pas se fixer de limites, il faut ouvrir grand la porte pour obtenir ce que l'on veut, pour donner le meilleur de soi-même. Surtout ne jamais se dire que c'est impossible. Le mot impossible, pour moi, n'existe pas, dans aucun domaine. Je pense au contraire que tout est possible. Je me souviens qu'un journaliste avait demandé à Margaret Thatcher si elle savait conduire, elle avait répondu avec humour : "Je ne sais pas, je n'ai jamais essayé, mais je pense que oui !"
Pour moi, un échec est un succès différé. Dans mon métier de prof de golf, la meilleure des récompenses, c'est quand les gens sont plus heureux en partant que lorsqu'ils sont arrivés. »

Questionnement en empathie :
Perso : Que n'avez-vous jamais fait, mais que vous pensez être en mesure de faire ?
Pro : Rendez-vous les gens plus heureux après qu'ils aient travaillé avec vous ?
Sujet de dissertation en cheminant :
On est tous responsables, en partie, du monde que l'on bâtit. L'égoïsme et le manque d'empathie, tout le monde en pâtit. Nekfeu

Stratégie / Coup 65 – Prendre plaisir dans le process
Avec Patricia Meunier-Lebouc

Le jeu de golf est une école de persévérance, où l'on découvre par la pratique, sur le terrain, que la victoire, quel que soit notre projet, repose sur le travail sur soi, le chemin parcouru, le plaisir de partager ses progrès. On finit par se souvenir essentiellement des bons moments, des meilleurs coups, surtout s'ils se produisent vers la fin du parcours.
Tel un formidable presse-agrumes, le golf nous aide à exprimer le meilleur de nous. Pour ceux qui seraient étonnés par la métaphore, je rappellerai qu'« expression » vient du latin *expressio*, « extrait par la pression, en pressant. »

Patricia Meunier-Lebouc. « Au bout du compte, ce qui m'a le plus nourrie, en fait, dans mon parcours individuel, c'est mon goût de l'entraînement. J'adore travailler ! Par exemple, quand je me suis remise à la compétition, en octobre 2019, après dix ans d'arrêt, je me suis surprise à retrouver ce grand plaisir de l'entraînement avec Antoine. Ce n'était pourtant pas très joli, ce que je faisais au début. Je ramais vraiment. Mais quand je sortais de séance, je me disais : "C'est vraiment ça que j'adore !" Je n'y arrivais pas, mais je continuais : "Je n'y arrive pas, mais je continue. Je n'y arrive pas, mais je continue. Je n'y arrive pas, mais je continue." Et à partir d'un moment, ça va mieux. [Un

"Je n'y arrive pas" très différent de celui de l'élève d'Olga, dans le coup précédent.]
Ce processus "d'y aller", de "se planter", de continuer, de persévérer, ça a été un bonheur durant ces trois semaines d'entraînement. C'est un truc qui m'a nourrie durant toute ma carrière et une clé de la réussite. Si on ne veut pas vivre pas ce genre de passages a priori difficiles, ça risque d'être très dur d'aller loin, parce que sur la voie du progrès, le niveau d'acceptation du challenge est de plus en plus étroit. Donc je m'énervais : "Ah ! Je n'y arrive pas !" Mais je m'acharnais...
Au putting, ça m'arrivait de faire des exercices de perf où je m'interdisais de sortir avant d'avoir réussi l'objectif fixé... Je ne vous dis pas les états par lesquels je passais ! Mais pour moi, c'est une merveille. C'est un truc que j'adore ressentir. Je pense que c'est peut-être le moment où je me suis sentie la plus vivante ! Voilà ! Tout simplement ! C'est ça, le golf, dans sa plus grande expression, c'est ce challenge qui me pousse dans mes retranchements, me force à sortir le meilleur de moi-même. Parce qu'à un moment donné, la question n'est plus "Comment je fais", j'oublie tout, je pousse le système jusqu'au moment où ça "reclique", où ça s'aligne !
Alors tout ce qu'on a fait jusque-là, qui était si dur, où il a fallu persévérer, d'un coup prend tout son sens, et c'est hypernourrissant. Ça se résume à ça, en fait. Et c'est ce qui me plaît. C'est pourquoi quand je rate un coup, je me dis : "Ce n'est pas grave, c'est normal, ça fait partie du processus, de l'expérience que je suis en train de vivre." J'aime et accepte cette expérience. »

“ Patricia, accro, comme tous les champions, aux plaisirs d'autant plus forts qu'ils sont différés [voir l'interview de Raphaël Gaillard, chapitre 14], aime ressentir des émotions fortes. Elle connaît le goût de l'attente, de la patience, de l'espérance. Elle adore les montagnes russes émotionnelles, car elle cherche avant tout à vivre des moments exceptionnels, qui la font vibrer intensément.

PML. « Tous les sportifs reconnaissent être accros à l'adrénaline. C'est pour ça que sortir de cette vie de sportif de haut niveau n'est pas chose facile. C'est même difficile, car l'adrénaline, d'un coup, tombe. Plus rien n'a la même saveur.
En tournoi, on ressent plus de stress, mais les choses ont aussi plus de goût. En compétition, j'étais à 200 %, je parvenais à vivre la pression assez bien, parce que j'avais travaillé sur le fond avant, ce qui me permettait de me dire quand je ratais un coup : "Ce n'est pas grave, laisse, laisse, laisse..." »

« Patricia aime souvent répéter les choses trois fois, comme des sortes de routines mentales, de mantras... Peut-être parce qu'elle connaît l'importance du dialogue interne, elle sait mieux que quiconque l'importance des mots, y compris quand on se parle à soi-même. Il faut être capable d'oublier l'erreur, l'échec ; capable de se rappeler que la partie escarpée, avec des gros cailloux sur lesquels les pieds glissent, fait partie du chemin. Le sport de haut niveau est riche en turbulences. Trembler et avancer, c'est ce qui motive le plus.

PML. « Le golf, avec ses bons et ses mauvais côtés, est vraiment exceptionnel. Je pense que si beaucoup de sportifs professionnels se mettent au golf à la fin de leur carrière, c'est pour retrouver ce goût du challenge. Ce challenge qu'on expérimente face à soi-même ou face aux autres, comme Michael Jordan, en lançant des paris.
Chacun peut le vivre à sa façon, selon son caractère et ses envies du moment. Le golf rassemble les communautés, notamment celles des sportifs, en répondant à leurs besoins à plusieurs niveaux. Il y a peu de sports qui permettent soit de jouer seul, en pleine nature, dans le calme complet, soit de s'amuser avec des amis soit de vivre l'agitation d'une compétition. Au golf, tout est possible. Comme il vous convient. Pour ça aussi, c'est un sport fabuleux. »

Questionnement *in progress* :
Pro : Votre travail en lui-même est-il votre première récompense ?
Perso : Et si vous vous amusiez à vous challenger sur des choses sans importance, mais qui vous font vibrer ?
Sujet de dissertation en cheminant :
L'objectif de l'art n'est pas le déclenchement d'une sécrétion momentanée d'adrénaline [*au concert*], *mais la construction, sur la durée d'une vie, d'un état d'émerveillement et de sérénité.*
Glenn Gould

Stratégie / Coup 66 – Sourire, sourire, sourire

Avec Thomas Levet

Thomas Levet a toujours organisé sa vie, pensé et agi en champion. Et c'est l'un des joueurs les plus souriants du circuit. Il fait partie de ces golfeurs qui savent quels ingrédients il faut mettre dans le chaudron magique pour atteindre la performance. Donc le sourire doit en faire partie.
Thomas sourit parce qu'il a conscience de sa chance d'être là, à batailler pour la victoire. Il sourit peut-être aussi parce qu'il sait que c'est une arme qui peut déstabiliser l'autre joueur, le faire douter... Thomas sourit parce que sourire détend, vous met en confiance. Votre sourire ouvre les possibles, et cette idée vous fait naturellement sourire. Poker face.
Thomas observe toujours très attentivement ce qui se passe autour de lui, et il sait que son adversaire a, lui aussi, ses faiblesses, comme tous les hommes.

Thomas Levet. « Plus il y a de pression, plus je suis à l'aise. Dans les tournois, j'ai toujours beaucoup de plaisir à jouer, et ça se voit. Et j'en ai encore plus quand je suis en tête ! Car, par définition, si je suis en tête, c'est que je suis au top de mon niveau ; c'est donc là que tu contrôles le mieux ce que tu es en train de faire, et tu sais que ça va continuer, car tout se passe bien. Donc relax.

Quand j'étais en tête, j'étais naturellement plus confiant, plus souriant, car j'avais moins de doutes. Je sais aussi être capable de répéter longtemps. Je n'avais donc aucun doute sur le coup d'après. Et je me nourrissais beaucoup des doutes des autres joueurs. Quand tu sens la peur, la panique monter chez l'autre alors qu'il reste cinq trous et qu'on est à égalité, quand tu le vois s'essuyer les mains quatre fois de suite alors qu'il ne l'avait pas fait durant les treize premiers trous, tu te dis que le gars, il commence à transpirer un peu. Je faisais attention à ça, et je m'en nourrissais.
C'est pour ça que lorsque je suis en tête d'un tournoi, je suis souriant. Je prends du plaisir. J'ai des points d'avance sur les autres, ça veut dire qu'à ce moment-là, c'est moi qui joue le mieux, que j'ai un peu de marge de sécurité, que tous les feux sont au vert. Plus j'avance ainsi, et plus je suis confiant, plus je mets de pression sur les autres, car ce jour-là, c'est moi qui joue très bien. Donc je m'en nourris, et ça devient alors plus facile de gagner. »

> “ Le piège serait de devenir trop confiant, de se laisser aller à la facilité, de ne pas se rendre compte que ce coup-là est justement trop difficile...

TL. « Certains coachs diraient qu'éprouver trop de joie peut déconcentrer, quand on est trop heureux d'être sur le green en position de victoire. Peut-être, mais le fait de prendre les choses avec beaucoup de plaisir, ça enlève aussi beaucoup de pression. Ça me permet aussi d'être plus décontracté que la moyenne.
Quand tu rentres une ficelle [un putt long] de quinze mètres au 17e trou du British Open, c'est fabuleux. Tu te dis que tu es en train d'écrire l'histoire. Donc c'est normal de sourire, de lever les yeux au ciel, parce que tu touches vraiment le sommet. Tu le sens, et ça fait du bien. Donc là, tu prends : ce n'est que du plaisir ! Et quand je lève les yeux au ciel, comme je l'ai fait en 2002, c'est peut-être aussi tout simplement pour mieux

respirer. Avant de jouer le dernier trou, j'étais tellement excité, il y avait tellement d'adrénaline que je me suis dit qu'il fallait que je libère ce trop-plein. Je me suis alors agenouillé parmi la foule et j'ai crié comme un taré pour lâcher de l'énergie et pouvoir driver au 18 en étant un peu plus calme, mais avec la farouche volonté de faire birdie ! J'ai fait un drive monumental, de trente mètres plus long que d'habitude, mais je n'ai fait que le par... Et je suis parti en play-off, pour finir deuxième.
Au bout du compte, j'étais heureux, j'avais donné mon maximum, je ne pouvais pas faire mieux. Ernie Els a fait mieux : "Eh bien bravo !" Ça fait de grands souvenirs. Ernie était en tête depuis plus de trente-six trous [depuis deux tours, une compétition pro en comptant quatre de dix-huit trous], à supporter notre pression... Moi, je n'ai été premier que sur le dernier trou, c'est pour ça que j'ai soulevé Ernie quand il a gagné, c'était sympa, c'était le bon truc à faire, il le méritait.
J'étais vraiment très fier, parce que, pour la première fois, j'avais été vraiment acteur dans un Majeur. C'est dans ce final que j'ai compris combien pour gagner, pour jouer son meilleur jeu, son jeu naturel, il faut se lancer, arrêter d'appuyer sur le frein. Quand on doute, ça ne peut pas bien se passer.
Dans un final comme ça, ce qui compte, c'est rester concentré sur ce que tu as à faire, ton propre score. Ensuite, tu vois si l'autre fait mieux ou pas. Mais quoi que fassent les autres, tu dois rester dans ton jeu, supprimer toute pensée parasite qui t'éloignerait de ce que tu as à faire : jouer le mieux possible au golf. »

Questionnement en faisant ce que vous avez à faire :
Pro : Pour être au top dans votre job dans les situations importantes, savez-vous ce que vous avez à faire ? Êtes-vous acteur ou spectateur de votre carrière ?
Perso : Êtes-vous du genre à vous réjouir facilement ? Ou à vous décourager facilement ?

Sujet de dissertation en cheminant :
Le sourire est à l'humanité ce que les rayons du soleil sont aux fleurs.
Joseph Addison, fondateur du journal *The Spectator* (1711)

Stratégie / Coup 67 – Éprouver un plaisir insoupçonné
Avec Éric Douennelle

On se fait souvent des idées fausses sur les domaines que l'on ne connaît pas. Ainsi, le grand public l'ignore, mais le golf peut être un sport « pas cher ». En effet, on peut envoyer des balles à plus de trois-cents mètres, comme Bryson, pour 3 € seulement : le prix d'un seau. L'on peut devenir l'un des meilleurs putters du monde, comme Jordan Spieth, sans dépenser le moindre centime, puisque les putting-greens sont généralement libres d'accès. Mais « Chut ! Ne le répétez pas », nous descendrions de notre piédestal, et notre grand secret serait dévoilé...

Éric Douennelle. « Les golfs sont ouverts à tous [rares sont les golfs fermés par des barrières, même si les parcours sont interdits aux promeneurs non accompagnés par un membre du club pour des raisons évidentes de sécurité, car une balle de golf peut être extrêmement dangereuse], il faudrait le faire savoir largement. On pourrait, via le Web, faire largement passer le message avec une campagne de pub du genre : "Jouez au golf pour 3 €." On a du mal à se défaire de cette image de sport élitiste, comme le sparadrap du Capitaine Haddock. Les golfs ne sont pas si fermés qu'on le dit.
Surtout, ce que les non-golfeurs ignorent ou ce dont ils n'ont pas conscience, c'est du plaisir insoupçonné que l'on ressent la première fois où l'on réussit à envoyer une balle haute dans le ciel ! Quand on parvient à toucher une belle balle, le plaisir que l'on ressent est tellement supérieur à celui qu'on imaginait que ça décuple le plaisir. À partir du moment où l'on ressent cette intensité de plaisir, on est piqué.

En tant qu'ancien professeur d'EPS, j'ai pratiqué quasiment tous les sports, et je peux vous assurer que le golf est particulièrement puissant. Après toutes ces années, c'est le seul sport qui me génère toujours autant de plaisir à exercer.
Quand des amis sportifs finissent par se mettre au golf, ils me disent tous : “Éric, tu avais raison, c'est d'une puissance inouïe, ce sport !” C'est un atout incroyable du golf sur les autres sports. On ne maîtrise jamais ce jeu, et il provoque toujours un plaisir énorme quand on réussit un joli coup, et c'est ce qui explique son immense popularité dans le monde. Dommage qu'en France, on ne soit pas plus nombreux à le pratiquer.
J'ai par ailleurs beaucoup de plaisir à jouer à la pétanque, l'été, mais c'est un plaisir qui est lié surtout à la convivialité ! Au golf, c'est complètement autre chose : quel que soit mon niveau, même si je suis le meilleur du monde, je ne suis jamais certain d'envoyer la balle dans la bonne direction ni à la distance souhaitée ! On peut complètement se rater. Statistiquement, les grands joueurs ont, bien sûr, plus de chances que nous de réussir leurs coups, certes, mais ils ne sont jamais certains à 100 %. De fait, quand on y arrive, c'est un grand bonheur. Gary Player disait : “Dans une partie, je fais trois coups comme je l'imaginais.” Gary Player !!! Une des plus grandes légendes du golf ! Ça montre bien la difficulté du truc, et ça explique la satisfaction ressentie quand on y parvient. »

> “ Au golf, on évolue la majorité du temps dans la frustration de pas parvenir à réaliser ce que l'on voudrait. C'est un vrai challenge : comment peut-on prendre du plaisir alors qu'on ne fera jamais aussi bien qu'on le souhaiterait ? Échouer la plupart du temps explique pourquoi « réussir enfin comme on l'avait imaginé » est un tel plaisir.

ED. « Cela permet de comprendre comment il faut aborder la discipline, puisque dans la journée, on ne va faire que trois coups pleinement satisfaisants ! Ces trois coups, c'est un

plaisir fa-bu-leux ! Sur le green, à dix mètres du trou, un joueur a seulement 8 % de chances de réussir le putt, donc quand il le rentre, il est au 7e ciel !
Dans notre pratique ordinaire, on fait des coups pas mal, mais on sait qu'on peut faire mieux, parce qu'on l'a déjà vécu, et quand de temps en temps, il y en a un qui sort, le décalage est énorme, et donc le plaisir est dingue ! Quand je fais une semaine de ski, j'ai du plaisir tout le temps, mais je ne ressens pas une différence de plaisir énorme entre une descente et une autre.
Le golf attire des gens assez exigeants. Leur objectif est grand, souvent bien au-delà de leurs moyens, mais c'est aussi pour cette raison que lorsqu'on réussit, on ressent autant de plaisir et que ce plaisir nous marque durablement. »

Questionnement en étant pleinement satisfait :
Pro : Quel a été votre plus bel exploit professionnel jusqu'à présent ? Où, quand et avec qui était-ce ? Comment pourriez-vous le reproduire, voire faire mieux ?
Perso : Avez-vous déjà éprouvé une joie parfaite et profonde ? Où, quand et avec qui était-ce ? Comment pourriez-vous en revivre une autre ?
Sujet de dissertation en cheminant :
Je me décidai en fin de compte à rechercher s'il n'existait pas un bien véritable et qui put se communiquer, quelque chose, enfin, dont la découverte et l'acquisition me procureraient pour l'éternité la jouissance d'une joie suprême et incessante. Spinoza

LE RETOUR DU HÉROS
S'ENFLAMMER

Arrivé au village, j'ai éprouvé du plaisir. À l'écoute du verdict, j'ai éprouvé une joie sincère en partageant autour d'un feu avec les villageois ces quatre stratégies heureuses :

- ☑ *Redonner confiance aux autres.* Olga Leonovitch
- ☑ *Prendre du plaisir dans le faire.* Patricia Meunier-Lebouc
- ☑ *Sourire trois fois plus que les autres.* Thomas Levet
- ☑ *Vivre des émotions insoupçonnées.* Éric Douennelle

L'heure du repos n'est pas encore arrivée, mais je suis enthousiaste. C'est l'heure pour moi d'aller vers la foule.

PARTAGE 3 : LA JOIE

Qui, dans sa vie professionnelle, peut se targuer d'avoir ressenti la joie collective de remporter une Ryder Cup ou une Sollheim Cup ? Cette joie viscérale où l'on se met à danser, à se jeter dans les bras les uns les autres, où l'on se jette dans le bassin du 18 ou dans la fontaine de Trevi ? En fait, pas besoin de Ryder Cup pour ressentir une telle émotion collective : une simple victoire avec son équipe en club suffit à nous provoquer cette joie. N'est-ce pas merveilleux ?

L'émotion, il ne faut pas la craindre mais la chérir, partir à sa quête, espérer la vivre intensément ! Sachant que la plus belle jaillit soudain, enfin, lors de la victoire, de la signature d'un contrat ou de la rencontre d'un amour partagé... L'émotion est l'énergie de notre véhicule ; à nous de rester maîtres du volant, du frein et de la boîte de vitesses. Nous sommes mus par nos émotions. Aimons-les et vénérons la plus belle : *la joie.*

Spinoza disait que « la joie est un passage d'une moindre à une plus grande perfection ». Étymologiquement, cela veut dire que l'on éprouve une *gaudia* (une joie) dans le *facere* (faire) *per* (jusqu'au bout). Soit : on passe d'une joie modérée à une joie intense quand on arrête de faire les choses à moitié, quand on va jusqu'au bout des choses. Vous remarquerez qu'il n'est pas question ici de faire bien ou mal les choses – ces valeurs n'existant que dans nos projections affectives, morales ou culturelles –, mais de les faire vraiment jusqu'au bout.

La perfection pour la mythologie occidentale est de l'ordre du divin... En Orient, elle nous serait accessible en gravissant un escalier de dix marches qui aboutit à l'Éveil suprême :

1. *Dāna pāramī* : générosité
2. *Sīla pāramī* : moralité
3. *Nekkhamma pāramī* : renoncement
4. *Paññā pāramī* : sagesse
5. *Viriya pāramī* : énergie
6. *Khanti pāramī* : patience
7. *Sacca pāramī* : honnêteté
8. *Adhiṭṭhāna pāramī* : détermination
9. *Mettā pāramī* : amour bienveillant
10. *Upekkhā pāramī* : sérénité

Des qualités que j'espère avoir illustrées avec les témoignages de ce livre.

En golf, c'est dix-huit, voire soixante-douze marches qu'il faut gravir pour accéder à la joie, mais l'esprit est le même. Le golf est une voie vers la perfection, si tant est que l'on joue chaque coup, chaque trou, chaque parcours, chaque compétition jusqu'au bout avec générosité, moralité, renoncement, sagesse, énergie, patience, honnêteté, détermination, bienveillance et sérénité.

Vous remarquerez qu'il n'est pas question de résultats dans cette liste de dix vertus, mais d'une manière de faire, de monter jusqu'en haut l'escalier : faites les choses à fond, vous y trouverez la joie.

Comme le neuropsychologue portugais Antonio Damasio, j'aime profondément Spinoza, car c'est l'un des rares philosophes modernes à proposer un chemin de construction de soi qui mène à la joie. La tristesse est utile aussi, puisqu'elle nous alerte quand nous nous éloignons de notre destin. La joie, elle, nous dit que nous sommes sur la bonne voie, en train de faire un grand pas vers notre accomplissement. La joie nous signale une victoire de ce que Spinoza appelle le *Conatus*, c'est-à-dire de cette force intérieure qui pousse chacun à devenir ce qu'il est déjà en latence. C'est en étant honnête avec vous-même que vous trouverez votre raison d'être dans la joie.

On le dit communément sur un terrain de golf : « N'abandonne pas, continue, ça finira par sourire… » Autrement dit, quand vous êtes « dans le dur » après six trous, le phénomène de régression vers la moyenne devient votre meilleur ami ; accrochez-vous, souriez, plaisantez : « Je ne peux que faire mieux statistiquement », car c'est la vérité.

MISCELLANÉES
DE RETOUR AU VILLAGE APRÈS LE VERDICT

EMPATHIE

La définition du concept très récent d'empathie reste un vaste sujet de débat entre chercheurs en sciences sociales. « L'objet de l'empathie est la compréhension. L'objet de la sympathie est le bien-être de l'autre, différencie, par exemple, Lauren Wispé. En somme, l'empathie est un mode de connaissance ; la sympathie est un mode de rencontre avec autrui. »

Selon Julie Grèzes, directrice de Recherche à l'INSERM, l'empathie n'est pas synonyme de contagion émotionnelle. Être empathique, c'est avoir cette capacité de décoder, de connaître, de saisir intuitivement, implicitement, l'état psychologique, les émotions de l'autre, puis de réguler ses propres réponses émotionnelles. Ce qui permet ensuite d'adapter son comportement (qui n'est pas forcément de lui porter un secours direct).

On est dans l'empathie quand on trouve le juste équilibre entre l'écoute, la compréhension des besoins de l'autre et le respect de soi, de ses propres besoins. On voit que l'autre souffre, on comprend pourquoi et on agit comme il convient : « il faut être capable de dissocier soi de l'autre », explique Julie Grèzes. Il convient surtout de distinguer l'empathie émotionnelle, qui désigne la capacité d'éprouver les sentiments et émotions d'autrui, « de l'empathie cognitive, qui caractérise la capacité de comprendre les états mentaux d'autrui, sans qu'une composante affective ne vienne contribuer à la formation de ces représentations. » Pour prendre un exemple simple : la réaction empathique, ce n'est pas de hurler quand on voit quelqu'un blessé dans la rue après un accident, ce n'est pas de prendre le blessé dans ses bras au risque d'aggraver ses blessures ; c'est, dans un premier temps, de saisir la gravité de la situation et de faire ce qu'il faut : assurer la sécurité et appeler les secours.

L'empathie, qui correspond à une compréhension implicite des émotions d'autrui, aide donc à trouver de meilleures solutions opérationnelles.

Que dit votre swing ? Nous ne pouvons réduire l'individu dans sa complexité à un geste bien ou mal effectué. C'est pourquoi un bon entraîneur doit s'intéresser par empathie à la connaissance globale de la personne qu'il entraîne, et pas seulement à la technique qu'il enseigne.

Pour pratiquer l'écoute emphatique, reformulez ce que la personne vient de dire avec une question bienveillante à la clé, de façon qu'elle puisse aller au bout de sa pensée. Évitez tout jugement, tout conseil, toute appréciation, tout « Ah ben, moi, je... »

Pour terminer, n'ayez crainte : l'empathie n'est jamais signe de faiblesse, elle est la première caractéristique du charisme.

INTELLIGENCE ÉMOTIONNELLE

En 1995, le journaliste-psychologue Daniel Goleman a popularisé le concept d'Intelligence émotionnelle en définissant quatre grandes sphères spécifiques :

- La *conscience de soi*, qui permet de comprendre ses émotions, de reconnaître leur influence et de les utiliser pour prendre de meilleures décisions. (« Connais-toi, toi-même... »)
- La *gestion de soi*, qui permet de maîtriser ses émotions pour mieux s'adapter à l'évolution de la situation. (Self-control)
- L'*intelligence interpersonnelle*, qui permet de mieux détecter et comprendre les émotions d'autrui et de savoir comment y réagir. (Empathie)

- Enfin, la *gestion des relations*, qui permet d'exercer une meilleure influence sur les autres, tout en favorisant leur développement et en désamorçant les conflits. (Assertivité, CNV)

Selon Goleman, ces compétences émotionnelles ne sont pas des talents innés, mais des capacités acquises, que l'on doit chercher à développer et perfectionner. Elles forgent au bout du compte ce qu'on appelle communément le *caractère* d'une personne, qui se perçoit, à tort ou à raison (souvent à raison) au premier regard (l'amygdale détectant l'essentiel : ami ou ennemi)... Les hommes, comme les animaux, ont un mode de communication non verbale, qui repose sur l'expression corporelle. Le répertoire des gestes se renouvelle en permanence selon les relations entre les personnes, les contextes. Le « geste accompagne la pensée, il la sculpte », écrit joliment Alain Berthoz ; ce mouvement exprime, au-delà des mots, l'intention, l'émotion... « Pensé par sa fin et non en étapes », le geste (exploration, attaque, fuite, panique) nous permet d'anticiper, de répondre avec pertinence, comme une évidence... ou pas.

FRATERNITÉ

Article premier de la Déclaration universelle des droits de l'homme (1948) : « Tous les êtres humains naissent libres et égaux en dignité et en droits. Ils sont doués de raison et de conscience et doivent agir les uns envers les autres dans un esprit de fraternité. »

La Liberté est ce que l'on peut souhaiter de mieux pour chacun, mais sans règles ; c'est la loi du plus fort qui finit par s'imposer. L'Égalité paraît, en théorie, la solution la plus juste, mais sans contraste, sans opposition, c'est la loi de la dictature qui finit par s'imposer. La Fraternité, c'est ce principe qui permet le juste équilibre entre Liberté et Égalité ; elle est trop souvent oubliée, alors qu'elle est le pilier central de notre triptyque républicain.

DÉFI RELEVÉ ?

Avoir le goût du défi comme Patricia, c'est formidable, parce que ça lui correspond à 100 %, comme elle l'a découvert avec sa préparatrice mentale et comme elle l'a confirmé tout au long de sa carrière. Patricia sait parfaitement pourquoi elle a besoin de relever ces défis, quelles émotions elle stimule en les affrontant et pourquoi elle éprouve un véritable plaisir en les vivant. Mais ne vous croyez pas pour autant obligé de l'imiter.

Avant de vous mettre martel en tête, demandez-vous plutôt si ce défi, une fois relevé, vous apportera du plaisir, vous rendra un peu plus heureux. Souvenez-vous des mots de Patricia : « Pour moi, c'est une merveille. C'est un truc que j'adore ressentir. Je pense que c'est peut-être le moment où je me sens la plus vivante ! » Voilà le vrai indicateur de vérité. Seule la satisfaction personnelle, intérieure, est à rechercher. Qu'est-ce qui vous rend plus vivant ? Plus joyeux ?

Comme nous dit Spinoza : « Toute chose qu'on se représente comme conduisant à la joie, on fait l'effort pour qu'elle y arrive ; si au contraire, elle doit être un obstacle à la joie et mener à la tristesse, on fait effort pour l'écarter ou la détruire. » Donc relevons seulement les défis qui sont bons pour nous, en y mettant vraiment toute l'énergie de la joie ; ne nous brûlons pas les ailes aux lumières qui ne sont pas les nôtres.

ADRÉNALINE

Notre corps, cerveau inclus, est une machine de guerre ; il sait faire si on le respecte, si on le renforce comme il a besoin, si on lui fait confiance. Dès que notre cerveau perçoit un danger, un stress mental ou physique, il envoie un signal à l'hypothalamus (le centre de nos émotions) qui lui-même va envoyer un message nerveux aux glandes surrénales, lesquelles vont se mettre à sécréter une hormone répondant au doux nom d'Adrénaline, déesse de la Guerre (CQFD). Telle une drogue, dès que l'adrénaline est dans notre sang, une réaction en chaîne se déclenche : notre digestion se ralentit, notre rythme cardiaque et notre pression artérielle augmentent, notre respiration s'accélère, notre cerveau et nos muscles reçoivent plus d'oxygène, nos pupilles se dilatent pour augmenter notre niveau de vigilance ; notre organisme entier est mobilisé, en ordre de bataille, prêt au combat. Profitez-en !

SOURIRE

À l'automne 2020, la joueuse de tennis Martina Trevisan, 159e mondiale, vingt-six ans, est parvenue en quart de finale pour sa première participation à Roland Garros ! La raison : « Mon mental a été déterminant. » J'ai noté que Martina souriait à chaque service et retour de service : peut-être pour se mettre dans la meilleure disposition d'esprit ? Comme vous pourriez le faire en puttant ou en drivant, comme le fait Olga Leonovitch, ou comme le faisait Hinako Shibuno entre chaque coup, au British 2019...

Anne Le Coniat partage mon enthousiasme pour la jeune Japonaise : « Chez les filles, j'ai vécu un moment d'extase total avec Shibuno quand elle a gagné le British, j'ai adoré. Je m'en sers en coaching. Elle vivait un moment précieux, magique, elle prenait plaisir à faire ce qu'elle faisait, et elle le partageait. Souvent, on n'ose pas exprimer sa joie, on la réprime parce que ça ne fait pas sérieux. Elle a montré que, contrairement à l'idée reçue, on peut être heureux, joyeux et faire de la perf ! Performer, ce n'est pas forcément être triste, concentré, fermé. »

Pourtant, au tout début du quatrième tour, Shibuno, en tête de la compétition, a fait un 4 putts en se montrant trop offensive ! Une erreur qui a permis à ses poursuivantes de la rattraper. Shibuno en a perdu naturellement son sourire (il ne s'agit pas de se forcer), mais elle s'est accrochée. Finalement, au 18, elle a attaqué pareillement très agressivement le trou, au risque de le dépasser encore largement... Mais la balle est rentrée plein centre ! Énorme éclat de joie collective ! Le monde entier jubilait avec la jeune Japonaise. Shibuno : un modèle absolu de résolution décontractée.

À niveau de jeu égal, ce sourire fait peut-être pencher la balance en votre faveur.

Sourire permet d'engranger du positif et de renforcer la confiance. Mais en quart de finale, son sourire n'a bien sûr pas suffi à Martina Trevisan pour bousculer la jeune Iga Swiatek, beaucoup plus solide dans son jeu, au point de remporter ensuite très facilement le Tournoi et de soulever la Coupe Suzanne-Lenglen avec un grand sourire.
Chris Marker définissait l'humour comme la politesse du désespoir ; je vois le sourire relever du même savoir-vivre. A fortiori quand on a la chance de participer à Roland Garros ou à l'Open de France, je vois le sourire comme une preuve de respect, n'en déplaise à l'élégante et boudeuse Anna Wintour ou aux artistes occidentaux antérieurs à Élisabeth Vigée Le Brun. Apprécions les sourires amicaux, fraternels, amoureux, les plaisirs de la vie. Et concluons avec Damasio : « On doit rechercher la joie, par décret de la raison, même si cette quête semble chimérique et folle. »

SIX ÉMOTIONS DONT LA SURPRISE

Peur, dégoût, tristesse, colère, surprise, joie sont considérés comme les six émotions fondamentales, universelles et innées, dites aussi primaires. Une émotion est une manifestation psychophysiologique d'intensité plus ou moins forte, qui survient en réaction à un événement déclencheur interne ou externe. Mais y compris quand la cause est extérieure à nous, c'est notre façon interne d'appréhender l'événement qui déclenchera la réaction émotive.
Les émotions de base sont particulièrement utiles, puisqu'elles nous aident, tels des voyants sur un tableau de bord, à identifier facilement nos besoins pour les combler rapidement. C'est pourquoi elles peuvent nous paraître plus souvent « négatives » (Attention !) que « positives » (Profite !).
La surprise est la seule émotion... surprenante, puisqu'elle oscille entre le vert de la joie (rentrer un putt de 12 m) et le rouge des autres émotions (rater un putt de 30 cm). En fait, c'est cette belle émotion, la surprise, qui décuple la joie de faire un super coup de golf ! Je vous souhaite donc, chères lectrices, chers lecteurs, de belles surprises et beaucoup de joie.

Chapitre 18

TROU 18
LA FOULE

Objectif | Trouver sa place

État d'esprit | Être unis dans la victoire

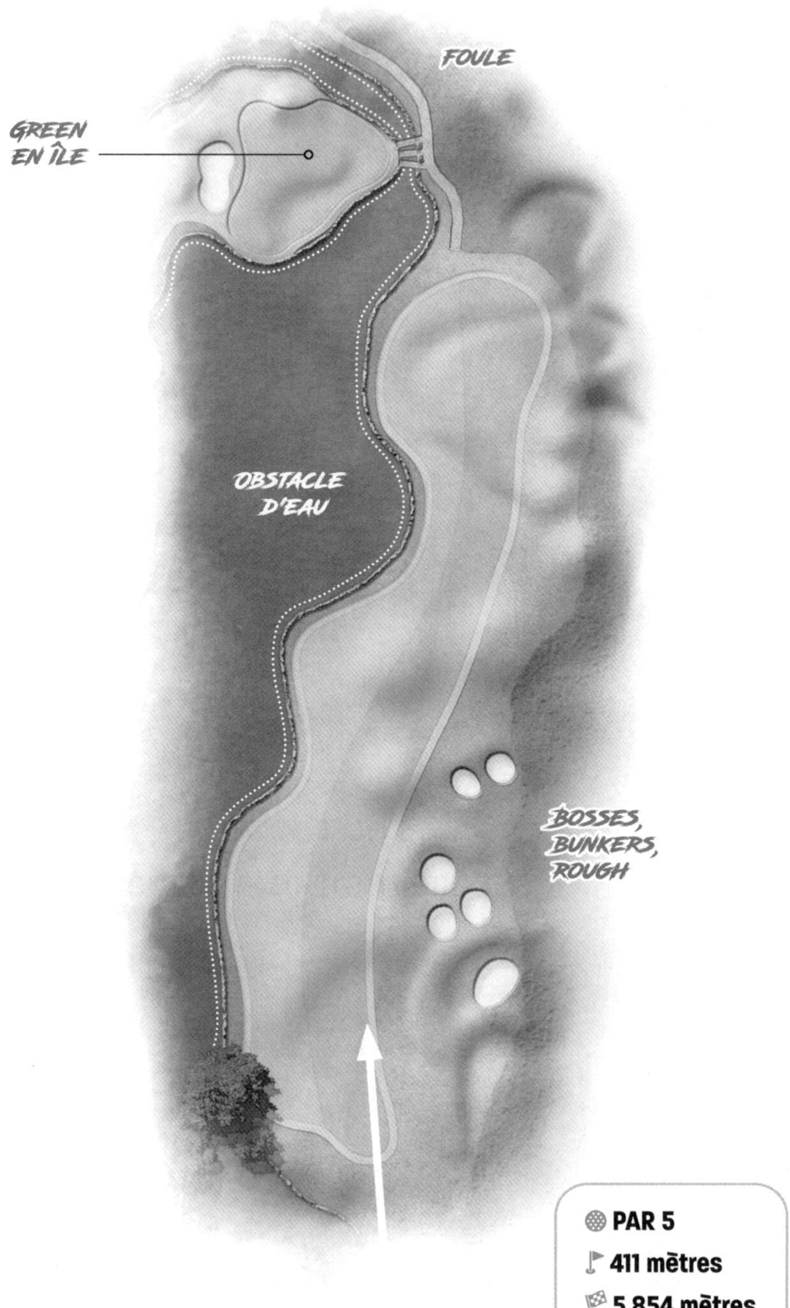
FOULE
GREEN EN ÎLE
OBSTACLE D'EAU
BOSSES, BUNKERS, ROUGH
PAR 5
411 mètres
5 854 mètres

Hubert Chesneau

TROU 18 - LA FOULE

« Au dernier trou, on retrouve la foule, à la sortie du Tribunal. Ce par 5 est ramené en par 4 pour les meilleurs joueurs.
Ce qui m'agace, c'est quand les gens parlent d'Amen Corner, comme à Augusta, pour désigner ce Tribunal. L'enchaînement des quatre trous est amusant : jusqu'au dernier moment, tout peut basculer.
Pour la Ryder Cup en 2018, j'étais un peu inquiet, car les statistiques de la Ryder, depuis qu'elle existe, montraient que 40 % des parties n'allaient pas au 18, et 30 % n'allaient pas au 17.
Finalement, lors de cette édition, beaucoup de match plays sont allés au 18. Soit ils ont terminé au 15, à l'entrée du Tribunal, comme quelques parties importantes, soit au 18, à la sortie. Mais quoi qu'il en soit, devant la foule !
Beaucoup de gens aiment ce parcours, très bien entretenu, même s'il les fait souffrir de temps en temps. Si c'était à refaire, je referais la même chose, avec les mêmes principes. Le Golf National, c'est un peu l'œuvre de ma vie. Quand j'ai su que la Ryder Cup allait s'y dérouler, ça m'a ému. Beaucoup. Le rêve était devenu réalité. »

TEE TIME

Pascal Grizot apprécie particulièrement ce Tribunal qui conclut un véritable parcours de championnat : « Prenons une analogie avec le ski. L'Albatros n'est pas une piste noire, c'est du hors-piste sur une face nord ! Ce parcours est brutal. Il exige énormément d'humilité, parce qu'il peut vous briser. Une piste de ski peut briser physiquement, l'Albatros peut vraiment briser mentalement les prétentions d'un golfeur. C'est un parcours extrême. Sur chaque trou, il peut se passer quelque chose. Évidemment, j'aime beaucoup le Tribunal, l'enchaînement du 15, 16, 17, 18. Parce que ce sont des trous où, quand vous réalisez un bon coup, vous avez un reward important, et quand vous ratez un coup, la punition est immédiate. Donc quand vous avez la chance de le jouer souvent, il vous arrive de temps en temps de réussir ces quatre trous d'affilée, et c'est un vrai plaisir, une vraie satisfaction. »

Une satisfaction éprouvée par Anne Le Coniat, puisqu'elle a déjà remporté une compétition d'enseignants professionnels sur l'Albatros, en faisant une série de birdies 15, 16, 17, 18 ! Vous imaginez la joie !

Christophe Muniesa aime tout autant le Tribunal, mais garde une préférence pour ce trou 18, celui qui offre « le plus d'options tactiques en fonction des conditions atmosphériques et des marques de départ. » Excellent joueur, Christophe doit jouer ce trou en par 4, comme Pascal, toutes les premières séries et les pros : « quand je tape un bon drive, oui, j'attaque le green ; sinon, il vaut mieux faire preuve d'humilité, se replacer sagement. »

Lors de l'Open de France, en 2019, le vainqueur Nicolas Colsaerts s'est bien fort bien tiré de ce passage délicat au Tribunal du golf, mais non sans frayeurs. Devant le juge, au 15, Nicolas sauve miraculeusement... un double bogey quand son adversaire direct Coetzee signe un triple fatidique ! Hansen, le chasseur danois, en profite pour passer devant les deux malheureux compères. Mais déstabilisé lors du verdict, Hansen craque à son tour, avec un vilain 4 putts. Ce qui permet à Colsaerts de repasser en pole position, avant de négocier brillamment le 17, d'enthousiasmer la foule et d'emporter la compétition sur un score total de -12. En conférence de presse, Nicolas, ému aux larmes, clame son « énorme joie ! » Des souvenirs intenses, comme seul peut-être le sport nous en procure...

L'Albatros résiste toujours aux brûle-gueule des hommes d'équipage, et le tribunal reste bien une formidable salle de spectacle vivant.

LE RETOUR DU HÉROS PARTAGER

Joseph Campbell - Le voyage du héros : « Où qu'il aille, quoi qu'il fasse, le héros est à jamais dans la présence de sa propre essence. [...] Pour celui qui est centré au moyeu de la roue, le problème de l'altruisme ou de l'égoïsme disparaît. »

Mobilisation / Remobilisation

Face à l'annihilation, emporté par les hourras de foule, je fête avec tous les villageois la confirmation de mes rêves : notre victoire partagée dans le flow de la joie assertive. J'ai tellement appris de ce voyage que j'aurai bientôt envie, je crois, de reprendre la route, tel le Mat, ce fou avec son baluchon, son histoire et son chien, ses instincts, qui prend des risques et avance en confiance vers des terres inconnues, dans l'unique but de parvenir au centre de la roue de la réunification de sa propre essence.

TROU 18 - LA FOULE

Objectif : trouver sa place
État d'esprit : être unis dans la victoire

Stratégie / Coup 68 – Prendre sa place

Avec Patricia Meunier-Lebouc

École de découverte et d'affirmation de soi, le golf pose concrètement cette interrogation philosophique : sur cette terre, pendant mon existence, comment aurai-je organisé mon temps, quel espace aurai-je occupé ? Nos réponses seront nos récompenses, en nous aidant à mieux prendre la mesure de notre existence. Ce sont des leçons de vie cruciales qui interrogent le penser, le dire et le faire, seul et avec autrui. Quel est votre engagement pour mieux vivre les heures de votre vie, pour prendre votre juste place et emporter votre victoire ?

Patricia Meunier-Lebouc. « Dans la vie, quand il y a un problème, c'est souvent lié à notre état d'esprit. Sur un parcours de golf, j'ai remarqué que trop de femmes (et quelques hommes aussi, mais c'est plus rare) ne se sentent pas à leur place, car elles débutent ou ne se jugent pas excellentes.
Elles se mettent généralement plus de barrières que les hommes, elles sont plus exigeantes avec elles-mêmes, plus perfectionnistes, plus soucieuses du résultat. Elles vont se considérer comme pas assez sportives. Elles vont en quelque sorte s'excuser d'être là, comme si elles avaient peur de déranger, et finalement jouer trop vite.
Les hommes sont souvent plus à l'aise, plus dans le jeu, moins dans l'idée de se "sentir con". J'invite mes élèves donc qui jouent trop vite à prendre leur place. C'est-à-dire, dans le respect des règles et de l'étiquette, bien sûr, je leur apprends à s'organiser entre les coups et à se préparer, se tenir prêts pour ne pas avoir à se précipiter quand vient leur tour de jouer.
C'est leur temps et leur espace.
Ça, c'est un truc hyperimportant – dans une période où on lutte contre le jeu lent, où tout est timé, où il y a un côté "Vite ! je tape la balle" – de se donner plus de temps et d'espace. Il faut vraiment se dire : "C'est mon temps et mon espace." [Patricia écarte les bras encore une fois pour bien délimiter son espace et son temps, son univers.] J'ai mon temps et mon espace. Et je vais prendre ce temps et cet espace.
Dans une routine, c'est important de se dire quelque chose comme : "Je prends mon club dans mon sac et je suis prête à entrer dans mon temps et mon espace." Ça ne veut pas dire que je papote ou que je traîne les pieds. Quand c'est à moi de jouer, j'enchaîne, je suis prête ! Je sais quel coup je compte jouer et je m'autorise ce temps et cet espace pour le faire au mieux. C'est à moi. J'ai le droit.

C'est un problème au golf [et en dehors des parcours] d'estimer ne pas avoir le niveau, de ne pas avoir confiance, d'avoir l'impression de déranger. "Non ! Quand c'est à moi de jouer, c'est à moi de jouer !" Il faut juste que je sois prête.... Donc mieux m'organiser, analyser en amont, être à ce que je fais pour quand vient mon tour de jouer. "C'est mon temps et mon espace !" [Patricia bombe le torse, écarte à nouveau grand les mains.] Voilà. Je ne me précipite pas. Je profite quand je joue. [Ce moment où l'on joue véritablement.]
Cela demande un peu de courage au début, mais les femmes n'en manquent pas ! Et tout le monde passe par là. Il faut qu'elles l'entendent : c'est normal, au golf, de ne pas y arriver immédiatement. Il faut du courage pour franchir le gap entre "Là où je suis" et "Là où je pense qu'il faudrait aller et qui ne me paraît pas accessible." En fait, cet endroit où je voudrais aller, c'est comme une île que je voudrais atteindre, mais sans voir comment. Eh bien si ! Il faut juste s'y autoriser et se dire : "Pourquoi pas moi ?"
Il faut apprendre les bases avec un pro ou une proette. En France, on est super bien équipé dans le domaine avec la PGA. Après, si tu maîtrises les bases, tu peux vraiment t'éclater.
Le fait de prendre des cours collectifs, de passer la carte verte, permet aussi d'avoir une vie sociale très agréable. Je pense que ça ferait le plus grand bien aux femmes, même si je les sais déjà très affairées, de prendre ce moment pour elles. Elles peuvent le faire seules, avec leurs amis, leurs enfants, leur mari : une fois encore, tout est possible. Le golf est vraiment une activité que les femmes devraient explorer davantage. Quitte à prendre des cours en parallèle de leurs enfants, comme c'est proposé de plus en plus souvent dans les clubs. [Clubs, si vous ne le proposez pas encore, voilà une belle opportunité, non ?]
L'effort à fournir au début sera largement compensé par la suite. Une fois qu'on a trouvé son espace, son moment, on peut le vivre comme on veut, seul ou accompagné, en compétition ou en loisir... Le golf est vraiment un univers de convivialité

où l'on peut trouver son compte sans faire de scores extraordinaires. Dans cet espace à soi, ce moment pour soi, on peut s'organiser en pleine nature comme on veut, se faire vraiment plaisir, se dépenser plus ou moins physiquement, quel que soit son niveau. »

Questionnement en prenant sa place :
Pro : Êtes-vous à votre juste place ?
Perso : Prenez-vous du temps pour vous ?
Sujet de dissertation en fêtant la victoire :
Je ne serai pas célèbre ou grande. Je continuerai à être aventureuse, à changer, à suivre mon esprit et mes yeux, refusant d'être étiquetée et stéréotypée. L'affaire est de se libérer soi-même : trouver ses vraies dimensions, ne pas se laisser gêner.
Virginia Woolf

PREM1ÈRE FÊTE EN L'HONNEUR DU GOLF

« La course, la vraie, celle qui ne s'embarrasse ni d'écriture technique sur le sujet ni d'éléments numériques pour mesurer le corps qui palpite à l'intérieur, la course, la vraie, est comme la poésie ou l'amour véritable : elle n'exige rien d'autre que l'essentiel. Malgré tout, pour elle, l'essentiel, c'est déjà trop », nous confie la poétesse fan de course à pied, Cécile Coulon. Je ressens exactement la même chose vis-à-vis du golf. Le golf, le vrai, celui du jeu, exige tout de nous. Autotélique, il nous offre la possibilité de tout donner lors d'un voyage initiatique dont nous sommes le héros ; il nous offre l'occasion d'éprouver la grande satisfaction de voir parfois nos rêves se réaliser sous nos yeux.
Le héros ressort métamorphosé de son aventure dont il est revenu avec une récompense (trésor, élixir ou savoir), qui aidera à améliorer le monde ordinaire, la civilisation, la vie des habitants du village. Parfois, son retour se traduit uniquement par une histoire à transmettre, tel Bilbo qui écrira ses mémoires pour les Hobbits de la Comté.

Le golfeur triomphe pareillement au héros en étant créatif (valeur artistique) et efficace (valeur économique) dans son approche du parcours – comme c'est le cas du n° 1 mondial, Dustin Johnson, créatif et efficace. Mais attention, la chute peut être brutale : gare à l'hybris, la démesure, la folie de se prendre pour un dieu, cette tentation toujours sévèrement sanctionnée par l'Olympe.

Grâce au chemin, nous prenons conscience de notre place dans le monde, du message que nous portons en nous et que nous avons à délivrer aux autres. On le sait depuis Socrate, la sortie du labyrinthe est en son centre. Il ne faut pas être extérieur à soi-même. C'est en se rapprochant de son centre par ses choix et ses rencontres qu'on s'approche de notre vérité, de cette solution qui est en nous. C'est à notre retour que nous pouvons apporter aux gens du village notre contribution singulière, aider notre communauté à évoluer vers de nouvelles solutions individuelles et collectives.

« On a vanté l'exigence du jeu, sa difficulté, l'obligation de marcher, de se concentrer et bien d'autres choses, nous dit Jacques Attali dans son article *Le sexe du golf*. Mais comme toutes ces raisons donnent le sentiment qu'il est une punition plus qu'un plaisir, un médicament plus qu'une friandise, la principale raison de l'inattendu succès planétaire de ce sport improbable et si passionnant me paraît être ailleurs : le golf fournit la plus parfaite métaphore ludique de la condition humaine. En jouant au golf, on joue à vivre, sans courir aucun des risques de la vie. [...] Ainsi va la vie, qui fait de son simulacre une activité de plus en plus nécessaire, dans un monde de plus en plus virtuel, de moins en moins naturel. »

Pour être souriant en cette fête, mon message de golfeur à l'issue du parcours sera celui d'Orville, l'albatros qui transporte Bernard et Bianca dans les airs, qui se pose souvent en catastrophe, mais reste toujours très positif : « C'est l'un de mes meilleurs atterrissages ! »

Stratégie / Coup 69 – Récolter le fruit de ses efforts
Avec Anne Le Coniat

À quoi sert la compétition ? Sert-elle à désigner des vainqueurs et des perdants ? Ou à faire progresser les uns et les autres ?

Anne Le Coniat. « J'aime l'esprit de compétition non pour gagner, mais pour évaluer son talent, ses progrès. Une victoire permet d'accéder à un plaisir d'autant plus intense qu'elle concrétise des années de travail.
Marie-Jo Pérec, par exemple, m'a confié que son regret était de n'avoir jamais couru une course parfaite aux JO ou aux Championnats du Monde. Pourquoi ? Parce que dans leur imaginaire, ce sont des moments symboliques où le stade est plein, avec beaucoup de public : aucun champion ne s'imagine gagner sans public. Quand ils sont gosses, ils imaginent le bruit du stade. Ça fait partie des contraintes, des émotions qu'ils ont envie de vivre. Si vous êtes huit au départ d'une finale du cent mètres, vous voulez qu'il y ait les meilleurs autour de vous. Ça donne plus d'enjeu à la course. Les JO n'ont lieu que tous les quatre ans, avec toutes les contraintes que la situation impose : est-ce que je serai prête à ce moment-là, entièrement, ici et maintenant, face au public, aux télévisions, aux meilleurs mondiaux ? C'est une évaluation sur le chemin, c'est là que vous allez pouvoir évaluer la qualité de votre entraînement. Ce qui t'intéresse alors, ce n'est pas de gagner, c'est de faire une course parfaite.
Annika Sorenstam a battu tous les records de victoires, parce que son objectif final, c'était, un jour, de jouer 54. Comme la préparation physique ou la préparation mentale, la technique est un outil au service d'un projet. L'objectif n'est pas d'avoir un swing parfait (enfin, j'espère !). Avoir la meilleure technique du monde, ce n'est pas ça, le golf. »

« Aujourd'hui, pour gagner, il faut cumuler le sérieux de Sorenstam et la fantaisie de Shibuno.

ALC. « Oui, on retrouve désormais avec la nouvelle génération la même folie que dans le tennis moderne, où ils n'ont plus les pieds qui touchent par terre. Le golf évolue de cette manière-là. C'est beaucoup plus spectaculaire et drôle à suivre. À ce titre, la Ryder Cup au National était merveilleuse. »

“ Les progrès ne sont pas réservés aux sportifs de haut niveau.

ALC. « Pour moi, le haut niveau, c'est d'aller au bout de son potentiel. Quand j'étais jeune pro à Bussy, j'ai eu un jour une dame d'une soixantaine d'années, petite et frêle, qui voulait jouer au golf avec son mari. Le problème est qu'elle n'arrivait pas à envoyer son fer 7 à plus de vingt mètres... Je lui ai donné les outils et la méthode ; ensuite, elle a travaillé. Et au bout d'un an, elle a fini par envoyer son fer 7 à cinquante mètres ! Eh bien, pour moi, ça, c'est du haut niveau. L'émotion en tant qu'entraîneure est la même. La fierté de voir quelqu'un aller au bout de son truc. Partager ce moment-là, si je peux y contribuer un peu, ça, j'aime bien. Je lui avais donné les bases, grip, posture, alignement, et je lui avais dit que ça prendrait du temps, mais qu'elle y arriverait.
Les deux meilleurs professeurs de golf qui existent au monde, ce sont la balle et le club. Le club, car il vous installe, et la balle, car, par sa trajectoire, elle vous montre comment vous avez swingué, elle ne vous raconte pas de salade. Une fois que vous avez expliqué ça aux gens, que vous leur avez appris à lire une trajectoire, vous leur donnez le moyen de devenir autonome dans leur apprentissage. »

Questionnement en accédant au haut niveau :
Pro : Quelle est votre vision d'un parcours parfait ?
Perso : Qu'est-ce que le golf, pour vous ?
Sujet de dissertation en fêtant la victoire :

Pour devenir n° 1, j'ai compris qu'il ne s'agissait pas d'améliorer mon swing, mais de devenir une joueuse complète, de m'améliorer en tant qu'individu. C'était à moi de tenter de comprendre de quoi le golf est fait et de développer une stratégie pour le jouer au niveau le plus élevé. Annika Sorenstam

D2UXIÈME FÊTE EN L'HONNEUR DE SORENSTAM

Moins connue que Tiger Woods, Annika Sorenstam est pourtant une légende absolue du golf. Elle est la golfeuse la plus victorieuse de l'histoire. Son palmarès est dingue : elle a remporté soixante-douze tournois sur le circuit de la LPGA, dont dix Majeurs. Elle détient le record de la plus petite moyenne annuelle de coups par parcours (68 en 2004). Elle n'a pas réussi à atteindre l'Objectif 54 qu'elle s'était fixé, mais elle est la seule joueuse à avoir rendu, en compétition, une carte de 59 coups !

Rappelons que cet Objectif 54 est basé sur la méthode Vision 54 de Pia Nilsson et Lynn Marriott, qui s'appuie sur l'idée de faire 18 trous en seulement 54 coups. Autrement dit, birdie partout.

Principe de base de la méthode : chaque coup doit avoir un objectif. Vous devez donc répondre à chaque fois à ces trois questions :

1. Où vais-je envoyer ma balle (quelle est ma cible) ?
2. Cette cible est-elle un bon choix pour le coup d'après (quelle sera ma prochaine cible) ?
3. Dans quelle direction vais-je faire partir ma balle (quelle trajectoire) ?

Si, en jouant, vous répondez correctement à ces questions, vous avez plus de chances de faire dix-huit birdies, et par voie de conséquence, de gagner la compétition.

J'aime beaucoup ce projet Golf 54, car il repose sur une vision à long terme, un idéal qui donne un sens supérieur au présent et permet ainsi d'être plus présent dans l'action, à partir d'une simple préoccupation : comment jouer du mieux possible chaque coup. C'est une philosophie de vie, où futur et présent, temps de réflexion et temps d'action s'articulent au mieux pour une satisfaction immédiate, faire au mieux, dans le but d'une grande récompense différée : faire (vivre) mieux.

Stratégie / Coup 70 – Ne jamais abandonner
Avec Jean-Lou Charon, Christophe Muniesa, Pascal Grizot, ffgolf

Le sport peut être individuel, mais la victoire ne l'est jamais. On ne gagne jamais seul. Depuis notre naissance, tellement de personnes nous ont aidés, accompagnés, formés, conseillés... On oublie trop souvent l'instituteur de Camus, ce premier entraîneur qui nous a fait aimer la discipline, comme Anne a fait aimer le golf au jeune Grégory Havret en lui proposant des jeux, des minichallenges qui correspondaient à sa personnalité d'enfant. Si la vérité est au centre, on oublie trop souvent de rayonner en faisant preuve de gratitude. Connectons-nous, faisons preuve d'attention, de respect, de tolérance, de bienveillance, de façon à trouver, ensemble, de nouvelles façons d'avancer.

Jean-Lou Charon. « J'aime beaucoup la notion de compromis. Car la nécessité d'avoir un gagnant en affaires imposerait qu'il y ait un perdant. Quand vous trouvez le juste milieu, la raison l'emporte, personne ne perd la face : c'est la théorie du gagnant-gagnant. On est en harmonie, et on ira plus loin en travaillant ainsi, ensemble. Je suis formaté comme ça, et ça marche huit fois sur dix. Pour avoir travaillé beaucoup avec la Chine, je peux vous assurer que c'est une notion très importante pour eux. C'est la manière la plus efficace d'avancer dans le temps, plutôt que de s'imposer en force : "J'ai raison, j'ai gagné !" En affaires, je l'ai vécu et vérifié maintes et maintes fois, et pas qu'avec les Chinois. »

“ L'équilibre est un mot-clé qui revient sans cesse au golf. « Le swing est un geste technique très compliqué et, en même temps, il faut beaucoup de relâchement, nous dit l'acteur Dany Boon, fan de golf, avant de poursuivre : c'est très proche du travail de l'acteur, qui doit beaucoup travailler, répéter, pour avoir la maîtrise technique et, finalement, l'oublier pour jouer correctement, naturellement. » Leçons de golf, leçons de vie : les injonctions du golf « Sois concentré », « Sois détendu » peuvent paraître paradoxales, mais elles nous servent quelle que soit notre activité. La victoire peut prendre de multiples aspects.

JLC. « L'aspect le plus basique de la victoire, c'est celle de l'épreuve sportive où, ce jour-là, dans un contexte spécifique, vous avez été meilleur, ou moins mauvais, que les autres participants. Vous occupez la première place au sens propre du terme. Cela tient souvent à peu de choses. Ballesteros disait : “Quand je fais un bon coup, je suis très heureux.” Quelle leçon d'humilité !
La victoire peut également consister à partager un projet qui ne faisait pas l'unanimité au départ avec un comité, un bureau, un club, un ministère. Vous avez alors réussi à argumenter et trouver un terrain d'entente. Avec le temps, grâce aux multiples actions de la Fédération, notre meilleure communication, nos rapprochements, les gens découvrent d'autres facettes du golf et finissent par adhérer à notre sport.
Il ne doit pas y avoir de domination dans la victoire, car elle est toujours momentanée : vous êtes le meilleur à un instant T, mais à T + 1 [+ 1 jour, + 1 semaine, + 1 an, + 1 génération], vous ne l'êtes plus.
Chaque coup de golf est une victoire sur soi-même, vis-à-vis des autres et avec les autres. C'est une notion très large et beaucoup plus philosophique que le simple fait de lever une coupe.
On rencontre également ça en entreprise : quand vous ramenez un gros contrat, quand vous développez un nouveau produit, quand vous réussissez à convaincre, à chaque fois, ce sont des notions de victoire, mais de victoire partagée. »

“ Les victoires de la ffgolf sont toujours à partager avec les 400 000 licenciés.

JLC. « Oui, et avec aussi tous les élus, les bénévoles, et tous les salariés de la ffgolf...
Les fédérations fonctionnent avec des bénévoles, dont le président, et des collaborateurs salariés. La Fédération de golf a la grande chance d'avoir des professionnels très impliqués. Nous avons professionnalisé notre fonctionnement. Nous avons voulu gérer notre fédération comme une entreprise, un peu à part, certes, mais sur un modèle d'entreprise. Tous nos directeurs en sont de parfaits exemples. Nous avons recruté de véritables experts dans leur domaine.
Christophe Muniesa, directeur général de la ffgolf, évoluait sur le circuit pro européen. C'est une personne de grande valeur, avec un esprit de synthèse très développé. Il est très convoité par d'autres sociétés, mais reste fidèle à la Fédération.
Olivier Denis-Massé, directeur de la communication, est aussi une personne de confiance, qui a également conscience d'œuvrer pour le bien général. Il vient d'Havas.
Pour un président, ces soutiens de Christophe et Olivier sont extrêmement agréables. On travaille en toute confiance sur des projets de grande qualité. La difficulté, c'est de veiller à l'équilibre, à l'harmonie avec les élus, pour faire fonctionner notre Fédération. »

“ Le président Charon parle de victoire partagée avec Christophe qui, avant de diriger la Fédération, a remporté des compétitions individuelles et en équipe en tant que joueur pro. Mais la victoire, au golf, se fait toujours rare. Quand on est pro de golf, la normalité est de perdre chaque semaine et de gagner de temps en temps, à moins d'être Tiger au sommet de sa carrière.
La victoire fait partie du chemin, mais la défaite est omniprésente. On ne peut jamais savoir quand on va gagner, même en jouant très bien (-9), car, malgré tout, la victoire dépend aussi des performances des autres (-10 ou -8). On doit donc faire de son mieux à chaque coup, semaine après

semaine, et quand on a de la chance de bien jouer et que les autres jouent un peu moins bien, sonne notre heure de gloire ou, plus exactement, l'heure de la récompense.
Il paraît donc dangereux de partir avec la seule idée de gagner chaque compétition... L'une des grandes leçons du golf, on l'a vu, avant toute idée de victoire, de pouvoir, de richesse, est qu'il faut rester concentré sur sa propre mission, son propre score, c'est-à-dire sa tâche, ses actions. La victoire est une conséquence, comme le mieux-être est une conséquence.

Christophe Muniesa. « J'ai choisi de pratiquer un sport individuel, mais la victoire, je la conçois beaucoup plus en équipe. J'ai eu quelques succès individuels en golf, en tant que joueur amateur et professionnel ; pourtant, si je ne devais retenir qu'une image de victoire, ce serait celle de notre équipe de France en 88 au championnat d'Europe Boys avec des joueurs qui sont restés pour moi des amis très proches.
Au golf, peut-être encore plus que dans tout autre sport professionnel, vous vous préparez pour gagner toutes les semaines, mais quand vous gagnez une fois par an, c'est déjà extrêmement bien ! Au plus haut niveau mondial, vous pouvez rester plusieurs années sans gagner une seule compétition. Donc la notion de victoire, en golf, est peut-être un peu dévoyée, car elle n'arrive pas souvent et qu'elle est très épisodique.
C'est peut-être pour cette raison que les golfeurs aiment autant les victoires collectives. La Ryder Cup marque les esprits et transcende le golf, parce que c'est un sport individuel joué pour l'occasion en équipe.
Bien sûr, il y a les victoires de l'équipe de France de football, très admirables, mais une victoire collective en sport individuel a toujours une saveur particulière. On se souvient de la victoire de l'équipe de France de tennis en 91, en Coupe Davis, l'un des faits les plus marquants du sport français. Dans le golf amateur, dans les clubs, toutes les semaines, le jeu en équipe – des juniors aux seniors – est mis à l'honneur, et c'est très important.

Une victoire pour soi, seul, n'a pas la même saveur ; elle est plus vite effacée qu'une victoire partagée, qui marque plus longuement les esprits. Je l'ai entendu chez des golfeurs pros et d'autres sportifs de haut niveau, comme André Agassi : ce qui est extrêmement ingrat dans la performance sportive individuelle, c'est que vous vous programmez pour gagner, mais quand vous gagnez, ce qui arrive rarement, forcément, c'est "normal", puisque c'est votre objectif, et toutes les fois où vous ne gagnez pas, c'est extrêmement douloureux et démotivant, et il vous faut un temps fou pour vous en remettre.
Donc quand je m'interroge sur la notion de victoire, j'ai plutôt un réflexe d'équipe sur un sport individuel. Dans ma vie professionnelle également, j'assimile volontiers la victoire à une notion d'équipe, comme dans un passé récent avec ce qu'on a accompli ensemble pour l'organisation de la Ryder Cup, avec Pascal Grizot, Jean-Lou Charon, l'équipe fédérale. Ça a été un formidable succès pour le golf français. »

“ Qu'on le veuille ou non, que l'on gagne ou perde, les émotions nous animent, nous meuvent... Vivre une expérience importante, c'est vivre des émotions. C'est ainsi. Et ces émotions passent avant tout par les relations humaines, d'où notre goût pour la victoire collective. Et si les champions nous donnent une grande leçon, c'est celle de n'avoir pas peur de la vie qui coule dans leur sang et les irradie ! Reste ensuite à savoir comment surfer sur ses émotions, ne pas se laisser submerger par elles. Le nouveau président de la ffgolf, Pascal Grizot, homme d'affaires et grand compétiteur dans l'âme, est un habitué des émotions fortes. Comment parvient-il à les vivre au mieux pour parvenir à la victoire ? En cherchant à les maîtriser, ce qui ne veut pas dire qu'il n'en a pas...

Pascal Grizot. « La grande émotion, c'est pour la fin, quand tu as réussi ! Si, dans l'action, c'est l'émotion qui a le contrôle, je ne suis pas persuadé que ce soit la meilleure des choses. Certes, Ice Man n'existe pas, mais il y a ceux qui gèrent mieux que d'autres leurs émotions.

À Melbourne, lors de la victoire américaine à la President's Cup [compétition opposant les États-Unis au reste du monde, sauf l'Europe, qui dispute déjà la Ryder Cup], fin 2019, Tiger Woods était dans un état comme on le voit rarement, et ce n'est pas un hasard si cette joie se délivre lors d'une compétition en équipe. Il s'agit de l'émotion ressentie par le capitaine-joueur invaincu et partagée avec tout le collectif. Quand Tiger est à la tête de son équipe, il est alors capable de donner le meilleur de lui-même et d'offrir la victoire à son pays, alors que c'est très stressant d'être capitaine-joueur, mais pour Tiger, ça le propulse plus facilement au service de son équipe.

Alors, comment gérer ses émotions trop fortes ? Je me soigne ! Dans le monde des affaires, quand on met de l'émotion, ça ne peut pas fonctionner. Je suis en analyse depuis très longtemps, c'est quelque chose qui m'a aidé, car j'ai besoin de savoir pour quelles raisons je fais les choses, de savoir si c'est pour de bonnes ou de moins bonnes raisons. »

« Être capable de se surpasser, d'atteindre un objectif plus grand que soi, par l'intelligence et la force du collectif soudé autour de soi, quelles belles leçons nous donnent ces capitaines : Thomas Bjorn à la Ryder Cup 2018, Tiger Woods à la President's Cup 2019, Pascal Grizot quand il officiait à la tête de l'équipe de France et maintenant de la Fédération. Tous ces capitaines sont des meneurs qui savent avant tout révéler des talents, créer des liens, attribuer à chacun son meilleur rôle au service d'un collectif, et donner le cap. Toutes ces personnalités n'ont pas fini de nous étonner et de nous ouvrir de nouvelles perspectives. Et cela ne date pas d'hier ! Quand Pascal travaillait dans la grande distribution, il se levait tôt et se couchait tard pour, en bon capitaine, être sur le pont avec les équipes.

PG. « Si vous voulez mobiliser les troupes, c'est sur le terrain qu'il faut commander, pas à distance ! »

“ Ce que je souhaite avec ce livre, grâce à ces témoignages sincères, c'est vous aider à vous épanouir personnellement et collectivement autour d'ambitions partagées. Quand Pascal Grizot a obtenu et organisé la Ryder Cup en France, la mobilisation a été générale à ses côtés pour parvenir à soulever des montagnes, parce qu'il était le porteur d'un formidable rêve.

PG. « Ce qui permet de réaliser de grandes choses, c'est d'être ensemble au service d'un projet qui vous dépasse. Pour la Ryder Cup, tous ont aidé, tous ont partagé. Tous m'ont énormément apporté ; j'espère leur avoir rendu. Au bout du compte, ça a été une belle réussite. Chacun peut se dire, en ayant accompli sa partie, que ça a été un épanouissement personnel et un succès d'équipe. »

“ Tous les témoins de ce livre m'ont énormément apporté, et j'espère leur avoir rendu. Épanouissement personnel et succès d'équipe, que cela puisse être votre programme !

Questionnement en partageant la victoire :
Pro : Avec qui partagez-vous vos victoires ? Sur le long terme, quels types de relations avez-vous établies avec vos camarades, collègues, clients, partenaires ? Sont-ils restés des amis ? Pourriez-vous les recontacter ? Avez-vous conscience qu'au quotidien, la normalité, y compris pour les meilleurs, est de ne pas être toujours le premier, de ne pas être « parfait » ?
Perso : Savez-vous pour quelles raisons vous avez envie de faire les choses ? S'agit-il de bonnes ou de mauvaises raisons ? Pour quel projet pourriez-vous tout laisser en plan et partir à l'aventure ?

Sujet de dissertation en fêtant la victoire :
Tout est possible, à qui rêve, ose, travaille et n'abandonne jamais !
Xavier Dolan

TROISI3ME FÊTE EN L'HONNEUR DE BALLESTEROS

Sans maîtrise de ses émotions, il est impossible de jouer au golf. Cette maîtrise était l'une des forces du grand champion européen Severiano Ballesteros, considéré comme le meilleur joueur du monde au cours des années 1980.

Saviez-vous que ses parents, de simples paysans, ses frères et leurs amis du village de Pedreña, au Nord de l'Espagne, avaient parié toutes leurs économies sur lui, qui n'était alors encore qu'un adolescent, simple cadet, et s'était engagé dans un match play insensé contre le meilleur joueur du club ? Ballesteros n'avait donc pas la possibilité de perdre ce match – perdre n'était pas une option, ou il aurait ruiné parents et villageois – et... il a gagné au 14e trou ! Il était déjà fort de cet état d'esprit de champion : « C'est celui qui aura le plus de cœur qui gagnera. » C'est aussi grâce à ce pari fou sur lui-même qu'il a pu payer sa participation à son premier tournoi pro.

Dans le biopic qui lui est consacré, *Seve, La Légende du Golf*, Ballesteros témoigne de cette époque en disant : « Adolescent, je prenais des paris sans un centime en poche, je n'avais pas le choix. Il fallait que je gagne. Alors forcément, je suis devenu un excellent compétiteur ! [...] Je contrôle vraiment bien mes émotions. Ça a toujours fait partie de mes points forts. Ça fait partie du jeu. Si on ne contrôle pas ses émotions, on ne peut pas jouer », avant d'ajouter : « quand je joue bien, je m'amuse, c'est un vrai plaisir. Tout l'argent du monde ne peut pas acheter ça ! »

Ballesteros est mort à l'âge de cinquante-quatre ans, à son domicile de Pedreña, son village d'enfance. Il a largement contribué à la renommée du golf sur le continent européen, grâce à ses performances en Ryder Cup. Individuellement, il a totalisé quatre-vingt-dix succès à travers le monde, dont cinq tournois majeurs ! Tiger Woods dit de lui qu'il « était l'un des golfeurs

les plus talentueux et les plus enthousiastes de tous les temps. Sa créativité, son inventivité sur un parcours de golf ne seront peut-être jamais surpassées. » Pascal Grizot, qui a eu la chance de jouer avec le golfeur espagnol, parle de Ballesteros dans des termes identiques et en louant son humanité exceptionnelle.
Seve savait se maîtriser, mais c'était un être vivant à sang chaud, un véritable artiste, et si une chose est certaine en ce bas monde, c'est qu'il a vécu les plus intenses émotions et nous a souvent émus aux larmes. Modèle de volonté, il nous a confié aussi pour l'éternité ce message qui repose sur un subtil dosage entre passion et obstination : « Le secret, c'est de ne jamais abandonner. »
Un état d'esprit qu'il a transmis à un autre champion ibérique, qui adore également jouer au golf, Rafael Nadal, lequel, à la veille de gagner Roland Garros en 2020, s'exprime ainsi dans les colonnes de *L'Équipe* : « Les conditions de jeu ne sont pas parfaites pour moi. [Absence de public, lourdeur des balles, vent, froid...] Mais je dois combler cela avec les conditions personnelles que je mets sur le terrain, l'attitude, la détermination. Je joue avec mes sens développés à 100 % pour me donner un maximum de possibilités. Ce n'est pas l'idéal, mais je ne vais pas changer mon comportement, voir le verre à moitié plein ou à moitié vide. Je vais me donner le maximum de possibilités, être aussi concentré que possible. Au fur et à mesure du tournoi, je deviens plus confiant. J'ai envie de mordre dans ces quarts de finale, je suis prêt. »
L'attitude et la détermination, à l'instar de Nadal ou de Ballesteros, c'est ce que l'on doit amener en premier lieu, avec nous, sur le terrain. Puis activons tous nos sens pour nous offrir un maximum de chances, soyons focus, confiants, motivés. Soyons prêts !

Stratégie / Coup 71 – Remercier largement

Avec Thomas Levet & co

Depuis le début de la crise sanitaire 2020, les compétitions se jouent sans spectateurs, ce qui change beaucoup de choses, notamment pour Tiger, Rory et les joueurs les plus expérimentés, les plus populaires, qui ont et aiment le soutien du public : il leur manque incontestablement ce booster énergétique. Comment fait-on pour avoir cet amour ? En donnant beaucoup de soi. Pour réussir, il est indispensable d'avoir le soutien d'une communauté – pour le moins de quelques amis ou de votre famille, au départ, comme Ballesteros – pour vous encourager, vous donner l'impulsion et vous soutenir quand ça coince un peu...

Thomas, Patricia, Pascal, Michel... tous nous rappellent combien le soutien est indispensable pour avoir confiance en soi et se dépasser, car c'est le meilleur des carburants...

Thomas Levet. « En sport, et particulièrement les sports individuels, c'est vraiment le public qui porte le joueur aussi haut. C'est très difficile de jouer avec autant de passion, de mettre autant de volonté quand il n'y a pas de public. Le public, c'est ce qui te pousse à accomplir des exploits. La différence entre un gars qui finit 30e et le n° 1, c'est qu'il s'est moins amusé, qu'il y avait moins de spectateurs autour de lui pour le soutenir, car sur les compétitions de golf, le public suit souvent les parties de tête.

À l'Open de France, le public me portait tellement, applaudissait tellement chacun de mes coups que les autres joueurs sur le parcours pensaient que je faisais birdie à tous les trous. [Rires] Ça leur mettait la pression ! Je me rappellerai toujours la remontée du 14 pour aller vers le 15, il y avait des milliers de personnes, et les gens me tapaient dans le dos pour m'encourager, mais au bout d'un moment, ça fait mal. [Rires] J'avais en tête les images du Tour de France, comme lors de l'ascension d'un col dans une grosse étape de montagne, quand un coureur est en train de gagner et que tout le public lui gueule dessus... [Le grand-père de Thomas était coureur cycliste.] C'était exactement ça. Et de voir l'arène du dernier trou, du 18 quand je l'ai joué, avec tout ce public qui m'encourageait après avoir tapé mon driver, c'est aussi une autre image que je garderai toute ma vie. »

Questionnement sous les hourras :
Pro : Aimez-vous votre public ? Pour qui travaillez-vous ? Avec qui ? Avec quel soutien ?
Perso : Aimeriez-vous faire partie d'une communauté soudée, ouverte et généreuse ? (Si oui, abonnez-vous dans un golf !)
Sujet de dissertation en fêtant la victoire :
Vous dépenserez l'argent, mais jamais les souvenirs de la victoire.
Ken Venturi

QU4TRIÈME FÊTE EN L'HONNEUR DE SOPHIA, RORY ET LES AUTRES

Les nouveaux joueurs, les rookies, sont souvent intimidés par la foule, à laquelle ils ne sont pas encore habitués. L'absence de public a peut-être permis à l'inexpérimentée Sophia Popov de rester lucide. Aurait-elle osé, sous les yeux de milliers de spectateurs, réaliser sa dernière approche de green au putter pour gagner le British Open 2020 ? Cette question n'enlevant rien à son immense mérite.

Le très populaire Rory MacIlroy ne voulait surtout pas que la Ryder Cup « 2020 » ait lieu sans public, même si, a priori, cela aurait avantagé son équipe : « Vous savez, je suis européen et aller jouer aux États-Unis sans avoir le public contre soi, ce serait avantageux. C'est un élément de moins contre soi à gérer. Mais ce ne serait pas du grand spectacle, dans une atmosphère vide. » De fait, que ce soit aux USA ou en Europe, le chouchou du public n'a pas fait en 2020 une saison comparable à 2019.

Au fil de son marathon de cinquante émissions consécutives pendant le confinement du printemps 2020, Michel Teichet a

beaucoup appris de ces échanges très riches, mais en retiendra surtout une chose, comme il l'a confié au soir de la dernière à ses spectateurs : « Vous avez été le carburant de tout ça. Sans vous, ça aurait été juste impossible. »
Avec sa quotidienne en prime time, Michel, mais aussi nombre de pros ont largement donné pendant la crise, démontrant la générosité de l'Univers Golf.
Olga et Stéphane dispensaient leur joie de vivre sur les réseaux sociaux. Laurene Ulivieri, Patrice Amadieu, Joanna Klatten et tout le staff de la ffgolf donnaient des tips quotidiens. Kelly Sotiere, Guillaume Biaugeaud, Lewis Wallace, Rémy Bedu, Frédéric Schmitt et tout le staff du *Journal du Golf* interviewaient les joueurs pros et les meilleurs entraîneurs français. Et tellement d'autres, de Ma des Golfiteurs aux excellentes chroniques de Kristel Mourgue d'Algue, en passant par les conseils putting de Laurent Jockschies, les tours de magie d'Arnaud Serié et Romain Béchu, ou les YouTubers Joël Bernard, Edouard Montaz, Rina Golf, Renaud Poupard, Charles Marchildon, Simon Camirand, etc. Tous nous instruisaient avec leurs émissions en libre accès ! Merci à eux et mille excuses aux nombreux autres que j'ai oubliés de citer.
Pendant ces arrêts forcés, le coach de golf Charles Pironneau, à l'image de la filière, s'est transformé en greenkeeper pour entretenir son parcours, afin que les membres de son club puissent en profiter dès la réouverture.
Face à la crise, les présidents Jean-Lou Charon, Pascal Grizot, et la direction de la ffgolf, emmenée par Christophe Muniesa, nous ont informés très régulièrement et ont négocié (avec une certaine expérience en la matière, comme vous avez pu vous en rendre compte à travers leurs témoignages) avec les ministères, en association avec les groupements professionnels (les présidents du GFGA, du GEGF, de l'ADGF, de l'AGREF et de la PGA France) pour la réouverture au plus tôt, mais aussi en toute sécurité des golfs. Et le golf a été l'un des premiers sports à pouvoir être de nouveau pratiqué à la sortie des confinements.

Tous ont partagé avec plaisir, car sous ses airs d'élitisme, la véritable communauté golf est ainsi : soudée, ouverte et généreuse. Toutes les personnalités que j'ai eu l'honneur d'interviewer ont partagé leur savoir et leur passion sans compter leur temps ni leurs mots. Qu'ils en soient ici grandement, largement, vivement remerciés. On ne peut rien faire sans les autres.

Stratégie / Coup 72 – Fêter la victoire
Avec Patricia Meunier-Lebouc

La vie n'est pas toujours facile, mais une fois qu'on a pris place, elle nous réserve aussi de beaux cadeaux qu'il faut savoir accepter, comme il faut savoir accepter les épreuves. Il est normal que la vie, parfois, vous récompense, et vous l'avez bien souvent mérité. Accueillez alors ces cadeaux les bras ouverts, en souriant. Autorisez-vous la réussite. C'est normal que cela vous arrive, puisque vous avez tout fait pour gagner, ou jouer mieux, ou obtenir cette promotion. Ayez confiance en vous. Surfez sur la vague.
Vous vous sentez encore faillible ? C'est tout aussi normal. Souvenez-vous : gagner ne nécessite pas de jouer à la perfection. En effet, pas besoin d'être parfait, de jouer 54 pour gagner, pour être dans le flow. Être dans le flow, c'est peut-être tout simplement « faire avec » les cadeaux et les cailloux dans sa chaussure...

Patricia Meunier-Lebouc. « Toutes les victoires sont belles, mais le Majeur, le Kraft Nabisco 2003 a été une consécration, c'est-à-dire une représentation concrète de tout le travail que j'avais pu faire avant, depuis mes débuts.
Une victoire cristallise tous les efforts accomplis. La Solheim Cup a été également une consécration, car j'ai toujours adoré le collectif ; j'aime les relations humaines. Me mettre au service d'une équipe, c'était m'oublier, c'était le kiff total, il n'y

avait plus de limites. C'était l'occasion de vivre avec les meilleures joueuses du monde des moments inoubliables, très particuliers, très forts. Gagner l'Open de France a été également une très grande fierté. Comme on le disait, une carrière pro, c'est un chemin, et chaque victoire est une sorte de pierre qui arrive peut-être par hasard : pourquoi ce tournoi plutôt qu'un autre, quelque part ? Mais toutes ces victoires cristallisent le résultat d'un travail effectué en amont. Il y a toujours une part de chance, même si on la provoque, parce que ces semaines où j'ai gagné, personne n'a mieux joué que moi, et a contrario, certaines semaines, je jouais très bien, mais une autre jouait encore mieux... [Les semaines où l'on gagne ne sont pas forcément celles où l'on a le mieux joué, mais la récolte se fait à ce moment-là : autant en profiter sans se demander “mais pourquoi maintenant ?” !]
Chaque victoire est un moment particulier qui pose les choses à un moment donné. Même si, pour moi, gagner le Nabisco faisait partie du chemin, comme toute autre compétition. J'avançais sur mon chemin, et si je devais le gagner, j'allais le gagner. Et si je ne l'avais pas gagné, je ne l'aurais pas gagné. Voilà ! C'est pour les autres que ça a été une surprise ! Le Graal ! “Qu'est-ce qui s'est passé ?” Pour moi, ça n'a pas été brutal, c'était vraiment une chose qui s'était construite avec le temps. C'était cohérent parce que ça faisait des semaines que je me sentais bien, que je jouais aux côtés d'Annika. En fait, j'étais prête, ça devait se passer là, et c'est arrivé pour des centaines de milliers de raisons.
Il y a toujours une part de chance dans l'équation, mais ce n'est pas arrivé par hasard. Sentir cet aboutissement, ça donne encore plus de valeur à ce Majeur, parce que je l'ai vu venir, pas à pas. Cette victoire, je l'ai construite avec mes parents, ma tante, mes coachs, Antoine. Quand j'étais en tête, j'ai eu le temps de me voir gagner... ou ne pas gagner. [Patricia utilise rarement le verbe négatif de “perdre”, comme s'il ne faisait pas partie de son vocabulaire.] J'étais O.K. avec cette idée. Si je gagnais, cela n'avait rien d'exceptionnel à ce moment-là de mon parcours.

[Rires. Patricia, toujours très vivante, très expressive dans ses gestes et ses mimiques, sourit et rit en permanence.]
En amont, il y avait eu tellement de grandes choses de réalisées, et tellement de petites qui ont fini par sceller le tout. Cette confiance en soi, dont on parle tant, on l'acquiert au fil des grandes épreuves et des petites victoires, et plus encore dans ces moments-là. C'est comme si une nouvelle porte s'ouvrait avec un nouvel horizon : les Majeurs deviennent des tournois comme les autres.
On parvient alors à se dire que, si on s'est bien préparée et que l'on joue bien, on peut gagner tout autant que les autres [Annika Sorenstam et Michelle Wie, en l'occurrence !]. Moi, j'étais là pour faire ce que j'avais à faire, un jour après l'autre, et il s'est trouvé que je me suis retrouvée en haut du leaderboard. À ce moment-là, j'avais cette clarté en tête, dans mon parcours, que j'étais au top de mon jeu et de ma gestion de moi [c'est peut-être le point le plus important].
Il y avait pourtant bien des challenges à relever ; Antoine vous dirait (même si je ne m'en souviens plus) qu'à la veille du dernier tour, on a passé pas mal de temps ensemble au practice, parce que j'avais quelques difficultés avec mon driver. Il était inquiet, il se disait : “Comment on va faire demain vu le champ de joueuses en face ?” [Patricia fait semblant de se prendre la tête de désespoir.] Enfin bon, peu importe ! Lui dit ça, moi je ne m'en souviens pas du tout. Moi, j'étais ailleurs ! Parce qu'il y a un moment donné où il faut faire le tri. Et j'étais au top de mon jeu ! Même si je ne jouais pas à la perfection. »

Questionnement en levant les bras au ciel en forme de V :
Pro : Pensez-vous qu'il faut être parfait pour réussir, ou suffit-il de réunir les bonnes conditions, de se mettre dans la bonne situation ? Quelles sont les dizaines de milliers de choses que vous avez déjà réalisées jusqu'à présent et qui vous rapprochent de votre plus belle victoire ?
Perso : Comment et avec qui fêterez-vous votre propre vic-

toire ? Quelle est la prochaine étape sur votre chemin ? Est-ce un défi ?
Sujet de dissertation en fêtant la victoire :
Vous demandez, quel est notre but ? Je peux répondre en un mot : la victoire, la victoire à tout prix, la victoire en dépit de la terreur, la victoire aussi long et dur que soit le chemin qui nous y mènera ; car sans victoire, il n'y a pas de survie.
Winston Churchill

CINQU5ÈME FÊTE EN L'HONNEUR D'ATHÉNA-NIKÉ
Volant à très grande vitesse au-dessus des champs de bataille, c'est elle qui décernait la couronne de lauriers au vainqueur : la fière déesse Athéna-Niké symbolise la Victoire. Petite-fille de Gaïa, d'Ouranos et d'Océan, fille de Pallas et de Styx, l'intrépide Niké est la soeur de Zélos (Ardeur), Cratos (Puissance) et Bia (Force) : je vous laisse imaginer les parties de golf volcaniques en famille !!!
Nous, simples humains, mais enfants également de la Terre, du Ciel et de la Mer, avons nos propres combats à mener. Nos multiples victoires passées, solitaires et collectives, nous donnent confiance en nous, nous encouragent à aller de l'avant, à ne surtout pas nous résigner face aux défis qui nous attendent. Nous avons maintes fois réussi à renaître, nous pouvons le refaire.
Évidemment, tout le monde n'a pas gagné des Majeurs, pas même Thomas ! Mais nous connaissons tous dans nos familles, dans nos amis, dans nos voisins au coin de la rue, des champions anonymes mais incroyables, des personnes impressionnantes pour ce qu'elles sont, ont fait ou font, des personnes admirables que nous sommes peut-être même les seuls à connaître, mais qui nous inspirent tellement.
Nous avons tous déjà remporté des victoires grâce aux soutiens de nos parents, de nos amis, de professeurs, de personnes parfois inattendues, et ces victoires ont profité à d'autres personnes. La victoire est un sport d'équipe. Et toutes les victoires sont belles. Pour certains, la victoire peut être de gravir le Mont Blanc quand, pour d'autres, c'est de parvenir à respirer sans

assistance, couchés dans une chambre d'hôpital au niveau de la mer. Chaque victoire a son importance, son message.
Gagner, ce n'est pas être parfait. Gagner, c'est ne pas avoir peur de perdre, c'est savoir qu'il est normal d'avoir peur et qu'il est normal de perdre. Gagner, c'est se ficher de savoir si le verre est à moitié vide ou à moitié plein. Gagner, c'est relever le challenge de vivre, être prêt, prêt à recommencer.

L'APPEL DU HÉROS
THE END

Au cœur du village, j'ai assuré mon rôle dans la cité. Face à la foule, j'ai pris ma place dans la communauté en partageant cinq stratégies victorieuses :

- ☑ *Prendre sa place grâce au golf.* Patricia Meunier-Lebouc
- ☑ *Récolter le fruit de ses efforts avec Sorenstam.* Anne Le Coniat
- ☑ *Ne jamais abandonner avec Ballesteros.* Jean-Lou Charon, Christophe Muniesa, Pascal Grizot
- ☑ *Remercier tous les autres avec Sophia, Rory.* Thomas Levet
- ☑ *Fêter la Victoire avec Patricia, Thomas et la foule.* Patricia Meunier-Lebouc

Je suis arrivé au bout de cette aventure. Je marque d'une pierre blanche cette étape de ma vie qui cristallise des années d'efforts individuels et collectifs.

Tel le héros de Campbell, je me suis créé pour offrir aux autres du nouveau. Avec les villageois, j'ai partagé la gloire de mon retour (voie, flow, joie, victoire), mes réussites aux épreuves (destin, dignité, cohérence, courage, bienveillance), ma formation (élan, mission, fluidité, équilibre, passion, patience) et mes trésors de guerre (assertivité, amour, chance), mais une nouvelle aventure m'appelle, je l'entends, à l'extérieur du village, je l'entends murmurer mon nom au cœur d'une grande étendue de verdure où coule une rivière...

Je saute dans le plan d'eau du 18, et la foule m'acclame ! J'ai mené de par en par mon voyage. Me revoilà à mon point de départ. L'heure du repos n'est toujours pas arrivée, ce n'est pas fini, et j'en suis heureux ! C'est peut-être l'heure de la résurrection, d'un nouveau voyage.

« Ça vous dirait, une nouvelle partie ? »

Je suis fin prêt pour un nouveau départ.

ALBATROS,
19e TROU
CLUB-HOUSE

Fin de partie

Nouveau départ

« Le buisson d'épines est le vieil obstacle sur ton chemin. Si tu veux avancer, il doit prendre feu. » Franz Kafka

On ne joue pas au golf pour jouer 54, parce que l'on n'y parviendra jamais. La vraie raison de notre amour pour le golf, c'est le désir d'avancer dans notre parcours de vie, de nous embraser pour rayonner, de partager des émotions fortes avec d'autres passionnés. On aime le plaisir physique que l'on éprouve soudain, par surprise, quand on contacte parfaitement la balle, on goûte le plaisir esthétique qui nous saisit quand on suit dans le ciel la perfection d'une trajectoire, et on jouit du plaisir intellectuel qui nous subjugue quand on parvient à accomplir ce que l'on avait imaginé.

Quel est votre index ?
Là n'est pas la question. L'essentiel n'est évidemment pas d'être 54, 36, 18, 9 ou 0, mais de progresser.
Ce livre est mon message. Je ne sais pas quelle résonance il aura en vous, par ricochets directs et indirects, mais j'espère sincèrement qu'il vous servira à trouver des sources d'inspiration, des raisons de persévérer, des ressources pour vous surpasser et finalement trouver le plaisir de diffuser à votre tour votre message, votre expérience de vie.
Certes, « scorer » fait partie plaisir du golf, car le « bon score » vient marquer un progrès, mais ce résultat n'est qu'une conséquence de nos efforts et de la chance. Au golf, le but est combien, mais le « bon score » n'est que la cerise sur le gâteau (en tout cas pour nous, amateurs). Si, pour vous, le score est le gâteau, vous risquez de manger de la soupe à la grimace toute votre vie. Combien de fois serez-vous satisfait de votre « combien de coups » ? Nous nous concentrons trop souvent sur le résultat et ne pensons pas assez à la cause, au comment, au pourquoi ; c'est là que le golf peut nous induire en erreur si l'on comprend mal son message. Le vrai plaisir, comme toutes les beautés de ce monde, ne se mesure pas. Et si vous voulez abso-

lument mesurer, je vous invite plutôt à calculer le pourcentage de vos coups réalisés avec la bonne attitude, la bonne intention (attention sans tension, prise de décision, engagement dans l'action, sourire au finish : à vous de choisir vos ingrédients...) : 90 %, 50 %, 20 % ?
Le but n'est pas de jouer mieux dans le but de baisser son index, mais de jouer mieux chaque coup dans le but d'augmenter ses super pouvoirs. Cherchons à réveiller l'enfant en nous. Par exemple, quand j'étais petit, je jouais à être Michel Platini ou Terence Hill. Retrouvons notre âme d'enfant, cet état d'esprit curieux et positif. Retrouvons nos capacités naturelles de visualisation, d'imagination : « Et si, sur ce trou, je jouais à être Dustin Johnson qui marche comme un cow-boy sur les fairways ou bien la Smiling Cinderella Hinako Shibuno qui attaque ses putts en souriant avec confiance ? »
Si nous voulons être plus heureux avec notre jeu de golf, affranchissons-nous de toute idée de score, de résultat. Notre index n'est pas le reflet de notre valeur humaine ; ne mettons pas notre ego dans un trou de 108 mm. Nous valons mieux que ça. La vraie question que nous pose le golf est celle-ci : *comment prendre du plaisir dans la vie en ayant soif d'émotions, en étant exigeant vis-à-vis de soi et de la vie, en étant prêt à suivre notre meilleur guide, le parcours, en étant prêt à recevoir beaucoup du jeu ?*

- Vers quoi me mène l'exigence envers moi-même ?
- Comment pourrais-je être plus confortable avec moi-même ?
- Qu'est-ce qui me gêne ?
- Quelle stratégie pourrais-je mettre en place ?
- Comment pourrais-je améliorer ma situation ?
- Comment puis-je l'accepter ?
- Comment puis-je m'adapter ?
- Lors de ce parcours, qu'avez-vous appris sur vous-même qui pourrait vous aider à être plus satisfait de vous-même ?

Dans un monde qui court sans cesse, sans plus laisser de place à l'affect, dans un monde qui rate si souvent sa cible, personnellement, j'ai appris qu'à défaut d'avoir gagné le British Open, j'ai déjà eu la chance d'être initié à ce jeu qui a embelli ma vie. Grâce au golf, j'ai compris que nous devions cesser de compliquer les choses, que nous n'avions qu'à agir de notre mieux ici et maintenant. J'ai compris que nous avions à prendre plaisir dans l'action, qui nous rapproche à chaque pas du sommet, avec nos partenaires de cordée, de jeu, de vie. Je sais désormais apprécier la chance qui m'est offerte de pouvoir jouer au golf, de vivre, en laissant mes fantasmes, mes muscles, mes pensées, mes émotions participer allègrement au jeu.

Parfois, mon corps me fait souffrir ; j'en prends conscience et j'accepte mon état du jour. J'essaie d'améliorer alors ce que je peux grâce au yoga, aux exercices de respiration, aux outils de préparation mentale et, surtout, en gardant un état d'esprit positif.

Je joue pour prendre plus de plaisir, en relativisant mes scores, car comme le dirait Olivier Denis-Massé : « Ne vous prenez pas trop la tête, il y aura toujours quelqu'un qui jouera mieux que vous. »

Au golf, ce n'est pas comment, c'est combien de coups avons-nous faits, certes, mais surtout combien de plaisir avons-nous pris sur les quatre heures de jeu d'une partie ? Au 19e trou, les conversations ne deviennent réellement intéressantes qu'à partir du moment où l'on parle d'autre chose que du « Combien tu as joué ? » Ce qui est enrichissant, c'est combien nous avons profité de l'environnement, de notre corps, de notre esprit, de nos cinq sens, de nos partenaires, combien de rires, d'émotions, d'encouragements, combien de moments de vie partagés. Et si c'est votre jour de brandir la coupe, tant mieux, vous méritez nos applaudissements et que l'on vous porte en triomphe, comme quand Thomas Levet finit deuxième du British et soulève Ernie Els : quelle belle image d'humanité !

Les greens et les obstacles qui les protègent symbolisent les dix-huit marches que nous avons à gravir pour accéder à nos rêves. On peut alors – « ni anges, ni bêtes, mais simplement des hommes », comme dirait Laborit – éprouver nos qualités et nos défauts face à la vie. On comprend vite que l'on ira nulle part sans l'accord du parcours, et que cet accord passe par un accord avec nous-mêmes.

« L'homme n'est pas une machine qui pourrait accomplir de façon continue la même performance de travail, explique le psychiatre Carl Jung : au contraire, il ne peut répondre totalement et de façon idéale aux exigences de la nécessité extérieure que s'il est adapté à son monde intime propre et s'il est en accord avec lui-même. Inversement, il ne peut s'adapter à son propre monde intérieur et parvenir à l'accord avec lui-même que s'il est aussi adapté aux conditions du milieu. »

Bien jouer au golf, c'est aimer le parcours, l'environnement, aimer le jeu sous toutes ses formes, aimer les autres dans leur diversité, en commençant par aimer ses émotions, ses forces et ses faiblesses. « Le golf est un compromis, nous dit très justement le golfeur Bruce Crampton, entre ce que votre ego veut que vous fassiez, ce que l'expérience vous dit de faire et ce que vos nerfs vous laissent faire. »

On grandit quand on parvient à mieux comprendre les causes de nos joies et de nos peines, quand on parvient à maîtriser un peu mieux notre corps et notre cerveau, quand on devient compétent inconscient, comme Rory McIlroy au Masters d'Augusta 2020, qui passe de +3 à -5 dans la même journée en arrêtant, après son premier tour totalement raté, de « se prendre la tête. »

À un bien moindre niveau de golf, par un beau dimanche ensoleillé de septembre 2020, j'ai eu le plaisir d'avoir comme partenaires du jour sur le parcours d'Alençon, François (kinésithérapeute qui putte les yeux fermés), Sidonie (professeur de sport qui drive à 200 m) et Sylvie (chirurgienne qui soigne des enfants malades à Necker). À la fin de la compétition, j'ai conclu notre échange de cartes de scores (ponctuées de trop de croix à notre goût, témoins de nos « trous complètement ratés ») par ces mots sincères, approuvés par tous d'un grand

sourire : « Merci beaucoup. Ça a été un vrai plaisir de partager cette partie avec vous. Qu'est-ce que cela aurait été si, en plus, nous avions bien scoré ? » Et nous étions tous les quatre très détendus en nous rendant à la terrasse du club-house pour discourir sur ces petites vicissitudes qui embellissent la vie. Que demander de plus ? Scorer, en effet. Car l'avantage du scoring est d'établir des mesures objectives de nos progrès golfiques, certes, mais nul doute que ce serait pour une prochaine fois.
Au golf, la vie est un chemin de « croix », rempli de surprises qui font que l'on apprend en permanence (rappelez-vous de l'édifiant septuple bogey de Tiger à Augusta !). Ça monte et ça descend, et ça remonte plus haut parce que l'on a grandi, parce que l'on n'est pas encore arrivé, parce que l'on a la chance de pouvoir encore bouger, de s'amuser, de partager des émotions avec des personnes de qualité. Nous cherchons au golf la régularité, la stabilité, quand la vie est à l'opposé : mouvement, variété et dynamique.
Fuyons l'inertie, cherchons plutôt notre élan, la pulsion de vie, la joie ; cherchons l'adaptation au parcours avec cette souple et ferme intention, cette noble assurance que : « Quoi qu'il arrive, mon kit génétique de chasseur-cueilleur saura quoi faire. »
Mammifères prédateurs, nous sommes passés dans la chaîne alimentaire du milieu de peloton (il y a deux millions d'années) à la pole position, grâce au développement de notre lobe frontal et du lobe pariétal postérieur. Ces changements majeurs dans la structure de notre cerveau nous ont permis d'améliorer nos capacités de perception et d'analyse d'information, de prévoir de meilleures stratégies dans le temps et l'espace, d'élaborer et construire des outils pour mettre en œuvre nos plans, de communiquer plus précisément pour mieux coopérer, d'adapter nos comportements en fonction de la réaction de notre environnement instable et complexe, jusqu'à ce que l'environnement se plie à notre volonté.

Dans le modèle de développement de notre cerveau pour assurer notre survie, nous avons toutes les clés, toute la méthodologie du développement personnel (voire industriel). Appuyons-nous sur ces millions d'années de R & D pour nous renforcer. « Corps, âme, intelligence. Au corps les sensations, à l'âme les impulsions, à l'intelligence les principes », nous explique depuis l'antiquité Marc Aurèle. C'est pourtant simple ; pourquoi cherche-t-on alors toujours à compliquer ?
Il est vital de réfléchir pour interpréter notre réalité, élaborer des stratégies pertinentes dans un environnement stressant et complexe. Nous nous sommes développés grâce à notre supériorité intellectuelle, donc ne nous en privons pas aujourd'hui. Mais, dans la mise en œuvre, simplexifions les choses en nous concentrant sur l'essentiel, les clés qui permettent de faire la différence.
Au golf : toucher un maximum de fairways avec son driver, pour toucher un maximum de greens avec ses fers, pour récolter un maximum de birdies avec le putter. Cela détermine un programme de développement et de production évident : « Je dois m'entraîner à driver long et droit, à être précis avec mes fers, à être encore plus précis avec mon putter. »
Et, dans la livraison, c'est-à-dire dans l'action, rendons le jeu encore plus simple : « Je regarde la cible, je regarde la balle, je frappe la balle. » C'est ce que font les champions, et celui qui gagne au bout du compte est « celui qui a le plus de cœur », comme disait Seve Ballesteros, autrement dit, la meilleure attitude positive – plus de motivation, d'envie, de courage, de confiance –, car tous maîtrisent parfaitement outils et techniques, comme nous pouvons l'observer en voyant les pros au practice. Dans le vertige, c'est l'idée même de la chute qui nous fait tomber. La bonne nouvelle, c'est que cela marche dans les deux sens : c'est l'idée même de la réussite qui nous fait triompher. On peut rater un cut pour des milliers de raisons difficiles à contrôler, mais on peut rester maître de son attitude.

En tant que coach, je n'ai pas pour mission de vous entraîner à maîtriser une discipline (le golf, le management...), mais de vous aider à être mieux vous-même, meilleur avec vous-même, à avoir une meilleure attitude vis-à-vis de vous-même et de la vie. Ma mission est de vous de rappeler qui vous êtes et, après avoir déterminé avec vous quels outils d'optimisation vous conviendraient, de vous aider à renforcer votre confiance en vous, de manière que vous puissiez agir positivement sur vous-même et votre environnement, en toute autonomie, si vous le voulez, afin d'obtenir ce que vous désirez. Ma mission est d'optimiser votre KGC, Kit Génétique Chasseur (ou Cueilleur, à vous de choisir), de vous aider à muscler et assouplir vos capacités cognitives, sensorielles, corporelles, émotionnelles pour développer votre équilibre (et non votre constance), afin que vous ayez accès à toutes vos ressources, surtout aux moments clés.
Soyons en mouvement comme la Vénus naissante et dansante de Boticelli, multiplions les expériences pour mieux nous adapter aux environnements changeants et complexes. Cultivons-nous au contact des autres, progressons grâce à des apprentissages adaptés, remplissons notre cerveau de modèles (« Si je fais ça, j'observe qu'il se passe ça. ») et libérons notre KGC (notre swing inné, doublé de nos acquis) qui ne demande qu'à s'exprimer, qu'à nous servir.
Après avoir défini nos besoins, nos ressources, nos équilibres, allons vers nos préférences corporelles, motrices, sensorielles, émotionnelles, pulsionnelles, motivationnelles sans nous enfermer dans aucune. Ce qui compte, c'est l'oscillation perpétuelle, la recherche de notre équilibre physique et psychique du moment, et non de l'équilibre absolu, synonyme de mort.
La mort – « ce pas encore qui est déjà là en nous », pour reprendre la formule d'Heidegger – est une exhortation à être soi-même, à vivre mieux, pleinement, à s'accomplir avant qu'il ne soit trop tard. Ce vivre mieux avant la mort ne sous-entend pas de courir en tous sens, fébrilement, comme nous l'interpré-

tons trop souvent. Au lieu de prendre le temps de respirer, nous cherchons à vivre plus vite, plus haut, plus fort, comme si nous étions aux JO de l'existence. Au contraire, rappelons-nous que l'essentiel est de participer, « d'avoir des traits communs avec les autres », et non de l'emporter au détriment des autres. Participer, c'est-à-dire faire sa part et faire part à la communauté, partager ce qu'il y a de meilleur en nous, avec notre propre courage, notre propre morale, nos propres moyens et nos propres rêves. C'est être nous-mêmes et pas ce que « On », la communauté, nous dit de faire.

Pour gagner, il faut avant tout aimer le jeu, aimer jouer. Aimons les roses et leurs épines, acceptons les bogeys et chassons les birdies symboliques avec notre Kit Génétique Chasseur. Continuons à rêver d'Albatros : c'est pour cela, je crois, que l'on joue au golf, animés par le principe de plaisir, la stratégie du conatus, la dynamique de la nature.

Renforçons notre singularité, ce qui nous rend unique, à l'instar de Jean Cocteau : « Ce qu'on te reproche, cultive-le, c'est toi ! » On se focalise trop souvent sur nos défauts, nos failles, obnubilés par l'idée qu'il faudrait ressembler aux autres alors qu'il vaut mieux « tenir ferme sa couronne », comme écrivait Marcel Proust dans son journal intime. C'est-à-dire, souverainement, en toutes circonstances, affirmons-nous dignement, sans plier le genou, sans chercher à dominer, séduire ou manipuler, affirmons-nous tels que nous sommes, dans notre « puissance royale », en « notre royaume » – même s'il est microcosmique –, en restant fidèle à nous-mêmes, à nos valeurs, vaille que vaille, en nous débarrassant des mensonges et des faux-semblants.

Comme le préconise Marie Kondo, la star mondiale du rangement : parmi toutes les choses qui encombrent notre intérieur, oublions ce qui ne nous est pas utile, ce qui ne nous apporte pas de joie, ce qui ne nous fait pas vibrer. Le golf est une activité frustrante, sauf si l'on vibre pour chaque coup... À titre d'information, depuis que je cherche cette vibration, et non un résultat, mes scores ont, en moyenne, baissé.

L'objectif de ce livre est de vous inspirer et de vous procurer du plaisir, avec le vibrant espoir qu'à votre tour, vous éprouverez et dispenserez plus de joie. Alors arrêtons deux secondes de courir et de compter, d'acheter des drivers et de fantasmer de téléportation au sommet de l'Everest : prenons du plaisir, donnons du plaisir, et nous aurons tous du plaisir à revendre. De « retour au village », partageons avec joie notre message à la communauté. En 1976, Henri Laborit annonçait : « Chaque homme, demain, devra être capable d'enrichir le domaine de la connaissance humaine de son apport unique et irremplaçable. » Cet apport unique et irremplaçable, c'est, bien sûr, celui de la vie qui s'exerce et agit sur la niche écologique qui l'entoure.
On le sait, en temps normal, les enfants dorment toujours bien. Que font-ils de leurs journées ? Ils apprennent, interagissent, bougent, rient, jouent ; ils courent, pleurent, plaisantent et se bousculent avec leurs camarades. Ils n'ont pas besoin de café ou d'alcool pour se doper ou s'apaiser. Ils grandissent. Ils n'ont pas le souci du futur, leur présent est déjà bien assez riche. Ce n'est pas compliqué. On le sait depuis l'enfance : le secret de la vie, c'est moi et c'est nous.
« Je ne pense pas qu'il soit sain de se prendre trop au sérieux », nous conseille le golfeur Payne Stewart depuis les cieux. Arrêtons un peu de nous conduire « en adulte ». Mettons-nous à jouer, jouons à apprendre. Entrons dans ce jeu de la vie où notre potentiel peut se déployer sans les sanctions possibles de la dure réalité néolithique. Jouons le Je. « Le golf est le sport de toute une vie. Chaque instant est à savourer... même dans une mauvaise journée, rappelait le journaliste Christian Ledan au moment de prendre sa retraite : il faut toujours se souvenir qu'il y a pire que de mal jouer, c'est de ne pas jouer ! » Confinés, nous avons tous vérifié cette réalité.
Concentrons-nous sur l'essentiel : notre façon d'être mieux dans notre vie, celle qui a du sens pour nous. Regardons notre monde et les autres avec plus d'empathie, de sensibilité et de raison pour mieux nous synchroniser, nous harmoniser aux

conditions de notre existence. Prenons plaisir dans le bon résultat comme dans le beau geste. Nulles vérités, sauf peut-être celles de jouer comme des enfants et de vibrer comme des adolescents, de s'indigner face aux injustices et d'accepter ce que l'on ne peut changer.
« *La vraie façon d'aimer jouer au golf est de prendre du plaisir non pas dans le score, mais dans l'exécution des coups* », estimait le grand Bobby Jones. La vraie façon d'aimer la vie est de prendre du plaisir non pas dans nos résultats, mais dans l'acte de vivre...

... à suivre

Nous pouvons, bien sûr, rester en contact en attendant de nous retrouver sur un parcours ou sur mon podcast *Kennedy Golf Club - KGC*
kennedygolfclub@gmail.com
Facebook : fb.me/kennedygolfclub
Site : albatros-coaching.fr
À bientôt.
JchBuchot - Décembre 2020

GLOSSAIRE

Le jeu de golf possède un vocabulaire spécialisé assez hermétique pour les néophytes. Voici quelques définitions utiles à la lecture de ce livre, parfois un peu simplifiées pour être accessibles à tous.

Adresse : position du joueur devant la balle avant de jouer son coup. Il est important à l'adresse de veiller à son grip, à sa posture et à son alignement en direction de la cible.

Albatros : consiste à jouer trois coups en dessous du par, ce qui n'arrive pas tous les jours ! Le premier albatros a pris son envol lors du Masters de 1935, avec Gene Sarazen, qui le réussit pour la première fois en rentrant, à 215 m du drapeau, son deuxième coup sur le 15e trou (par 5) du célèbre golf d'Augusta. Andrew Magee est le seul golfeur de l'histoire du circuit professionnel américain à avoir réussi un trou en un coup sur un par 4 de 303 m ! Le parcours de championnat du Golf National à Guyancourt (78) se nomme l'Albatros en référence à ce terme.

Berlinoise : mur de soutènement. Dans les golfs, la berlinoise est souvent réalisée avec des rondins de bois pour éviter que les greens s'éboulent dans les plans d'eau.

Birdie : consiste à jouer un trou un coup en dessous du par, soit, par exemple, faire trois coups sur un par 4. Le terme viendrait de l'argot américain du XIXe siècle : bird (oiseau) était alors l'équivalent de nos plus récents « Chouette ! » ou « Cool ! »

Bogey : consiste à jouer un trou un coup au-dessus du par. C'est donc l'opposé malheureux du birdie : +1 par rapport au score attendu sur un trou, soit, par exemple, cinq coups sur un par 4. Dans la même logique, +2 correspond à un double bogey, soit six coups sur un par 4 ; +3 à un triple bogey, etc.

Boules de départ : plots colorés indiquant les départs recommandés selon votre âge, sexe et niveau de jeu. Il existe sept couleurs de départ : boules noires (pour les golfeurs professionnels, distance la plus longue), blanches, jaunes, bleues, rouges, violettes, orange (pour les débutants, distance la plus courte).

Bunker : creusement artificiel du terrain, plus ou moins grand et profond, rempli de sable, qui constitue un obstacle sur les fairways et à proximité des greens. Il faut souvent un club spécial pour en extraire la balle.

Cartes : épreuve de préqualification, permettant d'obtenir le droit de participer à un circuit professionnel.

Champions Tour : circuit professionnel américain des plus de cinquante ans, dans lequel s'affrontent aujourd'hui les champions mondiaux qui ont marqué le golf au début du XXIe siècle. Ceux-ci restent de redoutables golfeurs, même s'ils n'ont plus la puissance de leurs vingt ans. Certains seniors font encore d'incroyables performances, comme l'extraordinaire Tom Watson, 2e du British Open en 2009, à cinquante-neuf ans ! L'équivalent du Champions Tour sur le Vieux Continent s'appelle tout simplement le Circuit senior européen.

Circuit professionnel : l'un des six championnats individuels qui déterminent le classement mondial des golfeurs professionnels : Asian Tour, European Tour, Japan Golf Tour, PGA Tour US, PGA Tour of Australasia, Sunshine Tour (Afrique australe). Il existe d'autres circuits considérés comme une sorte de « deuxième division », dont le Challenge Tour en Europe. Sur le même modèle, les femmes jouent également sur six circuits. Les circuits américains sont les plus renommés : les meilleurs golfeurs du monde y participent, les femmes sur le LPGA Tour, et les hommes sur le PGA Tour.

Chip : coup d'approche roulée en direction du green.

Club : crosse servant à lancer la balle. Une série de clubs comprend des bois (dont le driver), utilisés pour les longs coups, et des fers (parmi lesquels le putter). En compétition, un joueur ne peut pas avoir plus de quatorze clubs dans son sac.

Cut : score ou classement requis pour participer à la phase finale d'une compétition, après les tours de qualification. La dotation d'un tournoi étant répartie suivant le classement des joueurs ayant « passé le cut », les joueurs éliminés ne touchent généralement pas d'argent pour leur participation.

Dix-neuvième trou : bar du club-house où, de façon très conviviale, on « refait le match » avec ses partenaires de jeu.

Dog leg : trou sur lequel le fairway tourne franchement à gauche ou à droite, à l'image d'une patte de chien, ce qui nécessite souvent de jouer son coup de départ en draw ou en fade.

Draw : effet volontaire pour faire tourner la trajectoire de balle de la droite vers la gauche quand on est droitier. Quand l'effet n'est pas maîtrisé, cela devient un hook.

Driver : club qui permet d'envoyer la balle le plus loin. La plupart des coups de départ (*drives*) sont réalisés avec ce club. Auparavant, la tête de ces clubs était en bois ; elle est aujourd'hui en titane ou matériaux composites, mais on parle toujours des bois pour désigner cette catégorie de clubs longs.

Eagle (aigle, oiseau royal) : consiste à jouer deux coups en dessous du par.

Étiquette : règles définissant le bon comportement à respecter sur un parcours de golf.

Fade : effet volontaire pour faire tourner la trajectoire de balle de la gauche vers la droite quand on est droitier. Quand l'effet n'est pas maîtrisé, cela devient un slice.

Fairway : voie principale, fraîchement tondue, reliant l'aire de départ au green. La balle y est plus facile à jouer que dans un bunker, dans le rough ou, pire, derrière un arbre.

Fer : club dont la tête est en métal. Le fer est utilisé la majorité du temps pour effectuer des seconds coups sur le fairway et particulièrement pour faire des approches vers le green.

Foursome : formule de jeu dans laquelle deux équipes de deux s'affrontent. Chaque équipe ne dispose que d'une seule balle, que les joueurs frappent alternativement.

Gounouilhou : première division masculine du Championnat de France de golf par équipes. Le premier Trophée Gounouilhou, du nom d'un homme politique bordelais, Marcel Gounouilhou, s'est déroulé en 1926 au golf du Racing Club de France. Son équivalent féminin est le Trophée Golfer's Club.

Green : surface gazonnée tondue très rase où se trouve le trou d'arrivée, signalé par un drapeau. Comme l'ensemble du parcours, il est entretenu par un greenkeeper.

Green fee : prix d'une partie sur le parcours d'un golf dont on n'est pas membre. Il varie en fonction des golfs et de nombreuses promotions.

Grip : partie supérieure du club, recouverte de caoutchouc, sur laquelle on place ses mains. Par extension, manière de tenir le club.

Hook : effet le plus souvent involontaire, avec une trajectoire de balle très marquée à gauche.

Hors limites : en-dehors du terrain délimité où le jeu est autorisé. Le golfeur qui a envoyé sa balle hors limites doit rejouer son coup, car sa balle est considérée comme perdue, et il écope d'une pénalité.

Index : système d'évaluation mis en place par les fédérations de golf pour traduire le niveau d'un joueur amateur participant à des compétitions officielles, réajusté après chaque compétition. Par exemple, un index 18 est un joueur qui joue la plupart du temps 18 coups de plus que le par sur un 18 trous (soit 90 coups au lieu des 72 attendus). Un index zéro est un joueur qui fait exactement le par. Certains joueurs de très bon niveau peuvent être négatifs, en jouant « sous le par », à l'instar des golfeurs professionnels. Ce système permet également à des joueurs de niveaux différents de jouer l'un contre l'autre sans s'ennuyer grâce à des compensations. Pour information, l'index médian en France est 31. Seuls 5 % des joueurs sont inférieurs à 10, index « à un chiffre » qui fait rêver tous les amateurs.

Lie : manière dont la balle repose au sol. En fonction du lie de la balle, simplement posée sur le fairway ou enfoncée dans l'herbe haute d'un rough ou le sable d'un bunker, il faudra choisir tel ou tel club...

Majeur : tournoi individuel faisant partie des compétitions dites du *Grand Chelem*, les plus prestigieuses au monde, comme Roland Garros ou Wimbledon au tennis. On compte cinq Majeurs pour les Dames, dont un en France : The Evian Championship, Ana inspiration (auparavant Kraft Nabisco, gagné par Patricia Meunier-Lebouc), US Women's Open, Women's PGA Championship, Women's British Open. Les Messieurs en ont quatre : The Masters (en Europe), US PGA, US Open et The Open (britannique).

Match play : formule de jeu opposant deux golfeurs ou deux équipes. Un joueur gagne un trou s'il fait moins que son adversaire. Celui qui gagne le plus de trous sur 18 trous gagne la partie.

Moving Day : 3e tour d'un tournoi professionnel en 72 trous (quatre tours), qui a généralement lieu le samedi, après le cut.

Les joueurs parmi les derniers qualifiés, s'ils veulent encore pouvoir prétendre à la victoire, ont intérêt à « déménager », c'est-à-dire remonter dans le classement.

Par : nombre de coups estimé nécessaire à un bon joueur pour terminer un trou. Selon la distance à parcourir entre le départ et l'arrivée, il existe des pars 3, des pars 4 (à partir de 230 m, généralement) et des pars 5 (à partir de 430 m). Le par d'un parcours est égal à la somme des pars de chacun des 18 trous. La plupart des parcours sont des pars 72.

Parcours : terrain sur lequel se joue une partie de golf. Il est constitué de 6, 9 ou plus souvent 18 trous.

Pénalité : au golf, on est censé « jouer la balle comme elle repose. » Ce n'est pas toujours possible, par exemple quand elle est au fond d'une mare : le joueur peut néanmoins continuer en mettant en jeu une autre balle au bord de l'obstacle d'eau, dit désormais « zone à pénalité », et donc un coup supplémentaire lui est compté.

Petit jeu : ensemble des coups « petits », courts (pitchs, chips), qui exigent plus d'adresse que de puissance, à proximité du drapeau et sur le green (putting).

Pitch : club de la catégorie des fers, qui permet d'effectuer un coup d'approche levée pour arriver sur le green. Désigne aussi le trou d'impact laissé par la balle à son arrivée sur le green (il convient alors de « relever son pitch », c'est-à-dire de remettre le gazon à niveau).

Pitch & Putt : parcours de golf compact, qui, souvent, compte seulement six trous, dont une majorité de petits pars 3. Généralement proches des centres-villes, les Pitch & Putt offrent une excellente solution pour s'initier au golf à moindre coût.

Play off : trous supplémentaires joués pour départager les joueurs à égalité à la première place à l'issue d'une compétition. Les joueurs s'affrontent jusqu'à ce qu'il n'en reste plus qu'un, selon des règles qui varient en fonction des organisateurs.

Practice : terrain d'entraînement dans un golf. Distinct du parcours, il est ouvert à tous.

Putter : club qui permet de faire rouler la balle sur les greens. Ce fer plat est essentiel, puisqu'en théorie, il faut deux putts sur le green pour rentrer sa balle dans le trou. Les débutants font beaucoup plus de trente-six putts sur un 18 trous, les champions moins. C'est souvent dans ce secteur de jeu, qui n'est pas le plus spectaculaire, mais réclame beaucoup de qualités, notamment mentales, que les victoires se font et se défont.

Rough : herbes hautes qui bordent les fairways et les greens.

Ryder Cup : plus prestigieuse compétition masculine par équipe opposant, tous les deux ans, les meilleurs golfeurs américains et européens. Les Européens ont remporté onze fois le trophée, et les Américains, huit fois. En 2018, elle s'est déroulée sur le parcours même de l'Albatros, au Golf National. L'Europe l'a emportée brillamment, et la fréquentation a battu des records. L'édition 2020 a été reportée en septembre 2021 en raison de la pandémie.

Slice : effet le plus souvent involontaire, avec une trajectoire de balle très marquée à droite.

Sohleim Cup : plus prestigieuse compétition féminine par équipe opposant les meilleures golfeuses américaines et européennes. Les Européennes ont remporté six fois le trophée, et les Américaines, dix fois.

Starter : personne préposée à l'organisation des départs sur le parcours.

Swing : mouvement effectué pour frapper la balle avec le club. La première partie du swing, qui consiste à armer le club (vers l'arrière), se nomme *backswing* ; la descente du club est le *downswing*, et la position finale s'appelle le *finish*.

Tee : support de bois ou de plastique sur lequel on est autorisé à poser la balle au départ d'un trou. Par extension, zone de départ du trou ; par exemple : Tee 1.

Trou : excavation creusée dans le green, dans laquelle le joueur doit envoyer la balle. Il est signalé par un drapeau. Par extension, le trou est aussi la partie du terrain qui va de l'aire de départ au green d'arrivée.

SOMMAIRE

REMERCIEMENTS

Je tiens à remercier ma famille et mes amis pour l'amour et le soutien qu'ils m'ont apportés et continuent de m'apporter.

Un grand merci à toutes les personnalités – golfeurs professionnels, joueurs, athlètes, coachs, chefs d'entreprise, médecins, hommes d'affaires, hommes politiques, cadres dirigeants, consultants, artistes, enseignants, psychologues, écrivains, poètes, philosophes… – qui sont citées dans ce livre et à celles qui ont accepté de partager leur parcours de vie et leur passion pour le jeu de golf : Stéphane Bachoz, Jean-Lou Charon, Hubert Chesneau, Éric Douennelle, Olivier Denis-Massé, Dominique Fournet, Pr Raphaël Gaillard, Pascal Grizot, Anne Le Coniat, Olga Leonovitch, Thomas Levet, Patricia Meunier-Lebouc, Christophe Muniesa, Charles Pironneau, Michel Teichet, Pr Gérard Saillant. Ces interviews ont été réalisées fin 2019 et courant 2020.

Un grand merci à Pascal Grizot pour sa préface et à la ffgolf pour son soutien, à l'architecte de l'Albatros Hubert Chesneau pour son accueil, au Golf National et à Clere Golf pour les illustrations de chaque trou en début de chapitre.

Enfin, un énorme merci à toute l'équipe d'Amphora : à Renaud Dubois de m'avoir fait confiance sur la présentation d'une simple idée (chapeau !) et à Servane, Nadège, Jeff et Lionel, qui ont magnifiquement œuvré à rendre plus plaisante votre lecture.